Highlights
aus der
Informatik

Springer
*Berlin
Heidelberg
New York
Barcelona
Budapest
Hong Kong
London
Mailand
Paris
Santa Clara
Singapur
Tokio*

Ingo Wegener (Hrsg.)

Highlights
aus der Informatik

Mit 97 Abbildungen und 5 Tabellen

 Springer

Herausgeber

Ingo Wegener
FB Informatik, LS II
Universität Dortmund
D-44221 Dortmund

ISBN 978-3-540-60187-6 Springer-Verlag Berlin Heidelberg New York

Die Deutsche Bibliothek - CIP-Einheitsaufnahme

Highlights aus der Informatik/Ingo Wegener (Hrsg.). - Berlin;
Heidelberg; New York; Barcelona; Budapest; Hongkong;
London; Mailand; Paris; Santa Clara; Singapur; Tokio:
Springer, 1996
  ISBN 978-3-540-60187-6
NE: Wegener, Ingo [Hrsg.]

Umschlaggestaltung: Künkel & Lopka, Ilvesheim
Satz: Reproduktionsfertige Vorlage des Herausgebers
SPIN 10504771   33/3142 – 5 4 3 2 1 0 – Gedruckt auf säurefreiem Papier

Vorwort

Wer sich über Relativitätstheorie, Quantenphysik, Schwarze Löcher oder den Urknall ein Bild machen will, hat dazu gute Möglichkeiten. Es gibt nicht nur umfangreiche Lehrbücher und spezielle Artikel in Fachzeitschriften, sondern auch Bücher, die Interessierten ohne Detailkenntnisse der Physik einen ersten wissenschaftlich fundierten Einblick in spannende und hochaktuelle Teilgebiete der Physik bieten. Nur Puristen bemängeln, daß in derartigen Büchern die komplizierten Sachverhalte vereinfacht und damit nicht mehr vollständig korrekt dargestellt werden. Verständnis ist jedoch niemals vollkommen. Auch Fachleute entdecken in ihren eigenen Theorien immer wieder neue Aspekte.

In der Informatik gibt es erst wenige Bücher, die sich nicht ausschließlich an Fachleute wenden oder reines Anwendungswissen vermitteln. Daher werden im vorliegenden Buch zentrale Entwicklungen der Informatik in sechzehn von ausgewiesenen Experten geschriebenen Aufsätzen für Studierende der Informatik und andere an der Informatik Interessierte aufbereitet. Die Aufsätze stellen richtungsweisende Ergebnisse und die dafür benötigten Methoden und Ideen anschaulich vor, ohne alle technisch schwierigen Details auszubreiten. Wer durch diese Artikel motiviert ist, sich tiefer in eines oder mehrere Gebiete einzuarbeiten, findet sich mit den umfangreichen Schriftenverzeichnissen leicht in der Welt der Fachzeitschriften und Konferenzbände zurecht.

Die Idee zu diesem Buch wurde geboren, nachdem der Herausgeber den Preis der Universität Dortmund für ausgezeichnete Lehre erhalten hat. Allen, die sich hierfür eingesetzt haben, insbesondere den Studierenden des Fachbereich Informatik, die den Vorschlag gemacht haben, sei hier noch einmal ausdrücklich gedankt. Dem Buch voraus ging im Wintersemester 1995/96 ein Kolloquium für Studierende unter dem Titel „Highlights aus der Informatik". Über das gesamte Semester war die Veranstaltung durch Studierende, aber auch Wissenschaftlerinnen und Wissenschaftler sehr gut besucht. Dieses erfreuliche Engagement belegt nachdrücklich, daß es einen ansehnlichen Anteil unter den Studierenden gibt, der sich über den Prüfungsstoff hinaus für die Informatik interessiert. Der Erfolg des Kolloquiums wäre ohne die Vortragenden nicht möglich gewesen. Ihnen sei hier noch einmal für die gut vorbereiteten, spannenden und anschaulichen Vorträge gedankt.

Meinem Kollegen Wilfried Brauer möchte ich dafür danken, daß er sich beim Springer-Verlag für das Buchprojekt eingesetzt hat, wo es dann von Hermann Engesser vorzüglich betreut wurde.

Für das kritische Lesen der Manuskripte möchte ich mich auch im Namen der anderen Autoren bei Claudia Bertram-Kretzberg, Bea Bollig, Paul Fischer, Thomas Hofmeister, Hanno Lefmann, Martin Löbbing, Martin Sauerhoff und Detlef Sieling bedanken. Für das einheitliche Layout der Aufsätze haben Thomas Jansen, Jörg Pernotzky, Christian Stangier, Torsten Thriné und Rüdiger Weyrauch gesorgt. Auch ihnen sei herzlich gedankt.

Dortmund, im Mai 1996   Ingo Wegener

Inhaltsverzeichnis

Highlights aus der Informatik – ein Überblick

Ingo Wegener

Nach einer Erläuterung der Ziele der Aufsatzsammlung sollen Kurzbeschreibungen der Aufsätze Appetit auf das in sechzehn Gängen präsentierte Menü „Highlights aus der Informatik" machen.

Die folgenden sechzehn Aufsätze richten sich
- an Studierende der Informatik, deren Interesse an der Informatik über den Prüfungsstoff hinausgeht,
- an alle, die wesentliche Entwicklungen der Informatik kennenlernen wollen, ohne sich durch viele Details kämpfen zu müssen, und
- an alle, die erfahren wollen, wie profilierte Informatiker neue Ergebnisse spannend und lebendig aufbereiten.

Das Ziel ist zu zeigen,
- wie aufregend Forschung sein kann,
- welche wichtigen Ergebnisse (unter anderen) in den letzten Jahren erzielt worden sind,
- welche hilfreichen Werkzeuge entwickelt worden sind,
- welche grundlegenden Einsichten gewonnen worden sind und
- welche offenen Probleme im Blickpunkt stehen.

Obwohl das Themenspektrum breit ist, können durch sechzehn Aufsätze nicht alle wichtigen Entwicklungen abgedeckt werden. Die Auswahl der Themen erlaubt keinesfalls den Umkehrschluß, daß andere Gebiete nicht so wichtig sind.

Mehr als die Kenntnisse aus dem Grundstudium der Informatik wird nirgends vorausgesetzt. Aber auch ohne diese Kenntnisse können die Aufsätze mit Gewinn gelesen werden.

Die Aufsatzsammlung beginnt nicht mit einem klassischen Informatikproblem, sondern mit dem speziellen Problem der automatischen Zusammenstellung von Fahrgemeinschaften. Hierbei handelt es sich um ein kombinatorisches Optimierungsproblem, dessen praktische Bedeutung offensichtlich ist. Das Problem liegt in umgangssprachlicher Formulierung vor. Daher sind schwierige Modellierungsprobleme zu lösen, bevor bekannte Informatikmethoden zum Einsatz kommen können. Dies beginnt mit der Frage, wie zwischen verschiedenen Optimierungszielen abgewogen werden soll oder welche Fahrgemeinschaften überhaupt akzeptabel sind, und endet mit der Frage, welche Daten verwendet und in welchen Datenstrukturen abgelegt werden sollen. Die immense Menge von Daten führt dazu, daß sehr schnelle Algorithmen für klassische Probleme wie das Kürzeste-Wege-Problem immer noch zuviel Zeit brauchen und Teilprobleme auf vergröberten Straßensystemen approximativ gelöst werden müssen. Hiermit weisen Volker Claus und Friedhelm Buchholz exemplarisch die oft unterschätzte Bedeutung der Modellierungsphase nach.

Das Schachspiel bietet sich an, um Probleme exemplarisch zu beschreiben und zu erläutern. Dies erleichtert häufig den Einstieg in Forschungsthemen. Drei Aufsätze über sehr verschiedene Themen machen sich dies zunutze.

Sind Rechner intelligent? Können Maschinen denken? Die frühen Vertreter der Künstlichen Intelligenz sahen Schachcomputer, die gegen alle schachspielenden Menschen gewinnen, als wesentliches Ziel ihrer Forschung an. Die Prophezeiungen, wann dieses Ziel erreicht wird, mußten bisher immer wieder korrigiert werden. Was aber würde ein Sieg eines Schachcomputers über Kasparov beweisen? Jürg Nievergelt vergleicht menschliche und maschinelle Schachstrategien und weist nach, daß heutige Schachcomputer und menschliche Intelligenz fast nichts miteinander zu tun haben. Diese Erkenntnisse werden auf andere Bereiche verallgemeinert.

Inwieweit profitieren Schachprogramme von neuen Rechnerarchitekturen und algorithmischen Ideen? Das erfolgreiche Schachprogramm ZUGZWANG von Rainer Feldmann, Burkhard Monien und Peter Mysliwietz läuft auf Parallelrechnern mit vielen Prozessoren. Um diese Prozessoren sinnvoll zu beschäftigen, müssen prototypisch alle Probleme behandelt werden, die bei der Benutzung von Mehrprozessorsystemen auftreten. So ist Kommunikation zwischen den Prozessoren nötig, um die Bearbeitung von als nicht mehr sinnvoll erkannten Problemen abzubrechen und die Aufgaben gleichmäßig zu verteilen, aber zu viel Kommunikation führt zu Effizienzverlust. An dem anschaulichen Problem des Schachs werden also Probleme ganz allgemeiner Art verdeutlicht. Der Erfolg läßt sich nicht nur in CPU-Sekunden, sondern auch am Abschneiden bei der Weltmeisterschaft im Computerschach messen.

Diejenigen, die mit Rechnern arbeiten, haben sich daran gewöhnt, daß Software nicht immer das tut, was von ihr erwartet wird. Daß Hardware ähnliche Probleme verursachen kann, wurde der breiten Öffentlichkeit durch den Fehler im Pentium Dividierer deutlich. Derartige Probleme lassen sich durch Verifikation von Hardware und Software vermeiden. Verifikation ist der formale Nachweis, daß Spezifikation und Entwurf dasselbe Eingabe-Ausgabe-Verhalten haben. Für die Hardwareverifikation wurden Datenstrukturen entwickelt, die sich auch für die Lösung von Problemen in ganz anderen Gebieten eignen. Um diese These zu untermauern, haben Martin Löbbing und Ingo Wegener ein altbekanntes kombinatorisches Schachproblem gelöst. Sie haben exakt bestimmt, auf wievielen Wegen ein Springer so über das Schachbrett gezogen werden kann, daß er jedes Feld genau einmal erreicht und zum Startfeld zurückkehrt.

Schach diente in den genannten Aufsätzen nur als Anwendungsfeld, um Informatikerkenntnisse gut präsentieren und diskutieren zu können. Die Molekulare Bioinformatik ist dagegen eine konkrete und reale Herausforderung. Die Grundlagen menschlicher Organismen sollen erforscht werden, um beispielsweise die Entwicklung neuer Medikamente zu unterstützen. Thomas

Lengauer beschreibt die bereits erfolgten und die potentiellen Beiträge der Informatik zu diesen Problemkreisen. Informatikerinnen und Informatiker müssen sich auf Sprache und Vorgehensweise der Molekularbiologie einlassen, um an den Projekten der Molekularen Bioinformatik beteiligt zu werden. Einerseits lassen sich bekannte Methoden nicht auf gewöhnliche Weise einsetzen, aber andererseits erweisen sich Informatikmethoden als robust und allgemein genug, so daß die Informatik ihren Platz in den Großprojekten der Molekularen Bioinformatik findet.

Allgemein gilt die Beobachtung, daß es viel zu lange dauert, bis wissenschaftliche Erkenntnisse praktische Anwendung finden. Die Schuldfrage kann hier nicht ausdiskutiert werden. Die naive Umsetzung neuer Ergebnisse führt jedoch oft zu schlechteren Ergebnissen als die bereits optimale Anwendung schlechterer Methoden. Der Forderung, die wissenschaftlichen Resultate direkt in Werkzeuge einfließen zu lassen, die dann für die Anwendungen zur Verfügung gestellt werden, kommen immer mehr Forschungsprojekte nach. Kurt Mehlhorn und Stefan Näher beschreiben ihr LEDA-System, das die besten bekannten Datenstrukturen und Algorithmen für Operationen auf diesen Datenstrukturen bereitstellt. Dabei wird deutlich, wie die Arbeit an einem Werkzeug neue theoretisch und praktisch wichtige Probleme generiert. Bei Anwendung von LEDA ist eine Kenntnis der Details der benutzten Datenstrukturen nicht mehr nötig. Als Nebenprodukt der Arbeit an LEDA fällt die Erkenntnis ab, daß nur diejenigen, die die Theorie zu den Datenstrukturen beherrschen, ein derartiges Werkzeug erstellen können.

Günter Hotz und Armin Reichert stellen mit CADIC ein Werkzeug zum Hardwareentwurf vor. Die grundlegenden Strukturen des hierarchischen Entwurfs finden sich in zahlreichen Disziplinen auch außerhalb der Informatik wieder. Entwürfe werden auf elegante Weise möglich, und auf jeder Entwurfsstufe kann man sich auf wesentliche Entwurfsdetails konzentrieren.

Der Einsatz von Parallelrechnern und Rechnernetzen ermöglicht die gleichzeitige Benutzung von vielen Rechnern für eine Aufgabenstellung. Der mögliche Gewinn ist ebenso groß wie die Probleme, die zu überwinden sind. Parallelität ist ein zentraler Aspekt des Schachprogramms ZUGZWANG, und das Werkzeug CADIC unterstützt den Entwurf von Hardware mit guter paralleler Rechenzeit. Drei weitere Aufsätze beschäftigen sich mit verschiedenen Aspekten von Parallelität.

Rüdiger Reischuk stellt die Frage, welche Bedeutung Begriffe wie Raum und vor allem Zeit in Rechnernetzen haben. Können sich Komponenten in Verteilten Systemen überhaupt über ein gemeinsames Handeln einigen? Was passiert, wenn Nachrichten verzögert oder verfälscht werden können oder wenn manche Prozessoren so falsch arbeiten, daß ihr Verhalten als bösartig bezeichnet werden muß? Wieviele fehlerhafte Komponenten kann ein System verkraften? Diese Probleme lassen sich gut veranschaulichen. Wir werden also erfahren, wie die Dynastie der Henrietten ihr Volk regiert und wie sich die Byzantinischen Generäle verständigen.

Friedhelm Meyer auf der Heide und Rolf Wanka betrachten die rege Kommunikation in parallelen Rechnernetzen, die nicht böswillig behindert wird. Es sollen viele Nachrichten kreuz und quer ausgetauscht werden, wobei jeder Prozessor nur an einer kleinen Zahl von Leitungen hängt. Wie sollten die Prozessoren vernetzt sein, damit ein schneller Nachrichtenaustausch in allen Situationen möglich ist, und welche Wege sollen die Nachrichten dabei nehmen?

Im Aufsatz von Wolfgang Paul und Jürgen Sauermann wird Parallelität innerhalb eines Rechners untersucht. Durch eine parallele Bearbeitung aller wichtigen Operationen kann die Zykluszeit wesentlich verkürzt werden. Zwar kann dabei auf effiziente Algorithmen für die Parallelverarbeitung zurückgegriffen werden, aber die Algorithmen müssen auf die spezielle Situation der beschriebenen Zielmaschine angepaßt werden. Es gelingt schließlich, alle wichtigen Operationen zu parallelisieren und das Rechenzeitverhalten der Algorithmen sehr genau zu beschreiben. Dies ist wesentlich, um die Zykluszeit der Rechner geeignet einzustellen.

Wenn wir ein Problem gut verstanden haben, ist es oft möglich, aus diesem Verständnis eine effiziente Lösung des Problems abzuleiten. Die als wichtig erkannten Aspekte des Problems werden auch in den Algorithmen vorrangig behandelt. Was ist zu tun, wenn wir nicht wissen, was wichtig ist? Wir können uns des Zufalls bedienen! Randomisierung ist ein zentrales Werkzeug der Informatik geworden, das auch in vielen Aufsätzen eine wichtige Rolle spielt. Reines Auswürfeln hilft nur, wenn die meisten Zufallsfolgen „gut" sind. Emo Welzl zeigt, wie Zufall eine heuristische Suche lenken kann. Für zunächst als gleich wichtig angesehene Komponenten kann nach einigen Versuchen vermutet werden, welche Komponenten wichtiger als andere sind. Diese erhalten eine höhere Wahrscheinlichkeit, gewählt zu werden, so daß die Suche durch Zufall auf ihr Ziel gerichtet wird. Analyse und Verständnis der Methode gehen dabei Hand in Hand.

Viele wissenschaftliche Disziplinen haben sich dann sprunghaft entwickelt, wenn sie mathematisiert wurden. Physik und Mathematik sind in vielen Bereichen eine erfolgreiche Symbiose eingegangen. Die vor einiger Zeit vieldiskutierte Krise der Soziologie wurde auch durch die Mathematisierung der Soziologie bewältigt. Die Informatik hat sich aus der Mathematik und den Ingenieurwissenschaften entwickelt. Mathematische Methoden haben daher in vielen Gebieten wie der Komplexitätstheorie und der Analyse von Algorithmen von Beginn an im Mittelpunkt gestanden. Andere Teile der Informatik sind ingenieurwissenschaftlich geprägt. Auch hier setzt sich die Erkenntnis, daß die weitere Entwicklung von einer Mathematisierung nur profitieren kann, durch. Wie eine erfolgreiche Mathematisierung aussehen kann, führt Manfred Broy am Beispiel des Software-Engineering aus.

Moderne Kryptographie, also die Theorie der Verschlüsselung von Daten, ist ohne Mathematik und Probabilismus nicht denkbar. Grundlage vieler kryptographischer Verfahren ist unsere Fähigkeit, riesige Zahlen mit mehreren hundert Dezimalstellen darauf zu überprüfen, ob sie Primzahlen sind. Ohne Mathematikkenntnisse vorauszusetzen, gelingt es Volker Strassen, einen effizienten probabilistischen Primzahltest vorzustellen, zu erläutern, wie und warum er funktioniert, und zu erklären, warum er die Basis der modernen Kryptographie ist. Mit Public-Key-Verfahren kann sicher kommuniziert werden, auch wenn die gesamte Kommunikation öffentlich stattfindet und kein privater Datenaustausch möglich ist.

Der Erfolg neuronaler Netze hat sich allgemein herumgesprochen. Georg Schnitger erläutert, warum neuronale Netze so erfolgreich sind, obwohl sie aus sehr einfachen Bausteinen zusammengesetzt sind. So lassen sich die grundlegenden arithmetischen Operationen parallel in drei Schritten bei erträglicher Größe durchführen. Das Modell neuronaler Netze ist so robust, daß die Auswahl anderer Bausteintypen nicht zu wesentlich anderen Ergebnissen führt. Schließlich lassen sich einfache neuronale Netze anhand weniger Beispiele so trainieren, d.h. lokal verändern, daß sie anspruchsvolle Aufgaben der Mustererkennung zufriedenstellend lösen. Dies bewirkt gleichzeitig, daß neuronale Netze für die Theorie des Maschinellen Lernens harte Nüsse darstellen.

Die letzten beiden Aufsätze beschäftigen sich mit den wichtigsten neuen Resultaten aus der Komplexitätstheorie. In deterministischen Rechnungen werden Eigenschaften der Eingabe bewiesen oder widerlegt. Nichtdeterministische und probabilistische Rechnungen können so aufgefaßt werden, daß Beweise für Eigenschaften präsentiert und deterministisch oder probabilistisch überprüft werden müssen.

Uwe Schöning beginnt mit einem wissenschaftshistorischen Rückblick auf den Beweisbegriff. Danach stellt er interaktive Beweissysteme vor, in denen jemand in möglichst wenigen Kommunikationsrunden mit möglichst wenig Information von bestimmten Sachverhalten überzeugt werden soll. Dieses theoretische Modell führt zu starken Argumenten, warum das Graphenisomorphieproblem in der Klassifikation der vermutlich nicht effizient lösbaren Probleme eine Sonderrolle spielt. Desweiteren werden Beweise vorgestellt, die keine (zusätzliche) Information preisgeben. Jemand, der weiß, daß zwei Graphen isomorph sind, kann andere davon überzeugen, ohne ihnen etwas über die Isomorphieabbildung zu verraten. Ebenso kann jemand, der einen Hamiltonkreis in einem Graphen kennt, andere von der Existenz eines Hamiltonkreises überzeugen, ohne daß diese danach einen Hamiltonkreis schneller finden können. Was so überraschend klingt, wird überzeugend begründet.

Wenn diese Ergebnisse schon unglaublich klingen, geht das von Hans Jürgen Prömel und Angelika Steger vorgestellte PCP-Theorem noch einen Schritt weiter. Um davon überzeugt zu werden, daß ein Graph einen Hamiltonkreis enthält, genügt als Beweis die Beschreibung des Kreises. Auch die oben beschriebene Variante erfordert, daß wir uns einen Beweis anschauen, der etwa so lang ist wie die Beschreibung eines Graphen. Es gibt aber auch Beweise, die uns probabilistisch von der Existenz eines Hamiltonkreises überzeugen, wobei wir aufgrund von logarithmisch wenigen Zufallsbits nur konstant wenige Bits eines längeren Beweises lesen dürfen. Für diesen unglaublich klingenden Satz werden anschaulich die wichtigsten Beweisideen geliefert. Dieses Theorem ist jedoch keine Spielerei unterbeschäftigter Theoretikerinnen und Theoretiker. Aus ihm kann gefolgert werden, daß es für Probleme wie das Cliquenproblem und viele andere schon dann keinen effizienten Algorithmus gibt, der das Problem nur einigermaßen exakt löst, wenn es keinen effizienten Algorithmus gibt, der das Problem exakt löst.

Automatische Zusammenstellung von Fahrgemeinschaften

Volker Claus und Friedhelm Buchholz

Es fahren zu viele Autos auf den Straßen. Oft werden sie nur als Transportmittel zur Arbeitsstätte eingesetzt, wo sie unproduktiv den ganzen Tag herumstehen und anderweitig nutzbare Flächen belegen. Fahrgemeinschaften (abgekürzt FGMs), die aus drei oder vier Personen bestehen, könnten eine deutliche Entlastung bewirken.
In diesem Artikel wird ein System zur Erstellung und Verwaltung von Fahrgemeinschaften entworfen. Eingegeben werden Adressen und Eigenarten von Personen; ausgegeben werden Vorschläge für Fahrgemeinschaften, die bzgl. der Umwege oder der Gesamtwegstrecke zusammengestellt wurden; bereits als nicht sinnvoll erkannte Vorschläge werden beim nächsten Mal vermieden. Zur Lösung des Problems müssen viele Gebiete der Informatik herangezogen werden. So muß Verkehrswissen dargestellt, eingegeben und verarbeitet werden, es sind schnelle Algorithmen für kürzeste Wege in Straßengraphen zu entwickeln, Zuordnungen von Personen zu Fahrgemeinschaften müssen aufgestellt werden, und es ist eine interaktive Datenverwaltung zu realisieren.
Fast überall stößt man auf grundsätzliche Fragen, die vorab eine theoretische Klärung der Sachverhalte erfordern. Vor allem hierüber soll in diesem Artikel berichtet werden. Speziell werden mögliche Definitionen für Straßengraphen vorgestellt, die Berechnung von Umwegen diskutiert und die NP-Härte des Zuordnungsproblems für Fahrgemeinschaften mit drei oder mehr Personen nachgewiesen.

2.1 Vorbemerkung

Theorie und Praxis vertragen sich nicht. Diesem Satz möchten wir zum einen heftig widersprechen, aber ihm zum anderen auch zustimmen. Denn Praxis bedeutet oft, größere Projekte durchzuführen, wobei alle Probleme, die in verschiedenen Bereichen entstehen, gleichmäßig und in gegenseitiger Absprache gelöst werden müssen. Bei diesem synchronen Voranschreiten im Projektablauf stören vor allem Theoretiker, die Teilaspekte (meist zu Recht) kritisieren und sich dann aus dem Projekt ausklinken, um über Jahre hin irgendwelche Unterprobleme richtig verstehen zu wollen und möglichst elegant zu lösen. Andererseits sollte ein Projekt, das keine gute theoretische Fundierung besitzt, gar nicht erst gestartet werden. So entsteht der Eindruck, daß Theorie und Praxis sich nur deshalb nicht vertragen, weil sie zu verschiedenen Phasen in Projekten gehören: Die Theorie ist entscheidend in der Planungs- und frühen Entwurfsphase, und hierauf aufbauend dominiert anschließend die Praxis. Später auftretende theoretische Fragestellungen sollten unbedingt vom Projekt abgekoppelt untersucht werden und ihre Lösung erst in Folgeprojekte einfließen. Wir wollen uns hier an diese Arbeitsteilung zwischen Theorie und Praxis halten und im derzeitigen Planungsstadium die theoretischen Grundlagen des Fahrgemeinschaften-Projekts herausarbeiten.

2.2 Formalismen

In diesem Artikel seien $\mathbb{N}_0$ die Menge der natürlichen Zahlen (einschl. der Null), $\mathbb{R}$ die Menge der reellen Zahlen und $\mathbb{R}_+$ die Menge der nichtnegativen reellen Zahlen (einschl. der Null). Ein knoten- und kantenmarkierter gerichteter *Graph* $G = (V, E, \mu, \delta)$ besteht aus einer endlichen Menge von Knoten V, einer Menge von Kanten $E \subseteq V \times V$ und den Abbildungen $\mu : V \rightarrow M_1$ und $\delta : E \rightarrow M_2$ für zwei Mengen M_1 und M_2. Ein *Weg* der Länge j vom Knoten u_0 zum Knoten u_j im Graphen G ist eine Folge von Knoten $(u_0, u_1, \ldots, u_j)$ mit $(u_{i-1}, u_i) \in E$ für $i = 1, \ldots, j$. Eine Kantenmarkierung δ wird durch

$$\delta(w) = \sum_{i=1}^{j} \delta((u_{i-1}, u_i))$$

auf beliebige Wege $w = (u_0, u_1, \ldots, u_j)$ von u_0 nach u_j und durch

$$\delta(u, v) = \min\{\delta(w) \mid w \text{ ist ein Weg von } u \text{ nach } v \text{ in } G\}$$

auf beliebige Knotenpaare (u, v) fortgesetzt.

Wenn $P = \{p_1, \ldots, p_n\}$ eine n-elementige Menge ist, dann heißt eine Menge $\{F_1, F_2, \ldots, F_r\}$ eine *Partition* von P, falls

für $i = 1, \ldots, r$ gilt: $\emptyset \neq F_i \subseteq P$,
für $i \neq j$ gilt: $F_i \cap F_j = \emptyset$,
$\bigcup_{i=1}^{r} F_i = P$.

2.3 Motivation und Systemaufbau

Das zu erstellende System wird durch seine Ein-Ausgabe-Relation charakterisiert. Eingegeben werden in das System für jede Person folgende Daten:

- Rahmenbedingungen (feste oder gleitende Arbeitszeiten, Schichtdienst, wechselnder Arbeitsplatz usw.),
- Adresse der Wohnung,
- Adresse des Arbeitsplatzes oder der Arbeitsplätze,
- (späteste) Ankunftszeit für jede Arbeitsstelle,
- (geplante) Rückkehrzeit zur Wohnung, bzw. Dauer der Arbeitszeit(en),
- Eigenarten der Person (Geschlecht, nur als Fahrer oder als Mitfahrer geeignet, unterhält sich gern, raucht, möchte reine Frauenfahrgemeinschaft, obere Zeitschranke c in Minuten, die diese Person bereit ist, für die Fahrgemeinschaft zusätzlich aufzubringen, usw.).

Ausgegeben werden Vorschlagslisten von Fahrgemeinschaften, wobei früher bereits fehlgeschlagene Vorschläge zu beachten sind. Die genannten Personen sollten dann versuchen, Fahrgemeinschaften zu bilden. Scheitern diese oder müssen sie neu zusammengesetzt werden, dann soll das System die nicht vermittelten Personen erneut zuordnen.

Eine Fahrgemeinschaft (FGM), bestehend aus j Personen, wird nur dann vorgeschlagen, wenn die j Personen folgendes FGM-Kriterium erfüllen: $j \leq 4$, genau eine Person ist Fahrer, und der Zeitverlust, den der Fahrer in Kauf nehmen muß, um die $j - 1$ Mitfahrer abzuholen und abzusetzen, beträgt höchstens c Minuten (siehe oben unter Eigenarten). Zusätzlich dürfen keine Konflikte bei den Eigenarten der j Personen vorliegen.

Die Schranke c kann auch global vorgegeben werden. Alternativ zum Zeitverlust kann auch der Umweg in Kilometern beschränkt werden.

Auf Grund dieser Ein-Ausgabe-Beziehung und des FGM-Kriteriums muß das System folgendes leisten können:

- Aus den Adressen müssen die geografischen Positionen auf der Erde oder im Straßengraphen, der das Verkehrswissen des Systems enthält, errechnet werden können.
- Hieraus wiederum läßt sich der kürzeste Weg (bzgl. Zeit oder Entfernung) ermitteln, der vermutlich von der jeweiligen Person benutzt wird; zusätzlich sollten eventuell der zweitkürzeste, der drittkürzeste usw. Weg berechnet werden können.
- Es ist ein Nachbarschaftsbegriff festzulegen. Benachbart sollen zwei Personen genau dann sein, wenn sie von ihrer Wohnung die Wohnung des anderen innerhalb einer Zeitschranke erreichen können, bzw. wenn die Wohnungen weniger als eine gegebene Kilometerzahl voneinander entfernt sind.
- Es ist eine Halbordnung „kann abholen" zu definieren: Eine Person P kann eine Person Q abholen, wenn die Wohnung und die Arbeitsstätte von Q in der Nähe des Weges liegen, den P bei der Fahrt von seiner Wohnung zum Arbeitsplatz zurücklegt.
- Die Menge der Personen ist nun in möglichst wenige Teilmengen zu zerlegen, so daß für die Personen jeder Teilmenge das FGM-Kriterium erfüllt ist. Da diese Zerlegung sehr aufwendig ist, werden nur Personen betrachtet, die benachbart sind oder die ein Fahrer abholen kann. Diese Teilmengen werden als Vorschläge für mögliche Fahrgemeinschaften ausgegeben.
- Die einmal gemachten Vorschläge werden mitprotokolliert, um gescheiterte FGMs nicht erneut vorzuschlagen. Weiterhin sollte erfaßt werden, ob früher gemachte Vorschläge tatsächlich zu FGMs geführt haben.

Das System sollte darüber hinaus

- auf Einzelanfragen reagieren können, d.h.: wenn eine Person rasch eine FGM sucht, so sollte schnell ein Vorschlag gemacht werden, in welcher nicht voll besetzten FGM sie mitfahren kann;

- eine grafische Oberfläche besitzen, in der Stadtpläne, Straßengraphen, Wege und Umwege dargestellt werden können,
- Zusatzkomponenten für Plausibilitätstests, manuellen Eingriff und Änderungsdienste besitzen,
- Schnittstellen für Erweiterungen und Anbindung an andere Systeme haben.

Das System kann entweder einer Vermittlungsfirma gehören oder als online-Dienst allgemein zugänglich sein.

Es gibt diverse Untersuchungen über die Vermittlung von Fahrgemeinschaften [14, 15]. Wie so oft erwies sich hierbei nicht ein technisches System, sondern das menschliche Verhalten als der entscheidende Faktor. FGMs kommen meist deshalb nicht zustande, weil Menschen einander nicht mögen, ihre (scheinbare) Ungebundenheit, die ihnen das Auto suggeriert, erhalten wollen, nicht bereit sind, Gewohnheiten aufzugeben, und das Prestigeobjekt Auto nicht mit anderen teilen wollen. Auch von außen wird kein Druck zur Bildung von FGMs erzeugt: Der Benzinpreis ist noch relativ gering, die steuerliche Abschreibung ist gegeben, ein Verkehrsinfarkt und Staus finden noch relativ selten auf dem Weg zur Arbeit statt, und die Politik und Wirtschaft ist nicht an der Verringerung der Autos, sondern an der Erhöhung des PKW-Bestandes bei gleichzeitiger besserer Auslastung der vorhandenen Straßen interessiert. Durch FGMs könnten viele Nachteile beseitigt werden, wie Streßerhöhung, Unpünktlichkeit, Verschwendung von Flächen für Parkplätze, Lärmbelästigung, gesundheitliche Auswirkungen und Umweltschäden. Das Bewußtsein für die verheerenden Auswirkungen, die durch den sorglosen Umgang mit Energieressourcen und die Zerstörung von Lebensgrundlagen wie Luft und Wasser heute schon klar abzusehen sind, ist in Deutschland bisher kaum vorhanden. Ein Fahrgemeinschaften-Vermittlungs-System könnte aber schon bald zu einem Bündel von Maßnahmen gehören, um die Zahl der Autos auf den Straßen (nicht der Autos im Besitz der Bürger!) zu den Stoßzeiten mindestens zu halbieren.

2.4 Verkehrswissen und Straßengraphen

Da der genaue Straßenverlauf und die Nutzung der Landschaft für FGMs nicht interessieren, wird die gesamte Verkehrsinformation in Graphen eingefangen. Kreuzungen werden hierbei durch Knoten, Straßenstücke zwischen den Kreuzungen durch Kanten dargestellt. Die Knoten und Kanten sind markiert: Den Knoten werden die Erdkoordinaten (als Gauß-Krüger-Koordinaten), der Name der Kreuzung, die Namen der kreuzenden Straßen, die Größe, die Ampelschaltfolge, der Zustand, der Durchsatz der Kreuzung usw. zugeordnet, den Kanten der Name der Straße, die Länge des Straßenstücks, die Hausnummern, Bezirksangaben, Postleitzahl, Straßendaten wie Belag, Zustand, Zahl der Spuren, Geschwindigkeitsbegrenzungen usw.

Eine Überschlagsrechnung ergibt, daß man für das FGM-Problem mit 100 Byte je Knoten und 150 Byte je Kante auskommt. Bei höchstens 3 Millionen

Kreuzungen in Deutschland und 6 Millionen Straßenstücken zwischen ihnen reicht eine Speicherkapazität von 2 Gigabyte für die ganze Bundesrepublik aus.

Zwei Probleme ergeben sich nun sofort:

- Wie stellt man das Verkehrswissen maschinenunabhängig dar, so daß man es für jede neue Anwendung wieder nutzen kann?
- Wie muß man die Straßengraphen definieren, damit die späteren Algorithmen effizient arbeiten können?

Auf die erste Frage soll hier nicht eingegangen werden. Naheliegend ist es, alle Straßen als Liste ihrer Kreuzungen, Plätze, Sackgassenenden usw. mit allen erforderlichen Hilfsinformationen zu erfassen [6, 7]. Für die zweite Frage sind die später einzusetzenden Algorithmen für kürzeste Wege wichtig. Meist verwendet man den Dijkstra-Algorithmus [9] oder Varianten wie den A*-Algorithmus [8]. Deren Aufwand beträgt $O(m \cdot \log(n))$, wobei n die Zahl der Knoten und m die Zahl der Kanten des Graphen sind (Fibonacci-Heaps, [12]). Da in der Praxis n und m oft zwischen 20 000 und 50 000 liegen, benötigt jede Wegsuche über 10 Minuten, wenn der Rechner 1 Millisekunde pro Knotenbearbeitung braucht. Dies ist indiskutabel hoch. Man wird daher hierarchisch vorgehen. Hierzu sollen zwei Ansätze vorgestellt werden. Zum einen kann man einen Straßengraphen als Überlagerung von Graphen verschiedener Level, zum anderen als hierarchischen Graphen, in dem jeder Knoten einem Graph entspricht, einführen.

In Straßenkarten gibt es meist vier Level von Straßen: Siedlungs-, Kreis-, Land- und Fernstraßen. Formal kann man dann einen k-Level-Graphen wie folgt definieren:

Definition 2.1 (k-Level-Straßengraph der Granularität c).
Seien $k \geq 1$ eine natürliche Zahl und $c = (c_1, \ldots, c_{k-1}) \in \mathbb{R}_+^{k-1}$ ein positiver reeller Vektor mit $c_1 \leq c_2 \leq \cdots \leq c_{k-1}$. $(G_1, G_2, \ldots, G_k)$ heißt k-Level-Straßengraph der Granularität c über der Knotenmenge V_1 und der Kantenmenge E_1, wenn gilt:

1. *Für $i = 1, \ldots, k$ gilt: $G_i = (V_i, E_i, \mu_i, \delta_i, \tau_i, \varphi_i)$ ist ein gerichteter, schlingenfreier, knoten- und kantenmarkierter Graph mit*
   $\mu_i : V_i \to \mathbb{R} \times \mathbb{R}$ *(gibt die Koordinaten der Knoten an)*
   $\delta_i : E_i \to \mathbb{R}_+$ *(gibt die Länge der Kanten an)*
   $\tau_i : E_i \to \mathbb{R}_+$ *(gibt die Durchfahrtzeit der Kanten an)*
   $\varphi_i : E_i \to \{0, 1\}$ *(gibt an, ob die Kante echt (0)oder virtuell (1) ist).*
   $E_i^0 = \{(u, v) \in E_i | \varphi_i((u, v)) = 0\}$ *heißt die Menge der echten Kanten des Graphen G_i und $E_i^1 = \{(u, v) \in E_i | \varphi_i((u, v)) = 1\}$ die Menge der virtuellen Kanten von G_i.*
2. *$V_k \subseteq V_{k-1} \subseteq \ldots \subseteq V_2 \subseteq V_1$ und $E_k^0 \subseteq E_{k-1}^0 \subseteq \ldots \subseteq E_2^0 \subseteq E_1^0$. Die Kanten $(u, v) \in E_i \setminus E_{i+1}$ heißen Kanten vom Level i. Hierbei sei $E_{k+1} = \emptyset$.*

3. *Für alle $1 \leq i, j \leq k$ und für alle $u \in V_i \cap V_j$: $\mu_i(u) = \mu_j(u)$.*
   Für alle $1 \leq i, j \leq k$ und für alle $(u, v) \in E_i^0 \cap E_j^0$: $\delta_i((u, v)) = \delta_j((u, v))$
   und $\tau_i((u, v)) = \tau_j((u, v))$.

4. *Für alle i, für alle Knoten $u, v \in V_i$ und für alle $1 \leq j < i$ muß aus*
   $\delta_j(u, v) \geq c_j$ folgen: $\tau_j(u, v) \geq \tau_i(u, v)$.

5. *Für alle i und für alle Kanten $(u, v) \in E_i$ gilt, daß die Länge dieser Kante*
   mindestens so groß wie der Euklidische Abstand der Punkte u und v sein
   muß. Formal: $\sqrt{(\mu_{i,1}(u) - \mu_{i,1}(v))^2 + (\mu_{i,2}(u) - \mu_{i,2}(v))^2} \leq \delta_i((u, v))$.
   Hierbei bedeuten $\mu_{i,1}(u)$ die erste und $\mu_{i,2}(u)$ die zweite Komponente
   von $\mu_i(u)$.

6. *Für alle i und für alle virtuellen Kanten $(u, v) \in E_i^1$ gilt:*
   $\delta_i((u, v)) = \min\{\delta_j(u, v) \mid j \leq i\}$,
   $\tau_i((u, v)) = \min\{\tau_j(u, v) \mid j \leq i\}$.

Die Bedingungen *1.* bis *3.* in dieser Definition beschreiben den Aufbau
der Graphen G_i. Durch Weglassen der (echten) Kanten niedrigen Levels entstehen die Graphen, mit denen immer größere Entfernungen schneller überbrückt werden können. Bedingung *4.* stellt hierbei sicher, daß auf den Kanten
höheren Levels die Entfernungen tatsächlich *schneller* überbrückt werden, sofern diese Entfernungen nicht zu kurz, d.h. größer als die Granularität in dem
Level sind. Da den Knoten durch die Funktion μ Punkte auf der Erdober-
fläche entsprechen, muß ihre durch δ gegebene Entfernung größer als der
Euklidische Abstand sein. Schließlich können auf höherem Level zusätzlich
virtuelle Kanten eingeführt werden, die nichts anderes als Abkürzungen für
kürzeste Wege auf einem tieferen Level zwischen zwei Knoten sind. Bedingung *6.* formalisiert diese Aussage. Mit dem Konzept der virtuellen Kanten
lassen sich Streckenabschnitte, die oft betrachtet werden müssen und mehrere Kreuzungen aufweisen, auf einem höheren Level vereinfacht durch eine
Kante darstellen.

In Abbildung 2.1 ist ein 2-Level-Straßengraph (G_1, G_2) mit Granularität
(3) in der ungerichteten Version dargestellt. Alle Kanten liegen in E_1. Die
Kante $\{v_1, v_{13}\}$ soll die einzige virtuelle Kante sein; sie liegt in E_2^1, d.h.
$E_2^1 = \{\{v_1, v_{13}\}\}$ $(\varphi_2(\{v_1, v_{13}\}) = 1)$. Die Kantenmarkierung für die virtuelle Kante ergibt sich entsprechend Bedingung *6.* Alle übrigen gestrichelten
Linien bilden die Kantenmenge E_2^0, also die echten Kanten auf Level 2. Im
Graphen G_1 stimmen hier die Gewichtsfunktionen δ_1 und τ_1 genau überein
$(\forall (u, v) \in E_1^0 \; \delta_1((u, v)) = \tau_1((u, v)))$, daher ist an den Kanten nur eine Zahl
angegeben. Man beachte, daß der 2-Level-Straßengraph nicht der Granula-
rität (2) genügt. Dies scheitert an den Knoten v_4, v_6 :

$$\delta_1(v_4, v_6) = \tau_1(v_4, v_6) = 2.5 \; < \; \tau_2(v_4, v_6) = 6.$$

Man beachte, daß die Bedingung *4.* für größere Graphen äußerst schwierig
nachzuprüfen ist. Anstatt die Bedingung für alle Knotenpaare aus dem Level
i zu fordern, kann man sie auch nur für alle bestehenden Kanten aus dem
Level i verlangen. Dadurch ist nicht mehr zugesichert, daß es zwischen zwei

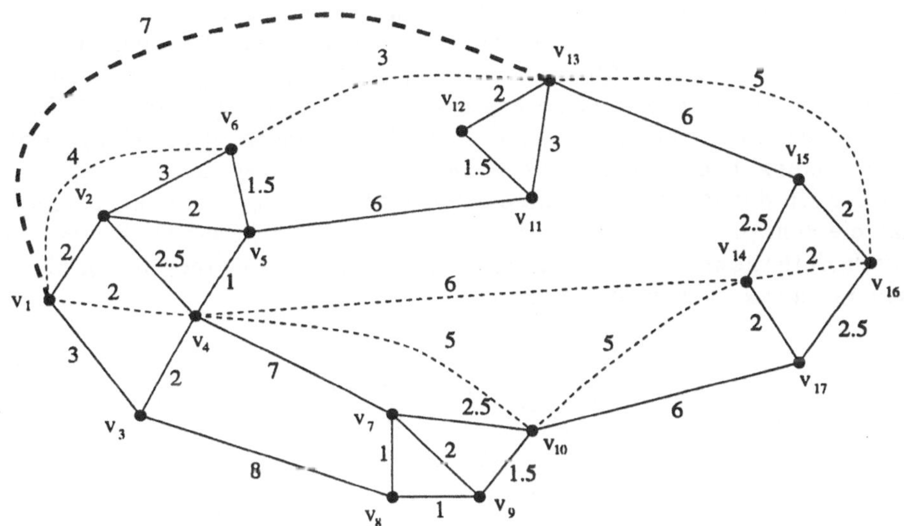

Abbildung 2.1. 2-Level-Straßengraph mit Granularität (3).

Knoten $u, v \in V_i$ im Level i einen kürzeren Weg als in einem kleineren Level $(1 \leq j < i)$ gibt, auch wenn die Entfernung groß genug ist $(\delta_j(u, v) \geq c_j)$.

Der zweite Ansatz verwendet hierarchische Graphen. Dies sind Graphen, deren Knoten mit Graphen (den „Verfeinerungen" $\kappa(v)$ eines Knotens v) markiert sind. In jeder Verfeinerung zeichnet man einen Knoten $\zeta(v)$ aus, der anschaulich als Mittelpunkt dient; auf ihn werden alle Entfernungen im übergeordneten Graphen bezogen. Eine mögliche Definition lautet:

Definition 2.2 (hierarchischer Straßengraph).

- *$\emptyset_G$ bezeichne den Graphen mit der leeren Knotenmenge.*
- *$\mathcal{G}_0 \stackrel{\mathrm{def}}{=} \{\emptyset_G\}$.*
- *Für alle $i \geq 0$ setze*

$$\mathcal{G}_{i+1} \stackrel{\mathrm{def}}{=} \{G = (V, E, \kappa, \zeta, \mu, \delta, \tau) \mid (V, E) \text{ ist ein gerichteter Graph,}$$

auf dem zusätzliche Komponenten μ, δ, τ wie in Definition 2.1 definiert sind, $\kappa : V \rightarrow \bigcup_{j=0}^{i} \mathcal{G}_j$, und ζ ist eine Abbildung der Knotenmenge V in die Knotenmengen der durch κ definierten Graphen mit:
$$\forall v \in V : \kappa(v) = (V_v, E_v, \ldots) \neq \emptyset_G \Rightarrow \zeta(v) \in V_v\}.$$

Zusätzlich muß gelten, daß die Knotenmenge V und alle Knotenmengen $\kappa(v)$ für $v \in V$ paarweise disjunkt sind, ebenso die Knotenmengen der tieferen Stufen untereinander und mit allen höheren Stufen.

- *Die Menge $\bigcup_{i=0}^{\infty} \mathcal{G}_i$ heißt Menge der hierarchischen Straßengraphen. Die Graphen aus $\mathcal{G}_i$ heißen hierarchische Straßengraphen der Stufe i.*

Falls stets $\kappa : V \to \mathcal{G}_i$ für die Knotenmengen V der Graphen aus $\mathcal{G}_{i+1}$ festgelegt wird, so spricht man von vollständig ausgeglichenen hierarchischen Straßengraphen. Allgemein kann man auch verlangen, daß die Graphen zusammenhängend oder stark zusammenhängend sein müssen. Weiterhin müssen die Funktionen μ, δ und τ auf den verschiedenen Stufen gewissen Nebenbedingungen genügen, die in Definition 2.2 noch nicht aufgenommen wurden. In der Praxis wird man alle auftretenden Graphen so klein wählen, daß die Funktionen μ, δ und τ durch Tabellen dargestellt werden können, wodurch Entfernungen und benötigte Zeiten auch über mehrere Stufen hinweg sehr rasch ermittelt werden können.

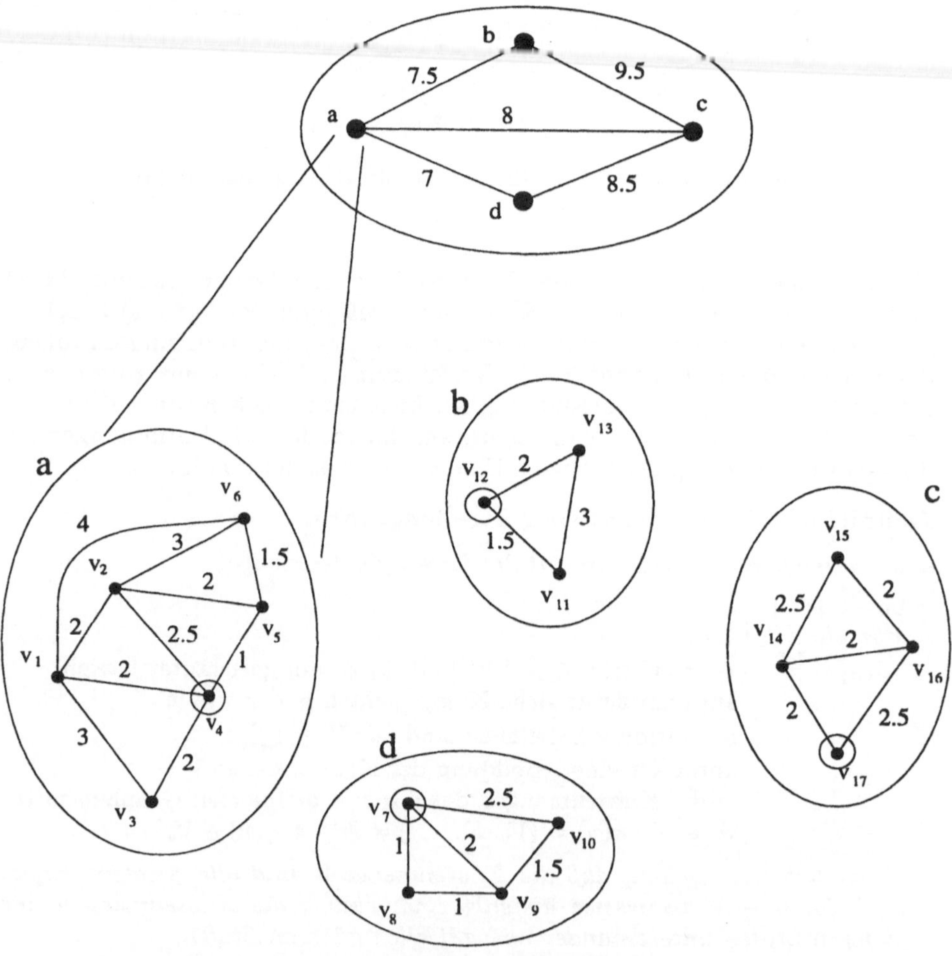

Abbildung 2.2. Hierarchischer Straßengraph mit zwei Stufen.

In Abbildung 2.2 ist der 2-Level-Straßengraph aus Abbildung 2.1 als hierarchischer Straßengraph mit 2 Stufen dargestellt, wobei nur die Zeitabstände τ_1, τ_2 an den Kanten angegeben sind. Virtuelle Kanten werden hier nicht beachtet; die Kanten zwischen den durch κ definierten Graphen verschwinden auf unterem Level und fließen in die Kanten auf höherem Level mit ein. D.h. der hierarchische Straßengraph gibt die reale Straßensituation i.a. nicht korrekt wieder. Dies hängt von der Modellierung ab. Der Graph G_2 auf dem höchsten Level besitzt die Knotenmenge $\{a, b, c, d\}$. Jedem Knoten ist durch die Funktion κ ein Graph auf der unteren Stufe zugeordnet, wobei der durch die Abbildung ζ ausgewählte Knoten mit einem Kreis markiert ist ($\zeta(a) = v_4, \zeta(b) = v_{12}, \zeta(c) = v_{17}, \zeta(d) = v_7$). Die Kantengewichte auf der untersten Stufe entsprechen genau den Kantengewichten im 2-Level-Straßengraphen, während die Kantengewichte in der zweiten Stufe die kürzesten Entfernungen zwischen den durch ζ ausgewählten Knoten sind.

Was sind die Vor- und Nachteile der beiden Ansätze? Führt man eine Wegsuche mit Straßengraphen nach Definition 2.1 durch, dann sucht man auf jedem Level die kürzesten Verbindungen zu Knoten, die sich jeweils auf dem nächsthöheren Level befinden, und setzt hieraus schrittweise einen Weg von u nach v zusammen. Auf dem obersten Level wird man alle Entfernungen in einer Tabelle speichern. Man benötigt zur Ermittlung des kürzesten Weges zwar immer noch den Aufwand $O(m \cdot \log(n))$, jedoch sind n und m nun nur noch die Anzahlen von Knoten und Kanten, die in einer gewissen Umgebung des Start- bzw. Zielknotens liegen. Beim zweiten Ansatz tabelliert man alle Entfernungen auf der höchsten Stufe und innerhalb jeder Verfeinerung. Ein Weg von u nach v wird hier ermittelt, indem man (jeweils ausgehend von u und von v) die Entfernung von einem Knoten x zum Mittelpunktsknoten $\zeta(y)$, wobei x in der Verfeinerung $\kappa(y)$ des Knotens y der nächsthöheren Stufe liegt, abliest und dann in der darüberliegenden Stufe genauso fortfährt; dies bricht ab, wenn zwei Knoten in derselben Verfeinerung liegen oder man auf der obersten Stufe angelangt ist. Da alle Entfernungen tabelliert sind, erhält man nach $2 \cdot k - 1$ Tabellenzugriffen einen Wert, der eine obere Schranke für den kürzesten Weg von u nach v bildet, im allgemeinen aber nicht die kürzeste Entfernung, sondern nur eine gute Näherung angibt. Diesen Nachteil kann man abmildern, indem man zu jedem Knoten nicht nur den Weg zum zugehörigen Mittelpunktsknoten, sondern richtungsabhängig auch weitere Wege zu benachbarten Mittelpunktsknoten einbezieht. Sind dies im Schnitt r Stück, so muß man mit höchstens $O((\sum_{i=1}^{k-1} r^i)^2)$ Tabellenzugriffen rechnen. In der Praxis mit $k = 4$ und $r = 3$ ergeben sich höchstens 1521 Zugriffe, was für die Umwegsuche zu groß ist. Es bietet sich daher ein Kompromiß an: Für die nur einmal zu ermittelnden kürzesten Wege zwischen Wohnung und Arbeitsstätte wähle man ein exaktes Verfahren, für die Umwegsuche, bei der sehr viele Wege zu berechnen sind, verwende man die Tabellentechnik der hierarchischen Graphen.

In dem Beispielgraphen (Abbildungen 2.1 und 2.2) ergibt sich für die Wegsuche zwischen den Knoten v_2 und v_{16} mit dem 2-Level-Straßengraph als kürzester Weg $w_1 = (v_2, v_1, v_4, v_{14}, v_{16})$ mit Weglänge $2 + 2 + 6 + 2 = 12$ und mit dem hierarchischen Straßengraph der kürzeste Weg $w_2 = (v_2, v_4 = \zeta(a), a, c, \zeta(c) = v_{17}, v_{16})$ mit Weglänge $2.5 + 8 + 2.5 = 13$. Der kürzeste Weg $w_3 = (v_2, v_4, v_{14}, v_{16})$ besitzt jedoch die Weglänge $2.5 + 6 + 2 = 10.5$.

2.5 Weg- und Umwegsuche

Für jede Person muß das System den kürzesten Weg von der Wohnung zur Arbeitsstätte und zurück finden. Falls es mehrere Wege gibt, muß durch Zusatzbedingungen festgelegt werden, welchen Weg das System weiterhin verwenden soll. In der Praxis wird dieser Weg noch von der Uhrzeit und dem Wochentag abhängen (Stoßzeiten, hohe Verkehrsdichten am Freitag Nachmittag usw.). Diese Wege lassen sich entweder durch wiederholte Anwendung des Dijkstra-Algorithmus (von einem zu allen Knoten) oder des Floyd-Algorithmus (von allen zu allen Knoten) berechnen. Eine brauchbare Variante zum Dijkstra-Algorithmus ist der A*-Algorithmus, der sich mit Hilfe des Euklidischen Abstands schnell in die richtige Richtung bewegt. Er ist aber wenig geeignet, wenn die Zeit zu optimieren ist, da hierbei eine Anfangsbewegung in die entgegengesetzte Richtung oft zum kürzesten Weg führen kann. In [7] wurde der Halmakegel als Strategie vorgeschlagen, der aber im allgemeinen nicht den kürzesten Weg liefert. Alle diese Algorithmen haben ein $O(m \cdot \log(n))$-Verhalten, weshalb sie nur für eine einmalige Berechnung geeignet sind.

Wegen der Staugefahren kennen alle Fahrer in der Regel neben dem kürzesten auch den zweit- und drittkürzesten Weg, auf den ggf. ausgewichen wird. Um die k-kürzesten Wege zu bestimmen, kann man eine Variante des Floyd-Algorithmus ([11]), die in kubischer Zeit läuft, oder spezielle Algorithmen, die den Dijkstra-Algorithmus verwenden, benutzen [1, 16, 10].

Will man mehrere Personen zu einer FGM zusammenfassen, dann muß man berechnen, wie groß der kleinste Umweg ist, den eine Person fahren muß, um zusätzlich zum eigenen Weg die Beifahrer von deren Wohnung zur Arbeitsstätte zu befördern. Wenn k Personen $p_1, p_2, \ldots, p_k$ mit den Startpunkten (=Wohnungen) $s_1, s_2, \ldots, s_k$ und den Zielpunkten (=Arbeitsstätten) $z_1, z_2, \ldots, z_k$ gegeben sind, dann muß man für jeden potentiellen Fahrer $p_i(i = 1, \ldots, k)$ alle Wege betrachten, die mit s_i beginnen, mit z_i enden und alle anderen Start- und Zielpunkte enthalten, wobei aber jedes z_j im Weg erst nach dem zugehörigen s_j auftreten darf. Für $k = 2$ gibt es nur 2 solche zulässigen Wege, für $k = 3$ sind es 18 und für $k = 4$ bereits 360. Die Anzahl dieser Wege wächst exponentiell, sie läßt sich nach unten leicht durch $k! \cdot (k - 1)!$ abschätzen.

Wir beschreiben nun, welche Umwege berechnet werden müssen.

Definition 2.3.

1. *Es seien $P = \{p_1, \ldots, p_n\}$ eine Menge von n Personen, $S = \{s_1, \ldots, s_n\}$ die zugehörige Menge der Startpunkte und $Z = \{z_1, \ldots, z_n\}$ die Menge der Zielpunkte. Es sei $V = S \cup Z$ die Menge aller Punkte, $E = V \times V$. $\delta : V \times V \to \mathbb{R}_+$ erfülle die Axiome einer Abstandsfunktion: $\forall x, y, z \in V :$ $(\delta(x, y) = 0 \Leftrightarrow x = y) \wedge (\delta(x, y) = \delta(y, x)) \wedge (\delta(x, z) \leq \delta(x, y) + \delta(y, z))$. Der vollständige kantenmarkierte Graph $G = (V, E, \delta)$ heißt dann ein FGM-Graph zu P. G kann als ungerichteter Graph aufgefaßt werden.*

2. *Sei $F \subseteq P$, o.B.d.A. $F = \{p_1, \ldots, p_k\}$ für ein k mit $1 \leq k \leq n$. Ein Weg $w = (x_1, \ldots, x_{2k})$ der Länge $2k - 1$ heißt zulässiger Weg für F, wenn gilt:*

    a) In w kommt jedes $s_1, \ldots, s_k, z_1, \ldots, z_k$ genau einmal vor.

    b) $\forall i, j, l : (x_i = s_l \wedge x_j = z_l) \Rightarrow i < j$.

    c) $x_1 = s_r \Rightarrow x_{2k} = z_r$. Die Person p_r heißt dann Fahrer für diesen Weg w.

3. *Die Funktion U, die jeder Teilmenge $F \subseteq P$ den minimalen Umweg zuordnet, also $U(F) = \min\{\delta(w) - \delta((s_i, z_i)) \mid 1 \leq i \leq k, w$ ist ein zulässiger Weg für F, der mit s_i beginnt$\}$, heißt Umweg für F.*

4. *Die Funktion K, die jeder Teilmenge $F \subseteq P$ die minimalen Kosten zuordnet, also $K(F) = \min\{\delta(w) \mid w$ ist ein zulässiger Weg für $F\}$, heißt Kostenfunktion für F.*

Anmerkung 2.1. Es gibt Beispiele, in denen $U(F)$ und $K(F)$ zu verschiedenen Wegen mit verschiedenen Fahrern führen.

Wir müssen Fahrgemeinschaften F so zusammenstellen, daß $U(F)$ „zumutbar" bleibt oder daß die Gesamtkosten minimal werden. Hierzu muß der Umweg zu einem $F \subseteq P$ möglichst rasch berechnet werden können. Dies ist aber im allgemeinen nicht effizient möglich, da im Falle, daß jeder Startpunkt s_i sehr dicht bei seinem Zielpunkt z_i für $i = 1, \ldots, k$ liegt, die Berechnung des Umwegs gleich der Lösung des TSP (Travelling Salesperson Problem) ist. Beschränkt man die Anzahl der Personen in F auf 4, dann genügt es, 360 Möglichkeiten durchzuprobieren (s.o.). Da diese Konstante recht groß ist, wird man Heuristiken einsetzen; z.B. kann man als Fahrer diejenige Person i wählen, für die $\delta((s_i, z_i))$ maximal ist, wodurch sich die Zahl der zu testenden Möglichkeiten auf 90 verringert. Von hier aus könnte man nach einem Entfernungskriterium die zuerst abzuholende Person fest bestimmen usw. Dadurch würde man nicht immer, aber ziemlich oft den minimalen Umweg ermitteln. Geeignete Heuristiken, die im Mittel einem Zufallsverfahren deutlich überlegen sind und die möglichst wenige Fälle durchrechnen müssen, werden derzeit entwickelt.

2.6 Zuordnungen

Die Aufgabe lautet: Berechne zu einem $k \in \mathbb{N}_0$ mit $k \geq 2$, einer Personenmenge P, einem FGM-Graphen G und einem $c \in \mathbb{R}_+$ Fahrgemeinschaften F

der Größe $\leq k$, deren Umweg $U(F)$ oder deren gesamte Kosten $K(F)$ jeweils $\leq c$ sind. Wir definieren die zu lösenden Probleme formal:

Definition 2.4. *Es seien $k \in \mathbb{N}_0$ mit $k \geq 2$, eine Personenmenge P, ein FGM-Graph G zu P und ein $c \in \mathbb{R}_+$ gegeben.*

1. **Problem FGM-k-Umweg***: Gesucht ist eine Partition $\{F_1, F_2, \ldots, F_r\}$ von P, so daß*
   a) *für $j = 1, \ldots, r$ gilt: $\mid F_j \mid \leq k$,*
   b) *für $j = 1, \ldots, r$ gilt: $U(F_j) \leq c$ und*
   c) *r minimal ist.*
2. **Problem FGM-k-Kosten***: Gesucht ist eine Partition $\{F_1, F_2, \ldots, F_r\}$ von P, so daß*
   a) *für $j = 1, \ldots, r$ gilt: $\mid F_j \mid \leq k$,*
   b) *$\sum_{j=1}^{r} K(F_j) \leq c$.*
3. **Problem FGM-k-Umweg-$\mathbb{R}^2$**, **Problem FGM-k-Kosten-$\mathbb{R}^2$***: Wie unter 1., bzw. 2., jedoch ist der FGM-Graph in die Ebene eingebettet, und die Kantenmarkierung δ ist der Euklidische Abstand zwischen den Punkten.*

Theorem 2.1. *[3]*
Sei $|P| = n$. Dann gilt

– *FGM-2-Umweg ist in $O(n^{2.5})$ lösbar.*
– *FGM-2-Kosten ist in $O(n^6)$ lösbar.*

Beweis. Man kann diese Probleme leicht auf das maximale Matching bzw. auf das gewichtete maximale Matching zurückführen. Hierzu konstruiere man zu der Personenmenge P, dem FGM-Graphen $G = (V, E, \delta)$ und der Umwegschranke $c \in \mathbb{R}_+$ den Graphen $G' = (P, E')$ mit $E' = \{\{p_i, p_j\} \mid U(\{p_i, p_j\}) \leq c\}$. Dies läßt sich in der Zeit $O(n^2)$ durchführen. Offenbar gilt: $\{F_1, F_2, ..., F_r\}$ ist genau dann ein maximales Matching in G', wenn $\{F_1, F_2, ..., F_r\} \cup \{\{p\} \mid p \in P$ und für alle $1 \leq i \leq r : p \notin F_i\}$ eine FGM-2-Partition für P in eine minimale Zahl von Mengen ist. Die Konstruktion für die Kosten ist etwas umfangreicher; hierbei werden $n \times (n-1)$ Knoten hinzugefügt und dann das gewichtete maximale Matching mit kubischem Aufwand gelöst [13]. $\square$

Theorem 2.2. *[3]*
Sei $|P| = n$. Dann gilt

– *FGM-k-Umweg ist für jedes $k \geq 3$ NP-hart.*
– *FGM-k-Umweg-$\mathbb{R}^2$ ist für jedes $k \geq 3$ NP-hart.*

Beweis. Die erste Aussage ist sogar richtig, wenn man zusätzlich fordert, daß alle Mengen F_i genau drei Elemente enthalten und daß alle Zielpunkte identifiziert werden, also $z_1 = \ldots = z_n$ gilt. Im Beweis führt man eine Reduktion auf das 3-dimensionale Matching durch, das NP-vollständig ist. Die zweite

Aussage gilt ebenfalls für den Fall, daß alle Mengen F_i genau drei Elemente enthalten. Der Beweis dafür wird durch Rückführung auf das Exact-3-Cover-Problem gezeigt, welches NP-vollständig ist. Dieses lautet:

Gegeben: $X = \{x_1, ..., x_{3r}\}$, $C = \{c_1, ..., c_m\}$
 mit $c_i \subseteq X$ und $\mid c_i \mid = 3$ für $i = 1, ..., m$.
Gesucht: $C' \subseteq C$ mit $\mid C' \mid = r$ und $\forall x\ \exists c \in C'$ mit $x \in c$.

Wir führen den Nachweis an einem typischen Beispiel. Die Einzelheiten sind in [3] ausgeführt.

Gegeben sind folgende Mengen.

$$X = \{x_1, x_2, x_3, x_4, x_5, x_6\}$$
$$C = \{c_1, c_2, c_3, c_4\}$$
$$c_1 = \{x_1, x_3, x_4\}$$
$$c_2 = \{x_2, x_4, x_6\}$$
$$c_3 = \{x_2, x_5, x_6\}$$
$$c_4 = \{x_3, x_4, x_6\}$$

Gesucht ist eine Teilmenge C' von C mit zwei Elementen. Wir konstruieren die Start- und Zielorte im Euklidischen Raum $\mathbb{R}^2$ und lösen dann FGM-3-Umweg für einen Umweg der Länge $c = 0$.

In einem 2-dimensionalen Gitter, in dem die Gitterpunkte horizontal und vertikal jeweils den Abstand eins voneinander haben, werden die Start- und Zielorte von sogenannten Trittbrettfahrern wie in Abbildung 2.3 positioniert. Ein Trittbrettfahrer zeichnet sich dadurch aus, daß sein Start- und Zielort genau übereinstimmen.

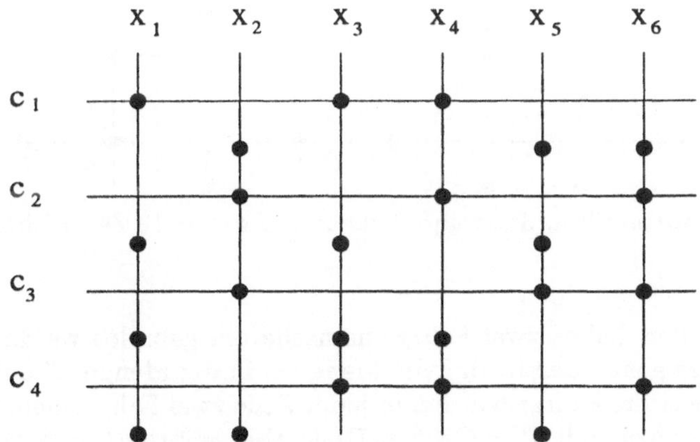

Abbildung 2.3. 24 Trittbrettfahrer.

Die Spalten entsprechen den Elementen von X und die Zeilen den Elementen von C. Es werden die Start- und Zielorte von $|X||C|$ Trittbrettfahrern eingefügt, wobei die Orte von Trittbrettfahrer x genau auf dem Gitterpunkt der Zeile i liegen, wenn gilt: $x \in c_i$. Im anderen Fall $x \notin c_i$ sind die Start- und Zielorte um $\frac{1}{2}$ nach unten verschoben. Für den Umweg $c = 0$ können noch keine Fahrgemeinschaften gebildet werden. Wir fügen nun Spalten- und Zeilenfahrer ein, die jeweils die Trittbrettfahrer in einer Spalte oder Zeile mitnehmen (und sofort wieder absetzen) können.

In jeder Zeile i werden drei Zeilenfahrer eingefügt, die jeweils den Startort links von der Zeile i und den Zielort rechts von der Zeile i haben. Insgesamt werden also $3|C|$ Zeilenfahrer eingefügt. Dies führt dazu, daß in jeder Zeile entweder eine Fahrgemeinschaft der Größe drei oder zwei Fahrgemeinschaften der Größe drei gebildet werden können. Es kann kein Zeilenfahrer einen Zeilenfahrer oder einen Trittbrettfahrer einer anderen Zeile mitnehmen, da dafür ein Umweg $c > 0$ gefahren werden müßte. Wenn in einer Zeile nur eine Fahrgemeinschaft gebildet wird, müssen die drei Zeilenfahrer zusammen fahren (sonst wäre es keine exakte Einteilung). Im anderen Fall werden genau die drei Trittbrettfahrer auf dieser Zeile mitgenommen. In Abbildung 2.4 sind die Start- und Zielorte für das Beispiel eingezeichnet. Man beachte, daß s_i der Startort und z_i der Zielort von allen drei Zeilenfahrern aus Zeile i ist.

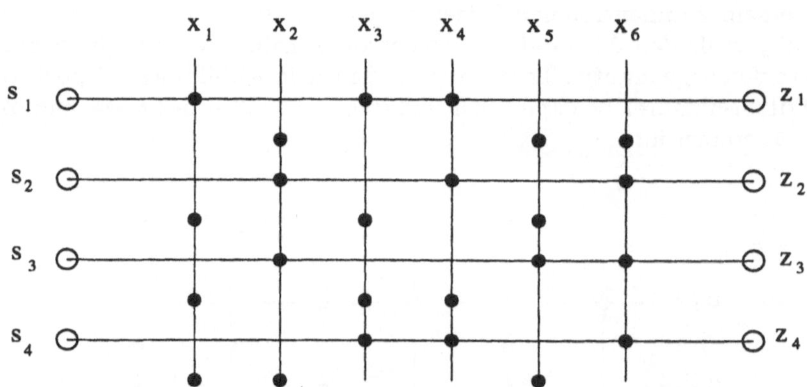

Abbildung 2.4. Start und Zielorte von $4 \cdot 3 = 12$ Zeilenfahrern.

Wenn in der Zeile i zwei Fahrgemeinschaften gebildet werden, so korrespondiert dies genau damit, daß die Menge c_i in die Menge C' aufgenommen wird. Ohne weitere Fahrer würden in jeder Zeile zwei Fahrgemeinschaften gebildet analog dazu, daß $C' = C$ wäre. Es ist aber gefordert, daß jedes Element von X in genau einer Menge $c \in C'$ liegt. In jeder Spalte werden daher die Start- und Zielorte von $|C| - 1$ Spaltenfahrern und $|C| - 1$ Spaltenbeifahrern positioniert, so daß in einer exakten Partitionierung in Fahrgemeinschaften genau $|C| - 1$ Fahrgemeinschaften der Größe drei in jeder Spalte gebildet werden. Die Spaltenbeifahrer haben in jeder Spalte einen gemeinsamen Startort b_i oberhalb und einen gemeinsamen Zielort b_i' unterhalb des Basisgitters $(i = 1, \ldots, |X|)$. Die Startorte s_{ij} der $|C| - 1$ Spaltenfahrer liegen oberhalb und die Zielorte z_{ij} unterhalb des Basisgitters, wobei die Start- und Zielorte genau so versetzt sind, daß sich die Spaltenfahrer nicht gegenseitig mitnehmen können $(j = 1, \ldots, |C| - 1)$. In Abbildung 2.5 sind die Start- und Zielorte der Spaltenfahrer und der Spaltenbeifahrer aus dem Beispiel dargestellt.

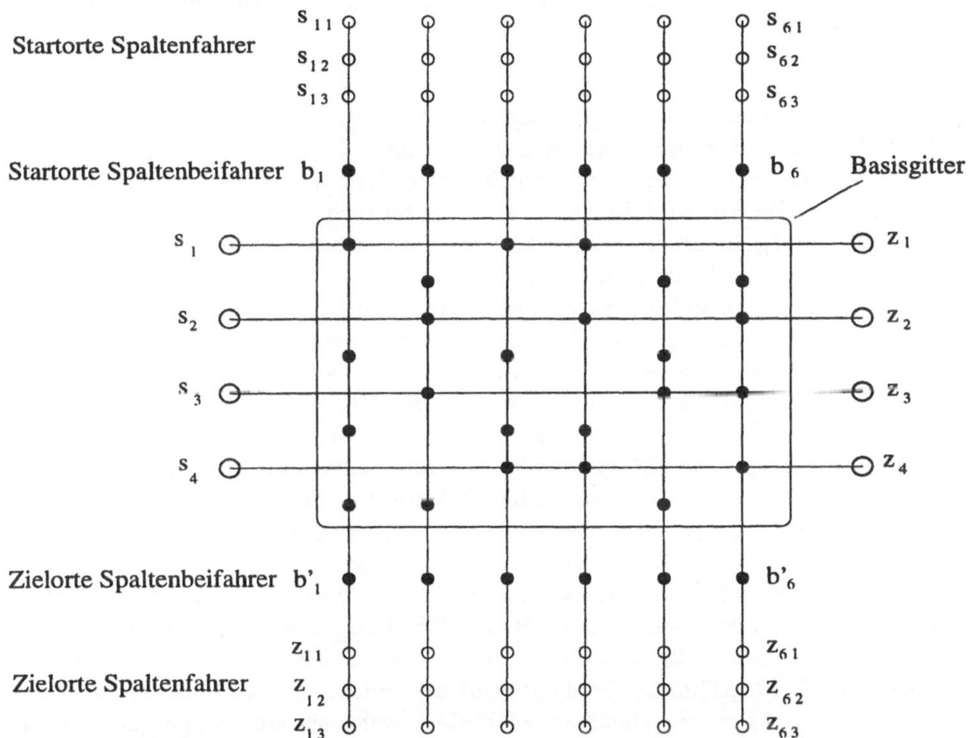

Abbildung 2.5. 18 Spaltenfahrer und 18 Spaltenbeifahrer.

Damit eine exakte Partitionierung in 3'er Fahrgemeinschaften zustande kommt, müssen in jeder Spalte genau $|C| - 1$ Fahrgemeinschaften gebildet werden. Es bleibt also in jeder Spalte genau ein Trittbrettfahrer aus dem Basisgitter übrig, der nicht von Spaltenfahrern mitgenommen wird. Dieser muß nun von Zeilenfahrern mitgenommen werden, damit 3'er Fahrgemeinschaften gebildet werden können.

In unserem Beispiel haben wir insgesamt die Start- und Zielorte von 72 Fahrern eingefügt. In einer Lösung für FGM-3-Umweg werden in jeder Spalte drei Fahrgemeinschaften, in den Zeilen eins und drei jeweils zwei Fahrgemeinschaften und in den Zeilen zwei und vier jeweils eine Fahrgemeinschaft gebildet. Dies entspricht genau der Menge $C' = \{c_1, c_3\}$, die eine Lösung für das Exact-3-Cover-Problem ist. Zwar sind Variationen innerhalb der Fahrgemeinschaften einer Spalte oder einer Zeile (falls zwei Fahrgemeinschaften gebildet werden) möglich, aber aufgrund der Konstruktion sind dies die einzigen Variationen.

Allgemein werden ausgehend von $|C||X|$ Start- und Zielorten im Basisgitter, genau $3|C| + (|C| - 1)|X| + (|C| - 1)|X| = 2|C||X| + 3|C| - 2|X|$ weitere Start- und Zielorte eingefügt, d.h. die Konstruktion ist in polynomieller Zeit durchführbar.

$\square$

Die Einführung von sogenannten Trittbrettfahrern, die nur auf einem Weg der Länge 0 mitgenommen werden, diente lediglich zur Vereinfachung. Natürlich können deren Start- und Zielorte diagonal so verschoben werden, daß sie nur von Spaltenfahrern (oder Zeilenfahrern) aus einer Spalte (oder einer Zeile) mitgenommen werden können. Damit hat man die NP-Härte auch für eine beliebige Umwegschranke.

Man kann nun weitere Sätze beweisen, die die Schwierigkeit des Problems zeigen, jeweils mehr als zwei Personen in Fahrgemeinschaften optimal zusammenzufassen. Beispielsweise liegt die NP-Härte auch vor, wenn der FGM-Graph ein transitiver Graph ist $((u,v) \in E \wedge (v,w) \in E \Rightarrow (u,w) \in E)$ [3]. Ein Extremfall ist die (noch ungelöste) Frage, ob die NP-Härte bereits für den eindimensionalen Fall gilt, wenn also alle Start- und Zielpunkte auf einer Geraden angeordnet sind und jeder Zielpunkt rechts von seinem zugehörigen Startpunkt liegt. Wir vermuten, daß auch das Problem FGM-k-Kosten NP-hart ist, dies konnte aber noch nicht nachgewiesen werden.

Fahrgemeinschaften unter einer allgemeinen Bewertungsfunktion optimal zusammenzustellen, scheidet somit aus Effizienzgründen aus. Eine Alternative ist die Benutzung von Nachbarschaftsbeziehungen, die wir bereits in Abschnitt 2.3 erwähnten. Dabei kommt uns entgegen, daß Personen eher bereit sind, eine Fahrgemeinschaft zu bilden, wenn sie eine lange gemeinsame Fahrtzeit haben. D.h. die Wohn- und die Arbeitsorte müssen jeweils nah beieinander liegen. Die Eigenschaften einer Person (Wohn-, Arbeitsort, Arbeitszeiten, etc.) werden dazu entsprechend im Euklidischen Raum skaliert und jede Person wird als Punkt in diesem Raum aufgefaßt. Wir benötigen eine geometrische Datenstruktur, die eine effiziente Nachbarschaftssuche unterstützt. Da damit zu rechnen ist, daß häufig neue Personen hinzukommen bzw. bereits vermittelte Personen wieder ausscheiden, muß eine dynamische Datenstruktur eingesetzt werden. Eine Kombination aus einer statischen geometrischen Datenstruktur (Quad-Bäume [2]) und einer dynamischen geometrischen Datenstruktur, die einen hohen Speicherbedarf benötigt (Grid File [12]), wurde entwickelt. Die sogenannten Grid-Quad-Bäume, die in [4] definiert sind, leisten bei dynamischem Verhalten im average case eine effiziente Nachbarschaftssuche.

2.7 Ausblick

Die Aufgabe, ein Programm zur Bildung von FGMs zu erstellen, erschien anfangs unproblematisch zu sein. Die theoretischen Untersuchungen haben aber gezeigt, daß viele Dinge, mit denen wir im täglichen Leben wie selbstverständlich umgehen, bzgl. ihrer Formalisierung wenig verstanden sind und sich nur mit großem Aufwand automatisieren lassen. Zur Zeit wird ein technischer Bericht erarbeitet, auf dem später die Realisierung eines Programmsystems aufbauen wird [5]. Bei der Implementierung werden vor allem Fragen der Informationsdarstellung, der Datenverwaltung, der Schnittstellen, der Benutzungsoberfläche und des Dialogs zu lösen sein.

Schriftenverzeichnis

1. J.A. de Azevedo, J.J.E.R. Madeira, E.Q.V. Martins und F.M.A. Pires (1990). A shortest ranking algorithm. Proceedings of the Annual Conference Associazione Italiana di Ricerca Operativa, 1001-1011.
2. J.L. Bentley und R.A. Finkel (1974). Quad trees, a data structure for retrieval on composite keys. Acta Informatica 4, 1-9.
3. F. Buchholz (1994). Die Komplexität des Fahrgemeinschaften-Problems. Studienarbeit Nr. 1327, Universität Stuttgart.
4. F. Buchholz (1995). Entwurf eines Systems zur Vermittlung von Fahrgemeinschaften. Diplomarbeit Nr. 1226, Universität Stuttgart.
5. F. Buchholz und V. Claus (1996). Das Fahrgemeinschaften-Problem. Technischer Bericht der Abteilung Formale Konzepte, Institut für Informatik, Universität Stuttgart (in Vorbereitung).
6. Bundesministerium für Verkehr (1992). Anweisung für eine Straßendatenbank (ASB). Bonn, Referat StB10.
7. V. Claus, J. Risau und M. Papenbrock (1993). Projekt Fahrgemeinschaften - Abschlußbericht. Oldenburger Forschungs- und Entwicklungsinstitut für Informatik-Werkzeuge und -Systeme OFFIS.
8. R. Dechter und J. Pearl (1985). Generalized best-first search strategies and the optimality of A^*. Journal of the ACM 32, 505-536.
9. E.W. Dijkstra (1959). A note on two problems in connection with graphs. Numerical Mathematics 1, 269 - 271.
10. S.E. Dreyfus (1969). An appraisal of some shortest-path algorithms. Operations Research 17, 395 - 412.
11. E. Minieka (1974). On computing sets of shortest paths in a graph. Communications of the ACM 17, 351 - 353.
12. T. Ottmann und P. Widmayer (1993). Algorithmen und Datenstrukturen. Reihe Informatik Band 70, BI.
13. C. Papadimitriou und K. Steiglitz (1982). Combinatorial Optimization: Algorithms and Complexity. Prentice-Hall, Englewood Cliffs, New Jersey.
14. V. Reinke (1985). Fahrgemeinschaften im Berufsverkehr - Möglichkeiten und Grenzen der Förderung. Institut für Raumplanung der Universität Dortmund (IRPUD), Dortmunder Beiträge zur Raumplanung, Band 39.
15. N. Reinkober (1994). Fahrgemeinschaften und Mobilitätszentrale - Bestandteile eines zukunftsorientierten Öffentlichen Personennahverkehrs. Erich Schmidt Verlag, Schriftenreihe für Verkehr und Technik, Band 81.

16. J. Y. Yen (1971). Finding the k shortest loopless paths in a network. Management of Science 17, 712 - 716.

Gewußt oder gesucht: Spieltheorie für Menschen und für Maschinen

Jürg Nievergelt

Was können wir vom Computer als Spieler lernen?

Diese bewußt zweideutige Frage soll ein exotisches Randgebiet der Informatik einführen: die Kunst, Computer zum Spielen zu bringen. Bevor man untersucht, wie diese Leistung zu erbringen ist, taucht aber die Frage „warum denn?" auf. Eine Antwort darauf ist zugegebenermaßen dieselbe, die das Erklimmen der Eiger Nordwand erklärt: „Um zu zeigen, daß man es kann."

Wir suchen in diesem Artikel nach einer befriedigenderen Antwort. Wir versuchen anhand einiger Episoden aus der Entwicklung des Computerschachs zu interpretieren, was erreicht worden ist. Wir vergleichen dies mit der Leistung menschlicher Experten, versuchen einige Unterschiede zu verstehen und kommen zum Schluß nochmals auf die verzwickte Frage zurück: Was hat die Wissenschaft gelernt aus einem Experiment, das seit der Frühzeit der Computer vor fast einem halben Jahrhundert etwas chaotisch, aber mit großer Hingabe von Hunderten von faszinierten Bastlern und Wissenschaftlern geführt worden ist?

3.1 Spiele als Samen der Wissenschaft

Die Wissenschaft ist oft durch Spiele entscheidend befruchtet worden. Das Paradebeispiel sind wohl die Fragen über Glücksspiele, die ca. 1650 Pascal und Fermat zur Entwicklung der Wahrscheinlichkeitstheorie inspirierten - heute ein bewährtes Lastpferd der Naturwissenschaften, Technik und Wirtschaft. Gesellschaftsspiele haben Johann von Neumann zur mathematischen Spieltheorie geführt [10], die heute den Wirtschaftswissenschaften und der Biologie nützliche Modelle für das Verhalten von Lebewesen liefert. Weiterentwicklungen, z.B. die kombinatorische Spieltheorie von Conway [2], zeigen, daß das Potential der Spieltheorie heute erst in Ansätzen erkannt ist.

Die erwähnten Beiträge sind mathematischer Art. Während die Definitionen, Sätze und Beweise der Wahrscheinlichkeitstheorie sich oft direkt in praktische Rechnungen umsetzen lassen, liefern sie bei der Spieltheorie eher qualitative Hinweise als quantitative Ergebnisse. Der Grund für letzteres ist eine zentrale Angelegenheit der Informatik, insbesondere der Berechnungskomplexität. Mit dem mathematisch eleganten Kunstgriff des Begriffs „Strategie" versteckt die Spieltheorie Komplexität, um begriffliche Einfachheit zu erreichen. Eine Strategie im Sinne der Spieltheorie ersetzt eine Folge von Entscheidungen (z.B. die Wahl aller Züge während einer Schachpartie) durch eine einzige Entscheidung: ein Spieler kann theoretisch alle Einzelentscheidungen, die er je antreffen könnte, im voraus fällen. In Schachterminologie wäre dies ein riesiges Eröffnungsbuch, das jede Variante bis zum Matt oder zum zwangsläufigen Remis verfolgt. Damit könnte man im Prinzip optimal, d.h. korrekt spielen. Bereits einfache Spiele entziehen sich jedoch in der Praxis diesem „brute-force" Ansatz, weil die notwendigen Berechnungen und Datenmengen nicht ins Universum passen.

Wir befassen uns in diesem Artikel mit einer anderen Art von „Theorien", die durch Spiele inspiriert sind. Diese „heuristischen Theorien" haben wenig oder nichts mit Mathematik zu tun. Sie sind als Richtlinien oder Daumenregeln für menschliche Entscheidungen entstanden, und sie werden seit Jahrzehnten auch für Computer-Entscheide übernommen – allerdings mit gemischten Gefühlen.

Als Beispiel für heuristische Theorien betrachten wir die Entwicklung der Computer als Schachspieler. Ob Computer überhaupt Schach spielen könnten, was von einigen als eine Charakteristik menschlicher Intelligenz aufgefaßt wurde, war 1950 eine Frage, welche die Computer Pioniere Shannon und Turing bewog, mögliche „Schachalgorithmen" grob zu beschreiben. Danach folgte eine jahrzehntelange Debatte mit extremen Stellungnahmen. Schachcomputer würden stets im Anfängerstadium stecken bleiben, sagten die Zweifler. Sie würden „innert 10 Jahren" vom jeweiligen Datum Weltmeister werden, prophezeiten die Optimisten. Die Fakten sprechen heute klar: Schachcomputer sind sehr starke Spieler, die besten werden höchstens von einigen hundert Menschen noch klar übertroffen.

Die Frage, ob und wann Schachcomputer den Menschen definitiv überlegen sein werden, hat seine Brisanz verloren – vermutlich werden die meisten Leser dieses Ereignis noch erleben. Die wichtige Frage, deren Antwort die Informatik bereichern kann, ähnlich wie frühere spielerische Untersuchungen die Wissenschaft bereichert haben, ist eine andere. Computerschach dient der Informatik seit Jahrzehnten als Meßlatte für die Wirksamkeit von heuristischen Suchverfahren und der Formalisierung von Wissen (knowledge engineering). Schach diente als „Drosophila der Künstlichen Intelligenz" – keine andere Anwendung von heuristischen Methoden und Wissensformalisierung hat eine vergleichbare Vielfalt an empirischen Daten gesammelt, die Computerleistung mit der Leistung menschlicher Experten objektiv vergleichen. Was kann die Informatik aus solch empirischen Untersuchungen lernen? Das ist die entscheidende, nicht leicht zu beantwortende Frage.

3.2 Macht oder Ohnmacht roher Rechenleistung

Seit den Anfängen elektronischer Computer vor einem halben Jahrhundert hat sich deren Leistung in zweifacher Hinsicht grob um je einen Faktor 1 Million gesteigert: in Bezug auf Rechenleistung, gemessen an der Anzahl (arithmetischer) Operationen pro Sekunde, und ebenfalls in Bezug auf Speicherkapazität. Dieser Binsenwahrheit betreffend Vergangenheit kann man eine gewagte, aber vertretbare Prophezeiung folgen lassen: in den nächsten Jahrzehnten werden sich sowohl Rechenleistung wie auch Speicherkapazität nochmals um je einen Faktor 1 Million steigern.

Die Prognose für solch weitere massive Steigerungen stützt sich auf mehrere unabhängige Argumente.

1. Die rasante Miniaturisierung in der Halbleitertechnik, das „Verdoppeln der Leistung alle 1-2 Jahre", kann noch ein Jahrzehnt weiter wirken, bevor physikalische Grenzen diese Perfektionierung stoppen.
2. Fortschritt durch neue Technologien, noch unbekannte oder bisher wenig genutzte - im Bereich der Optik gibt es vielversprechende Beispiele.
3. Verteiltes Rechnen auf Tausenden von nicht ausgelasteten Rechnern, Parallelrechner mit Tausenden von leistungsfähigen Prozessoren stellen billig eine sehr große rohe Rechenkapazität zur Verfügung.

Das Schlüsselwort ist „rohe" Rechenkapazität – wozu diese nützt, das ist die Frage. Jeder Informatiker sollte imstande sein, Berechnungsaufgaben P zu stellen, bei denen P(1) trivial, P(2) von Hand, P(3) mit Computer, aber P(4) praktisch gar nicht berechnet werden kann. Bei Aufgaben dieser Art, die wir „NP-hart" nennen, genügt die Steigerung der Rechenkapazität um einen Faktor 1 Million nicht, um von P(n) auf P($n + 1$) zu gelangen.

Die Algorithmik hat sich jahrzehntelang vorwiegend mit eleganten, effizienten Algorithmen beschäftigt und hat für diese eine sehr nützliche asymptotische Komplexitätstheorie entwickelt. Die Aussage „Sortieren ist ein $n \log n$ Problem" erlaubt uns, aus der Rechenzeit für $n = 1000$ zuverlässig auf die Rechenzeit für $n = 100000$ zu schließen. Algorithmen, deren Laufzeit polynomial in der Größe n der Eingabedaten ist, haben wir sehr gut im Griff. Solche Algorithmen sind für viele gut strukturierte, mathematisch klar definierte Probleme bekannt.

Die Mehrzahl der realen Probleme ist aber weder gut strukturiert noch mathematisch klar definiert – numerische Wettervoraussage und Marktanalyse sind Beispiele. Ob solche Probleme für Computeranwendung geeignet sind, ist fraglich – aber wir rechnen sie doch. Die mathematischen Modelle, die schlußendlich jedem Programm zugrunde liegen, führen dann oft zu massiven heuristischen Berechnungen.

Erlauben uns zwei Faktoren „1 Million" in gesteigerter Rechen- und Speicherkapazität, nützliche neue Probleme zu lösen? Die Antwort ist mal Ja, mal Nein – aber wir wissen a priori nicht, wann Ja und wann Nein. Im Gegensatz zu den einfachen Problemen, die polynomiale Lösungsverfahren zulassen, führt bei unstrukturierten NP-harten Problemen nur empirische Untersuchung zu Einsicht. Um allgemeine Regeln zu entdecken, suchen wir also nach umfangreichen experimentellen Untersuchungen – und stoßen dabei auf das Computerschach, dessen Geschichte etwa 1950 anfängt.

3.3 Mensch und Maschine als Informationsverarbeiter

Beim Programmieren einer Tätigkeit, die auch von Menschen ausgeübt wird, ist es naheliegend, unser Vorgehen als Vorbild zur Entwicklung eines Computeralgorithmus zu wählen, denn dieses ist anfänglich das einzige bekannte Lösungsverfahren. Das Motto: „wenn ich das kleine Ein-mal-Eins lernen muß, dann muß der Computer das auch wissen", hat die Entwicklung von dezimalen Rechenmaschinen über 100 Jahre lang geprägt, bis Konrad Zuse ca. 1940 bemerkte, daß Binärzahlen eine einfachere und effizientere Schaltlogik ergeben. Die Menschheit bleibt aber bei der Dezimaldarstellung, denn wir können uns eine siebenstellige Telefonnummer noch merken, aber nicht die entsprechende Binärdarstellung mit über 20 Bits.

Im Vergleich zwischen Mensch und Computer gilt wahrhaft „wenn zwei dasselbe tun, dann ist es nicht dasselbe". Wenn wir Mensch und Maschine als Informationsverarbeiter vergleichen, dann sind fundamentale Unterschiede augenfällig. Im rational-deduktiven Denken, mit Elementarschritten vom Typ „wenn x dann y" wie sie in vielen Algorithmen vorkommen, sind Computer mindestens um den Faktor 1 Million schneller, und noch viel zuverlässiger - Lebewesen wurden nicht selektioniert, um Routineschlüsse schnell und fehlerfrei auszuführen. Andererseits erkennen wir ein Bild, z.B. ein Gesicht, nicht nur schneller, sondern viel besser als heutige Computer.

In Bezug auf Speicherkapazität gibt es ähnlich drastische Unterschiede. Computer können leicht auf Gigabytes von exakt darstellbaren Daten zugreifen, wir haben schon Mühe, ein Gedicht auswendig zu rezitieren. Andererseits haben wir ein riesiges Langzeitgedächtnis für Erfahrungen und Eindrücke, die wir zwar nicht scharf formulieren können, die unser Leben aber doch stärker leiten als alle rationalen Schlußfolgerungen, die wir je ziehen. Noch klarer ist der Unterschied beim Kurzzeitgedächtnis, das wir einsetzen, um Zwischenergebnisse zu speichern, die man vergessen möchte, sobald das Endresultat feststeht. Hier waltet George Millers „magical number seven, plus or minus two" [9], wie man beim Versuch, eine Folge von Zufallsziffern zu reproduzieren, feststellen muß.

Wenn Menschen und Computer Schach spielen, dann setzen sie also ihre ganz spezifischen Fähigkeiten ein, und verwenden verschiedene „Denkvorgänge", die auf diese Fähigkeiten zugeschnitten sind. Ist das Ergebnis, die Schachspielweise, dann auch verschieden, oder doch dasselbe?

Diese Frage hat eine positive und eine negative Antwort. Schachcomputer bestehen den „Turing Test" kaum. Experten können rein auf Grund einer vorliegenden Mensch-Computer-Partie fast immer entscheiden, wer welche Farbe gespielt hat, also den Computer rein aufgrund seiner Züge identifizieren. Es gibt typische „Computerzüge", und noch informativer, es gibt charakteristische Computer-Fehler, die sehr verschieden sind von charakteristischen menschlichen Fehlern. Heutige Schachcomputer haben einen anderen Stil als Menschen.

Aber beim Schach als Leistungssport kommt es doch nur aufs Ergebnis an, Gewinn-Remis-Verlust. Jeder versucht, auf seine Art zu gewinnen, und der Stilunterschied zwischen zwei Meistern, einem Taktiker und einem Positionsspieler, ist womöglich noch größer als der zwischen vielen Menschen und einem Schachcomputer.

Wir untersuchen und vergleichen deshalb das Schachspiel von Mensch und Computer in dreifacher Hinsicht: die Methode, wie Züge erzeugt und ausgewählt werden, der resultierende Stil und die erreichte Leistung, letztere im Laufe der Zeit.

3.4 Schachtheorie für Menschen

Grundkenntnisse der über Jahrhunderte entwickelten Schachtheorie, in Tausenden von Schachlehrbüchern dargestellt, ist bereits für einen Klubspieler eine notwendige Voraussetzung. Für Profis ist Studium der Theorie eine nie endende Aufgabe. Versuchen wir, an einigen Beispielen einen Einblick in die Natur der Schachtheorie zu geben. Emanuel Lasker, Weltmeister 1894-1921, strebt in Lasker's Manual of Chess [6] an, „...the subject to be taught as a piece of architecture, as a harmonious unit, as a thing that has spiritual beauty in the way its parts arc linked together so as to imbue the whole with one meaning". Lasker als Philosoph sieht Schach im breiten Kontext menschlichen Lebens : „The theory of struggle, divined by men like Machiavelli, Napoleon, Klausewitz, molded by Steinitz ... for the chess-board, established by myself in universal validity, therefore philosophically, will some day regulate the life of man."

Einige Beispiele, wie Lasker Schachwissen als „harmonische Einheit" darzustellen versucht. Im Teil 1, „The Elements", steht „Fourth Proposition: The Plus of a Pawn does not always suffice to force the win, but in a majority of cases it does." Im Teil 3, „The Combination", werden Kombinationen in Bezug auf verschiedene „Motive" klassifiziert. Das „geometrische Motiv" wird z.B. durch Sperrung des Schnittfeldes einer Linie und einer Diagonale illustriert. Das „Funktions-Motiv" bezieht sich auf die Aufgaben, die eine bestimmte Figur erfüllen soll. Eine überlastete Figur kann nicht allen ihr zugewiesenen Aufgaben gleichzeitig gerecht werden. Teil 4, „Position Play", hebt die Wichtigkeit eines langfristigen Planes für die Partieanlage hervor. Zu den Grundelementen für den Entwurf eines Planes gehören: die Evaluation einer Stellung; das Prinzip der Ansammlung permanenter Vorteile; das Prinizip, daß ein Angriff sich gegen Schwächen des Gegners richten muß; daß die Verteidigung ihren schwächsten Punkt auf die sparsamst mögliche Weise verstärken soll. Teil 5, „Aesthetics", soll Schach als Kunst präsentieren; Teil 6, „Examples and Models", zeigt nochmals lehrreiche Beispiele – denn natürlich sind alle Abstraktionen, die im Buch zahlreich vorkommen, stets durch Beispiele illustriert.

Überhaupt präsentiert sich Schachtheorie vorwiegend durch Beispiele, deren Anspruch auf Allgemeinheit der Leser dann selbst interpretieren muß.

Denn Schachautoren bevorzugen einen bequemen Satz: „In derartigen Stellungen (hier steht ein Stellungsdiagramm) soll man oder soll man nicht (angreifen, eine bestimmte Figur tauschen, einen Bauern opfern, oder ...)". Die Stichprobe besteht oft aus einem einzigen Beispiel, daraus soll der Leser auf die angesprochene Klasse von Stellungen schließen – das Wunder ist, daß diese Lehrmethode funktioniert! Das liegt z.T. daran, daß Schach wunderbare Beispiele erlaubt, Kunstwerke, die mit minimalem Aufwand eine Kernidee, ein „Motiv", in reinster Form darstellen. Die Endspielstudie von Richard Reti (1929), „Weiß am Zug hält Remis", ist ein didaktisches Meisterwerk.

Abbildung 3.1. Endspielstudie von Richard Reti (1929).

Die „Quadratregel" sagt, daß der König einen gegnerischen Freibauern genau dann aufhalten kann, wenn er in eines der beiden Quadrate gelangt, die links und rechts über der Seite errichtet werden, die vom Bauern bis zu seinem Umwandlungsfeld gezogen wird. In Retis Endspiel ist der schwarze König im Quadrat des weißen Freibauern, kann also dessen Umwandlung zur Dame verhindern. Der weiße König hingegen ist nicht im Quadrat des schwarzen Freibauern, kann diesen also nicht mehr einholen. Schwarz gewinnt trivial? Erstaunlicherweise nicht. Wenn sich der weiße König mit jedem Schritt entlang der Diagonalen gleichzeitig beiden Kampfplätzen nähert, dann kann er, je nach Wahl von Schwarz, entweder seinen eigenen Freibauern zur Umwandlung begleiten, oder den schwarzen Freibauern einholen.

Anhand von vage formulierten Regeln und vielen konkreten Beispielen eignet sich der Schachspieler das kumulierte Wissen von Jahrhunderten an. Man beachte, daß von all dem sehr wenig, fast nichts, als know-how für Computer programmierbar ist. Damit man dies richtig versteht: die Lösung eines konkreten Beispiels, vor allem wenn sie taktischer Art ist, mag durch eine Folge von Zügen mit erzwungenen Antworten einfach sein. Aber ein

Beispiel steht ja stellvertretend für viele Stellungen, und die oben erwähnte wunderbare menschliche Fähigkeit, aus wenigen Beispielen eine allgemeine Regel zu extrahieren (die man dann gar nicht scharf formulieren kann!) – diese Fähigkeit gehört (noch?) nicht zur Computertechnik.

3.5 Das Shannon-Turing Rezept für Computer als Spieler

Im ersten Jahrzehnt elektronischer Rechenmaschinen war der Vergleich der Fähigkeiten des menschlichen Gehirns und „elektronischer Gehirne" sehr aktuell. Die berühmten Pioniere Claude Shannon und Alan Turing beschrieben in ihren Artikeln [11] und [12], wie man einen Computer zum Schachspielen bringen kann. Das einfache Shannon-Turing Rezept, anfänglich eine reine Spekulation, hat sich als erstaunlich wirksam erwiesen und bildet den Kern aller heutigen Schachcomputer. Etliche Versuche, die Spielstärke der Maschinen durch Formalisierung von mehr (menschlicher) Schachtheorie zu erhöhen, haben sich im Wettbewerb gegen das „brute-force-Rezept" von Shannon nicht durchsetzen können. Beschreiben wir es kurz, [7] und [8] enthalten ausführliche Übersichten über Computerschach.

Im Sinne der Spieltheorie betrachte man den (endlichen) Spielbaum, dessen Wurzel die zu untersuchende Schachstellung darstellt, und der alle möglichen Varianten, bis zum Matt oder zum zwangsläufigen Remis, als Pfade von der Wurzel zu Blättern enthält. Der spieltheoretische Wert der Blätter wird durch die Schachregeln festgelegt, z.B. 0, 1/2 oder 1 für den Anziehenden. Eine Minimax-Evaluation dieses Baumes startet an den Blättern und weist der Wurzel einen eindeutigen Wert zu, z.B. 1/2. Der Baum für die Anfangsstellung dürfte eine mittlere Tiefe von Hunderten von Halbzügen („plys") und einen mittleren Knotengrad („fanout") von einigen Dutzend legalen Zügen aufweisen – und paßt somit auf keine Kuhhaut, und eben auch nicht ins Universum.

Der Kunstgriff besteht nun darin, diesen Spielbaum nur soweit abzusuchen, wie man Zeit hat, z.B. im Mittel 3 Minuten, um einen Zug in einer Turnierpartie auszuführen. In beschränkter Zeit erzeugt und untersucht man den Spielbaum, von der Wurzel ausgehend, bis zum erreichten Horizont. Da dieser Horizont i.a. weit weg von den Blättern des Spielbaums liegt, sagen die Spielregeln nichts aus über die Stellungswerte am Horizont. Mit unbekannten Werten am Horizont kann aber keine Minimax-Evaluation gestartet werden.

Jetzt kommt der Schritt, der anfänglich rein spekulativ sein mußte, inzwischen aber empirisch stark abgestützt ist. Man erfindet eine „statische Stellungsbewertungsfunktion", eine Heuristik, die jeder Stellung einen Zahlenwert zuordnet, der angeben soll, wie gut oder schlecht diese Stellung sei. Diese Heuristik stützt sich natürlich auf Schachkenntnisse, vorwiegend auf die üblichen Werte der verschiedenen Figuren. Mobilität, Qualität der Bauernstellung, Königssicherheit und andere Charakteristiken, die man leicht durch schnell auswertbare Formeln approximieren kann, werden ebenfalls bewertet.

Schachprogrammierer betrachten ihre statische Bewertungsfunktion als Berufsgeheimnis, da sie das Schachwissen ihres Programms darstellt und man dies der Konkurrenz vorenthalten möchte. Eines ist sicher: verglichen mit dem menschlichen Schachwissen ist das den Computern explizit eingepaukte Wissen vernachlässigbar. (Die einzige Ausnahme hierzu stellt die Eröffnungsbibliothek dar: ein Computer kann natürlich eine größere Anzahl expliziter Zugfolgen speichern als der Mensch im Kopf behalten kann. Weltmeister Kasparov hat diesen Vorteil des Computers als „unfair gegenüber dem Menschen" bezeichnet, der während der Partie keine Eröffnungsbücher aufschlagen darf.)

Zurück zur statischen Stellungsbewertung, die nun jeder Stellung am Horizont eine Phantasiezahl zuordnet wie z.B. „Weiß hat einen Vorteil von 0,13 Bauern". Dies ist aus zwei Gründen eine Phantasiezahl. Erstens kennt Schach nur Gewinn, Remis, Verlust, nicht „Gewinn mit 0,13 Bauern Vorsprung" – die Spieltheorie kann diese Meßlatte nicht erklären. Zweitens, und noch schwerwiegender als die begriffliche Lücke, ist die Tatsache, daß einfältige Heuristiken oft ein ganz falsches Urteil abgeben. Beispiel: Wenn Weiß einen Bauern oder eine Figur „auf Position opfert", also ohne kurzfristig meßbaren Gegenwert, sondern um permanente Felderschwächen im gegnerischen Lager zu erzwingen – dann sehen Schachspieler die Kompensation für das materielle Opfer, die „Löcher" in der schwarzen Stellung, auf den ersten Blick. Ein Schachcomputer, hingegen, wird oft solange behaupten, Schwarz sei im Vorteil, bis es zu spät ist. Die Katastrophe lag hinter dem Horizont, der Computer konnte sie nicht rechtzeitig „sehen".

Wenn wir von einem Wunder sprachen, daß Menschen aus einem einzigen Beispiel auf eine allgemeine Regel schließen können, dann dürfen wir wohl vom entsprechenden Wunder der Schachcomputer sprechen. Mit den erwähnten Phantasiezahlen als Startwerte am Horizont wird jetzt eine mathematisch exakte Minimax-Evaluation des Spielbaumes durchgeführt, und diese führt zu einem „besten" Zug in der Ausgangsstellung.

Es gibt natürlich viel mehr zu sagen über die Ausführung des Shannon-Turing Rezepts mit seinen vielen Varianten. Für die Minimax-Evaluation steht der sehr effiziente Alpha-Beta Algorithmus zur Verfügung, der redundante Berechnungen meidet. Dieselbe Brettstellung tritt gewöhnlich an vielen verschiedenen Knoten im Spielbaum auf, weil diese Stellung auf verschiedenen Wegen erreicht werden kann; mittels Hashtabellen werden bereits bewertete Stellungen gespeichert. Jede neu erzeugte Stellung wird mit der Tabelle verglichen, und falls sie bereits früher angetroffen und analysiert wurde, wird diese Rechnung nicht wiederholt.

Der wohl wichtigste Punkt, den man noch besprechen müßte, ist die Wahl desjenigen Teil des Spielbaumes, der innerhalb des Horizonts abgesucht wird. Bereits Shannon und Turing habe die Grundideen erwähnt. Z.B. ob man alle legalen Züge in einer Stellung verfolge oder selektiv nur wenige, die oberflächlich betrachtet gut aussehen. Daß es „turbulente Stellungen" gibt, wie z.B. nach einem Schachgebot oder mitten in einem Schlagabtausch, wo die statische Bewertung besonders unzuverlässig ist. Dort soll die Suche ausgedehnt werden, bis man auf „ruhige Stellungen" stößt.

Es geht mir hier aber nicht um die technischen Raffinessen der Schachprogrammierung. Sondern darum, den Kern des erstaunlich erfolgreichen Shannon-Turing Rezepts zu beleuchten. Boshaft ausgedrückt erinnert es an die Zauberei „garbage in, information out": wenn man genügend viele zweifelhafte Zahlen genügend lang mahlt, kommt hin und wieder ein starker Schachzug heraus.

3.6 Theorien und ihre Ausführenden am Werk

Das Shannon-Turing Rezept, kombiniert mit der Rechenleistung heutiger Computer, funktioniert so gut, weil Schach ein explosives Spiel ist. Kombinatorische Feuerwerke lauern den Spielern auf Schritt und Tritt auf. Aber Schachkombinationen sind kurz – viele liegen innerhalb des Horizonts von ca. 10 Halbzügen, den leistungsfähige Schachcomputer in voller Breite absuchen können. Längere Kombinationen bereiten den Computern auch wenig Schwierigkeiten, denn Kombinationen forcieren die gegnerischen Antworten: oft gibt es nur 1 bis 2 Züge, die das sofortige Unheil abwenden. In solchen Situationen ist der Alpha-Beta Algorithmus sehr wirksam, und der Suchhorizont wird selektiv entlang der Kombination vertieft, bis diese zu Ende gelaufen ist. Der kombinatorische Sturm endet meistens bald in einer ruhigen Stellung, in der die einfachste Bewertungsfunktion, nämlich Material, äußerst aussagekräftig ist: wem danach eine Figur oder auch nur ein Bauer fehlt, hat oft eine verlorene Stellung.

Eine Folge der hohen Suchleistung der Schachcomputer ist die, daß spektakuläre Züge, die in der Schachliteratur ein Jahrhundert lang aufbewahrt und gepriesen werden, für Computer oft trivial sind. Ein Beispiel möge genügen, die Partie Lewitzky – Marshall, Breslau 1912. In der turbulenten Stellung links zog Frank Marshall 23. ... Dc3-g3!! (rechts), Lewitzky gab auf, und die begeisterten Zuschauer warfen anscheinend Goldmünzen auf das Brett. Marshalls spektakulärer Zug ist für Menschen deshalb so schwer zu finden, weil er der Intuition widerspricht, die in der großen Mehrzahl der Stellungen gilt: die wertvolle Dame zieht man nicht freiwillig auf ein Feld, wo sie von 2 Bauern geschlagen werden kann. Wird der Zug aber zur Analyse vorgeschlagen, dann rechnet man leicht nach, daß er für Weiß tödlich ist – insbesondere kommen die zwei Züge Bauer-schlägt-Dame wegen sofortigem Matt nicht in Frage.

Aber einfache Schachprogramme, die auf einem PC laufen, finden den Killer Dc3-g3!! in wenigen Sekunden. Sie erzeugen alle legalen Züge, wissen nichts davon, daß Dc3-g3 verrückt aussieht, und berechnen mit Hilfe eines ganz schmalen Suchbaums der Tiefe 8 Halbzüge, daß Schwarz eine Figur gewinnt in ruhiger Endspielstellung.

Solche Beispiele könnte man beliebig fortsetzen. Beim Mensch-gegen-Computer Wettkampf werden Computer oft als taktische Monster bezeich-

Abbildung 3.2. Lewitzky – Marshall, Breslau 1912.

net, weil sie in (für uns) undurchsichtigen Stellungen erfolgreich mit kontra-intuitiven Zügen kämpfen, die wir gar nicht betrachten, nicht „sehen". Schachcomputer geraten oft in Stellungen, in die ein Meister sich nicht wagen würde, weil alle visuellen Indikatoren diese Stellung als gefährlich, als kombinationsträchtig, deuten. Aber der Computer hat möglicherweise alle potentiellen Kombinationen ausgerechnet und auf jede eine siegreiche Erwiderung gefunden.

Ein solches Szenario spielte sich in der ersten Matchpartie zwischen Deep Blue, dem heute stärksten Schachcomputer, und Weltmeister Gary Kasparov ab (Philadelphia, Februar 1996). Kasparov hat sich seine Bauernstellung zerreißen lassen (Stellung links), um entlang der offenen g-Linie anzugreifen. Statt den König zu verteidigen, frißt „der materialistische Computer" mit 29. Sd6xb7 einen Bauern. Dieser Zug, der einen potentiellen Verteidiger in eine entfernte Ecke exiliert, wurde anfänglich kritisiert, aber nach gründlicher Analyse als „brillant" bezeichnet. Wie gefährlich der schwarze Angriff ist, zeigt die Stellung rechts, in der Schwarz einzügiges Matt droht. Aber nur 3 Züge später gibt Kasparov auf. Deep Blues Gegenangriff in letzter Minute, 35. Sd6xf7+, von langer Hand vorbereitet, dringt zuerst durch. „Mein Angriff hätte jeden menschlichen Gegner besiegt", sagte Kasparov nach der Partie.

nach 28. ... f5-f4   nach 34. ... Nd3xf2

Abbildung 3.3. Erste Matchpartie Deep Blue – Kasparov.

3.7 Der Plan als Kern menschlicher Strategie

Kasparov lernte schnell. Er ließ sich nicht mehr in taktische Handgemenge verwickeln, sondern setzte eine bekannte Anti-Computer-Strategie ein, die oft mit „don't do anything, but do it very well" charakterisiert wird. Die Idee hinter diesem Slogan ist die folgende. In soliden, bevorzugt geschlossenen Stellungen, wo der Computer innerhalb des Suchhorizonts keine taktischen Ziele erkennt, ist er „blind", orientierungslos. Dann zieht er „zufällig", und da sein Positionsverständnis praktisch nil ist, wird er sich früher oder später kleine, permanente Schwächen antun. Auf diesen Moment wartet der Meister, denn nun hat er strategische Ziele, die weit über dem Suchhorizont liegen, und die er mit bekannten Methoden ausnutzen kann. Er entwirft einen „Plan", um sein langfristiges Ziel zu erreichen. Lasker schreibt in [6]: „the plan has breadth and depth which are imposing and which, by slow, methodical building, give a structure to the position"; und „the position-player thinks backward: he conceives a position to be arrived at and works toward that position of which he is more conscious than the one on the board. He sees successive stages of the position aimed at."

Die folgenden vier Stellungen illustrieren einen in der Schachliteratur berühmten Plan, von einem großen Endspielkünstler konzipiert. Bescheidene Schachkenntnisse sollten genügen, um diesen einfachen, logischen Plan zu verstehen, wenn er erklärt wird. In Cohn-Rubinstein, St. Petersburg 1909, kam das Bauernendspiel im Diagramm 1) aufs Brett. Die Stellung ist fast symmetrisch, Weiß hat nur eine minimale Schwäche in Form eines Doppelbauern – aber das genügt zum Gewinn! Die Beweisführung stützt sich nicht auf einen großen Variantenbaum, sondern auf die intuitive Bewertung von einigen wenigen Positionstypen, welche die sukzessiven Phasen der Gewinnführung darstellen. Wie Laskers Charakterisierung eines Planes andeutet, mag Rubinstein überlegt haben, wie er die weiße Bauernschwäche dazu nutzen kann, um seinen König in eine dominante Stellung zu bringen und den weißen König an den Rand zu drängen.

Stellung 2) zeigt das erste Zwischenziel: der schwarze König greift den isolierten Bauern h2 an, der nur von seinem König gedeckt werden kann, und bindet daher den weißen König an die Ecke. Der schwarze König wird dadurch vorübergehend auch immobil.

1) nach 25. Kd2xc1   2) nach 29. Kf1-g1

3) nach 34. ... g5-g4   4) nach 39. ... Kh3xg3 -+

Abbildung 3.4. Cohn – Rubinstein, St. Petersburg 1909.

In Stellung 3) hat Schwarz die weißen Damenflügelbauern immobilisiert und seine eigenen Königsbauern vorgerückt. Wenn die schwarze Bauernfront auf die weiße prallt, gibt es einen mehrfachen Abtausch, und es entsteht Stellung 4): der schwarze König spaziert zu den weißen Bauern und schlägt sie, der weiße König ist am falschen Ort, um zu intervenieren. Was zu beweisen war.

Der strategische Plan ist die stärkste Waffe des Schachmeisters. Zitieren wir nochmals Lasker: „A spirit with a large and roomy brain who without error could keep in mind millions of variations would have no need for planning. Frail, weak man can clearly keep in mind only half a dozen variations. His reason was not made to be a substitute for a printed table. His mind has a marvelous faculty which enables him to conceive deep and far-sighted plans without being subject to the necessity of examining every possibility."

Der abstrakte Begriff „Plan", den man zwar nicht scharf definieren, aber an unzähligen Meisterwerken so schön illustrieren kann, ist für den Informationsverarbeiter Mensch geschaffen worden. Versuche, diese Fähigkeit zu programmieren [1], sind (bisher?) gescheitert. Der Schachcomputer, mit seinem „roomy brain who without error could keep in mind millions of variations", spielt nach einer anderen Methode. Zwar sind die „zillions of variations", die er absuchen kann, bei weitem nicht genug, um das Schachspiel zu erschöpfen. Sie sind aber genug, um dem Schachmeister ein ernster Konkurrent zu sein, dessen Pläne ja auch nur von Menschenhand geschmiedet und entsprechend fehlerbehaftet sind.

3.8 Das Wettrennen Mensch gegen Maschine

Spielstärke im Schach läßt sich zwar nicht mit der Stoppuhr, aber doch recht zuverlässig durch kumulierten Spielerfolg messen. Arpad Elo [3] hat ein Formelsystem entwickelt, das Schachspielern eine „Elozahl", oder kurz „Elo", zuweist. Diese Zahl verändert sich nach jeder gespielten (und dem zuständigen Verband gemeldeten) Partie entsprechend Erfolg oder Mißerfolg. Wenn ein Spieler mit Elo x gegen einen mit Elo y gewinnt, dann verändern sich die Elozahlen beider Spieler:

$$x' = x + f(x,y), \; y' = y - g(x,y).$$

Der internationale Schachverband FIDE, seine Konkurrenzorganisation Professional Chess Association PCA und fast alle nationalen Schachverbände verwalten ihre eigenen Führungslisten. Da jede Liste sich auf eine bestimmte Menge von gewerteten Partien stützt, die sich von andern Listen unterscheidet, kann derselbe Spieler verschiedene Elozahlen haben. Für Meister, die vorwiegend an internationalen Turnieren spielen, sind die FIDE und neuerdings auch die PCA Elozahlen das treffendste Stärkemaß. Für Computer ist es hingegen USCF Elo, da die United States Chess Federation bei weitem am meisten Mensch-Computer und Computer-Computer Partien gewertet hat.

Die Elo Skalen basieren auf der Idee, daß die momentane Spielstärke aller Spieler normal verteilt ist, und daß die Differenz $x - y$ zweier Elozahlen den Erwartungswert des Ergebnisses einer Partie oder eines Wettkampfs um mehrere Partien der Spieler x und y mißt. Die Standardabweichung ist auf 200 Elopunkte normiert, und eine Differenz von 200 Punkten (ein „Klassenunterschied") entspricht einer Erwartung von recht genau 3:1 für den höher eingestuften Spieler. Eine Differenz von 125 Elos entspricht 2:1, eine von 100 Punkten 64:36. Ein Unterschied von 100 Elopunkten ist deutlich merkbar!

Elo Skalen haben keinen meßbaren Fixpunkt, können sich also im Verlauf der Zeit verschieben. Elo 2000 entspricht einem starken Klubspieler (historisch einem 50%-Ergebnis im US Open Turnier). Auf der FIDE Elo Skala, 1970 eingeführt, liegen die erfolgreichsten Meister (Bobby Fischer ca. 1970, Gary Kasparov während des vergangenen Jahrzehnts) um 2800 Elo. Elo Skalen zu verschiedenen Zeitpunkten lassen sich nicht genau vergleichen (Elo Inflation?), aber für unsere Zwecke ist es genügend gut, die Elozahlen im Verlaufe der vergangenen 25 Jahre als invariant zu betrachten. Dann ist also 2800 das bisherige menschliche Maximum. Großmeister (GM) fangen bei ca. 2500 an, Internationale Meister (IM) im Bereich 2350–2500, FIDE Meister (FM) im Bereich 2200–2400. Diese Zahlen sind nur approximative Angaben, denn ein erkämpfter FIDE Titel GM, IM, FM bleibt erhalten, auch wenn die Elozahl eines Meisters sinkt.

Die USCF Elo Skala ist gegenüber der FIDE Elo Skala etwas großzügiger, vielleicht um ca. 50 Punkte verschoben. Ich erwähne diese Details, um dem Vorwurf zuvorzukommen, ungleiche Maßstäbe anzuwenden. Um die wachsende Spielstärke der Computer im Laufe der Zeit zu messen, kommt es nicht auf 50 Elopunkte mehr oder weniger an, der Trend ist klar erkennbar. Betrachten wir die Spielstärke einiger Gewinner der von ACM organisierten Computerschachmeisterschaften. Die aufgeführten USCF Elozahlen sind z.T. geschätzt, aber zumindest im Falle „Deep Thought 2550" offiziell erteilt worden.

Name des Schachcomputers	Jahr	USCF Elo (geschätzt)	Suchtiefe in plys (volle Breite)
Chess 3.5	1972	1600	5
Chess 4.0	1975	1800	6
Chess 4.7	1978	2000	7
Belle	1980	2200	8
Hitech	1986	2400	9
Deep Thought	1989	2550	10

Ein erstaunlich lineares Wachstum verknüpft die drei aufgeführten Größen: Das Jahr, die Spielstärke und die Suchtiefe, bis zu der der Spielbaum (in voller Breite mit Alpha-Beta) abgesucht werden kann (ohne selektiv tiefere Suche in turbulenten Stellungen). Die Suchtiefe ist proportional zum Logarithmus der Anzahl Stellungen, die bewertet wurden.

Der neueste Schachcomputer, IBMs Deep Blue, hat 1996 mit seinem Match auf 6 Partien gegen Weltmeister Kasparov [5] einen weiteren Datenpunkt geliefert. Wie stark ist Deep Blue? Nach dem taktischen Sieg in der ersten Matchpartie kursierte die Ansicht „3000 Elo", was in Bezug auf taktische Schlagfertigkeit plausibel erscheint. Nach den hilflosen Niederlagen in der 5-ten und 6-ten Partie erschien Deep Blue als schwacher Meister, was als Maßstab des Positionsverständnis sogar großzügig sein mag. Rein am Ergebnis gemessen (1 Sieg, 2 Remis, 3 Verloren) entspricht die 2-4 Niederlage gegen Kasparov einem „performance rating" von ca. 2660 (Kasparovs Elozahl −125) – wahrlich eine Großmeisterleistung! Diese aus nur 6 Partien berechnete Stärke darf aber nicht als bare Münze gelten. Der Matchverlauf zeigt, daß Kasparov sich auf Deep Blue eingeschossen hatte und fast nach Belieben die spezifischen Schwächen des Computers ausnutzte. Kasparov: „My overall thrust in the last five games was to avoid giving the computer any concrete goal to calculate toward; if it can't find a way to win material, attack the king or fulfill one of its other programmed priorities, the computer drifts planlessly and gets into trouble". Der Computer und sein Programmiererteam, hingegen, können kaum spezifisch „anti-Kasparov" spielen. Das Match ging für Deep Blue rechtzeitig zu Ende!

Es ist jedoch unbestritten, daß Deep Blue, mit ca. 100 Millionen Stellungsbewertungen pro Sekunde, wesentlich stärker spielt als sein 50-mal langsamerer Vorgänger Deep Thought [4]. Das Experiment „Deep Blue 1996" extrapoliert den Trend vergangener Jahrzehnte gut und bestätigt die beobachtete Korrelation zwischen Suchtiefe und Spielstärke. Kasparov, der 1989 Deep Thought sowohl strategisch wie auch taktisch vernichtet hatte, schrieb über Deep Blue: „I could feel – I could smell – a new kind of intelligence across the table".

3.9 ... und die Moral von der Geschicht?

Damit sind wir beim kontroversen Stichwort „Intelligenz" gelandet. Computerschach wurde lange als „Drosophila der Künstlichen Intelligenz" betrachtet, weil Schachdenken als typisch für rationales Denken überhaupt und Schachstärke als Meßlatte für Intelligenz betrachtet wurde. Als Maschinen noch Schachanfänger waren, wurde Computerschach-Forschung oft durch die Annahme motiviert, ein starker Schachcomputer liefere den Existenzbeweis für maschinelle Intelligenz. Heute haben wir sehr starke Schachcomputer, aber (fast?) niemand bezeichnet sie als intelligent.

Das liegt wohl daran, daß das Shannon-Turing Rezept begrifflich so einfach ist und daß wir jetzt wissen, welche entscheidende Rolle rohe Rechenleistung spielt. Daß Deep Blue 100 Millionen Stellungen bewertet in derselben Zeit, da ich eine einzige flüchtig wahrnehme – das ist doch dasselbe wie die Tatsache, daß ein Computer 100 Millionen Multiplikationen ausführt, bevor ich eine einzige anfangen kann. Der Computer spielt einfach seinen spezifischen Trumpf aus, Geschwindigkeit.

Diese Entmystifizierung führt nun aber zu einer faszinierenden, empirisch gefundenen „Gleichung". Um eine Spielstärke von 2550 USCF Elo zu erreichen, die Deep Thought offiziell zugeteilt wurde, braucht es neben etwas Talent auch ein Jahrzehnt „Schachstudium", praktisch Vollzeit. Diese Aussage trifft im Kern sogar auf Schachgenies wie Bobby Fischer zu, der von Kindheit an für das Schach lebte. In diesem Jahrzehnt intensiven Studiums eignet sich der (zukünftige) Großmeister eine riesige Sammlung an Schachkenntnissen an, auf Grund deren er intuitiv das Wesentliche sieht. Als langsamer, fehleranfälligen Rechner läßt er sich auf Variantenberechnung nur ein, wenn er unbedingt muß. Eine bekannte Anekdote gibt die Antwort des Meisters auf die Frage, wieviele Züge er vorausschaue: „Einen, den richtigen!".

Und nun taucht ein Konkurrent auf, der von der ganzen Schachtheorie keine Ahnung hat, aber Millionen von Stellungen pro Sekunde mit einem primitiven Schema „bewertet"; und auf völlig verschiedene Art vergleichbare Spielstärke erreicht. In keinem andern Fall von Knowledge Engineering gibt es meines Wissens eine quantitativ so scharfe „Äquivalenz", die menschliches Wissen mit roher Rechenleistung vergleicht. Liefert uns Computerschach den ersten Datenpunkt für eine zukünftige quantitative Komplexitätstheorie des Wissens?

Überlassen wir diese visionäre Frage der Zukunft und halten einige Erkenntnisse fest, die man vielleicht schon heute aus dem Experiment Computerschach ziehen kann. Über das Wesen des Schachspiels haben wir gelernt, daß es stärker von Taktik geprägt ist als man früher dachte. Positionelles Lavieren und Kumulieren kleiner Positionsvorteile entpuppen sich als Krücken, mit deren Hilfe der schwache Rechner Mensch auf Kombinationssuche geht. Denn die Schachtheorie lehrt seit über hundert Jahren, daß sich eine bessere Stellung in einem taktischen Gewitter entladen soll. Schachcomputer mit ihrer unvergleichlich größeren Suchfähigkeit haben uns in Erinnerung gerufen, daß es auch Blitze aus heiterem Himmel gibt.

Was für Einsichten bringt das Experiment Computerschach für das Fachgebiet „Expertensysteme"? Weil die Erfahrungen so sehr schachspezifisch sind, ist es gefährlich, die gewonnenen Erkenntnisse auch nur auf andere Spiele zu übertragen (das fernöstliche Spiel Go z.B. hat eine völlig andere Computergeschichte). Aber eine Weisheit möge man sich merken. Hunderte von äußerst kompetenten, hochmotivierten Hackern und Forschern haben ein halbes Jahrhundert gebraucht, um künstliche Schachexperten zu bauen, die an menschliche Spitzenleistung herankommen. Dabei ist der Wissensbereich „Schach" eher kleiner, homogener als derjenige vieler „Expertensysteme" (oder Novizensysteme?) für kommerzielle Anwendungen. Man darf also nicht erwarten, daß ein kleines Team von Programmierern in kurzer Zeit ein nützliches Expertensystem hervorzaubern kann. Vielleicht braucht es auch Jahrzehnte und die vereinten Kräfte einer größeren Forschungsgemeinschaft.

Zuletzt noch eine Bemerkung für Algorithmiker. Wenn der Anwendungsbereich für Computer erweitert werden soll, müssen wir uns zunehmend auf heuristische Algorithmen abstützen. Je kleiner der angesprochene Wissensbereich, um so eher haben einfache „brute-force Methoden" eine Chance.

Das Experiment „Computerschach" ist, nach einem halben Jahrhundert, noch lange nicht beendet. Erstens hat sich die Informatik noch nicht genügend intensiv mit der Frage beschäftigt, was aus den vorliegenden Ergebnissen zu lernen sei. Zweitens gibt es zum Glück weiterhin äußerst kompetente und hochmotivierte Forscher, die das Schachwettrennen Mensch-gegen-Computer vorantreiben werden. Unabhängig vom Ausgang des Wettrennens wird die Wissenschaft gewinnen.

Literatur Der umfassendste Einstieg in die umfangreiche Computerschachliteratur ist sicher der ICCA Journal, herausgegeben von der International Computer Chess Association. Communications of the ACM publiziert periodisch Berichte über die von ACM organisierten Computerschachturniere. Eine bunte Mischung von Nachrichten über Computerschach findet man auf dem elektronischen Bulletin Board `rec.games.chess.computer`. Die aktuellste Schachzeitung, die Ihnen unentgeldlich Schachneuigkeiten am schnellsten auf den Bildschirm bringt, ist THE WEEK IN CHESS, zu finden auf dem World Wide Web unter Mark Crowthers home page: `http://www.brad.ac.uk/~mdcrowth/chess.html`.

Schriftenverzeichnis

1. M. M. Botwinnik (1984). Computers in Chess: Solving Inexact Search Problems. Springer-Verlag.
2. J. H. Conway (1976). On Numbers and Games. Academic Press.
3. A. E. Elo (1978). The Rating of Chess Players, Past and Present. ARCO Publ., New York.
4. F. Hsu, T. Anantharaman, M. Campbell und A. Nowatzyk (1990). A grandmaster chess machine. Sci. American 23, 18–24.
5. D. Kopec (1996). Kasparov vs. Deep Blue: Mankind is safe - for now. Chess Life, Mai '96, 42–51.
6. E. Lasker (1960). Lasker's Manual of Chess. 1932. Reprinted Dover Publ. NY.
7. T. A. Marsland (1987). Computer chess methods. In Encyclopedia of AI (ed. Shapiro), 159–171.
8. T. A. Marsland und J. Schaeffer (1990). Computers, Chess, and Cognition. Springer.
9. G. A. Miller (1956). The magical number seven, plus or minus two: Some limits on our capacity for processing information. Psychological Review 36, 81–96.
10. J. von Neumann (1928). Zur Theorie der Gesellschaftsspiele. Math. Annalen 100, 295–320.
11. C. E. Shannon (1950). Programming a computer for playing chess. Philosophical Magazine 41, 314, 256–275.
12. A. M. Turing (1953). Digital computers applied to games. In : Faster than Thought: A Symposium on Digital Computing Machines (ed. B. V. Bowden), 286–310. Pitman, London.

Ein effizienter verteilter Algorithmus zur Spielbaumsuche

Rainer Feldmann, Burkhard Monien und Peter Mysliwietz

Die menschliche Intelligenz spiegelt sich auch in der Fähigkeit wider, Entscheidungen unter Berücksichtigung zukünftiger Entwicklungen zu treffen. Daher werden in der Informatik seit vielen Jahren Algorithmen untersucht, die eine solche Vorausschau in die Zukunft ermöglichen und dann aufgrund von Abschätzungen der Ergebnisse der einzelnen Handlungsalternativen eine Alternative auswählen. Strategische Spiele erfordern eine derartige Leistung, wenn der Ausgang einer Folge von eigenen Handlungen unter Berücksichtigung der Interventionen eines Gegners abgeschätzt werden muß. Auch wegen ihrer klaren Definitionen bieten sich daher immer wieder Spiele, wie z.B. Schach, als Testumgebung für solche Algorithmen an. Den Blick in die Zukunft ermöglicht dabei die Spielbaumsuche.

In dieser Arbeit stellen wir ein paralleles Spielbaumsuchverfahren vor, das auch auf massiv parallelen Systemen sehr effizient ist. Dieses Verfahren wird verwendet in unserem Schachprogramm ZUGZWANG, u.a. Vizeweltmeister bei der Computerschachweltmeisterschaft 1992 in Madrid. Während dieses Turniers lief ZUGZWANG auf einem System mit 1024 Prozessoren. Damit ist der vorgestellte parallele Algorithmus das erste parallele Spielbaumsuchverfahren, das in einem erfolgreichen Schachprogramm auf massiv paralleler Hardware effizientes Verhalten zeigt.

4.1 Schach: eine Herausforderung für die Informatik

Baumsuchverfahren spielen eine wichtige Rolle in vielen Bereichen der Informatik. Sie bilden unter anderem die Basis in Beweissystemen, Expertensystemen, Robotersteuerungen und Spielprogrammen und werden immer dann eingesetzt, wenn vom Computer Entscheidungen zu fällen sind, die auf komplexem Wissen beruhen, das nicht direkt programmiert werden kann.

Spielprogramme bilden aus mehreren Gründen eine ausgezeichnete Testumgebung für Suchverfahren. Spiele wie Schach, Dame, Go, Mühle und viele andere stellen klar abgegrenzte „Welten" dar. Sie sind definiert durch wenige, leicht programmierbare Regeln. Dennoch sind die Spiele so komplex, daß etwa das Schachspiel seit Jahrhunderten als Test für die Fähigkeit zu strategischem Denken gilt. Aufgrund der jahrhundertelangen Tradition haben die Menschen eine große Menge an Expertenwissen entwickelt und mit dem ELO-System wurde eine Maßeinheit geschaffen, die es erlaubt, die Spielstärke eines Schachspielers bzw. eines schachspielenden Computers einzuschätzen. Aus diesen Gründen wird die Spielstärke der Schachcomputer heute als ein Indikator für die Fortschritte im Bereich der Künstlichen Intelligenz überhaupt betrachtet.

Eine erste Formalisierung des Schachspiels beschreibt Zuse in [58]. Erste praktikable Vorschläge zur Programmierung des Schachspiels wurden von Shannon in [49] und Turing in [54] gemacht. In den späten Fünfziger Jahren dieses Jahrhunderts entstanden die ersten lauffähigen Schachprogramme. Sie spielten Anfängerschach. 1974 fand die erste Computerschachweltmeisterschaft in Stockholm statt, die von dem russischen Programm KAISSA gewonnen wurde. Der Einsatz immer schnellerer Rechner und immer besserer Software ermöglichte eine deutliche Spielstärkensteigerung. Levy und Newborn beschreiben in [32, S. 5] wie sich die von Programmen erspielten ELO-Zahlen von 1640 im Jahr 1967 auf mehr als 2500 bis zum heutigen Zeitpunkt entwickelt haben. Für eine ausführliche Darstellung der Geschichte des Computerschachs verweisen wir den Leser auf Levys und Newborns Buch [32].

Das Schachspiel ist ein Beispiel für ein Zweipersonen-Nullsummenspiel mit vollständiger Information und abwechselndem Zugrecht. Zermelo formalisiert in [57] den Begriff der theoretisch gewonnenen, unentschiedenen bzw. verlorenen Spielstellung in Zweipersonen-Nullsummenspielen. Aus dieser Formalisierung läßt sich der folgende Minmaxalgorithmus ableiten: Einer terminalen Spielsituation t mit Zieher MAX und Gegenspieler MIN wird der folgende Wert $\mathcal{F}(t)$ zugeordnet:

$$\mathcal{F}(t) := \begin{cases} 1, & \text{falls } t \text{ für MAX gewonnen ist} \\ 0, & \text{falls } t \text{ unentschieden ist} \\ -1, & \text{falls } t \text{ für MIN gewonnen ist} \end{cases}$$

Für eine beliebige nichtterminale Spielsituation v, die durch Züge des in v am Zug befindlichen Spielers in die Nachfolgesituationen $v_1, \ldots v_b$ übergeht, kann dann rekursiv ein Wert

$$\mathcal{F}(v) := max\{-\mathcal{F}(v_1), \ldots, -\mathcal{F}(v_b)\}$$

berechnet werden. Unter der Voraussetzung, daß unendliche Zugfolgen im betrachteten Spiel nicht möglich sind, erhält man mit der obigen rekursiven Berechnungsvorschrift zu jeder Stellung v nach endlicher Zeit einen Wert $\mathcal{F}(v)$. Dieser Wert ist 1, falls der Zieher in Spielsituation v einen Gewinn erzwingen kann, 0, falls keiner der Spieler einen Gewinn erzwingen kann, und -1, falls der Gegner einen Gewinn erzwingen kann. Der Minmaxalgorithmus baut bei der Berechnung von $\mathcal{F}(s)$ einen Baum, den Spielbaum, auf: Die Knoten dieses Baumes sind die Spielsituationen, die Kanten die Züge der Spieler MAX und MIN. Die Wurzel dieses Baumes ist v, die Nachfolger von v im Spielbaum sind die Nachfolgesituationen von v. Die Blätter des Spielbaumes sind die von v aus erreichbaren terminalen Spielsituationen.

Leider ist es in strategischen Spielen nicht möglich, den Spielbaum bis zu den Blättern zu durchsuchen. Anstelle der Funktion $\mathcal{F}$ berechnet man daher bereits an nichtterminalen Knoten eine *statische Bewertungsfunktion* f, die einer Spielsituation v einen Wert für die Gewinnaussichten des in v am Zug befindlichen Spielers zuweist und nutzt diesen Wert als Näherung zur Berechnung von $\mathcal{F}$.

Spielbaumsuche

Der Minmaxalgorithmus besucht jeden Knoten des Spielbaumes mit Wurzel v, in einem uniformen Spielbaum der Tiefe t und Breite b also b^t Blätter. Die folgende Überlegung zeigt, daß der Minmaxalgorithmus im allgemeinen nicht optimal ist: Soll der Wert $\mathcal{F}(v)$ einer Spielsituation v mit MAX am Zug berechnet werden, so kann die Berechnung gestoppt werden, wenn ein Nachfolger v_j von v gefunden wurde mit $\mathcal{F}(v_j) = -1$, denn alle weiteren Nachfolger von v können höchstens genauso gut für den Spieler MAX sein wie v_j. Den Abbruch einer Berechnung an einem Knoten v nach Berechnung des Wertes eines Nachfolgers von v bezeichnen wir mit *Cutoff*. Cutoffs wurden eingeführt von Newell, Shaw und Simon in [42]. Zusätzlich zu den direkten Cutoffs wurden tiefe Cutoffs durch Samuel in [46] sowie Slagle und Dixon in [51] eingeführt. Damit erhält man als Verfahren zur Spielbaumsuche den $\alpha\beta$-*Algorithmus*, der von Knuth und Moore in [29] analysiert wurde. Im günstigsten Fall besucht der $\alpha\beta$-Algorithmus $b^{\lceil t/2\rceil} + b^{\lfloor t/2\rfloor} - 1$ Blätter eines b/t-uniformen Suchbaumes, im ungünstigsten Fall b^t Blätter. Der beste Fall tritt ein, wenn der erste Nachfolger jedes nichtterminalen Knotens des Spielbaumes immer der beste Nachfolger dieses Knotens ist. Knuth und Moore zeigten weiter, daß jeder Algorithmus, der den $\mathcal{F}$-Wert der Wurzel eines b/t-uniformen Spielbaumes berechnet, mindestens $b^{\lceil t/2\rceil} + b^{\lfloor t/2\rfloor} - 1$ Blätter besuchen muß. Daher konzentrierte sich die Forschung auf die Verbesserung der Zugsortierung.

Greenblatt et al. führten in [23] die *Transpositionstabelle* ein, eine Hashtabelle für Spielsituationen, in denen die Ergebnisse von Teilsuchen an Spielbaumknoten gespeichert werden. Tritt die gleiche Spielsituation z.B. durch Zugumstellung an einem anderen Spielbaumknoten noch einmal auf, so kann das in der Transpositionstabelle gespeicherte Ergebnis verwertet werden, anstatt den Teilbaum neu zu durchsuchen. Für die *Killerheuristik* ([1]) werden pro Ebene des Spielbaumes einige wenige Züge gespeichert, die sich in derselben Ebene an anderer Stelle des Spielbaumes als gut herausgestellt haben. Diese Züge werden dann an neu generierten Knoten, sofern sie legal sind, an den Anfang der Zugliste sortiert. Die Methode der *Fenstersuche* nutzt die Tatsache, daß man in vielen Fällen ein Intervall (Fenster) schätzen kann, in dem der Wert der Wurzel des Spielbaumes liegt.

Slate und Atkin beschrieben in [52] die Methode des *iterativen Vertiefens*. In der ersten Iteration werden nur die Nachfolger der Wurzel des Suchbaumes betrachtet, d.h. der Spielbaum wird mit einer Suchtiefe von 1 bearbeitet, dann wird der Spielbaum mit einer Suchtiefe 2, 3, usw. bis zu einer Suchtiefe t bearbeitet. Die Ergebnisse der Iterationen mit kleinerer Suchtiefe werden genutzt, um die Sortierung der Nachfolger innerer Knoten bei den aufwendigen Suchen mit größerer Suchtiefe zu verbessern und diese somit zu beschleunigen. Schaeffer beschrieb in [47] die *Historyheuristik*, eine verallgemeinerte Killerheuristik, und zeigte, daß mit ihrer Hilfe die Sortierung der Nachfolger innerer Knoten des Spielbaumes deutlich verbessert werden kann.

Parallel zu der Beschleunigung der Suche durch die oben beschriebene Weiterentwicklung der Zugsortierung wurde eine Beschleunigung der Spielbaumsuche durch den Einsatz von immer schnellerer Hardware erreicht. Die bis heute wohl stärkste Schachmaschine DEEP BLUE erreicht ihre Spielstärke hauptsächlich durch moderne Spezialhardware zur Beschleunigung der Spielbaumsuche. Die Hardware von DEEP BLUE wurde von Hsu [24] beschrieben.

Neben der Verwendung spezialisierter Hardware bietet auch der Einsatz von Parallelrechnern ein großes Potential zur Beschleunigung der Suche. Im folgenden Abschnitt beschreiben wir zunächst den unserer Parallelisierung zugrundeliegenden sequentiellen Spielbaumsuchalgorithmus und erste Ansätze zur Parallelisierung. Es folgt eine kurze Beschreibung der wesentlichsten Ideen unserer Parallelisierung sowie der auftretenden Tradeoffs. Im letzten Abschnitt präsentieren wir einige Resultate, die die Effizienz unserer Implementierung zeigen.

4.2 Spielbaumsuchverfahren

Die beste bekannte Variante des $\alpha\beta$-Algorithmus ist der Negascout-Algorithmus wie er in Abbildung 4.1 dargestellt ist. Eine ausführliche Beschreibung und Analyse findet man in [45, p. 34-48]. Aus Gründen der Übersichtlichkeit sind in dieser Abbildung die Heuristiken zur Zugsortierung weggelassen.

```
function scout(v : node; α, β : int): int;
var i, b, x, low, val, high : int;
begin
    generate all successors v.1, ..., v.b of v;
    if b = 0 then return(f(v));
    low := α; high := β; val := −∞;
    for i := 1 to b do
    begin
        x := -scout(v.i, −high, −low);      /* i > 1 : Nullfenstersuche */
        if (x > low) and (x < β) and (i > 1) then x := -scout(v.i, −β, −x);
        low := max(low, x); val := max(val, x);
        if val ≥ β then return(val);
        high := low + 1;         /* setze Nullfenster */
    end;
    return(val);
end;
```

Abbildung 4.1. Der Negascout-Algorithmus.

Negascout bestimmt den Wert eines Knotens v bzgl. eines Suchfensters $[\alpha, \beta]$. Die Suchfenster erlauben es, viele Teilbäume abzuschneiden, weil sie nachweislich nicht mehr relevant für den Wert der Wurzel sein können. Der Algorithmus beginnt seine Suche an der Wurzel mit Suchfenster $[-\infty, \infty]$. Der erste Nachfolger eines Knotens erhält das gleiche Suchfenster wie sein Vater, die anderen Nachfolger werden zuerst mit einem Nullfenster gesucht. Nur wenn diese Suche ergibt, daß sie besser sind als der bisher beste Nachfolger, wird eine Wiederholungssuche mit vollem Fenster gestartet. Blätter des Suchbaumes werden durch die statische Bewertungsfunktion f bewertet.

Ansätze zur Parallelisierung

Eine Parallelisierung des Negascout-Algorithmus muß berücksichtigen, daß viele Teilbäume aufgrund von Ergebnissen aus der vorangegangenen Suche abgeschnitten werden können. Aus diesem Grund wird eine dynamische Lastverteilung erforderlich. Zudem lassen sich die in Abbildung 4.1 nicht enthaltenen Zugsortierungsmechanismen nicht alle einfach parallelisieren: So greift der sequentielle Algorithmus auf eine große Hashtabelle, die Transpositionstabelle, zurück. Lokale Transpositionstabellen auf einzelnen Prozessoren würden jedoch den Nutzen stark einschränken. Zudem wird durch das iterative Vertiefen eine Sequentialisierung vorgegeben, die eingehalten werden muß, um eine gute Zugsortierung zu garantieren.

Der PV-Split Algorithmus [33, 34] ist die Basis der meisten verteilten Spielbaumsuchverfahren. Dieser Algorithmus nutzt die Tatsache, daß in heutigen Programmen die zu durchsuchenden Spielbäume durch die Zugsortierungsheuristiken sehr gut sortiert sind. Daher werden entlang der äußerst linken Variante des Spielbaumes zuerst alle Prozessoren im linken Teilbaum eingesetzt, bevor dann alle Prozessoren in den rechten Teilbäumen parallel arbeiten. Als Prozessornetzwerk wird dabei meist ein Prozessorbaum verwendet [22]. Marsland et al. [35] beschreiben eine Implementierung für das Schachprogramm SUN PHOENIX, die einen Speedup von 3.75 mit 4 Prozessoren erreicht. Als maximal erreichbaren Speedup vermuten sie jedoch 4.4, unabhängig von der Anzahl der verwendeten Prozessoren. Später werden verschiedene Varianten des PV-Split Verfahrens entwickelt, die alle nur leichte Verbesserungen bringen [48, 25, 27]. Entscheidender Nachteil aller Verfahren ist das Fehlen der dynamischen Lastverteilung.

Ferguson and Korf [20] entwickeln dann die „Bound-and-Branch Allocation". Sie erlaubt dynamische Lastverteilung und schränkt den Einsatz von Parallelität an Knoten ein, bis eine Schranke für dessen Wert berechnet ist. Zur gleichen Zeit wurde von uns das „Young Brothers Wait Concept" vorgeschlagen und in einem Schachprogramm benutzt [13, 14]. Otto und Felten [43] implementieren 1988 einen parallelen Spielbaumsuchalgorithmus mit dynamischer Lastverteilung für das Schachprogramm WAYCOOL. Sie ermitteln eine Beschleunigung von 101 mit 256 Prozessoren gegenüber einem minderwertigen sequentiellen Algorithmus. Einen anderen Ansatz verfolgt Hsu [24] mit der „Delayed Branching Scheduling Strategy", die dem parallelen Verfahren erlaubt, jeden direkten Cutoff zu finden, den der sequentielle Algorithmus gefunden hätte. Allerdings beschränken Engpässe in der Kommunikation den praktischen Einsatz dieses Verfahrens. Kuszmaul [31] beschreibt ein Verfahren, das auf einer CM-5 mit 512 Prozessoren einen Speedup zwischen 50 und 100 erreicht.

Theoretische Analysen zur Effizienz paralleler Spielbaumsuchverfahren wurden unabhängig voneinander von Althöfer [4] und Karp und Zhang [28] beschrieben.

4.3 ZUGZWANGS parallele Spielbaumsuche

Die Ergebnisse, die in dieser Arbeit vorgestellt werden, sind Verbesserungen früherer Arbeiten [15, 17]. Die Experimente wurden auf bis zu 1024 T800 bzw. T805 Transputern durchgeführt. Diese Prozessoren besitzen je 4 Kanäle, durch die sie mit anderen Prozessoren kommunizieren können. Für die Experimente mit bis zu 256 Prozessoren stand ein frei konfigurierbares System zur Verfügung, das als DeBruijn Netzwerk [11] verschaltet war. Für die Experimente mit 512 bzw. 1024 Prozessoren war dies mit der zur Verfügung stehenden Hardware nicht möglich. Für diese Experimente waren die Prozessoren zu einem Gitter verschaltet.

Unsere Parallelisierung des Negascout-Algorithmus basiert auf einer dynamischen Zerlegung des zu durchsuchenden Spielbaumes. Der sequentielle Negascout-Algorithmus ist ein Tiefensuchverfahren, das den Spielbaum „von links nach rechts" durchsucht. Dazu wird jeweils die aktuelle Variante, der eindeutige Weg von dem aktuell zu betrachtenden Knoten zur Wurzel, gespeichert. Alle Knoten links von dieser Variante sind bereits bearbeitet worden, alle Knoten rechts dieser Variante müssen möglicherweise noch bearbeitet werden. Ein paralleler Algorithmus sollte so viel wie möglich dieser Knoten zur parallelen Bearbeitung zur Verfügung stellen.

Initial sind alle Prozessoren arbeitslos. Ein ausgezeichneter Prozessor, der Master, liest das zu bearbeitende Problem und beginnt eine Suche wie im sequentiellen Fall. Von da an verhält sich dieser Prozessor wie alle anderen im System.

Ein arbeitsloser Prozessor sendet Botschaften als Bitte um Arbeit an einen beliebigen anderen Prozessor. Erhält ein Prozessor eine solche Bitte um Arbeit, so sucht er entlang seiner aktuellen Variante nach abgebbaren Teilproblemen. Erhält ein Prozessor ein neues Teilproblem, so startet er die Berechnung dieses Teilproblems wie im sequentiellen Fall. Dadurch baut er seine eigene aktuelle Variante auf und somit auch wieder eigene abgebbare Teilprobleme, die dann als Antwort auf Bitten um Arbeit wieder verschickt werden können.

Hat ein arbeitsloser Prozessor eine Bitte um Arbeit verschickt, so wartet er entweder auf ein Teilproblem oder auf eine Absage. Erhält er ein Teilproblem, so wird dadurch eine Arbeitgeber-Arbeitnehmer-Beziehung eingerichtet. Erhält er eine Absage, schickt er eine erneute Bitte um Arbeit an einen anderen Prozessor.

Hat ein Prozessor sein Teilproblem selbst oder mit der Hilfe anderer Prozessoren abgearbeitet, schickt er das Resultat an seinen Arbeitgeber. Dieses Resultat enthält sowohl den berechneten Wert als auch, falls gefunden, einen besten Zug. Der Arbeitgeber prüft, ob der von seinem Arbeitnehmer gelieferte Wert die Suchfenster seiner aktuellen Variante beeinflußt, und aktualisiert diese, falls nötig. Damit ist die Arbeitgeber-Arbeitnehmer-Beziehung wieder aufgelöst.

Durch die Aktualisierung können Teilprobleme auf der aktuellen Variante des Arbeitgebers ebenso wie bei anderen Arbeitnehmern ein verbessertes Suchfenster bekommen oder sogar durch Cutoff irrelevant für die Auswertung der Wurzel des Spielbaumes werden. In diesem Fall schickt der Arbeitgeber den entsprechenden Arbeitnehmern eine Botschaft mit dem verbesserten Suchfenster bzw. eine Cutoff-Botschaft. Erhält ein Prozessor eine Cutoff-Botschaft, stoppt er seine Berechnung sofort und ist wieder arbeitslos.

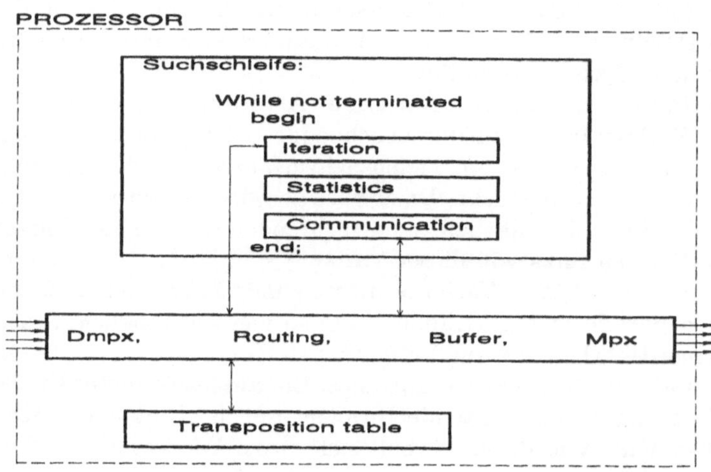

Abbildung 4.2. Prozesse auf einem Transputer.

Der parallele Algorithmus besteht aus einer Schleife mit abwechselnden Aufrufen eines Kommunikationsprozesses und eines Suchprozesses, der jeweils eine Iteration des sequentiellen Negascout-Algorithmus durchführt. Parallel zu dieser Schleife laufen Prozesse, die das Routen der Botschaften sowie den Zugriff auf die Transpositionstabelle steuern (vgl. Abbildung 4.2). Eine detailliertere Beschreibung des Kommunikationsprozesses liefert Abbildung 4.3.

Tradeoffs des parallelen Algorithmus
Die Effizienz hängt stark von den Lösungen der drei im folgenden beschriebenen Probleme ab:

```
process Communication;
begin
    if idle then begin
        if problem received then initialize subproblem;
        if not request sent then send request;
        if subproblem finished then send a return to the master;
    end else begin
        if cutoff computed then send cutoff messages else
        if minmax value improved then send window messages;
    end;
    (* React to received messages *)
    while message received do begin
        if message = request for work then
            if possible then send a subproblem else transmit or cancel the request;
        if message = return message then update minmax value and windows;
        if message = window message then update windows if necessary;
        if message = cutoff message then send cutoff messages; idle:= true;
        if message = cancel of request then send another request for work;
    end;
end;
```

Abbildung 4.3. Die Kommunikationsroutine.

Der Aufbau einer Arbeitgeber-Arbeitnehmer-Beziehung sollte so schnell wie möglich geschehen, um den arbeitslosen Prozessor zu beschäftigen. Je schneller dies geschieht, desto größer wird die *Auslastung* der Prozessoren sein, desto höher wird jedoch auch im allgemeinen die aufzubringende Kommunikationslast sein. Es besteht ein Tradeoff zwischen Kommunikationskosten und der Auslastung der Prozessoren.

Durch eine zufällige Auswahl eines möglichen Arbeitgebers ist natürlich nicht garantiert, daß sich die Prozessoren entsprechend der Größe der Teilbäume im gesamten Spielbaum verteilen. Die Größe der einzelnen Teilprobleme ist jedoch wegen der Möglichkeit zu Cutoffs nicht vorhersagbar, so daß auch eine mehr zentralistische Lastverteilung keine zuverlässige Ausgangsbasis hätte. Durch die dynamische Lastverteilung stellt sich nach einer Weile eine Verteilung der Prozessoren wie gewünscht ein: In großen Teilbäumen werden automatisch viele Prozessoren beschäftigt. Allerdings ist nicht garantiert, daß diese Teilbäume auch relevant für die Auswertung der Wurzel sind.

Die Anzahl der Cutoffs, die durchgeführt werden können, hängt stark von der Zugsortierung ab. Der sequentielle Algorithmus nutzt dazu Heuristiken, die Informationen speichern, die in der bereits durchgeführten Suche im Teilbaum links von der aktuellen Variante gesammelt wurden. Die Gesamtheit dieser Informationen, die in den Listen der Killerheuristik, Historyheuristik sowie in der Transpositionstabelle gespeichert werden, steht in der parallelen Version jedoch keinem Prozessor zur Verfügung. In unserer Parallelisierung verwaltet jeder Prozessor die Killer- bzw. Historylisten lokal, während die Transpositionstabelle als virtuell globale Tabelle realisiert ist. Der Zugriff hierauf erfolgt durch Routen von Botschaften, verursacht also Kommunikationskosten. Stehen den Prozessoren im parallelen System aufgrund zu hoher Kommunikationskosten nicht die vollständigen Informationen zur Zugsortierung wie im sequentiellen Algorithmus zur Verfügung, so besteht die Gefahr, daß Teilbäume durchsucht werden, die der sequentielle Algorithmus abgeschnitten hätte. In diesem Fall tritt *Suchoverhead* auf. Es besteht ein Tradeoff zwischen Kommunikationskosten und Effizienz der parallelen Suche.

Die in der Praxis auftretenden Spielbäume sind den im besten Fall zu durchsuchenden Spielbäumen sehr ähnlich, so daß sehr viele Cutoffs des minimalen Baumes auch im tatsächlichen Baum auftreten. Daher macht in vielen Fällen ein Zurückhalten von Teilproblemen Sinn. Dadurch wird zwar eine schnelle Beschäftigung arbeitsloser Prozessoren verhindert, andererseits jedoch dafür gesorgt, daß diese Prozessoren nicht lange an irrelevanten Teilproblemen arbeiten. Auch hier tritt ein Tradeoff zwischen Auslastung der Prozessoren und Effizienz der parallelen Suche auf.

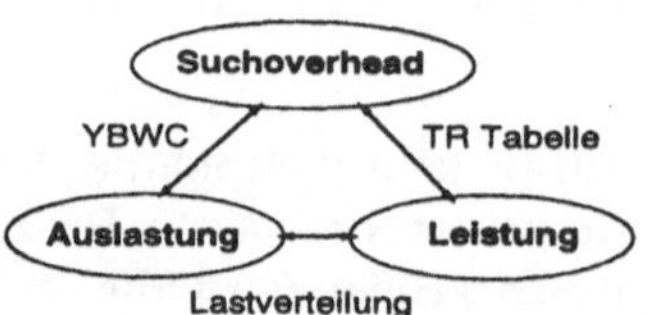

Abbildung 4.4. Tradeoff-Dreieck.

Im folgenden werden wir beschreiben, wie unsere Kompromisse für die einzelnen Tradeoffs des in Abbildung 4.4 dargestellten Tradeoff-Dreiecks aussehen. Wir beginnen mit dem *Young Brothers Wait Concept* (YBWC), das auf eine Verringerung des Suchoverheads zu Lasten der Prozessorauslastung zielt. Danach beschreiben wir die verschiedenen Möglichkeiten zum Aufbau einer Arbeitgeber-Arbeitnehmer-Beziehung, die verschiedene Kompromisse für den Tradeoff zwischen Kommunikationskosten und Auslastung ermöglichen. Zuletzt werden wir die Implementierung der verteilten Transpositionstabelle in unserem verteilten System beschreiben, die einen guten Kompromiß für den Tradeoff zwischen Kommunikationskosten und Suchoverhead bietet.

Das Young Brothers Wait Concept

Eine erste Version des YBWC kann wie folgt beschrieben werden:

YBWC: Die Suche an einem Sohn $v.j$ eines Knotens v darf erst gestartet werden, wenn der äußerst linke Bruder $v.1$ von $v.j$ vollständig ausgewertet ist.

Durch das YBWC wird der Einsatz von Parallelität verzögert. Es werden jedoch vom parallelen Algorithmus auch alle Cutoffs im minimalen Suchbaum gefunden. Aber auch wenn ein solcher Cutoff nicht möglich ist, so ergibt sich durch die Auswertung von $v.1$ doch in vielen Fällen eine gute Schranke für den Wert des Knotens v, durch die die Suchfenster der rechten Söhne von v klein gehalten werden können.

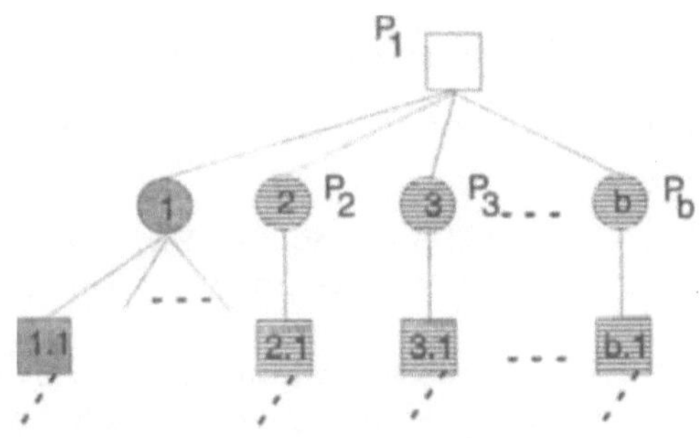

Abbildung 4.5. Synchronisationspunkte des YBWC.

Allerdings bringt der Einsatz des YBWC auch einen schweren Nachteil mit sich: Zu Beginn einer Suche in einem Spielbaum ist die Wurzel der einzige lebendige Knoten. Der Master startet die Suche im linken Teilbaum unter der Wurzel. Der Einsatz von Parallelität ist erst erlaubt, wenn der Master auf der äußerst linken Variante zum erstenmal von einem Blatt zu dessen Vater hochgestiegen ist. Die zur parallelen Bearbeitung zur Verfügung stehenden Teilpobleme sind jedoch sehr klein. Nach deren Abarbeitung ist wiederum nur ein Knoten lebendig, etc. Zwar werden die parallel auszuwertenden Teilprobleme immer größer, je näher der Master zur Wurzel kommt, jedoch ergeben sich an den Knoten der linken Variante Synchronisationspunkte, an denen jeweils nur für einen Prozessor Arbeit vorhanden ist. Der gleiche Effekt wiederholt sich in abgeschwächter Form, wenn alle Söhne der Wurzel zur parallelen Bearbeitung freigegeben worden sind. Allerdings stehen dann wenigstens schon $b - 1$ linke Varianten zur Verfügung. Insbesondere in Verbindung mit dem iterativen Vertiefen, das für eine gute Zugsortierung unverzichtbar ist, ergeben sich viele Zeitpunkte schlechter Prozessorauslastung. Damit macht der Einsatz des YBWC einen guten dynamischen Lastverteilungsalgorithmus notwendig. Es sollte noch herausgestellt werden, daß das YBWC ein lokaler Entscheidungsmechanismus ist, d.h. es ist keine Kommunikation zwischen Prozessoren notwendig.

In unseren Experimenten nutzen wir eine etwas dynamischere Version des YBWC, die wir im folgenden beschreiben.

Bereits Knuth und Moore [29] haben eine Klassifikation der Knoten des minimalen Suchbaumes angegeben, die von Hsu [24] auf den gesamten Baum verallgemeinert wurde. Der Typ eines Knotens ist danach wie folgt definiert:

- Die Wurzel hat den Typ 1.
- Der erste Nachfolger eines Typ 1 Knotens ist wieder vom Typ 1, alle anderen sind vom Typ 2.
- Der erste Nachfolger eines Typ 2 Knotens ist vom Typ 3, allen anderen sind vom Typ 2.
- Alle Nachfolger von Typ 3 Knoten sind vom Typ 2.

Die naheliegende und in unseren Experimenten verwendete Modifikation des YBWC lautet nun:

- Die parallele Auswertung von rechten Söhnen $v.i$, $i > 1$, eines Typ 1 Knotens v ist erst erlaubt, wenn der linke Sohn $v.1$ vollständig ausgewertet ist.
- Die parallele Auswertung von rechten Söhnen $v.i$, $i > 1$, eines Typ 2 Knotens v ist erst erlaubt, wenn alle vielversprechenden Söhne vollständig ausgewertet sind. Dabei sind mindestens der äußerst linke Sohn $v.1$ und zudem noch die Züge, die von der Transpositionstabelle, den Killerlisten und einigen schachspezifischen Heuristiken vorgeschlagen werden, auch vielversprechend.
- Die parallele Auswertung von Söhnen eines Typ 3 Knotens ist uneingeschränkt erlaubt.

Durch die strengere Handhabung des YBWC an Knoten vom Typ 2 wird Parallelität hier noch vorsichtiger eingesetzt. Die dadurch bedingte Verringerung der Auslastung soll kompensiert werden durch die laxere Handhabung an Knoten vom Typ 3.

Lastverteilung

Auch der einfache Ansatz zum Aufbau einer Arbeitgeber-Arbeitnehmer-Beziehung kann verfeinert werden. Die Grundlage dazu bietet die folgende Beobachtung:

- Sowohl eine Bitte um Arbeit als auch die Reaktion auf diese Bitte (Teilproblem oder Absage) müssen möglicherweise einen weiten Weg zurücklegen und stören damit viele Prozessoren, die diese Botschaften routen müssen.

Aus diesem Grund wäre eine eher lokale Suche nach Arbeit wünschenswert. Eine rein lokale Arbeitssuche nur bei den Nachbarn im Prozessornetz scheitert jedoch an der Tatsache, daß ein abgebbares Teilproblem auf einem Prozessor p mindestens eine Ebene tiefer im Suchbaum liegt als das Problem, das p bearbeitet. Mit einer rein lokalen Arbeitssuche würden also Prozessoren, die weit entfernt vom Master im Netzwerk liegen, nur noch sehr kleine Teilprobleme bearbeiten können. Daher haben wir einen adaptiven Ansatz gewählt, der globale Lastverteilung möglichst vermeidet und statt dessen lokale bzw. Lastverteilung über mittlere Distanzen einsetzt.

- Lokale Lastverteilung: Ein Prozessor, der zuvor nie beschäftigt war oder der auf seine letzte Bitte eine Absage bekommen hat, wählt zufällig einen Nachbarn im Prozessornetzwerk als Ziel für seine Bitte um Arbeit.
- Lastverteilung über mittlere Entfernung: Ein Prozessor, der von einem Nachbarn eine Bitte um Arbeit erhält und kein Teilproblem schicken kann, leitet die Bitte an einen seiner verbleibenden Nachbarn weiter, sofern diese Bitte nicht mehr als c-mal weitergeleitet worden ist ($c = 8$ in unserer Implementierung). Sonst wird eine Absage an den Ursprung der Bitte zurückgeschickt.
- Globale Lastverteilung: Eine Rückmeldung eines Resultats wird vom Arbeitgeber gleichzeitig als neue Bitte um Arbeit aufgefaßt. Kann der Arbeitgeber kein neues Teilproblem schicken, wird die Rückmeldung wie eine Bitte behandelt, die zuvor noch nicht weitergeleitet worden ist.

In Zusammenhang mit der Lastverteilung über mittlere Entfernung bewirkt die als globale Lastverteilung bezeichnete Maßnahme tatsächlich nach und nach eine globale Verbreitung von Bitten der einzelnen Prozessoren, denn jede Rückmeldung wird als Bitte aufgefaßt und kann sich durch das Weiterleiten mehr von ihrem Ursprung entfernen. Nebenbei spart die Methode zur globalen Lastverteilung noch Kommunikationskosten, denn die Rückmeldung ist in jedem Fall notwendig und sie bewirkt, daß die Prozessoren mehrere Teilprobleme hintereinander vom gleichen Arbeitgeber beziehen. Das wiederum verbessert die Anwendbarkeit der lokalen Heuristiken zur Zugsortierung und steigert somit die Sucheffizienz des parallelen Verfahrens.

Die verteilte Transpositionstabelle
Im Gegensatz zu den Listen der Killer- und Historyheuristik, die jeder Prozessor lokal verwaltet, wird die Transpositionstabelle als eine virtuell globale, große Tabelle aufgefaßt und der Zugriff auf sie durch das Routen von Botschaften ermöglicht. Bereits Marsland und Popowich [34] zeigten, daß lokale Transpositionstabellen schon bei kleinen Prozessorzahlen zu einem schlechten Suchverhalten führen, weil die Prozessoren nur noch auf die Informationen zugreifen können, die sie selbst berechnet haben.

In unserer Implementierung verwaltet jeder der n Prozessoren eine Tabelle der Größe s, wie sie der sequentielle Algorithmus nutzt. Diese Einzeltabellen werden als eine große Tabelle mit $s \cdot n$ Einträgen aufgefaßt. Der Wert der Hashfunktion $ix(v) \in \{0, \ldots, n \cdot s - 1\}$ für einen Knoten v wird dann in eine Prozessornummer $p(v) := ix(v) \bmod n$ und einen lokalen Index $i(v) := \lfloor \frac{ix(v)}{n} \rfloor$ aufgespalten und somit der Zugriff auf den entsprechenden Eintrag der Tabelle ermöglicht. Diese Implementierung hat den Vorteil, daß die Transpositionstabelle umso größer wird, je größer das verwendete parallele System ist. In der Hoffnung, daß man mit großen parallelen Systemen auch

größere Spielbäume durchsucht, bekommen wir also für die Suche in großen
Spielbäumen auch eine große Tabelle zur Verfügung gestellt.

```
procedure update and get(v : node);
var (s, x, k, z, t, c) : entry;
begin
    Compute h(v) = (ix(v), s(v))
    parbegin
        request TR-entry for v from p(v);
        generate the position v;
    parend
end;
```

Abbildung 4.6. Latency Hiding beim Lesezugriff auf die Hashtabelle.

Die Operationen „store" und „read" müssen in der verteilten Hashtabelle
effizient möglich sein. Dabei ist das „read" viel kritischer als das „store":
Ein Prozessor sollte seine Suche unter einem Knoten v erst fortsetzen, wenn
er, sofern vorhanden, das Ergebnis aus der Transpositionstabelle zur Zugsortierung benutzt hat. Damit ergibt sich das Problem, daß ein Prozessor in
der Zeit untätig ist, in der er eine Anfrage an einen Prozessor sendet und auf
dessen Antwort wartet. Um diese nutzlosen Wartezeiten mit Arbeit zu füllen,
wurde ein Verfahren implementiert wie es in Abbildung 4.6 beschrieben ist.
Ein Prozessor berechnet die Hashfunktion $h(v)$ aus der Hashfunktion des
Vaters und dem Zug, der zu v führt. Danach wird parallel zur erforderlichen
Kommunikation die Stellung v aktualisiert. Auch wenn der Nutzen dieses
Latency Hiding durch die als konstant zu betrachtende Aktualisierungszeit
für v nur begrenzt ist, reicht er dennoch aus, um die Wartezeiten in den
betrachteten Prozessornetzwerken zu einem großen Teil mit sinnvoller Arbeit
zu füllen.

4.4 Effizienzbetrachtungen

Die im folgenden aufgeführten Ergebnisse stammen aus Experimenten mit
unserem Schachprogramm ZUGZWANG. Dabei ist die Anzahl der Prozessoren
nur ein Parameter, so daß ZUGZWANG gleichzeitig als sequentielles und paralleles Programm genutzt werden kann.
Für eine feste Suchtiefe und eine feste Menge von Schachstellungen $\mathcal{P}$ sei

- $t_n(\mathcal{P})$ die Gesamtzeit, die n Prozessoren für alle Suchen der Stellungen in
  $\mathcal{P}$ benötigen,
- $w_n(\mathcal{P})$ die reine Suchzeit, die n Prozessoren benötigen,
- $k_n(\mathcal{P})$ die Anzahl der Knoten, die n Prozessoren besuchen,
- $SPE(n) = t_1(\mathcal{P})/t_n(\mathcal{P})$,
- $EFF(n) = SPE(n)/n$,

- $LD(n) = 100 \cdot w_n(\mathcal{P})/t_n(\mathcal{P})$,
- $SO(n) = 100 \cdot [k_n(\mathcal{P})/k_1(\mathcal{P})] - 100$,
- $PERF(n) = 100 \cdot \frac{w_1(\mathcal{P})}{w_n(\mathcal{P})} \cdot \frac{k_n(\mathcal{P})}{k_1(\mathcal{P})}$.

Als Menge der Teststellungen haben wir die 24 Bratko-Kopec Stellungen [7] gewählt. Es wurden Suchen mit Suchtiefen $3 - 8$ sowie sogenannte 9*-Suchen gerechnet. Bei einer 9*-Suche werden die 5 Stellungen mit den längsten Gesamtzeiten bei einer Tiefe-8-Suche mit 256 Prozessoren nur bis Suchtiefe 8, alle anderen bis Tiefe 9 ausgewertet.

$SPE(n)$, $EFF(n)$, $LD(n)$ und $SO(n)$ bezeichnen den Speedup, die Effizienz, die Auslastung und den Suchoverhead mit n Prozessoren. Die Leistung $PERF(n)$ ist ein Maß dafür, wie stark die Suchprozesse in der parallelen Version durch Routingaufgaben der Prozessoren verlangsamt werden. Es gibt den Anteil der CPU-Zyklen wieder, der dem reinen Suchprozeß im Vergleich zur sequentiellen Version zur Verfügung steht.

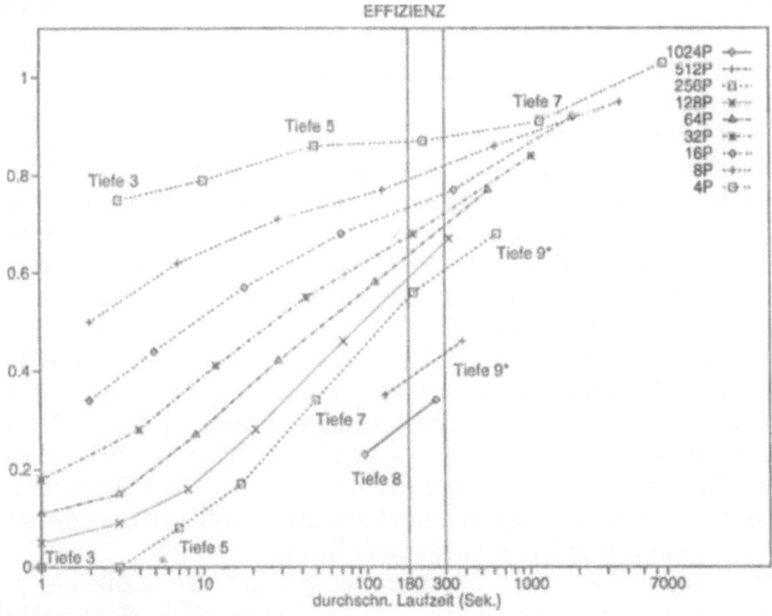

Abbildung 4.7. Effizienz als Funktion der Gesamtzeit.

Insgesamt ist somit

$$SPE = \underbrace{n}_{Prozessoren} \cdot \underbrace{\frac{PERF}{100}}_{Leistung} \cdot \underbrace{\frac{LD}{100}}_{Auslastung} \cdot \underbrace{\frac{100}{100 + SO}}_{Arbeit^{-1}}.$$

Abbildung 4.7 zeigt die Effizienzen, die für unterschiedliche Prozessorzahlen und Suchtiefen gemessen wurden, als Funktion der durchschnittlichen Gesamtzeit pro Stellung. Für die Prozessorzahlen 512 und 1024 wurden nur noch die Tiefe-8-Suchen bzw. die Tiefe-9*-Suchen eingetragen.

	Anzahl Prozessoren						
	4	8	16	32	64	128	256
EFF	0.87	0.79	0.74	0.69	0.64	0.61	0.58

Tabelle 4.1. Effizienz unter Echtzeitbedingungen.

Je länger die Rechenzeiten der parallelen Versionen sind, desto größer wird die Effizienz. Weil man beim Einsatz in einem Schachprogramm gewissen Echtzeitbedingungen unterliegt - etwa alle 3-5 Minuten sollte ein Zug geliefert werden -, wurde dieses Zeitintervall besonders markiert. Eine lineare Approximation der Effizienzen aus Abbildung 4.7 zwischen den Meßpunkten liefert als Effizienz bei 250 Sekunden die Daten aus Tabelle 4.1, die die Skalierbarkeit unseres Verfahrens auch im Einsatz unter Echtzeitbedingungen unterstreichen.

Die Abbildung 4.8 zeigt die Auslastung und den Suchoverhead, die bei den Experimenten mit bis zu 256 Prozessoren auftreten. Es wird deutlich, daß der Anstieg der Effizienz bei steigender Rechenzeit dem Anstieg der Auslastung sowie einem sinkenden Suchoverhead zuzuschreiben ist. Beide Effekte sind nicht überraschend, denn große Suchbäume vereinfachen die Lastverteilung und kleine Suchbäume führen zu unvorsichtigem Einsatz von Parallelismus und damit zu Suchoverhead.

Der Leistungsverlust ist in Abbildung 4.9 in Abhängigkeit von der durchschnittlichen Entfernung zweier Prozessoren im verwendeten DeBruijn Netzwerk dargestellt. Zusätzlich ist der Leistungsverlust für einen 16 × 16 Torus (T) und ein 16 × 16 Gitter (G) angegeben. Es wird deutlich, daß der Leistungsverlust linear abhängig von der durchschnittlichen Entfernung zweier Prozessoren im verwendeten Netzwerk ist. Hier zeigt sich der Vorteil der DeBruijn Netzwerke gegenüber Gitter und Torus.

Die verteilte Transpositionstabelle wächst mit der Größe des parallelen Systems. Weil sie wie eine globale Tabelle genutzt wird, sinkt natürlich mit wachsender Prozessorzahl die Anzahl der Kollisionen in der Hashtabelle. Das kann dann sogar zu negativem Suchoverhead führen, wie aus Abbildung 4.8 hervorgeht. Wird die Tabelle des parallelen Algorithmus künstlich auf die Größe der sequentiellen Tabelle reduziert, sinkt der Speedup mit 256 Prozessoren auf 118. Mit der 16fachen Größe wird jedoch schon wieder ein Speedup von 139 erreicht.

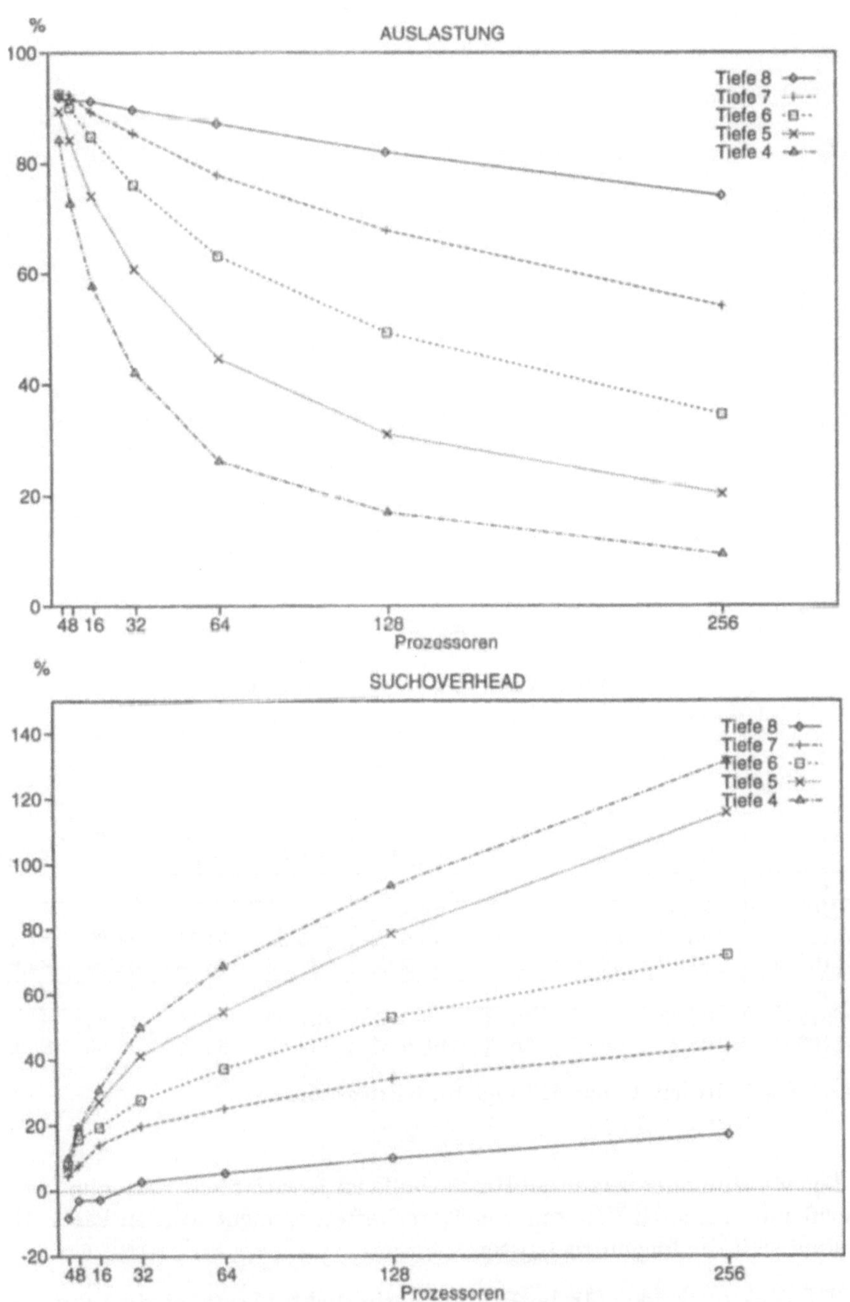

Abbildung 4.8. Auslastung und Suchoverhead.

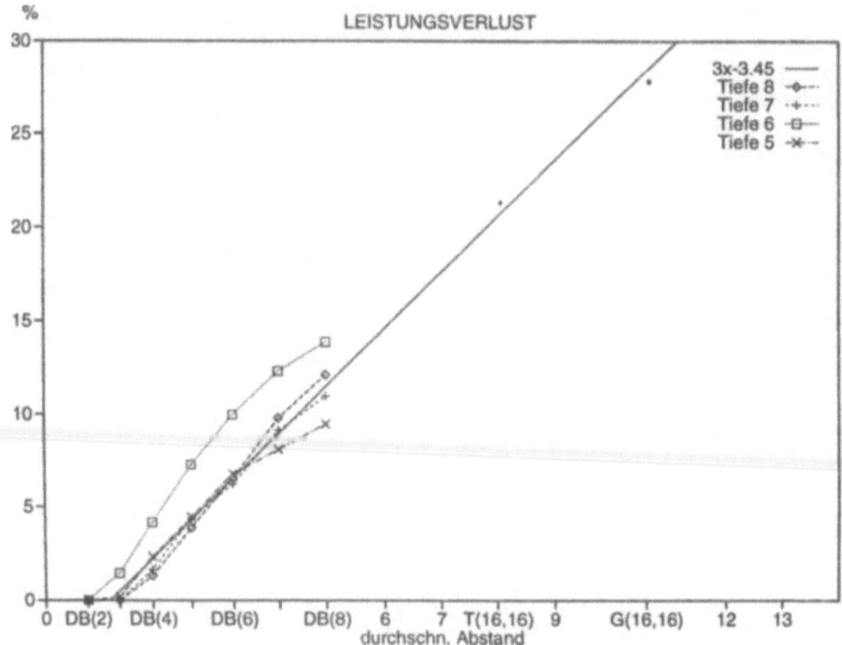

Abbildung 4.9. Leistungsverlust.

	Volle TR				Eingeschränkte TR			
	SPE	LD	SO	PERF	SPE	LD	SO	PERF
Tf 8								
$DB(256)$	142.62	74 %	17 %	87.7 %				
$G(512)$	160.13	59 %	29 %	68.0 %	176.80	61 %	54 %	87.1 %
$G(1024)$	201.17	44 %	43 %	64.2 %	237.15	46 %	68 %	84.6 %
Tf 9*								
$G(512)$	200.53	74 %	30 %	69.3 %	237.03	75 %	40 %	87.0 %
$G(1024)$	308.71	56 %	25 %	66.9 %	344.49	63 %	56 %	83.6 %

Tabelle 4.2. Resultate mit 512 und 1024 Prozessoren.

Die Nutzung der verteilten Hashtabelle ist jedoch nicht kostenlos, weil der Zugriff nur durch ein Routen von Botschaften erreicht werden kann. Damit ergeben sich die folgenden Kosten:

- CPU-Zyklen werden für das Routen verbraucht. Sie stehen dem Suchprozeß nicht mehr zur Verfügung.
- Prozessoren warten auf Tabelleneinträge, bevor sie weitersuchen. Auch hierdurch ergibt sich ein Leistungsverlust.

Besonders schlagen die Leistungsverluste bei Verwendung von 512 und 1024 Prozessoren zu Buche, weil für diese Prozessorzahlen die Prozessoren nur als Gitter angeordnet werden können. So sinkt die Leistung mit 1024 Prozessoren auf etwa 66% der Leistung des sequentiellen Algorithmus. Daher ist für diese Netzwerke der Zugriff auf die Hashtabelle eingeschränkt worden, indem für Knoten, die zu tief im Suchbaum liegen, kein Zugriff auf die Hashtabelle mehr erfolgt. Diese Maßnahme muß zwar mit einem Anstieg des Suchoverhead bezahlt werden, ist jedoch insgesamt effizienter. Die Ergebnisse sind in Tabelle 4.2 dargestellt.

Version	SPE	LD	SO	PERF
Std \ {G}	106.59	55.09 %	21.02 %	91.55 %
Std \ {L,M}	130.71	72.86 %	23.52 %	86.58 %
Std \ {L}	138.54	74.91 %	20.60 %	87.11 %
Std \ {L,G}	130.25	78.77 %	33.85 %	86.39 %
Std	142.62	74.07 %	16.62 %	87.73 %

Tabelle 4.3. Effekte der verschiedenen Lastausgleichsstrategien.

Tabelle 4.3 beschreibt die Ergebnisse einer Untersuchung mit 256 Prozessoren über die Auswirkungen der verschiedenen Lastverteilungsstrategien. Die Version mit globalem (G), mittlerem (M) und lokalem (L) Lastausgleich ist mit „Std" bezeichnet. Std \ {G} bezeichnet also z.B. eine Version ohne globalen Ausgleich. Ohne globalen Lastausgleich sinkt der Speedup von 142 auf 106.

Etwas überraschender ist, daß der Suchoverhead der Version „Std \ {L}" deutlich geringer ist als in der Version „Std \ {L,G}". Der Grund dafür liegt darin, daß ohne globale Lastverteilung die Prozessoren viel länger in gleichen Teilbäumen arbeiten und so die lokalen Heuristiken zur Zugsortierung besser wirken können.

4.5 Schlußfolgerungen

Wir haben eine Parallelisierung der Spielbaumsuche beschrieben, die effizienter ist als alle bekannten Implementierungen der Spielbaumsuche auf paralleler Hardware zuvor. Diese Effizienz wird erreicht durch die folgenden Eigenschaften:

1. Dynamische Lastverteilung nach lokalen sowie globalen Kriterien.
2. Lokale Einschränkungen der Parallelität.
3. Eine geschickte Implementierung einer verteilten Hashtabelle.
4. Die Auswahl eines geeigneten Prozessornetzwerkes.

Die vorgestellte Parallelisierung hat sich im praktischen Einsatz im Schachprogramm ZUGZWANG bewährt: Mit einem System von 1024 Transputern wurde bei den Computerschachweltmeisterschaften 1992 ungeschlagen der zweite Platz erreicht.

Schriftenverzeichnis

1. S.G. Akl und M. Newborn (1977). The principle continuation and the killer heuristic. ACM Annual Conference, 466-473.
2. S.G. Akl, D.T. Barnard und R.J. Doran (1980). Simulation and analysis in deriving time and storage requirements for a parallel alpha-beta pruning algorithm. IEEE International Conference on Parallel Processing, 231-234.
3. S.G. Akl, D.T. Barnard und R.J Doran (1982). Design, analysis and implementation of a parallel tree search algorithm. IEEE Transactions on Pattern Analysis and Machine Intelligence 2, 192-203.
4. I. Althöfer (1993). A parallel game tree search algorithm with a linear speedup. Journal of Algorithms 2, 175-198.
5. G. Baudet (1978). The design and analysis of algorithms for asynchronous multiprocessors. PhD. Thesis, Carnegie-Mellon University, Pittsburgh, USA.
6. H.J. Berliner (1979). The B* tree search algorithm: a best-first proof procedure. Artificial Intelligence 1, 23-40.
7. I. Bratko und D. Kopec (1982). A test for comparison of human and computer performance in chess. Advances in Computer Chess III, M.R.B. Clarke (Ed.), Pergamon Press, 31-56.
8. M.S. Campbell und T.A. Marsland (1983). A comparison of minmax tree search algorithms. Artificial Intelligence 4, 347-367.
9. J.H. Condon und K. Thompson (1982). Belle chess hardware. Advances in Computer Chess III, M.R.B. Clarke (Ed.), Pergamon Press, 44-54.
10. J.H. Condon und K. Thompson (1983). Belle. Chess skill in man and machine, P.W. Frey (Ed.), Springer Verlag, 201-210,
11. N.G. DeBruijn (1946). A combinatorial problem. Indagationes Math., 461-467.
12. A.E. Elo (1978). The Rating of Chessplayers, Past and Present. Arco Publishing, New York.
13. R. Feldmann, B. Monien, P. Mysliwietz und O. Vornberger (1989). Distributed game tree search. ICCA Journal 2, 65-73.
14. R. Feldmann, B. Monien, P. Mysliwietz und O. Vornberger (1990). Distributed game tree search. Parallel Algorithms for Machine Intelligence and Vision, V. Kumar, L.N. Kanal, P.S. Gopalakrishnan (Eds.), Springer Verlag, 66-101.
15. R. Feldmann, B. Monien und P. Mysliwietz (1991). A fully distributed chess program. Advances in Computer Chess VI, D.F. Beal (Ed.), 1-27.
16. R. Feldmann, P. Mysliwietz und B. Monien (1990). Spielbaumsuche auf einem Transputernetzwerk. Parallel-Algorithmen und -Rechnerstrukturen (PARS), Workshop Sprachen und Systeme zur Parallelverarbeitung, Gesellschaft für Informatik e.V.
17. R. Feldmann, P. Mysliwietz und B. Monien (1992). Experiments with a fully distributed chess program. Heuristic Programming in Artificial Intelligence 3, J. van den Herik, V. Allis (Eds.), 72-87.
18. R. Feldmann, P. Mysliwietz und B. Monien (1991). Distributed game tree search on a massively parallel system. in: Data structures and efficient algorithms: Final report on the DFG special joint initiative, Springer, Lecture Notes in Computer Science 594, B. Monien, T. Ottmann (Eds.), 270-288.

19. R. Feldmann (1993). Spielbaumsuche mit massiv parallelen Systemen. Doktorarbeit, Universität GH Paderborn, Deutschland.

20. Ch. Ferguson und R.E. Korf (1988). Distributed tree search and its application to alpha-beta pruning. Proceedings AAAI-88, 7th National Conference on Artificial Intelligence, Vol 2, 128-132.

21. R.A. Finkel und J.P. Fishburn (1980). Parallel alpha-beta search on arachne. IEEE International Conference on Parallel Processing, 235-243.

22. R.A. Finkel und J.P. Fishburn (1982). Parallelism in alpha-beta search. Artificial Intelligence 1, 89-106.

23. R.D. Greenblatt, D.E. Eastlake III und S.D. Crocker (1967). The Greenblatt chess program. Proceeding of the Fall Joint Computing Conference, San Francisco, 801-810.

24. F.H. Hsu (1990). Large Scale Parallelization of Alpha-Beta Search: An Algorithmic Architectural Study with Computer Chess. PhD. Thesis, Carnegie Mellon University, Pittsburgh, USA.

25. R.M. Hyatt (1985). Parallel chess on the Cray X-MP/48. ICCA Journal 2, 90-99.

26. R.M. Hyatt, B.E. Gower und H.L. Nelson (1985). Cray Blitz. Advances in Computer Chess IV, D.F. Beal (Ed.), Pergamon Press, 8-18.

27. R.M. Hyatt, B.W. Suter und H.L. Nelson (1989). A parallel alpha/beta tree searching algorithm. Parallel Computing 10, 299-308.

28. R. M. Karp und Y. Zhang (1989). On parallel evaluation of game trees. Proceedings of SPAA'89, 409-420.

29. D.E. Knuth und R.W. Moore (1975). An analysis of alpha-beta pruning. Artificial Intelligence 4, 293-326.

30. H.-J. Kraas (1990). Zur Parallelisierung des SSS*-Algorithmus. Doktorarbeit, Universität Braunschweig, Deutschland.

31. B.C. Kuszmaul (1995). The Startech massively-parallel chess program. ICCA Journal 1, 3-19.

32. D. Levy und M. Newborn (1991). How Computers Play Chess. Computer Science Press.

33. T.A. Marsland und M.S. Campbell (1982). Parallel search of strongly ordered game trees. Computing Surveys 4, 533-551.

34. T.A. Marsland und F. Popowich (1985). Parallel game tree search. IEEE Transactions on Pattern Analysis and Machine Intelligence 4, 442-452.

35. T.A. Marsland, M. Olafsson und J. Schaeffer (1986). Multiprocessor tree-search experiments. Advances in Computer Chess IV, D.F. Beal (Ed.), Pergamon Press, 37-51.

36. D.A. McAllester (1988). A new procedure for growing min-max trees. Artificial Intelligence 3, 287-310.

37. B. Monien und O. Vornberger (1987). Parallel processing of combinatorial search trees. Proceedings International Workshop on Parallel Algorithms and Architectures, Math. Research Nr. 38, Akademie-Verlag Berlin, 60-69.

38. P. Mysliwietz (1993). Konstruktion und Optimierung von Bewertungsfunktionen beim Schach. Doktorarbeit, Universität GH Paderborn, Deutschland.

39. M. Newborn (1978). Computer chess: recent progress and future expectations. Information Technology, J. Moneta (Ed.), 189-192.

40. M. Newborn (1985). A parallel search chess program. ACM Annual Conference 1985, 272-277.

41. M. Newborn (1988). Unsynchronized iterative deepening parallel alpha-beta search. IEEE Transactions on Pattern Analysis and Machine Intelligence 5, 687-694.

42. A. Newell, J.C. Shaw und H.A. Simon (1958). Chess-playing programs and the problem of complexity. IBM-Journal of Research and Development 2, 320-355. Reprint in: Computers and Thought, E.A. Feigenbaum, J. Feldman (Eds.), McGraw-Hill, 39-70. (1963).

43. S.W. Otto und E.W. Felten. Chess on a hypercube. The Third Conference on Hypercube Concurrent Computers and Applications, Vol 2, 1329-1341.

44. J. Pearl (1984). Heuristics: Intelligent Search Strategies for Computer Problem Solving. Addison-Wesley Publishing Company.

45. A. Reinefeld (1989). Spielbaum-Suchverfahren. Springer-Verlag, Informatik-Fachberichte, Band 200.

46. A.L. Samuel (1967). Some studies in machine learning using the game of checkers. II - Recent Progress. IBM-Journal of Research and Development 11, 601-617.

47. J. Schaeffer (1989). The history heuristic and alpha-beta search enhancements in practice. IEEE Transactions on Pattern Analysis and Machine Intelligence 11, 1203-1212.

48. J. Schaeffer (1989). Distributed game-tree searching. Journal of Parallel and Distributed Computing 2, 90-114.

49. C.E. Shannon (1950). Programming a computer for playing chess. Philosophical Magazine 41, 256-275.

50. G. Schrüfer (1988). Minimax-Suchen: Kosten, Qualität und Algorithmen. Doktorarbeit, Universität Braunschweig, Deutschland.

51. J.R. Slagle und J.K. Dixon (1969). Experiments with some programs that search game trees. Journal of the ACM 16, 189-207.

52. D.J. Slate und L.R. Atkin (1977). Chess 4.5 - The Northwestern University chess program. Chess Skill in Man and Machine, P.W. Frey (Ed.), Springer-Verlag, 82-118.

53. G.C. Stockman (1979). A minmax algorithm better than alpha-beta? Artificial Intelligence 2, 179-196.

54. A.M. Turing (1953). Digital computers applied to games. B.V. Bowden: Faster than Thought: A Symposium on Digital Computing Machines, Pitman, 286-310.

55. J. v. Neumann und O. Morgenstern (1944). Theory of Games and Economic Behavior. Princeton University Press, Princeton, USA.

56. O. Vornberger und B. Monien (1987). Parallel alpha-beta versus parallel SSS*. Proceedings IFIP Conference on Distributed Processing, North Holland, 613-625.

57. E. Zermelo (1912). Über eine Anwendung der Mengenlehre auf die Theorie des Schachspiels. 5. Internationaler Mathematikerkongreß, Cambridge, Band 2, 510-504.

58. K. Zuse (1984). Der Computer - Mein Lebenswerk. Springer-Verlag.

Knight moves – was macht der Springer allein auf dem Schachbrett?

Martin Löbbing und Ingo Wegener

Springerkreise sind Zugfolgen des Springers auf dem Schachbrett, mit denen er jedes Feld genau einmal erreicht und zum Ausgangsfeld zurückkehrt. Sie faszinieren seit über 400 Jahren auch solche Menschen, die sich nicht hauptsächlich mit Schach, Mathematik oder Informatik befassen. Nach einem historischen Rückblick wird beschrieben, wie es nun gelungen ist, die exakte Zahl der Springerkreise zu bestimmen. Wichtiger als die Zahl ist die Methode ihrer Berechnung. Es werden für die Hardwareverifikation entworfene Datenstrukturen eingesetzt. Damit wird gezeigt, daß diese Datenstrukturen die Lösung endlicher Probleme aus sehr unterschiedlichen Gebieten unterstützen.

5.1 Schach und Informatik

Schach, das königliche Spiel, wurde erstmals ausführlich von dem persischen Dichter Firdausi (gest. 1020) in seinem Königsbuch beschrieben. Es breitete sich von Persien über Arabien weltweit aus, so daß die Kenntnis der Schachregeln heutzutage zum allgemeinen Bildungsgut zählt. Durch die Mischung aus strategischem Vorgehen und psychologischer Raffinesse haben Weltmeisterschaftskämpfe einen hohen Nachrichten– und Unterhaltungswert.

Erinnert sei nur an das legendäre Finale zwischen Fischer und Spassky, das zur Zeit das kalten Krieges den Kampf der Systeme widerspiegelte.

Die Spieltheorie liefert sehr leicht den Nachweis, daß es entweder für Weiß oder für Schwarz eine Gewinnstrategie gibt oder Weiß und Schwarz Strategien haben, die ihnen ein Remis sichern. Nur – wir wissen nicht, welche der drei sich ausschließenden Möglichkeiten die Wirklichkeit beschreibt, und wir haben keine Hoffnung, dies bald zu erfahren. Schach bleibt also das königliche Spiel.

Es ist daher nicht überraschend, daß Mathematik und Informatik für sie typische Fragestellungen aus dem Schachspiel abgeleitet haben. Schachprogramme haben inzwischen eine erstaunliche Spielstärke erreicht. Die beiden bekanntesten kombinatorischen Schachaufgaben sind das Damenproblem und das Springerkreisproblem. Beim Damenproblem sollen acht Damen so plaziert werden, daß sie sich gegenseitig nicht bedrohen. Mit etwas Geschick läßt sich eine Lösung von Hand konstruieren, und Legionen von Studierenden haben mit Backtracking Algorithmen alle 92 Lösungen gefunden.

Ein Springerkreis ist eine Folge von 64 Springerzügen, mit denen ein Springer alle Felder besucht und zum Startfeld zurückkehrt. Für einen Springerweg genügt es, mit 63 Zügen alle Felder zu besuchen. Obwohl sie von Hand nicht leicht zu finden sind, sind Springerkreise und Springerwege seit einigen hundert Jahren bekannt. Die genaue Anzahl verschiedener Springerkreise wurde erst von Löbbing und Wegener (1996) bestimmt. Damit wurde ein bekanntes, lange offenes Problem gelöst. Die eigentliche Motivation bestand in dem Nachweis, daß die von Bryant (1986) für die Hardwareverifikation entwickelten OBDDs (ordered binary decision diagrams) auch die Lösung endlicher Probleme in Gebieten unterstützen, die weit von den traditionellen Anwendungsgebieten wie Verifikation, CAD, Zeitanalyse oder Testmustergenerierung entfernt sind. Was lag da näher als das Springerkreisproblem? Es ist einfach zu beschreiben, allgemein als offenes Problem bekannt und hat sicherlich nichts mit den genannten Gebieten zu tun. Unsere eigentliche Botschaft ist die Propagierung von OBDD-Techniken.

Dennoch wollen wir uns in den nächsten beiden Kapiteln dem „Springerproblem an sich" widmen. Zunächst wird beschrieben, wie Springerzüge Menschen fasziniert und deren Phantasie angeregt haben. Danach wird die Historie des Springerkreisproblems gestreift. Springerkreise wurden aus ästhetischen Gründen entworfen und um politische Huldigungen auszudrücken.

Im vierten Kapitel wird das Gemeinsame vieler endlicher Probleme, darunter der Verifikation des Pentium Dividierers und des Springerkreisproblems, herausgearbeitet. Anforderungen an Datenstrukturen zur Unterstützung der Lösung derartiger Probleme werden formuliert. Dies führt im fünften Kapitel zur Vorstellung von OBDDs. Eigenschaften von OBDDs und Algorithmen zum Umgang mit OBDDs werden vorgestellt, und die Gründe für die großen Erfolge von OBDD-Techniken werden diskutiert. Nach diesen allgemeinen Betrachtungen wird im sechsten Kapitel der Weg zur Bestimmung der Anzahl der Springerkreise detailliert beschrieben.

5.2 Knight moves - die Faszination des Springers

Natürlich ist der König die wichtigste Figur beim Schachspiel. Der Verlust des Königs ist gleichbedeutend mit dem Verlust der Schachpartie. Insofern sind alle anderen Figuren nur Mittel zum Zweck. Theorien über den Wert der Schachfiguren in verschiedenen Stellungen sind weit entwickelt und finden ihren Einsatz in Schachprogrammen. Sie weisen dem Springer in den meisten Situationen einen geringeren Wert als Dame oder Turm zu. Dennoch zeigen Bilder, die das Schachspiel symbolisieren und ein Fragment des Schachbretts mit einer Figur enthalten, in den allermeisten Fällen einen Springer.

Der Springer ist nämlich die einzige Figur auf dem Schachbrett, dessen Zugfolgen unübersichtlich sind und verwirren und faszinieren. Wieviele Züge braucht ein Springer, der allein auf dem Schachbrett ist, um von a1 nach b2 zu gelangen? Natürlich ist es mit etwas Ausprobieren möglich, die richtige Antwort, nämlich vier, herauszufinden. Für alle anderen Figuren sind analoge Fragen viel einfacher zu beantworten. Beim König ist es das Maximum von Zeilen- und Spaltenabstand, und daher beträgt der größte Königsabstand sieben. Dame und Turm können jedes Feld in höchstens zwei Zügen erreichen, während Läufer und Bauer nicht alle anderen Felder erreichen können. Der in Abbildung 5.1 dargestellte Springerkreis zeigt, daß der Springer alle Felder erreichen kann. Welche Felder haben den größten Springerabstand? Die keinesfalls offensichtliche Antwort ist, daß der Springerabstand für die diagonal entgegengesetzten Ecken sechs beträgt und sonst kleiner ist.

Allgemein sind Hamiltonsche Kreise geschlossene Wege, die jeden Knoten in einem Graphen, also hier jedes Feld auf dem Schachbrett, genau einmal berühren. Es ist sehr einfach, Königskreise, Damenkreise und Turmkreise zu entwerfen. Natürlich existieren keine Läuferkreise und Bauernkreise. Nur Springerkreise bilden eine Herausforderung.

Nach diesen noch recht schachspezifischen Betrachtungen soll das Gedicht „Tapetenblume" von Christian Morgenstern (1871-1914) belegen, daß Springerzüge, hier Rösselsprünge genannt, auch Schriftsteller inspiriert haben.

> Tapetenblume bin ich fein,
> kehr wieder ohne Ende,
> doch, statt im Mai'n und Mondenschein
> auf jeder der vier Wände.
>
> Du siehst mich nimmerdar genung,
> so weit du blickst im Stübchen,
> und folgst Du mir per Rösselsprung -
> wirst Du verrückt, mein Liebchen.

Gedichte erreichen heutzutage weniger Menschen als TV und Kino. Haben Springer auch in die modernen Medien Einzug gehalten? Der Springer war Gegenstand einer Wette in Thomas Gottschalks populärer Fernsehshow „Wetten, daß ...?". Der Kandidat behauptete, daß er für ein beliebiges Feld den Springer so über das Schachbrett bewegen kann, daß jedes Feld genau einmal erreicht wird. Und der Kandidat hat die Wette gewonnen. Diese Leistung hat bei vielen Menschen Bewunderung hervorgerufen. Immerhin gibt es 64 Startfelder, und 64 Springerwege enthalten 4032 Springerzüge. Diese Vorgehensweise ist jedoch sträflich naiv. Es genügt doch, einen Springerkreis auswendig zu lernen, da jeder Springerkreis für jedes Startfeld einen Springerweg enthält. Die Gedächtnisleistung wird noch geringer, wenn ein Springerkreis mit vielen Symmetrien gewählt wird, siehe Abbildung 5.1.

Für den Titel dieses Artikels hat der deutsch-amerikanische Spielfilm „Knight moves" aus dem Jahr 1991 Pate gestanden (Regie Carl Schenkel, in den Hauptrollen Christopher Lambert, Diane Lane, Tom Skerritt und Daniel Baldwin). In diesem Film stehen sich zwei Schachwunderkinder in einer Partie gegenüber. Der Verlierer kann seine Niederlage nicht ertragen und verletzt den Sieger beim üblichen Händedruck nach der Partie mit seinem Füllfederhalter. Diese Schachpartie stellt auch die Weichen für das zukünftige Leben. Der Verlierer bleibt ein Außenseiter und verfolgt eifersüchtig und rachsüchtig das erfolgreiche Leben seines Widersachers. Schließlich begeht er Morde, die er seinem Gegner in die Schuhe schieben will. Der hat die Episode aus seiner Kindheit längst verdrängt. Immer mehr in die Enge getrieben, muß er selber den Mörder ausfindig machen. Langsam dämmert es ihm, welchem Prinzip

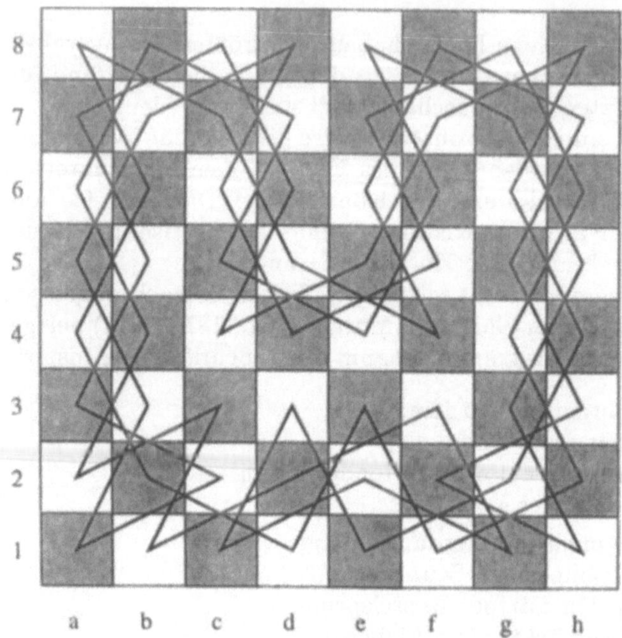

Abbildung 5.1. Ein idealer Springerkreis für „Wetten, daß ...?".

die Morde folgen. Bezogen auf die Planquadrate des Stadtplans stellen die Tatorte die Züge einer berühmten Schachpartie dar. Und natürlich ist für den nächsten Mord ein knight move, also ein Springerzug zu erwarten. Mit einem hollywoodgerechten Showdown endet der Film.

5.3 Ein historischer Rückblick

Rouse Ball und Coxeter (1987) haben ausführlich die Jahrhunderte alte Geschichte des Springerproblems dokumentiert. Hier werden nur einige Höhepunkte herausgepickt. Vermutlich beginnt die Geschichte mit einem Schachspieler, der aus Langeweile die 32 Figuren in der ansonsten üblichen Ordnung auf die untere Bretthälfte gestellt und sich gefragt hat, ob ein Springer in einem einzigen Beutezug in 31 Zügen alle anderen Figuren schlagen kann. Der Schachspieler sucht also nach einem Springerweg auf einem 4×8-Schachbrett. Später haben berühmte Mathematiker wie de Moivre, Legendre, Euler und Vandermonde über Springerkreise und Springerwege publiziert.

Wie kann ein Springerkreis konstruiert werden? Eine ziellose Suche, bei der der nächste Zug zufällig zu einem noch nicht besuchten Nachfolger führt, gerät meistens in Sackgassen. Es ist vorgekommen, daß wir mit 10^9 derartigen Versuchen keinen Erfolg hatten. Bereits 1823 hat Warnsdorff einen algorithmischen Ansatz, den wir heute intelligente Suchstrategie nennen würden, vorgeschlagen. Für jedes Feld merken wir uns, wieviele der in einem Springerzug erreichbaren Felder noch nicht auf dem gewählten Anfangsweg liegen. Unter den möglichen Zielfeldern des nächsten Zuges wird ein Feld mit dem kleinsten Freiheitsgrad gewählt. Wenn nach dieser Regel mehrere Felder gleichberechtigt sind, wird unter ihnen eine zufällige Entscheidung getroffen. Auf diese Weise werden Felder, die in besonderer Gefahr stehen, nicht mehr besucht werden zu können, mit Vorrang behandelt. Diese Heuristik führt in vielen Fällen zum Erfolg.

Auf andere Weise wurden Springerkreise mit besonderen Eigenschaften konstruiert. Der in Abbildung 5.1 dargestellte Springerkreis weist nicht nur Symmetrien auf, sondern hat zudem in seiner graphischen Darstellung die Form einer Vase. In Abbildung 5.2 sind Springerkreise zu sehen, die als Botschaften ein Kreuz als Symbol des Christentums, ein N für Napoleon und ein doppeltes V als Huldigung „Vivat Victoria" für Queen Victoria beinhalten. Ähnliche Anstrengungen für die englische Monarchie sind aus heutiger Zeit nicht bekannt.

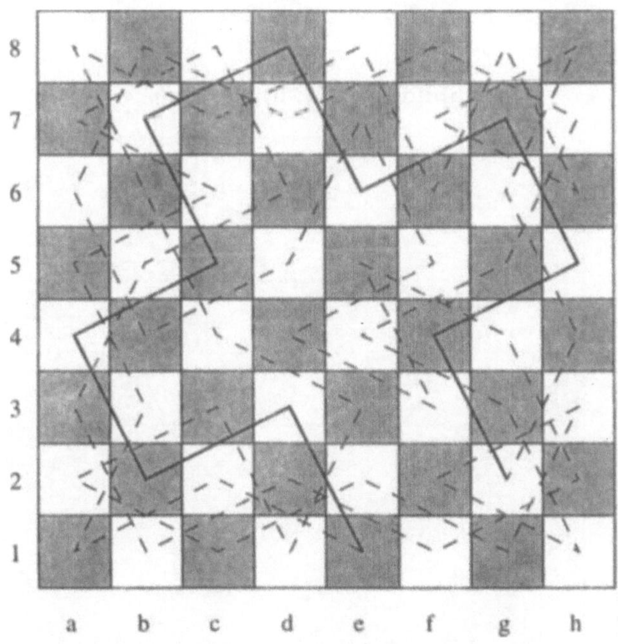

Abbildung 5.2. a) Kreuzsymbol.

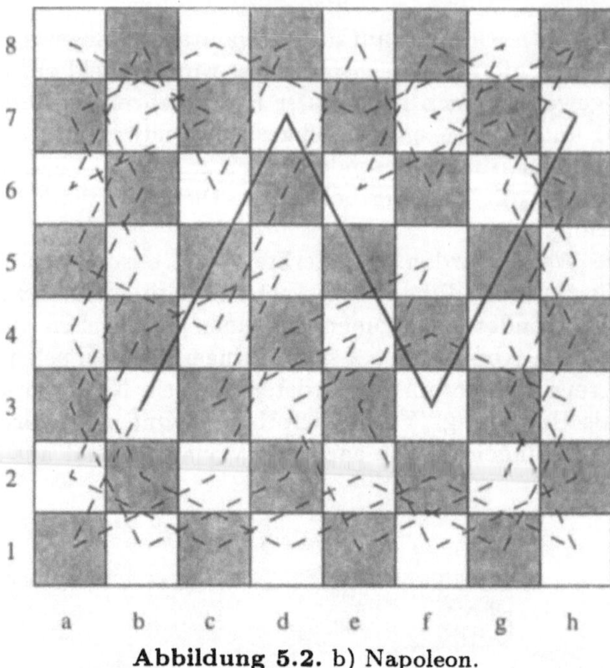

Abbildung 5.2. b) Napoleon.

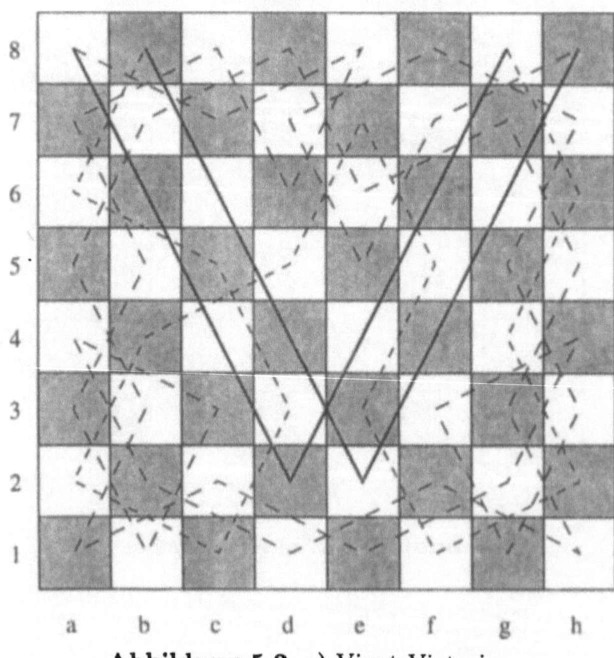

Abbildung 5.2. c) Vivat Victoria.

Noch erstaunlicher ist der Springerkreis von Jaenisch in Abbildung 5.3.
Bei dieser Darstellung werden die Felder in der Reihenfolge, in der sie besucht
werden, durchnumeriert. So gesehen ist der Springerkreis auch ein magisches
Quadrat. Alle Zeilen- und Spaltensummen ergeben 260. Leider kann nicht
nachvollzogen und erklärt werden, wie Jaenisch diesen Springerkreis erzeugt
hat. Am Ende des 19. Jahrhunderts hatte er jedenfalls keine Rechnerhilfe.

63	22	15	40	1	42	59	18
14	39	64	21	60	17	2	43
37	62	23	16	41	4	19	58
24	13	38	61	20	57	44	3
11	36	25	52	29	46	5	56
26	51	12	33	8	55	30	45
35	10	49	28	53	32	47	6
50	27	34	9	48	7	54	31

Abbildung 5.3. Ein Springerkreis von Jaenisch, der gleichzeitig ein magisches
Quadrat ist.

Nur erwähnt werden soll ein Springerweg von Rilly, der allerdings nicht zu
einem Kreis geschlossen werden kann. Dieser Springerweg stellt nicht nur ein
magisches Quadrat dar, auch die Diagonalsummen betragen 260. Aus Sicht
von Mathematik und Informatik ist es naheliegend, nicht nur 8×8-, sondern
auch $n \times n$-Schachbretter zu untersuchen. Es gibt mehrere Beweise, daß es
Springerwege genau für $n = 1$ und $n \geq 5$ gibt. Springerkreise existieren genau dann, wenn $n = 1$ oder $n \geq 6$ und gerade ist. Conrad, Hindrichs, Morsy
und Wegener (1994) haben mit einer Cut and Paste Technik die Kombinationen von Start- und Zielfeld charakterisiert, für die es Springerwege gibt. Für
$n = 5$ ist die Lösung spezieller Natur. Für gerades $n \geq 6$ ist es hinreichend
und notwendig, daß Start- und Zielfeld verschiedene Farben haben. Für ungerades $n \geq 7$ müssen Start- und Zielfeld die Farbe der Eckfelder haben. Die
Notwendigkeit dieses Farbkriteriums folgt aus dem einfachen Umstand, daß
der Springer mit jedem Zug die Farbe des Feldes wechselt. Daß das Farb-
kriterium auch hinreichend ist, wird konstruktiv gezeigt. Eine größere Zahl

von Springerkreisen auf quadratischen und rechteckigen Schachbrettern wird
mit Rechnerhilfe erzeugt und abgespeichert. Hierbei werden Schachbretter
bis zur Größe von 11×11 behandelt. Dann kann jedes $n \times n$-Schachbrett
so in kleinere Schachbretter eingeteilt werden, daß maximal ein Schachbrett
eine ungerade Zahl von Feldern hat und dieses Schachbrett, falls es existiert,
das Startfeld enthält. Der gesuchte Springerweg kann nun aus den für die
kleineren Bretter abgespeicherten Springerwegen zusammengeklebt werden.
Falls Start- und Zielfeld auf dem gleichen Teilbrett liegen, muß der Springerweg auf diesem Teilbrett an einer geeigneten Stelle aufgeschnitten werden.
Insgesamt kann der gesuchte Springerweg in Linearzeit berechnet werden.

Die größte Herausforderung stellt jedoch die Frage nach der exakten Zahl
von Springerkreisen auf dem 8×8-Schachbrett dar. Es ist nicht zu hoffen,
daß dieses Problem mit Rechnerhilfe in vernünftiger Zeit gelöst werden kann,
wenn dabei alle Springerkreise erzeugt werden müssen. Andererseits erwartet
wohl auch niemand, daß die Zahl der Springerkreise auf $n \times n$-Schachbrettern
durch eine in vernünftiger Zeit auswertbare, eventuell rekursive Formel beschrieben werden kann. Was würde uns die Lösung für alle geraden $n \leq 24$
helfen, wenn wir 26×26-Schachbretter behandeln? Glücklicherweise gibt es
eine Schachbrettgröße, die uns besonders interessiert, nämlich die üblichen
8×8-Schachbretter. Am Rande sei erwähnt, daß die 9862 ungerichteten Springerkreise auf dem 6×6-Schachbrett leicht mit Backtracking Algorithmen
gefunden werden können.

5.4 Springerkreise und der Fehler im Pentium Dividierer

Wie schon in der Einleitung betont, wollen wir OBDD-Techniken als allgemeine Lösungsmethode für endliche Probleme propagieren und zum Beweis
der Leistungsfähigkeit dieser Methode die Anzahl der Springerkreise auf dem
8×8-Schachbrett mit OBDD-Techniken bestimmen.

Allgemein betrachten wir Funktionen $f : A \to \{0, 1\}$ auf endlichen Mengen A. Eine Eingabe $a \in A$ heißt erfüllend, wenn $f(a) = 1$ ist. Das Erfüllbarkeitsproblem ist die Aufgabe zu entscheiden, ob es eine erfüllende Belegung
gibt. Falls eine Boolesche Funktion f durch Schaltkreise (selbst in der einge-
schränkten Form von Formeln in konjunktiver Normalform) beschrieben ist,
ist das Erfüllbarkeitsproblem NP-vollständig. Es ist sogar historisch das erste
Problem, für das Cook die NP-Vollständigkeit bewiesen hat. Wir können also
nicht auf einen Algorithmus hoffen, mit dem das Erfüllbarkeitsproblem effizient gelöst werden kann. Andererseits müssen wir für viele wichtige Probleme implizit Erfüllbarkeitsprobleme lösen. Dies wollen wir mit den Beispielen
Hardwareverifikation, Berechnung von Ramseyzahlen und unserem Springerkreisproblem untermauern.

Rechner, Prozessoren, Chips und Schaltkreise werden heutzutage auf Korrektheit getestet. Aber auch die besten Testmethoden führen nicht zur Verifikation, also zu einem formalen Nachweis, daß das Input-Output-Verhalten

eines Entwurfs mit dem der Spezifikation übereinstimmt. Die durch Entwurfsfehler entstehenden Kosten konnten 1995 am Beispiel des Pentium Dividierers beobachtet werden. Daß auch bei einem verifizierten Entwurf in der Fertigung Fehler entstehen können, die nur mit Testmethoden zu finden sind, sei hier nur erwähnt. Dies mindert keinesfalls die zentrale Rolle, die das Verifikationsproblem in der Informatik spielt.

Das Hardwareverifikationsproblem ist äquivalent zum Erfüllbarkeitsproblem. Sei S die formale Spezifikation einer Booleschen Funktion $f : \{0,1\}^n \to \{0,1\}$. (Funktionen mit längeren Outputs können analog behandelt werden.) Sei nun S' der formale Entwurf eines Schaltkreises, von dem behauptet wird, daß er ebenfalls f realisiert. Wenn wir mit f' die von S' realisierte Funktion bezeichnen, ist es unsere Aufgabe zu verifizieren, ob $f \equiv f'$ ist. Dies ist äquivalent zum Erfüllbarkeitsproblem für $f \oplus f'$. Also ist das Verifikationsproblem für Schaltkreise NP-äquivalent. In vielen anderen Problemen bei der Analyse und Synthese von Hardware findet sich das Erfüllbarkeitsproblem auf ähnliche Weise wieder.

Die k-te Ramseyzahl $R(k)$ ist die kleinste Zahl n, so daß alle Graphen auf mindestens n Knoten eine Teilmenge von k Knoten enthalten, die eine k-Clique oder eine k-Anticlique bilden. Dabei bilden Knoten eine Clique, wenn zwischen ihnen alle möglichen Kanten existieren, und eine Anticlique, wenn sie durch keine Kante verbunden sind. Der berühmte Satz von Ramsey besagt, daß alle Ramseyzahlen endlich sind. Über die fünfte Ramseyzahl wissen wir nur, daß $43 \leq R(5) \leq 49$ ist. Ob $R(5) \leq n$ ist, kann mit Hilfe des Erfüllbarkeitsproblems entschieden werden. Zu einem Booleschen Vektor $x = (x_{ij})$, $1 \leq i < j \leq n$, gehört der Graph $G(x)$ auf n Knoten, der die Kante $\{i,j\}$ genau dann enthält, wenn $x_{ij} = 1$ ist. Die Boolesche Funktion, die für $G(x)$ entscheidet, ob dieser Graph keine 5-Clique und keine 5-Anticlique enthält, hat Schaltkreise polynomieller Größe. Dieser Schaltkreis ist definitionsgemäß genau dann erfüllbar, wenn $R(5) > n$ ist.

Das Springerkreisproblem läßt sich ähnlich codieren. Für jedes Feld benutzen wir eine Variable mit so vielen Werten, wie es Springerzüge gibt, die dieses Feld verlassen. Auf dem Schachbrett gibt es Felder, die auf 2, 3, 4, 6 und 8 Arten verlassen werden können. Eine Belegung der Variablen beschreibt also für jedes Feld die Wahl eines Springerzuges. Die Funktion KREIS soll den Wert 1 annehmen, wenn die ausgewählten Züge einen Springerkreis bilden. Sie hat, wenn wir die Schachbrettgröße $n \times n$ als variabel annehmen, Schaltkreise polynomieller Größe. Wir haben es zwar mit Hamiltonschen Kreisen zu tun, aber nicht mit dem NP-vollständigen Problem der Entscheidung, ob ein beliebiger Graph einen Hamiltonschen Kreis enthält, sondern mit dem Problem, für einen fest vorgegebenen Graphen und eine Auswahl von Kanten zu entscheiden, ob diese Kanten einen Hamiltonschen Kreis bilden. Dazu ist nur zu prüfen, ob jeder Knoten (jedes Feld) genau einmal verlassen wird (hier durch die Codierung gesichert), jeder Knoten genau einmal erreicht wird und der aus den gewählten Kanten bestehende Graph stark zusammenhängend ist. Dies kann mit grundlegenden Algorithmen in polynomieller Zeit überprüft werden, und diese führen zu Schaltkreisen polynomieller Größe. In diesem Spezialfall ist das Erfüllbarkeitsproblem bereits gelöst, da wir wissen, für welche n es Springerkreise gibt. Wir sind aber an der Zahl der Springerkreise und damit an der Anzahl erfüllender Belegungen interessiert.

Wichtige Probleme erweisen sich also als Spezialfälle von NP-harten Problemen. Davon dürfen wir uns nicht abschrecken lassen. NP-harte Probleme werden täglich für spezielle Eingaben gelöst. Dies ist kein Widerspruch, da die NP-Vollständigkeitstheorie eine Theorie über worst case Rechenzeiten von allgemeinen Algorithmen ist. Wir sind also motiviert, spezielle Probleme mit speziellen Methoden zu lösen. Die Entwickler des Pentium Chips waren nicht an einem Verifikationsalgorithmus interessiert, der alle denkbaren Dividierer effizient auf Korrektheit überprüfen kann. Ihnen hätte es genügt, den Fehler in ihrem Dividierer zu finden. Ähnlich stellt sich die Situation bei der Berechnung der fünften Ramseyzahl oder der Zahl der Springerkreise dar.

Die Grundidee des Lösungsansatzes besteht darin, formale Spezifikationen und Schaltkreise in Darstellungsformen (oder Datenstrukturen) zu transformieren, für die das Erfüllbarkeitsproblem und das Zählen erfüllender Belegungen effizient zu behandeln sind. Ist dies unter der NP$\neq$P-Hypothese nicht ein unmöglicher Ansatz? Nicht, wenn wir in Kauf nehmen, daß die Darstellungsgröße exponentiell wachsen kann, und wir nur hoffen, daß dies in den für uns wichtigen Fällen nicht geschieht. Der Ansatz ist also, wie für NP-harte Probleme nicht anders zu erwarten, heuristischer Art. Die Transformation aus der gegebenen Darstellung, wie z. B. Schaltkreisen, soll schrittweise vonstatten gehen. Dazu müssen die Konstanten und die Variablen effizient darstellbar sein. Bei einem Schaltkreis werden dann die Gatter in topologischer Reihenfolge behandelt. Wenn es für die Inputs g und h eines binären Gatters kompakte Darstellungen gibt, soll es für den Output f des Gatters, der sich für eine Boolesche Operation $\otimes$ als $g \otimes h$ beschreiben läßt, ebenfalls eine recht kompakte Darstellung geben, die sich zudem recht effizient konstruieren läßt. Dies wird als Syntheseproblem bezeichnet. Wir erwarten also, daß ein einzelner Syntheseschritt nicht zur Katastrophe führt. Dies verhindert allerdings nicht, daß eine Folge von Syntheseschritten einen exponentiellen Größenzuwachs verursachen kann. Dies läßt sich, falls NP$\neq$P ist, auch nicht verhindern. Später werden wir Darstellungen benutzen, bei denen die Größe der Darstellung von f nur durch das Produkt der Darstellungsgrößen von g und h beschränkt ist. Allerdings besteht die Hoffnung, daß alle an den Gattern eines Schaltkreises dargestellten Funktionen in erträglicher Größe darstellbar sind. Darüber hinaus werden wir garantieren, daß wir innerhalb des gegebenen Modells jede Funktion in minimaler Größe darstellen. Ansonsten könnte die Synthese zu großen Darstellungen von Funktionen führen, die viel kompakter darstellbar sind. Es ist keine Einschränkung, wenn wir diese Diskussion auf Schaltkreise beschränken. Alle gängigen formalen Beschreibungsformen sind so modular aufgebaut, daß sich die beschriebene Funktion durch eine Reihe von Syntheseschritten aus Konstanten und Variablen ergibt.

Die Grundforderungen an Datenstrukturen für Boolesche Funktionen sind die folgenden. Möglichst viele Funktionen sollen eine kompakte Darstellung haben, und es soll effiziente Algorithmen für das Erfüllbarkeitsproblem, das Zählen erfüllender Belegungen und die Synthese geben. Der Größenzuwachs bei einem Syntheseschritt soll mäßig sein, und die neue Funktion soll in minimaler Größe dargestellt werden. Es wird sich noch als hilfreich erweisen, wenn wir effizient in der Lage sind, Variable durch Konstanten zu ersetzen.

Diese Grundoperationen reichen für viele Anwendungen. Aus ihnen lassen sich weitere Operationen leicht ableiten. Der Test, ob zwei Darstellungen dieselbe Funktion beschreiben, kann auf eine EXOR-Synthese der Darstellungen und einen anschließenden Erfüllbarkeitstest zurückgeführt werden. Die später benutzten Datenstrukturen haben sogar die Eigenschaft, daß die Darstellungen minimaler Größe bis auf Isomorphie eindeutig sind und dann reduziert genannt werden. Der Gleichheitstest wird dann eine einfache Überprüfung sein, ob die reduzierten Darstellungen isomorph sind. Quantoren lassen sich mit den Grundanforderungen ebenfalls leicht behandeln. Die Funktion $(\exists x_i)f$ ist für Boolesche Funktionen einfach die Disjunktion der beiden Subfunktionen $f_{|x_i=0}$ und $f_{|x_i=1}$.

Die Forderungen nach kompakter Darstellung und Effizienz von wichtigen Operationen stehen oft im Widerstreit. Schaltkreise sind kompakt, ihre Synthese ist trivial, aber Erfüllbarkeitstest und Gleichheitstest sind schwierige Probleme. Dagegen haben Funktionstabellen stets exponentielle Länge bezogen auf die Zahl der Variablen. Bezogen auf die Länge der Funktionstabellen sind alle Operationen einfach. Erfüllbarkeitsprobleme und Synthese lassen sich durch einmaliges Durchlaufen der beteiligten Funktionstabellen lösen. Unsere Aufgabe besteht darin, einen Kompromiß zwischen diesen beiden Extremen zu finden.

5.5 OBDD-Techniken zur Lösung endlicher Probleme

Binäre Entscheidungsbäume bilden eine andere Darstellung von Funktionstabellen für Boolesche Funktionen. Für $f : \{0,1\}^n \rightarrow \{0,1\}$ verwenden wir vollständige binäre Bäume der Tiefe n. Die Knoten der i-ten Ebene sind mit der Variablen x_i bezeichnet, und jeder Knoten wird von einer 0-Kante und einer 1-Kante verlassen. So gibt es für jede Eingabe $a \in \{0,1\}^n$ einen eindeutigen Weg von der Wurzel des Baumes zu einem Blatt. An diesem Blatt steht $f(a)$. Abbildung 5.4 zeigt einen binären Entscheidungsbaum, in dem genau die Eingaben mit genau einer 1, nämlich $(0,0,1)$, $(0,1,0)$ und $(1,0,0)$, zu 1-Blättern führen.

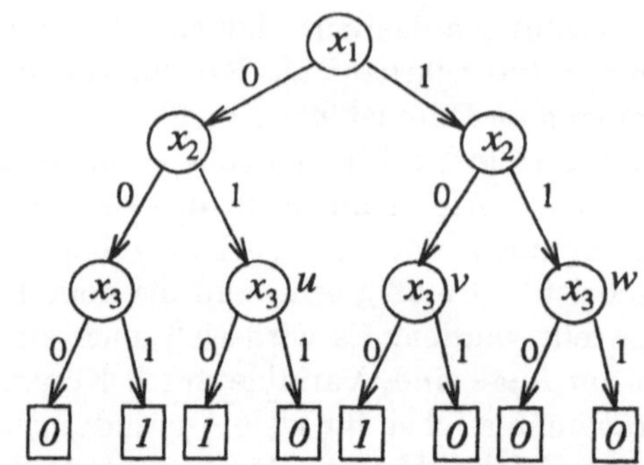

Abbildung 5.4. Ein binärer Entscheidungsbaum.

Wenn genau die mit 1 markierten Blätter akzeptierend genannt wor
den, lassen sich Entscheidungsbäume als endliche Automaten auffassen, die
nur Eingaben mit höchstens n Bits verarbeiten können. Da endliche Automaten effizient minimiert werden können, ist es doch naheliegend, den
Minimierungsalgorithmus auf Entscheidungsbäume anzuwenden. Natürlich
reicht ein 0-Blatt, das wir nun 0-Senke nennen, und eine 1-Senke. Die Knoten (Zustände) u und v in Abbildung 5.4 sind offensichtlich äquivalent und
können verschmolzen werden. Wir erhalten den minimalen „Automaten" aus
Abbildung 5.5a. Da wir bei endlichen Funktionen im Gegensatz zu endlichen
Automaten nur Eingaben einer festen Länge betrachten, wird jeder Knoten
nur für Teilwörter einer festen Länge erreicht. Somit ist es möglich, an jedem
Knoten die Variable zu notieren, die dort abgefragt wird. Dann können wir
aber auch überflüssige Tests auslassen. In Abbildung 5.4 oder 5.5a ist der
Test am Knoten w überflüssig, da wir in jedem Fall in der 0-Senke landen.
Abbildung 5.5b zeigt das nach Elimination von w entstandene Entscheidungs-
diagramm.

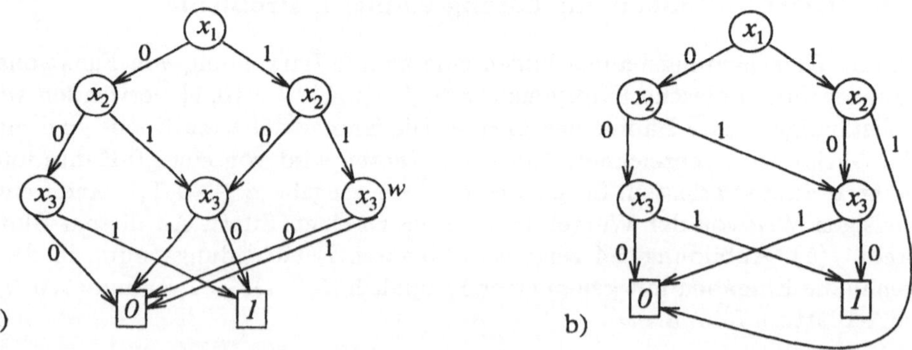

Abbildung 5.5. a) Ein minimaler endlicher Automat.   b) Ein Entscheidungsdia-
gramm.

Bevor wir zu formalen Definitionen kommen, wollen wir die Größenersparnis am Beispiel der Funktionen f_n, die testen, ob die Eingabe der Länge n genau eine 1 enthält, diskutieren. Entscheidungsbäume haben $2^n - 1$ innere Knoten und 2^n Blätter. Minimierte Automaten enthalten 2 Senken und $3n - 3$ innere Knoten. Ab der dritten Ebene genügen nämlich drei Knoten, einer für die Teileingabe aus lauter Nullen, einer für die Teileingaben mit genau einer Eins und einer für die restlichen Eingaben. Dieser letzte Knoten kann in Entscheidungsdiagrammen eingespart werden, da für Teileingaben mit mindestens zwei Einsen direkt die 0-Senke erreicht werden kann.

Die Analogie zu endlichen Automaten wird sich bei der Beschreibung von Algorithmen auf Entscheidungsdiagrammen als hilfreich erweisen. Für eine formale Definition gehen wir den üblichen Weg über allgemeine BDDs.

Ein BDD (*binary decision diagram*) ist ein gerichteter azyklischer Graph mit zwei Senken, die mit den Booleschen Konstanten bezeichnet sind. Jeder innere Knoten ist mit einer Booleschen Variablen markiert und hat eine ausgehende 0-Kante und eine ausgehende 1-Kante. Die Senken stellen die zugehörigen konstanten Funktionen dar. Ein innerer Knoten mit Markierung x_i, dessen 0-Nachfolger f_0 und dessen 1-Nachfolger f_1 darstellt, stellt selber $f := \overline{x_i} f_0 + x_i f_1$ dar.

Wenn wir die am Knoten v dargestellte Funktion für eine Eingabe a auswerten wollen, genügt es, von v aus den Weg zu verfolgen, bei dem wir an x_i-Knoten die a_i-Kante wählen. Der Funktionswert ist gleich der Markierung der schließlich erreichten Senke. In der Theoretischen Informatik ist der Begriff Branchingprogramm für BDDs verbreiteter. Auch hier konnte das Phänomen beobachtet werden, daß unterschiedliche Bezeichnungen lange Zeit eine fruchtbare Zusammenarbeit zwischen Vertretern verschiedener Gebiete verhindert haben. Für unsere Zwecke sind BDDs oder Branchingprogramme zu allgemein. Formeln in konjunktiver Normalform führen zu gleich großen BDDs, und damit ist das Erfüllbarkeitsproblem für BDDs NP-vollständig.

Ein FBDD (*free BDD*) ist ein BDD, in dem jeder Pfad für jede Variable x_i höchstens einen x_i-Knoten enthält.

FBDDs heißen in der Theoretischen Informatik read-once Branchingprogramme, da jede Variable auf jedem Rechenweg nur einmal „gelesen" werden darf. Die Bezeichnung „free" beschreibt, daß auf jedem Rechenweg an einem x_i-Knoten der Wert von x_i noch frei ist. Im Gegensatz zu BDDs gehört zu jedem graphentheoretischen Weg mindestens eine Eingabe. Dadurch wird das Erfüllbarkeitsproblem einfach. Die am Knoten v dargestellte Funktion ist genau dann erfüllbar, wenn es einen Weg von v zur 1-Senke gibt. Dies kann mit einer Tiefensuche in Linearzeit überprüft werden. Es ist sogar in Linearzeit möglich, die Zahl erfüllender Belegungen, also die Zahl der Eingaben, für die wir von v aus die 1-Senke erreichen, zu bestimmen. Der Knoten v wird dann von allen 2^n Eingaben erreicht. Für jeden x_i-Knoten w und jede Eingabe, die w erreicht, ist die Entscheidung über den Wert von x_i frei. Daher verläßt genau die Hälfte der Eingaben, die w erreicht, diesen Knoten über die

0-Kante, und die andere Hälfte wählt die 1-Kante. Dennoch haben FBDDs für uns unangenehme Eigenschaften. Es sind Funktionen mit linearer FBDD-Größe bekannt, deren Konjunktion eine exponentielle FBDD-Größe erfordert. Niemand kennt einen deterministischen polynomiellen Algorithmus, der zwei FBDDs darauf überprüft, ob sie dieselbe Funktion darstellen. Allerdings gibt es effiziente probabilistische Algorithmen mit einseitigem Fehler. Leider machen sie den für Verifikationszwecke schlimmeren Fehler und klassifizieren verschiedene Funktionen in seltenen Fällen als gleich. Dies hat Bryant (1986) zu einer weiteren Einschränkung von FBDDs veranlaßt.

Ein OBDD (*ordered BDD*) zur Variablenordnung $x_1, \dots, x_n$ ist ein FBDD, bei dem die Nachfolger von x_i-Knoten mit Variablen x_j, $j > i$, markiert oder Senken sind.

Abbildung 5.5b stellt ein OBDD dar. Bryants Definition überläßt uns die Wahl einer beliebigen, aber festen Variablenordnung. Dies reflektiert die Tatsache, daß die Aufzählung der Variablen einer endlichen Funktion eine willkürliche Entscheidung ist. Diese Freiheit ist wesentlich. OBDDs sind so eingeschränkt, daß alle wichtigen Operationen effizient durchführbar sind. Das Problem liegt in der Klasse der kompakt darstellbaren Funktionen. Nur wenige Funktionen sind für alle Variablenordnungen kompakt darstellbar. Dies gilt sicherlich für den Test, ob die Eingabe genau eine 1 enthält, da dann alle Variablen „gleichberechtigt" sind. Typischer ist das Verhalten des Übertragsbits der Addition zweier Binärzahlen $(x_{n-1}, \dots, x_0)$ und $(y_{n-1}, \dots, y_0)$. Bei der Variablenordnung $x_{n-1}, \dots, x_0, y_{n-1}, \dots, y_0$ sind $2^n - 1$ y_{n-1}-Knoten nötig, um alle von 0 verschiedenen x-Zahlen zu unterscheiden. Bei der Variablenordnung $x_0, y_0, x_1, y_1, \dots, x_{n-1}, y_{n-1}$ simuliert das OBDD einen Addierer, der aus n Volladdierern besteht, und keine Ebene braucht mehr als zwei Knoten. Es läßt sich zeigen, daß nur ein exponentiell kleiner Anteil aller Variablenordnungen zu einer OBDD-Größe führt, die unterhalb $2^{n/3}$ liegt. Es ist im allgemeinen schwer, eine optimale oder auch nur eine gute Variablenordnung zu berechnen. Daher gibt es eine Vielzahl von heuristischen Algorithmen, um gute Variablenordnungen zu erzeugen und zu verbessern. Bei der Berechnung der Anzahl der Springerkreise haben wir Strukturkenntnisse ausgenutzt, um zu einer vermutlich guten Variablenordnung zu gelangen. Im folgenden setzen wir eine feste Variablenordnung voraus.

Da OBDDs spezielle FBDDs sind, können die Erfüllbarkeitsprobleme in Linearzeit gelöst werden. Wenn wir x_i durch die Konstante c ersetzen wollen, genügt es, alle x_i-Knoten durch Kanten auf deren c-Nachfolger zu ersetzen.

Nachdem wir die Ähnlichkeiten zwischen OBDDs und endlichen Automaten bereits erarbeitet haben, ist es nicht mehr überraschend, daß es für jede Boolesche Funktion (bei gegebener Variablenordnung) ein bis auf Isomorphie eindeutiges minimales OBDD gibt, das reduziertes OBDD genannt wird. Da in der Praxis nur mit reduzierten OBDDs gearbeitet wird, werden diese kurz als OBDDs bezeichnet. Wie von der Theorie endlicher Automaten bekannt, sollten nicht erreichbare Knoten gar nicht erzeugt werden. Da die Graphen,

die OBDDs darstellen, kreisfrei sind, ist die Reduktion von OBDDs einfacher
als die Minimierung endlicher Automaten. Wir wissen nämlich, wo wir mit
der Minimierung anfangen können: an den Senken. Zur Erkennung äquiva-
lenter Zustände genügt es, Knoten mit derselben Markierung, die denselben
0-Nachfolger und denselben 1-Nachfolger haben, zu verschmelzen. Um die
zusätzliche Freiheit, Tests auszulassen, auszunutzen, genügt es, Knoten, für
die 0-Nachfolger und 1-Nachfolger identisch sind, auszulassen. Die Korrektheit der beiden in Abbildung 5.6 dargestellten Ersetzungsregeln ist offensichtlich. Daß die beiden Ersetzungsregeln bereits ausreichen, hat Bryant (1986)
gezeigt.

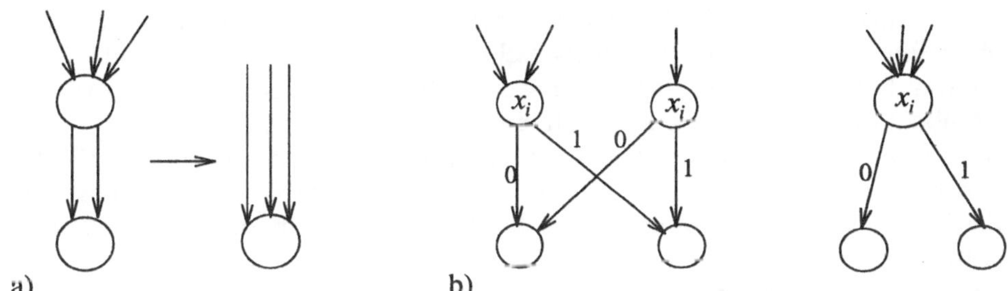

Abbildung 5.6. a) Eliminationsregel.   b) Verschmelzungsregel.

Die Synthese zweier OBDDs kann analog zur Synthese endlicher Automaten erfolgen. Es wird das Produkt-OBDD analog zum Produktautomaten
unter Vermeidung nicht erreichbarer Knoten gebildet. Ein Knoten $u = (v, w)$
erhält die Markierung x_i, wenn x_i die in der Variablenordnung frühere der
Markierungen an v und w ist. Ein Wörterbuch (*computed-table*) speichert
die bereits gebildeten Knoten (v, w), um Doppelberechnungen zu vermeiden.
Aus worst case Sicht können hier AVL-Bäume benutzt werden, aber in der
Praxis werden Hashingstrategien verwendet. Wir berechnen für das Suchen
und Einfügen in Hashtabellen konstante Zeit. Dann sind Zeit- und Platzver-
halten proportional zur Zahl der erreichbaren Knoten im Produkt-OBDD.
Dieses kann anschließend reduziert werden.

OBDD-Anwendungen benötigen typischerweise Tiefendurchläufe durch
die OBDDs. Diese sind nur effizient durchführbar, wenn die OBDDs im
Hauptspeicher Platz finden. Wir scheitern also häufiger an Platzmangel als
an Zeitmangel. Es ist daher ein wichtiger Fortschritt, daß wir für OBDDs im
Gegensatz zu endlichen Automaten die Reduktion in die Synthese integrieren
können. Das Produkt-OBDD wird dabei mit einem Tiefendurchlauf erzeugt.
Wenn der Aufruf für einen Knoten beendet ist und das OBDD unterhalb dieses Knotens reduziert ist, können wir direkt entscheiden, ob der Knoten eliminiert werden kann. Wenn wir in einem zweiten Wörterbuch (*unique-table*) alle
erzeugten Knoten mit dem Tripel (Markierung, 0-Nachfolger, 1-Nachfolger)
abgespeichert haben, können wir auch entscheiden, ob der Knoten mit einem

früher erzeugten Knoten verschmolzen werden kann. Dies muß gegebenenfalls als Hinweis in die computed-table aufgenommen werden. Bei Funktionen auf n Variablen gibt es stets höchstens n Knoten, deren Aufrufe nicht beendet sind und die daher eventuell wieder gelöscht werden. Für das zu erzeugende OBDD benötigen wir also nur etwas mehr Platz als wir für das Resultat ohnehin brauchen. Die unique-table ist nicht größer, wohl aber die computed-table.

In der Praxis wird daher für die computed-table eine Hashtabelle fester Länge benutzt. Für jede Hashadresse ist Platz für eine konstante Anzahl c von Einträgen, wobei oft $c = 4$ gesetzt wird. Falls ein neuer Eintrag auf einen gefüllten Hashplatz fällt, wird dort der älteste Eintrag überschrieben. Damit enthält das Wörterbuch nicht mehr alle Informationen. Beim Tiefendurchlauf führt dies eventuell zu Mehrfachberechnungen. Da mehrfach erzeugte Knoten durch die integrierte Reduktion wieder eliminiert werden, erhalten wir als Ergebnis das reduzierte OBDD für die durch die Synthese gebildete Funktion. Der Platzbedarf ist beschränkt durch die Größe des Ergebnis-OBDDs und die von uns zu steuernde Größe der computed-table. Allerdings ist der Zeitbedarf im worst case exponentiell. Wir hoffen aber, daß die Nachfolger doppelt erzeugter Knoten noch im Wörterbuch stehen und daher nicht sehr viele Knoten mehrfach erzeugt werden. Diese Hoffnung hat sich in der Praxis fast ausnahmslos erfüllt.

Insgesamt erweist sich der Umgang mit OBDDs als problemlos, solange die entstehenden OBDDs nicht zu groß werden. Dies gilt auch, wenn sich mehrere OBDDs Teil-OBDDs teilen dürfen oder die Variablen mehr als zwei Werte haben dürfen. In vielen Anwendungen hält sich die Größe der entstehenden OBDDs in akzeptablen Grenzen. Allerdings benötigen die Multiplikation und die Division exponentiell große OBDDs. Bryant (1992) und Wegener (1994) geben einen Überblick über klassische OBDD-Anwendungen, wobei im zweiten Artikel auch verallgemeinerte OBDDs betrachtet werden.

OBDDs haben sich in vielen Anwendungen bewährt, obwohl sie doch im wesentlichen nur endliche Automaten sind. Worin besteht das Geheimnis dieses Erfolges? Zur Beantwortung dieser Frage betrachten wir Suchprobleme. Das Ziel intelligenter Suchtechniken besteht darin, Gebiete ohne Lösungen schnell zu erkennen und von isomorphen Gebieten nur eines zu untersuchen. Für Knoten in Entscheidungsbäumen ist nicht klar, wie wir effizient erkennen sollen, daß alle folgenden Blätter mit 0 markiert sind oder ob zwei Knoten Wurzeln isomorpher Teilbäume sind. In OBDDs gibt es dagegen keinen Knoten, von dem nur die 0-Senke erreicht werden kann. Ein derartiger Knoten wird bei der Reduktion eliminiert. Es gibt auch keine zwei Knoten, die dieselbe Funktion darstellen. Sie werden bei der Reduktion verschmolzen. Bei der Konstruktion von OBDDs mit Hilfe der Synthese mit integrierter Reduktion werden also Gebiete ohne Lösung ebenso automatisch erkannt wie isomorphe Gebiete.

5.6 Die Anzahl der Springerkreise

Wenn wir für 8×8–Schachbretter versuchen, den im vierten Kapitel beschriebenen Schaltkreis für die Funktion KREIS in ein OBDD zu transformieren, scheitern wir sang– und klanglos, da die OBDDs viel zu groß werden. Gleiches gilt für die Verifikation des Pentium Dividierers oder die Bestimmung der fünften Ramseyzahl. Für derart ehrgeizige Zeile müssen wir die OBDD–Techniken mit anderen algorithmischen Techniken zu hybriden Methoden verbinden.

Beim Springerkreisproblem macht die Bedingung, daß die Kantenauswahl einen stark zusammenhängenden Graphen bilden muß, Schwierigkeiten. Kantenauswahlen, bei denen jeder Knoten genau einmal erreicht und einmal verlassen wird, stellen Überdeckungen des Graphen der Springerzüge durch disjunkte gerichtete Kreise dar. Es sind gleichzeitig die Lösungen des Zuordnungsproblems, das als Relaxation des Traveling Salesman Problems eine Rolle spielt. Um die prinzipielle Stärke von OBDD–Techniken zu demonstrieren, haben wir zunächst die Zahl der gerichteten Kreisüberdeckungen bestimmt. Sei α die Anzahl bijektiver Abbildungen f, die die weißen Felder durch Springerzüge mit den schwarzen Feldern verbindet. Dann ist α aus Symmetriegründen auch die Anzahl bijektiver Abbildungen g, die die schwarzen mit den weißen Feldern verbindet. Da jedes Paar (f, g) eine Kreisüberdeckung darstellt und umgekehrt, ist α^2 die Zahl der Kreisüberdeckungen. Direkt mit OBDD–Techniken haben wir gezeigt, daß $\alpha = 2.849.759.680$ ist und es daher genau $8.121.130.233.753.702.400$ gerichtete Kreisüberdeckungen gibt.

Inwieweit können wir derartigen Ergebnissen trauen? Zwar ist der Ansatz beweisbar korrekt, aber wie schließen wir Software– und Hardwarefehler aus? Wir haben denselben Wert für α mit drei unabhängigen Ansätzen gefunden, was unser Vertrauen in den Wert von α stärken sollte. Der erste Ansatz führte zu OBDDs mit ungefähr 600.000 Knoten, während eine OBDD–Variante, die sogenannten ZBDDs (*zero-suppressed BDDs*), mit ungefähr 400.000 Knoten auskommen. Mit ZBDDs genügen 6,5 CPU–Minuten auf einer Workstation, während unser schnellster Backtracking Algorithmus 30 CPU–Tage braucht. Wenn wir direkt α^2 und nicht α berechnen wollen, verdoppeln sich die OBDD– und ZBDD–Größen, während Backtrackingalgorithmen wegen der Größe von α^2 scheitern müssen.

Unser Ansatz zur Berechnung der Zahl der Springerkreise wird in Abbildung 5.7 illustriert. Die Züge jedes gerichteten Springerkreises zerlegen wir in blaue und rote Züge. Ein Zug ist blau, wenn Start– oder Zielfeld in den Zeilen 1, 2 oder 3 liegen oder der Sprung von Zeile 4 in die Zeile 5 geht. Alle anderen Züge sind rot. Im rechten Teil von Abbildung 5.7 sind oben die roten und unten die blauen Züge dargestellt. Diese Aufteilung führt zu einer Einteilung der Felder in blaublaue, blaurote, rotblaue und rotrote Felder. Dabei ist ein Feld blaurot, wenn es mit einem blauen Zug erreicht und mit einem roten Zug verlassen wird. Analog sind die anderen Bezeichnungen definiert.

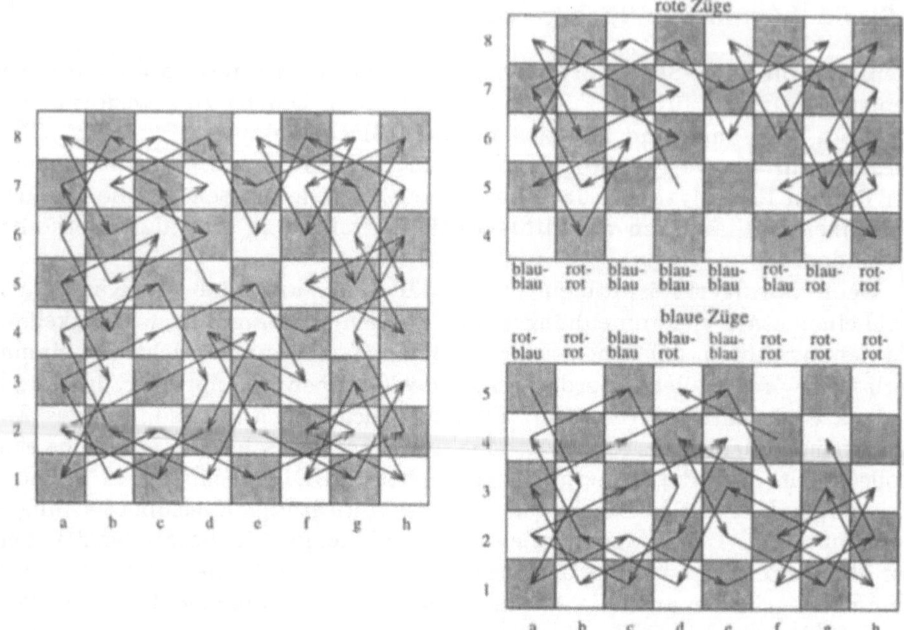

Abbildung 5.7. Ein Springerkreis und seine Aufteilung.

Für jeden Springerkreis sind die ersten drei Zeilen blaublau und die oberen drei Zeilen rotrot. Die Charakterisierung der Felder in den Zeilen 4 und 5 für den ausgewählten Springerkreis ist in Abbildung 5.7 angegeben.

Das Schachbrett wird also in zwei sich überlappende Schachbretter der Größe 5×8 eingeteilt. Die verschiedenen Möglichkeiten der Charakterisierung der Menge M der Felder in der vierten und fünften Zeile erzeugen wir in folgender Weise. Wir betrachten alle $\binom{16}{1}^2 + \binom{16}{2}^2 + \ldots + \binom{16}{8}^2 = 383.358.644$ Mengenpaare (A, B) mit $A \subseteq M, B \subseteq M$ und $|A| = |B| \leq 8$. Dabei werden die Felder in $A \cap B$ als blaublau, die in $A - A \cap B$ als rotblau, die in $B - A \cap B$ als blaurot und die restlichen als rotrot charakterisiert. Daß es für jeden Springerkreis gleich viele rotblaue wie blaurote Felder gibt, haben wir mit der Nebenbedingung $|A| = |B|$ berücksichtigt. Allerdings ist die Zahl der blaublauen Felder durch 8 beschränkt. Dies gleichen wir dadurch aus, daß wir die Springerkreise für die Fälle mit mehr als 8 rotroten Feldern doppelt zählen.

Im weiteren beschreiben wir, wie wir die Zahl der Springerkreise bestimmen, die zu einer festen Charakterisierung der Felder in M gehören. Im unteren Teil benötigen wir disjunkte kreisfreie Wegsysteme von den rotblauen zu den blauroten Feldern, die alle blaublauen Felder überdecken, und im oberen Teil entsprechende Wegsysteme von den blauroten zu den rotblauen Feldern, die alle rotroten Felder überdecken. Allerdings passen nicht alle Wegsysteme zusammen. Für ein Wegsystem bezeichnen wir mit B die Funktion, die im unteren Teil jedem Weganfang sein Wegende zuordnet, im Beispiel also $B(\text{a5}) = \text{g4}$ und $B(\text{f4}) = \text{d5}$. Mit R wird die entsprechende Funktion im oberen Teil bezeichnet, im Beispiel ist $R(\text{d5}) = \text{a5}$ und $R(\text{g4}) = \text{f4}$. Ein Funktionenpaar (B, R) heißt *gut*, wenn es einen Kreis auf den rotblauen und blauroten Feldern beschreibt. In unserem Beispiel erhalten wir den Kreis a5 → g4 → f4 → d5 → a5. Das Paar (B', R) mit $B'(\text{a5}) = \text{d5}$ und $B'(\text{f4}) = \text{g4}$ ist dagegen nicht gut, da wir zwei Kreise erhalten, nämlich a5 → d5 → a5 und f4 → g4 → f4.

Mit $W(B)$ bezeichnen wir die Menge der Wegsysteme im unteren Teil, die zur Funktion B gehören, analog ist die Menge $W(R)$ für den oberen Teil definiert. Wenn wir die Mächtigkeiten dieser Mengen kennen, erhalten wir die Zahl der gerichteten Springerkreise, die zu den gegebenen Charakterisierungen der Felder in M gehören, als Summe aller $|W(B)||W(R)|$ über die guten Funktionenpaare (B, R). Dies über alle Charakterisierungen aufsummiert ergibt die Zahl gerichteter Springerkreise, die Zahl ungerichteter Springerkreise ist natürlich halb so groß.

Wir betrachten nun wieder den unteren Teil für eine feste Charakterisierung der Felder in M. Für jedes rotblaue und jedes blaublaue Feld, im Beispiel zufällig gerade 32 Felder, benutzen wir eine Variable. Die Variable für ein Feld kann so viele Werte annehmen, wie es blaurote und blaublaue Felder gibt, die in einem Springerzug erreichbar sind. Für f4 sind dies statt der normalerweise möglichen 8 Springerzüge nur die 5 Zielfelder d5, d3, h3, e2 und g2. Da unsere Variablen mehr als zwei Werte annehmen können, sprechen wir im folgenden von OMDDs (M = multi) anstatt von OBDDs.

Die Menge der rotblauen und blaublauen Felder zerfällt gemäß der üblichen Schachbrettfärbung noch in weiße und schwarze Felder. Das rotblaue Feld f4 ist also zusätzlich noch schwarz gefärbt. Für die weiß gefärbten Felder unter den rotblauen und blaublauen Feldern erzeugen wir ein OMDD, das testet, ob die gewählten Züge genau die schwarz gefärbten Felder unter den blauroten und blaublauen Feldern erreichen. Analog wird ein OMDD für die Züge gebildet, die die schwarz gefärbten Felder verlassen. Auf beiden OMDDs werden nun die erfüllenden Belegungen mit einem Backtracking Algorithmus erzeugt. Die Verwendung von OMDDs verhindert die Aufzählung von nicht erfüllenden Variablenbelegungen. Die Paare erfüllender Belegungen bilden Wegsysteme, die noch auf Kreisfreiheit getestet werden müssen. Im positiven Fall werden sie als Element von $W(B)$ für die zugehörige Funktion B gezählt.

Wir zählen auf diese Weise zwar alle Wegsysteme in allen Mengen $W(B)$ und $W(R)$ explizit auf. Dann kann aber durch Multiplikation von $|W(B)|$ mit der Summe aller $|W(R)|$, für die (B, R) gut ist, sehr schnell eine viel größere Zahl von Springerkreisen „gezählt" werden. Die Springerkreise werden somit nicht explizit aufgezählt. Auf weitere Tricks zur Beschleunigung der Rechnung wollen wir hier nicht detailliert eingehen. Wir bemerken nur, daß wir die OMDDs nicht stets neu erzeugen, sondern aus größeren OMDDs durch Bedingungen, die gewisse Züge verbieten, ableiten.

Dennoch war ein erheblicher Rechneraufwand nötig, um die exakte Zahl von 33.439.123.484.294 ungerichteten Springerkreisen zu bestimmen. Wir haben 20 Workstations beschäftigt, wenn sie nicht gerade von ihren eigentlichen Nutzerinnen und Nutzern gebraucht wurden, und dann 110 Tage auf das Ende der Rechnung warten müssen. Daher wurde die Rechnung bisher nicht wiederholt, so daß die angegebene Zahl auf einer einmaligen Rechnung beruht. Wichtiger als die Zahl ist jedoch die überprüfbare Beschreibung der Vorgehensweise, so daß die Rechnung von der Leserin und dem Leser wiederholt werden kann.

5.7 Schlußfolgerungen

OBDD–Techniken wurden zur Hardwareverifikation entwickelt und haben sich in vielen Gebieten der Verifikation und der Analyse und Synthese von Hardware bewährt. Zwar ist niemand in der Lage, den Pentium Dividierer vollständig zu verifizieren, aber Bryant hat einen OBDD–basierten Ansatz zur Verifikation eines Rechenzyklus beschrieben, mit dem der berühmt gewordene Fehler gefunden worden wäre. Die fünfte Ramseyzahl ist weiterhin unbekannt, aber die Berechnung der Zahl der Springerkreise untermauert, daß OBDD–Techniken bei den verschiedensten Typen von endlichen Problemen helfen können.

Schriftenverzeichnis

1. R. E. Bryant (1986). Graph–based algorithms for Boolean function manipulation. IEEE Trans. on Computers C – 35, 677–691.
2. R. E. Bryant (1992). Symbolic Boolean manipulation with ordered binary-decision diagrams. ACM Computing Surveys 24, 283–318.
3. A. Conrad, T. Hindrichs, H. Morsy und I. Wegener (1994). Solution of the knight's Hamiltonian path problem on chessboards. Discrete Applied Mathematics 50, 125–134.
4. M. Löbbing und I. Wegener (1996). The number of knight's tours equals 33,439,123,484,294 – counting with binary decision diagrams. The Electronic Journal of Combinatorics 3, #R5.
5. W. W. Rouse Ball und H. S. M. Coxeter (1987). Mathematical Recreations and Essays. Dover, New York.
6. I. Wegener (1994). Efficient data structures for Boolean functions. Discrete Mathematics 136, 347–372.

Molekulare Bioinformatik
Eine interdisziplinäre Herausforderung

Thomas Lengauer

Der rapide anwachsende Umfang an Daten und Erkenntnissen in der Molekularbiologie, der durch die vor knapp zehn Jahren begonnenen Genomsequenzierungsprojekte sowie die Fortschritte bei der experimentellen molekularen Strukturaufklärung erzeugt wird, stellt eine beträchtliche Herausforderung auch an die Informatik dar. Schon bei der Genomsequenzierung selbst fallen wichtige Informatikprobleme an. Die größte Herausforderung besteht jedoch in der Unterstützung der Interpretation genomischer Information. Hier gilt es, außerordentlich umfangreiche und in hohem Maße unstrukturierte Daten zu analysieren und aus ihnen biologische Erkenntnisse abzuleiten. Die Daten liegen zunächst in der Form von Sequenzen, d. h. Strings vor. Nach den ersten Interpretationsschritten sind jedoch auch dreidimensionale Strukturdaten von Biomolekülen zu analysieren. Schließlich spielen die Wechselwirkungen zwischen Biomolekülen eine zentrale Rolle, die zu Reaktionsketten und -netzwerken zusammengefaßt den Metabolismus lebender Organismen ausmachen. Informatiker werden zur Bewältigung dieser Herausforderung nur dann wesentlich beitragen können, wenn sie selbst sich dabei engagieren, ihre Methoden in die molekularbiologische Anwendung einzubringen, und damit eigene Kompetenz in diesem hochaktuellen Anwendungsgebiet erwerben. Das bedeutet auch, neue Probleme, Methoden und Validierungsverfahren zu entwickeln, die auf diese Anwendung zugeschnitten sind.

6.1 Molekularbiologische Voraussetzungen

Im Jahre 1992 hat der damalige Bundesminister für Forschung und Technologie (BMFT) ein Strategiekonzept *Molekulare Bioinformatik* vorgestellt, in dessen Rahmen Informatiker aufgerufen wurden, gemeinsam mit Molekularbiologen, Biochemikern und Pharmazeuten rechnergestützte Methoden für die Analyse biologischer Substanzen zu entwickeln. Die Notwendigkeit für diese Initiative ergab sich durch den rasanten Fortschritt im Bereich der Molekularbiologie. Die zwei Schlüsselereignisse, die zu dieser Situation führten, waren

— die Entwicklung der rekombinanten DNS Technologie [41], die es ermöglichte, beliebige Gene in Bakterien einzuschleusen, und damit den bakteriellen Metabolismus zur Produktion jedes gewünschten Proteins in ausreichender Reinheit und Menge zu nutzen,

— die Entwicklung der Polymerase-Kettenreaktion (PCR) [37], mit der beliebige Abschnitte der DNS[1] in hinreichender Menge vervielfältigt werden

---

[1] DNS=*Desoxyribonucleinsäure*, das biologische Kettenmolekül, das die Erbinformation speichert. RNS=*Ribonucleinsäure*, evolutionärer Vorläufer der DNS,

können, um sie Experimenten zur Entschlüsselung der in der DNS kodierten Information zugänglich zu machen.

Damit gelangten Mitte der 80er Jahre Sequenzierungsprojekte zur Entschlüsselung ganzer Genome in den Bereich des Realisierbaren. Heute finden unter anderem an folgenden Organismen umfangreiche Sequenzierungsaktivitäten statt:

Organismus	Genomlänge	Organismus	Genomlänge
H. influenzae (Bakterium)	1.8 Mio. bp	Huhn	1000 Mio. bp
E. coli (Bakterium)	4.7 Mio. bp	Maus	3000 Mio. bp
S. cerevisiae (Hefe)	15 Mio. bp	Mensch	3000 Mio. bp
C. elegans (Nematode)	100 Mio. bp	Mais	15000 Mio. bp
D. melano. (Fruchtfliege)	170 Mio. bp	Salamander	50000 Mio. bp

Dabei mißt man die Länge der Genome in der Anzahl der DNS-Basenpaare[2] (bp). Bei längeren Genomen müssen den eigentlichen Sequenzierungsaktivitäten Kartographierungen der Chromosomen vorangehen, die die Grobaufteilung der Chromosomen bestimmen. Die Herstellung dieser sogenannten *physikalischen Karten* befindet sich bei vielen der oben genannten Genome in einem fortgeschrittenen Stadium, so etwa bei *E. coli* oder *C. elegans*. Dahingegen befinden sich die eigentlichen Sequenzierungen der meisten Genome noch im Anfangsstadium. So sind nur wenige Prozent des menschlichen Genoms bereits sequenziert. Schon seit Mitte 1994 gibt es jedoch ein vollständig sequenziertes Chromosom von Hefe, und im August 1995 wurde die erste vollständige Sequenzierung eines Genoms, nämlich des Genoms von *H. influenzae* bekanntgegeben. Für den Abschluß der Sequenzierungsaktivitäten wird ein vergleichsweise kurzer Zeitrahmen angegeben. So erwartet man, daß das menschliche Genom bis zum Jahre 2003 bis 2005 vollständig sequenziert sein wird.

Die Sequenzierungsprojekte fördern eine enorme Menge an genomischen Daten zu Tage. Der Umfang der Ende 1995 in einer der gebräuchlichsten Genomdatenbanken, der *EMBL* Datenbank, gespeicherten Daten beträgt rund 400 000 bp. Die *SwissProt* Datenbank von Proteinsequenzen hatte im November 1995 knapp 50 000 Einträge mit einer Gesamtlänge von über 17 Mio.

---

der sowohl Erbinformation speichern als auch Stoffwechselfunktionen ausüben kann [43].

[2] Die Biopolymere DNS und RNS sind Kettenmoleküle. Die monomeren Glieder der DNS enthalten als informationstragenden Bestandteil je eine der vier sogenannten *Basen* A, C, G und T. Zwei DNS-Stränge binden in der charakteristischen Struktur der *Doppelhelix* aneinander. Dabei entstehen die sogenannten *Basenpaare* aus je einer Base in jedem der beiden DNS Stränge. Jeweils A und T bzw. G und C binden aneinander, so daß jeder der beiden DNS Stränge die – bis auf diese Komplementierung – gleiche Information enthält. In der RNS nimmt die Base U die Position der Base T ein. RNS ist strukturell flexibler als DNS und existiert in einer Vielzahl von unregelmäßig gewundenen Formen mit vielen helikalen (spiralförmigen) Abschnitten [43].

Resten[3]. Täglich kommen Daten im Umfang mehrerer hundert Proteine hinzu. Diese Daten zu entschlüsseln und zu interpretieren ist eine große Herausforderung, die den Zeitrahmen für die Sequenzierungen selbst weit übersteigt. Im folgenden wollen wir eine Übersicht über die bei der Interpretation genomischer Information anfallenden Probleme geben und erörtern, wie der Einsatz von Rechnern zu ihrer Lösung beitragen kann.

6.2 Forschungsgebiete

Das Ziel der Interpretation genomischer Information ist die Aufklärung der Funktion lebender Systeme. Die Anwendungen sind außerordentlich vielschichtig und reichen von dem tieferen Verständnis vieler Krankheiten – und damit verbunden auch deren erleichterter Diagnose und Therapie, vor allem mit neu entwickelten Medikamenten – bis zur Entwicklung von biologischen Wirkstoffen wie Geruchs- und Geschmacksstoffen, Klebstoffen, Waschmitteln sowie diversen hochspezifischen Substanzen zum belastungs- und nebenwirkungsfreieren Einsatz in der Landwirtschaft.

Die Vorgänge des Lebens stellen komplizierte Netzwerke voneinander abhängiger biochemischer Reaktionen dar, bei denen sowohl große Biomoleküle wie auch kleinere organische Moleküle beteiligt sind. Um die Wechselwirkungen von an diesen Reaktionen beteiligten Biomolekülen zu verstehen, benötigt man in aller Regel Informationen über deren dreidimensionale Struktur. Solche Informationen wiederum kann man vielfach erhalten, indem man die biopolymeren Sequenzen der Moleküle untersucht. Es ergibt sich die in Abbildung 6.1 dargestellte Hierarchie der zu untersuchenden Probleme. Der Entwicklungsstand der Problemlösungen wächst von unten nach oben. Über Sequenzanalyse, insbesondere das Alignment von Sequenzen, gibt es bereits einen reichhaltigen Fundus von Erkenntnissen. Gegenwärtige Forschungsschwerpunkte liegen vor allem bei der Strukturanalyse und der Berechnung molekularer Wechselwirkungen. Das Zusammenspiel ganzer metabolischer und regulatorischer Netze wird dagegen im Rechner noch nicht beherrscht – dazu fehlen heute noch sowohl die Methoden als auch die benötigten Daten.

Im folgenden geben wir kurze Zusammenfassungen über den gegenwärtigen Stand der Forschung in den verschiedenen Teilgebieten der Molekularen Bioinformatik.

---

[3] Proteine sind Kettenmoleküle, die aus den zwanzig in der Natur vorkommenden und durch den genetischen Code in DNS und RNS codierten *Aminosäuren* gebildet werden. Bei der Polymerisation eines Proteins aus Aminosäuren werden Wassermoleküle abgeschieden. Die danach verbleibenden *Aminosäurereste* bilden, mittels sogenannter *Peptidbindungen* aneinandergereiht, das Protein [43]. Im folgenden werden wir statt *Aminosäurerest* auch kurz das Wort *Rest* benutzen.

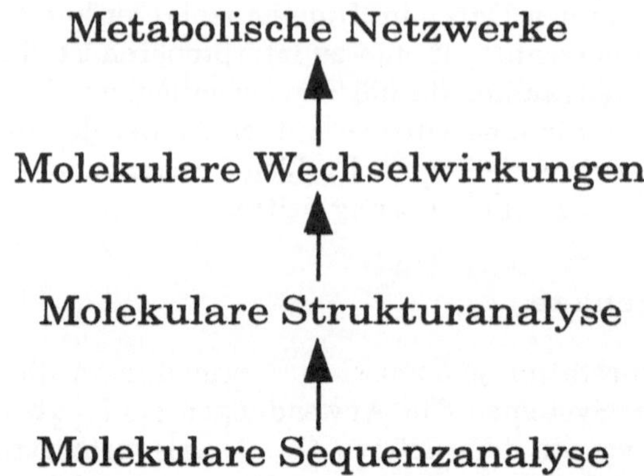

Abbildung 6.1. Hierarchie der Analyseprobleme in der Molekularen Bioinformatik.

6.3 Sequenzalignment

Paarweises Sequenzalignment. Das Alignment biomolekularer Sequenzen ist die wesentliche Zugriffsmethode auf jegliche Art von Sequenzdatenbanken. Abbildung 6.2 zeigt ein Alignment zweier Proteinsequenzen. Durch das Alignment werden im Falle von Proteinen die Reste der beiden Sequenzen (im Falle von DNS oder RNS die entsprechenden Nukleotide) einander paarweise zugeordnet.

```
. . . R N I - L V S D A K N V G I . . .
. . . R D I S L V - - - K N A G I . . .
```

Abbildung 6.2. Alignment zweier Proteinsequenzen (Ausschnitt). Das Alignment weist zwei Lücken auf, eine aus einer Einfügung in die zweite Zeile und eine aus drei Streichungen aus der ersten Zeile.

Dabei können auch Einfügungen und Streichungen vorgenommen werden, die jeweils durch den Platzhalter „–" in der betreffenden Sequenz dargestellt sind. Die einander zugeordneten Reste werden je nach Anwendung als sich evolutionär oder strukturell entsprechend interpretiert. In dem ersten Fall nimmt man an, daß die beiden Reste aus ein und demselben Rest in einem gemeinsamen Vorfahren der beiden Proteinsequenzen hervorgegangen sind. Im zweiten Fall nimmt man an, daß die beiden Reste in den dreidimensionalen Proteinstrukturen an derselben Position liegen. Die Auswahl des korrekten Alignments, des Alignments also, das die Zuordnungen in der biologisch richtigen Weise vornimmt, wird als Optimierungsproblem formuliert. Das korrekte Alignment soll möglichst das nach einer geeigneten Kostenfunktion optimale Alignment sein. Hierbei verwendet man sorgfältig entwickelte

und an den bisher bekannten molekularen Daten kalibrierte Kostenmodelle
(die – wie wir noch sehen werden – den Anspruch der Gleichsetzung biologischer Korrektheit mit Optimalität bezüglich der Kostenfunktion nicht
wirklich erfüllen). Will man die evolutionäre Verwandtschaft zweier Proteine bestimmen, so bedient man sich meistens eines Kostenmodells, das die
Evolution vereinfacht als einen Markov-Prozeß modelliert. Jeder „Mutation" eines Restes in der einen Sequenz in den ihm zugeordneten Rest in der
anderen Sequenz – d. h. jeder Spalte im Alignment – wird ein Kostenwert auferlegt, der im wesentlichen die beobachtete Wahrscheinlichkeit widerspiegelt,
mit der eine solche Mutation stattfindet [11]. Dabei werden die Mutationswahrscheinlichkeiten der einzelnen Spalten des Alignment als voneinander
unabhängig angenommen (Markov-Eigenschaft). *Lücken* im Alignment, d.h.
maximale Spaltenfolgen, bei denen in einer Zeile eine Sequenz von „–" steht
(siehe Abbildung 6.1), werden ebenfalls mit geeigneten Kostenwerten belegt.
Das optimale Alignment ist dann dasjenige, das die Summe der Kosten über
alle Spalten minimiert.

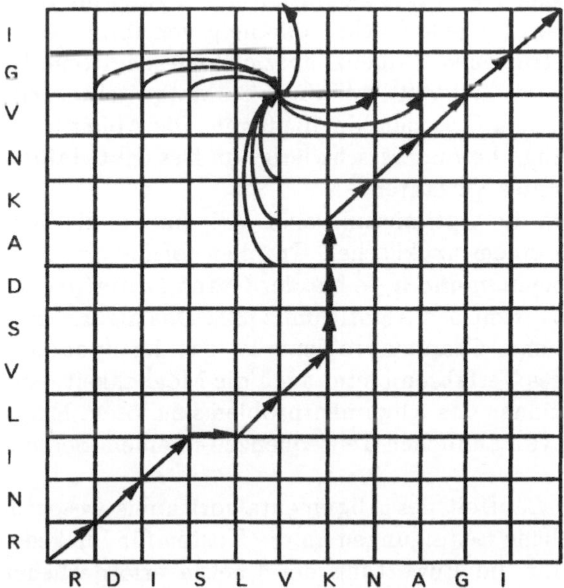

Abbildung 6.3. Berechnung des Alignments zweier Proteinsequenzen. Der angegebene Weg entspricht dem Alignment aus Abbildung 6.2.

Diese Berechnung läßt sich als die Suche nach einem kürzesten Weg in
dem in Abbildung 6.3 dargestellten Graphen formulieren. Die beiden zu alinierenden Sequenzen werden an der linken bzw. unteren Seite des Gitter-
graphen aufgetragen. In dem Graphen gibt es eine ein-eindeutige Beziehung

zwischen Alignments und Wegen vom Knoten unten links zum Knoten oben rechts. Diagonalkanten (von unten links nach oben rechts) entsprechen dabei Spalten des Alignments, in denen kein „–" vorkommt. Horizontale Kantenfolgen entsprechen Einfügungen, vertikale Kantenfolgen entsprechen Streichungen. Ziel ist es, die Suche nach einem optimalen Alignment als Suche nach einem kürzesten Weg in diesem Graphen zu formulieren. Dazu werden die Kanten des Graphen mit den entsprechenden Kostenwerten belegt. Diagonale Kanten (von unten links nach oben rechts) werden mit den entsprechenden Mutationswahrscheinlichkeiten belegt. Etwa werden der ersten in der Abbildung angegeben Diagonalkante unten links die Kosten der Alignmentspalte $\frac{R}{R}$ zugewiesen. Die in der Abbildung darauffolgende Diagonalkante erhält die Kosten der Spalte $\frac{D}{N}$. Wahrscheinlichkeiten müßte man multiplizieren (Markov-Modell!). Da zur Berechnung kürzester Wege Kantenkosten addiert werden, logarithmiert man vorher noch, und weil die Kostenfunktion minimiert werden soll, muß man noch mit -1 multiplizieren. Deshalb werden die Kostenwerte in dem Graphen von Abbildung 6.3 auch als *negative log likelihood* (NLL) Kosten bezeichnet.

Wir haben bisher die exakte Definition der Kosten für Lücken außer acht gelassen. Läßt man, für jede Lücke, abhängig von ihrer Länge und der eingefügten bzw. gestrichenen Sequenz, speziell zugeschnittene Kostenwerte zu, so sind die im oberen Teil von Abbildung 6.3 dargestellten horizontalen und vertikalen Kanten dem Graphen hinzuzufügen. Die Ableitung von Kosten für Lücken ist allerdings besonders schwierig, und es gibt dafür bis heute kein allgemein anerkanntes Verfahren.

Wir haben nun die Optimierung eines Alignments als Suche nach einem kürzesten Weg in einem azyklischen Graphen formuliert. Haben die beiden Sequenzen die Längen m und n, so hat der Graph $O(mn(m+n))$ Kanten, und das ist auch die Laufzeit des Algorithmus [32]. Das algorithmische Verfahren für die Lösung solcher Graphenprobleme ist das der dynamischen Programmierung, und dieses Verfahren bietet auch die Möglichkeit, eine größere Vielfalt von Modifikationen des Alignmentproblems zu lösen. Ein Beispiel hierfür ist das Auffinden von ähnlichen Teilsequenzen in einem Sequenzpaar (lokales Alignment) [42].

Man kann die Laufzeit des Alignmentalgorithmus wesentlich reduzieren, wenn man zusätzliche Bedingungen an die Kosten für Lücken stellt, die dazu führen, daß die für die Bewertung der Lücken erforderlichen zusätzlichen Kanten überflüssig werden. Ist diese Kostenfunktion zum Beispiel nur von der Länge k der Lücke, d.h. von der Anzahl ihrer Spalten, abhängig, und hat sie dazu die Form $f(k) = \alpha k + \beta$, so beträgt die Laufzeit $O(mn)$ [19]. Ist $f(k)$ nichtlinear, aber konkav in k, so steigt die Laufzeit (bei Verwendung geeigneter Algorithmen) um einen logarithmischen Faktor [17]. Für spezielle konkave Kostenfunktionen, wie etwa $f(k) = \alpha \log k + \beta$ kann man sogar Laufzeit $O(mn)$ erreichen.[4]

Obwohl Benner et al. [7] Indizien dafür vorlegen, daß die verfügbaren molekularbiologischen Daten die Funktion $f(k) = \alpha \log k + \beta$ nahelegen, sind heute nach wie vor lineare Kostenfunktionen gebräuchlich. Der Grund dafür ist wohl nicht so sehr in einem methodischen Beharrungsvermögen der Molekularbiologen zu suchen, als in der Tatsache, daß diese Modelländerung nur vergleichsweise geringe Fortschritte gegenüber dem Modell noch anhaftenden Ungenauigkeiten bringt. Zum Beispiel verbietet die Modellierung der Evolution als Markov-Prozeß die Berücksichtigung von Korrelationen zwischen verschiedenen Sequenzpositionen im Alignment. Solche Korrelationen werden aber in der Tat beobachtet. Ferner gibt es eine größere Anzahl unterschiedlicher Vorschläge für Aminosäureaustauschmatrizen, wie etwa der von Dayhoff [11]. Dagegen fehlt es bis heute an einer überzeugenden Methode der Bewertung der Vorhersagekraft von Alignmentalgorithmen, die ja auf einem begründbaren Begriff der biologischen Korrektheit beruhen muß. Die Vergleiche, die heute durchgeführt werden, orientieren sich an speziell für den Vergleich zusammengestellten Datensätzen. Daher kann der Anspruch der Objektivität bei solchen Analysen nicht erhoben werden.

Das Alignment dient generell dem Auffinden von (zu einer vorgegebenen Sequenz ähnlichen) Sequenzen bzw. Sequenzmotiven in Datenbanken. Auf der Basis von Sequenzähnlichkeiten kann man nicht nur Annahmen über die evolutionäre Verwandtschaft der alinierten Sequenzen machen. Vielmehr kann man auch die 3D-Struktur von Proteinen, ja sogar funktionelle Eigenschaften von Proteinen oder DNA ableiten – etwa, ob ein Protein membranständig ist, ob es sich an DNA anlagert, ob es Kalzium bindet usw. oder ob es DNS-Sequenz kodierende oder regulatorische Aufgaben übernimmt und welcher Art die Funktion der DNA-Sequenz im zweiten Falle ist. Sollen solche Fragen beantwortet werden, dann muß die Sequenz, um die es geht, gegen den ganzen Sequenzdatenbestand aliniert werden, der heute in der SwissProt Datenbank bereits 50 000 Proteine umfaßt. Für so große Datenbestände ist die Methode der dynamischen Programmierung, deren Laufzeit wenigstens mit dem Produkt der Länge der beiden zu alinierenden Sequenzen steigt, zu langsam. Es stellt sich heraus, daß die Behandlung von Lücken im Alignment hier den Laufzeitengpaß hervorruft. Daher werden für das Alignment von Sequenzen gegen große Datenbanken schnellere, in linearer Zeit laufende Methoden verwendet, die möglichst lange Alignmentstücke suchen, die keine Lücken beinhalten [3]. Anhand solcher Stücke wird eine Teilmenge von Kandidatensequenzen aus der Datenbank extrahiert, die dann den genaueren dynamischen Programmiermethoden unterzogen wird.

---

[4] Eine ausfühliche Einführung in Methoden des Sequenzalignment bietet Waterman [46]. In diesem Buch werden auch Themen aus dem Bereich der Rechnerunterstützung für Genomsequenzierung behandelt, also für den experimentellen Prozeß, der die genomische Information bereitstellt.

Sequenz-Struktur-Alignment. Will man mit Hilfe von Sequenzalignment Strukturähnlichkeiten von Proteinen aufdecken, dann stößt das Markov-Modell für Alignments an Grenzen. Abbildung 6.4 macht dabei auch deutlich, daß die Mutationswahrscheinlichkeiten in der Struktur zueinander benachbarter Reste (in dem schattierten Kreis) voneinander abhängen können, obwohl sie in der Proteinsequenz weit voneinander entfernt sind. Abbildung 6.4 zeigt in dünner Stärke den Verlauf der Hauptkette eines Proteins B. In dieser Struktur können etwa zwei Reste B_i und B_j, die sich kontaktieren (schattierter Kreis), simultan durch zwei andere Reste A_i und A_j ersetzt werden. Dabei ist es durchaus möglich, daß die Reste A_i und B_j groß sind, also viel Raum einnehmen, die Reste B_i und A_j aber klein sind. Dann wäre eine Einzelmutation von B_i nach A_i bzw. von B_j nach A_j schon aus sterischen Gründen höchst unwahrscheinlich. Derart korrelierte Mutationen sind mit dem Markov-Modell nicht beschreibbar.

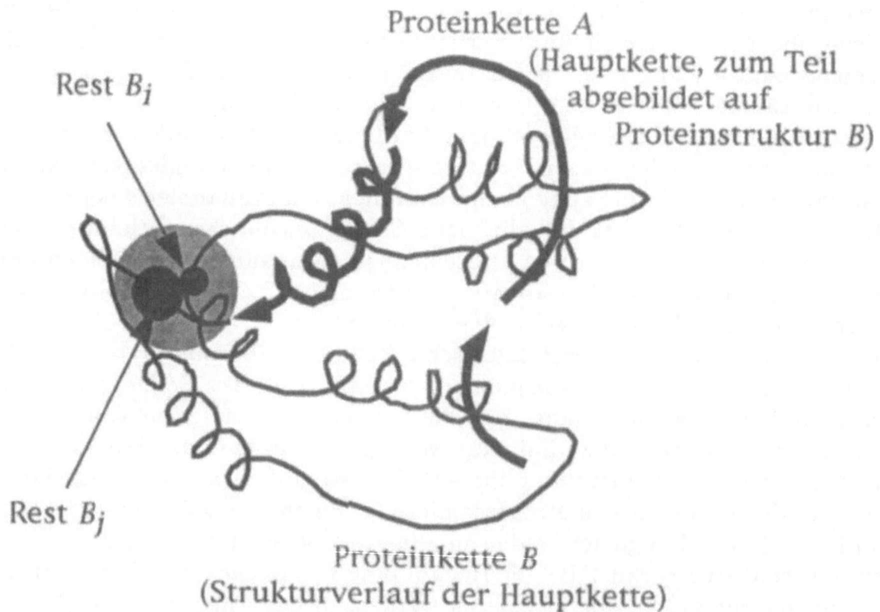

Abbildung 6.4. Positionsabhängigkeit von Mutationswahrscheinlichkeiten.

Die Einbeziehung von Korrelationen zwischen verschiedenen Alignmentpositionen ist besonders dann von Belang, wenn man Proteinsequenzen mit Proteinstrukturen alinieren will. Dies geschieht bei der sogenannten *homologiebasierten Modellierung.* Das algorithmische Problem, auf das diese Modellierung hinausläuft, wird als *Protein Threading* bezeichnet. Dabei gilt es, zu bewerten, wie wahrscheinlich es ist, daß eine Proteinsequenz A, deren

Struktur man bestimmen will, die Struktur einer anderen Proteinsequenz B, deren Struktur bekannt ist, annimmt. Abbildung 6.4 illustriert dieses Problem. Auf die Hauptkette des Proteins B (dünne Schriftstärke), deren Verlauf bekannt ist, ist die Kette des Proteins A (dicke Schriftstärke) geeignet zu plazieren. Diese Strukturabbildung wird wieder durch ein Alignment bewerkstelligt. Man stellt sich vor, daß ein Rest der Kette A auf den Rest der Kette B plaziert wird, der ihm im Alignment zugeordnet ist. Die Wahrscheinlichkeit, daß ein solches Alignment in der Tat angenommen wird, wird mit einem statistischen Pseudo-Energiebegriff bewertet. Dabei wird jedem Kontakt zwischen zwei Aminosäureresten in der Sequenz A ein Beitrag zugeordnet. Der hier benötigte Kostenparametersatz wird aus vorhandenen Strukturdaten in ähnlicher Weise berechnet wie die Aminosäureaustauschmatrizen für das herkömmliche Sequenzalignment. Berücksichtigt man Korrelationen zwischen Spalten im Alignment, so kann dynamische Programmierung nicht mehr eingesetzt werden. Dynamische Programmierung berechnet nämlich das Alignment von einem Ende der Sequenz A zum anderen. In Abbildung 6.4 ist nun ein Punkt während der Alignmentberechnung gezeigt, bei dem ein Teil der Sequenz A bereits auf die Struktur B abgebildet worden ist. Die Entscheidung, ob im nächsten Schritt der nächste Rest der Sequenz abgebildet wird oder ob man eine Lücke einfügt, hängt von dem *Strukturprofil* von A ab. Dieses wiederum hängt aber von der Plazierung von Resten von A ab, die weiter hinten in der Kette A liegen, und die die dynamische Programmierung deshalb noch nicht betrachtet hat. Man muß also hier zu algorithmischen Methoden greifen, die in der Sequenz A „vorausschauen". In der Tat hat Lathrop [26] gezeigt, daß die Optimierung des Alignments in einem solchen Kostenmodell NP-schwer ist.

In der Praxis gibt es daher grundsätzlich zwei algorithmische Ansätze zum Protein Threading. Der erste Ansatz versucht, das NP-Vollständigkeitsresultat zu umgehen und die Verwendbarkeit von dynamischer Programmierung zu erhalten. Der zweite Ansatz gibt diesen Anspruch auf.

Die grundlegende Annahme des ersten Ansatzes – der sogenannten *Profilmethoden* – ist, daß Korrelationen zwischen verschiedenen Sequenzpositionen nicht wirklich betrachtet werden müssen, weil die Evolution zwar sehr flexibel mit Proteinsequenzen umgeht und sie freigiebig und umfangreich ändert, an Proteinstrukturen aber in wesentlich stärkerem Maße festhält. (In der Tat führt eine Strukturänderung in einem Protein, etwa durch eine Mutation, für das Individuum fast immer zu einem massiven selektiven Nachteil und endet in Unfruchtbarkeit oder Tod.) Daher geht man davon aus, daß das Strukturprofil von Protein B sich auch in Protein A wiederfindet, falls A überhaupt die Struktur von B annimmt. Das bedeutet, daß bei der Alinierung von A gegen B keine paarweisen Wechselwirkungen zwischen verschiedenen Resten der Sequenz A betrachtet werden müssen. Statt dessen muß lediglich die Präferenz eines jeden Restes dafür bewertet werden, an einer bestimmten

Stelle im Strukturprofil von B (das ja mit dem von A identisch sein soll) zu liegen.

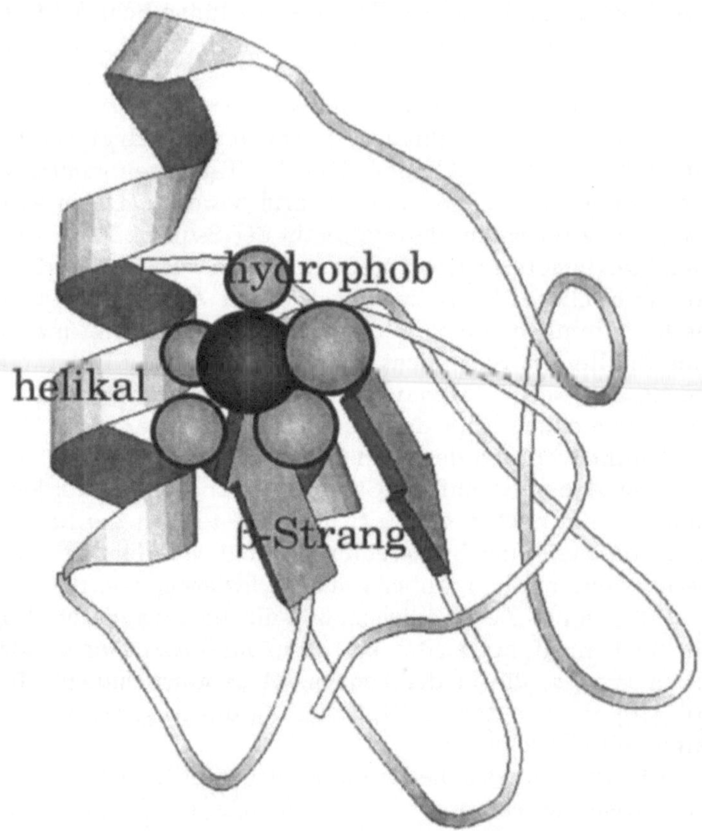

Abbildung 6.5. Profil einer Proteinstruktur.

Das Strukturprofil von B beschreibt die sterischen umd chemischen Eigenschaften der strukturellen Umgebungen eines jeden Restes in B. Etwa kann so ein Rest am Ende eines β-Stranges[5] und direkt gegenüber einer α-Helix[6] liegen und dabei im Innern des Proteins in einer meist hydrophoben Umgebung gelegen sein, sowie Kontakte zu fünf anderen Resten haben (siehe

---

[5] Ein β-Strang ist ein oft beobachtetes sogenanntes *Sekundärstrukturelement* in Proteinen. In einem β-Strang streckt sich die Polymerkette des Proteins. β-Stränge lagern aneinander und formen so *β-Faltblätter* [43].

[6] Eine α-Helix ist ein weiteres häufig beobachtetes Sekundärstrukturelement in Proteinen. In einer α-Helix nimmt die Polymerkette des Proteins eine sehr kompakte spiralförmig gewundene Form an. Jeweils vier Reste des Proteins formen eine ganze Windung der Spirale. In der Natur beoabachtet man immer links gewundene α-Helices [43].

Abbildung 6.5). Man entscheidet nun, ob ein bestimmter Rest der Protein-sequenz A an diese Stelle innerhalb der Struktur B zu liegen kommt, indem man durch eine statistische Analyse aller bekannten Proteinstrukturdaten die Präferenz des Restes aus A für diese strukturelle Umgebung ableitet. Liegen diese Präferenzen erst einmal vor, dann kann der herkömmliche Alignment-algorithmus eingesetzt werden.

Der wesentliche Schritt bei dieser Methode des Protein Threading ist die Definition des Strukturprofils. Hier gibt es eine Reihe von Vorschlägen [9, 33]. Unter Beteiligung der GMD wurde ein Profilsatz entwickelt, der zu hochgenauen Alignments führt [2].

Bei der Verwendung geeigneter Profile lassen sich in der Tat Alignments finden, die die globale Abbildung von Proteinsequenzen in Proteinstruktu-ren recht genau wiedergeben. In kritischen Strukturbereichen des Proteins, vor allem in solchen Bereichen, die für die Funktion des Proteins relevant sind, muß man jedoch Korrelationen zwischen Sequenzpositionen in Betracht ziehen, da die Evolution hier auch das Strukturprofil mit verändert. Man muß also Korrelationen zwischen Spalten im Alignment direkt berücksichti-gen. Hier kommt der zweite algorithmische Ansatz zum Protein Threading zum Tragen, der eine komplexe globale Optimierung aus einzelnen Schritten zusammenfügt, in denen wiederum dynamische Programmierung eingesetzt wird. An der GMD haben wir den Zugang zur Lösung solcher Probleme gewählt, den wir *rekursive dynamische Programmierung* nennen und der das Alignment der Sequenz A in die Struktur B in mehreren Stufen aufbaut. Dazu benötigen wir zunächst eine Methode, die bestimmt, welche Abschnitte eines Sequenzalignments „glaubhaft" (*signifikant*) sind. Dies läßt sich nicht an dem Kostenfunktionswert eines Aminosäureaustauschs ablesen. Vielmehr ist ein Alignmentabschnitt umso signifikanter, je unempfindlicher er gegenüber einer Änderung der Kostenparameter ist. Eine dazu im wesentlichen äquivalente Betrachtungsweise, bei der nicht die Kostenparameter verändert werden, son-dern die Mengen aller optimalen *und fast optimalen* Alignments analysiert werden, führt zu einem Begriff von Signifikanz, der mit den molekularbiolo-gischen Daten in Einklang steht und mit dynamischer Programmierung be-rechnet werden kann [29]. Unter Verwendung eines solchen Signifikanzmaßes kann nun das Alignment schrittweise aufgebaut werden. In jeder Stufe wer-den Teilsequenzen nach dem herkömmlichen Markov-Modell aliniert, dann aber nur hochsignifikante Abschnitte des Alignments fixiert. Die so alinierten Abschnitte stehen strukturell in Wechselwirkung mit Strukturbereichen des Proteins A, für die bislang keine signifikante Zuordnung gefunden werden konnte. Da nun die Wechselwirkungspartner aus den fixierten Abschnitten bekannt sind, kann die Kostenfunktion um Terme ergänzt werden, die diese Wechselwirkungen modellieren. Die entsprechend geänderte Kostenfunktion steuert in der nächsten Stufe das herkömmliche Alignment. Das Ergebnis ist eine baumstrukturierte Alignmentberechnung, die zwar zeitaufwendig werden kann, aber zu sehr strukturgenauen Alignments führt [45].

```
FRASASMAS-EKMKILELFASGTM----SMLVLLPDEVSG---LEQLESIINFEK--LTEWTSSNVMEE-...
FRYRRVAE--GTQVLELPFKGDDI----TMVLILPKPEKS---LAKVEKELTPEV--LQEWLLDELEEM-...
QHCKKLSS----WVLLMKYLGNATA-----IFFLPDEGK----LQHLENELTHDI--ITKFLENEDRRS-...
TKKQYISSSDNLKVLKLPYAKGHDKRQFSMYILLPGAQDG---LWSLAKRLSTEPEFIENHIPKQTVEV-...
TSVSVP-----MLSGTGNFQHWSDAQ--NNFSVTRVPLGESVTLLLIQPQCASDLDRVEVLVFQHDFLTW...
```

Abbildung 6.6. Multiples Alignment von fünf Proteinsequenzen (Präfix).

Multiples Sequenzalignment. Um die Beziehung mehrerer miteinander verwandter Sequenzen zu analysieren, ist ein multiples Alignment gefordert (siehe Abbildung 6.6). Ein solches Alignment muß die Korrelationen aller Sequenzen untereinander berücksichtigen und läßt sich nicht durch einfaches Untereinanderschreiben von paarweisen Alignments erzielen. Das in Abbildung 6.3 dargestellte Verfahren zum paarweisen Alignment führt bei einer Verallgemeinerung auf k Sequenzen zu einem k-dimensionalen Graphen. Damit steigt die Laufzeit der Wegesuche exponentiell in k an.

Wesentlich effektiver ist es, das Alignment mit Hilfe von sogenannten *Hidden Markov Modellen* durchzuführen [25]. Ein Hidden Markov Modell ist eine herkömmliche Markovkette, bei der jeder Zustand zusätzlich die Fähigkeit hat, Ausgabezeichen nach einer für diesen Zustand charakteristischen Verteilung zu generieren. Abbildung 6.7 zeigt den typischen Aufbau einer Markovkette, die zum Alignment benutzt werden kann. Zustände, die durch Quadrate dargestellt sind, erzeugen Mutationen, solche, die mit Rauten bzw. Kreisen dargestellt sind, erzeugen Einfügungen bzw. Streichungen. Der Startzustand der Kette ist der Zustand m_0; Zielzustand ist der Zustand m_5. In einer Trainingsphase werden die Zustandsübergangswahrscheinlichkeiten dieser Kette auf die interessierende Proteinfamilie trainiert, d.h. entsprechend festgelegt. Diese Trainingsphase ist laufzeitintensiv. Danach kann jede zu untersuchende Sequenz gegen das trainierte Modell aliniert werden. Das multiple Alignment ergibt sich in diesem Fall einfach durch Aneinanderlegen der Alignments gegen das Modell. Die Laufzeit steigt somit linear in der Anzahl der alinierten Sequenzen. Neben der erhöhten Effizienz des multiplen Alignments hat die auf Hidden Markov Modellen basierende Methode den Vorteil, daß die Mutationswahrscheinlichkeiten spezifisch auf interessierende Proteinfamilien trainiert werden können. Unter anderem können auch bereits bekannte multiple Alignments in das Training des Modells einfließen.

Hidden Markov Modelle kommen auch in anderen Anwendungen der Informatik, etwa bei der phonetischen Sprachanalyse, erfolgreich zum Einsatz [34].

Neben dem multiplen Sequenzalignment ist zum Vergleich mehrerer Sequenzen auch noch der Stammbaum (auch *phylogenetischer Baum* genannt) von Interesse, in dem sie durch die Evolution angeordnet sind. Stammbaum und multiples Sequenzalignment sind aufeinander bezogene Strukturen. Dennoch sind die Verfahren zur Bestimmung des Stammbaums von denen zur Be-

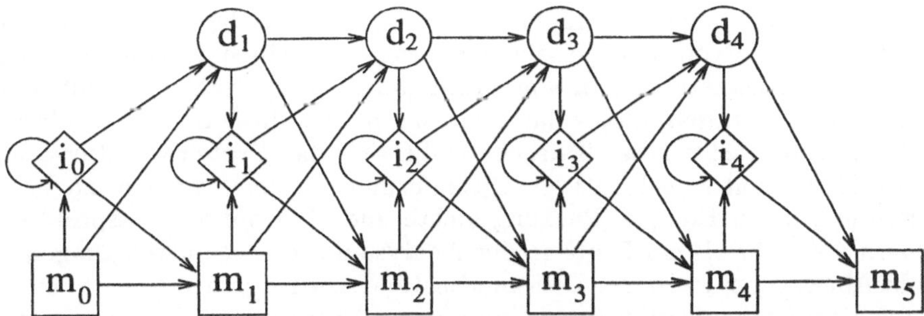

Abbildung 6.7. Hidden Markov Modell für multiples Sequenzalignment.

stimmung des multiplen Sequenzalignments heute noch weitgehend getrennt.
Verfahren zur Bestimmung phylogenetischer Bäume werden z. B. in [15, 38, 5]
vorgestellt. Eine Übersicht über das Gebiet gibt [11].

6.4 Vorhersage von Proteinstrukturen

Die Berechnung von Proteinstrukturen aus der Kenntnis der Proteinsequenz
und ggfs. weiterer aus Experimenten verfügbarer Informationen ist eine der
zentralen Herausforderungen der Molekularen Bioinformatik. Wie schon ein-
gangs erwähnt, ist die Kenntnis von Proteinstrukturen sowohl für das Verständnis biologischer Vorgänge als auch für den Entwurf biologischer Wirkstoffe von unschätzbarem Wert. Die experimentelle Aufklärung von Proteinstrukturen hinkt aber dramatisch hinter der von Proteinsequenzen her. Heute
stehen über 50 000 in der SwissProt Datenbank gespeicherten Proteinsequenzen lediglich etwa 4000 Einträge in der öffentlich zugänglichen Proteinstruk-
turdatenbank PDB [6] gegenüber. Selbst wenn man schätzt, daß in den nicht
öffentlichen Datenbanken der Industrie weitere 10 000 Proteinstrukturen vorliegen, erscheint das Schließen der Lücke zwischen der Anzahl aufgeklärter
Proteinsequenzen und -strukturen allein mit experimentellen Mitteln nicht
realistisch. Hinzu kommt, daß die experimentelle Aufklärung einer Proteinstruktur äußerst zeitaufwendig ist und auch das Risiko beinhaltet, überhaupt
nicht zum Ziel zu gelangen. Diese Probleme können durch theoretisch ab-
geleitete Strukturmodelle wesentlich abgemildert werden, selbst wenn diese
Modelle nur über Teilaspekte der Proteinstruktur, wie etwa deren Faltungs-
klasse, Auskunft geben. Vor diesem Hintergrund hat sich das Proteinstrukturvorhersageproblem zu einem *Grand Challenge* Problem der Molekularbiologie
entwickelt. Die *de novo* Vorhersage einer Proteinstruktur aus einer Proteinsequenz, das heißt, ohne daß Verwandtschaften der Proteinsequenz zu schon in
ihrer Struktur bekannten Proteinen vorliegen, liegt heute außerhalb des Erreichbaren. Vor dem Hintergrund, daß von der unglaublichen Fülle der möglichen Proteinsequenzen sich sicher nur ein verschwindend geringer Prozentsatz
unter natürlichen Bedingungen zuverlässig zu einer eindeutigen Struktur fal-

tet, ist dies auch nicht verwunderlich. Darüber hinaus hat die Natur durch den Prozeß der Evolution aus dieser schon sehr kleinen Kandidatenmenge eine noch begrenztere Anzahl von Proteinfaltungen gewählt, um mit ihnen das Leben zu gestalten. Molekularbiologen schätzen diese Zahl auf höchstens 6000. In Anbetracht dieser Tatsache stellt sich das Proteinstrukturvorhersageproblem nicht so sehr als ein Optimierungsproblem mit den möglichen Kostenfunktionen Energie, Packungsdichte und Hydrophobizitätsprofil dar, sondern vielmehr als ein Problem der Analyse der evolutionären Umgebung strukturbekannter Proteine. Diesem Umstand wird durch die Methode der homologiebasierten Strukturmodellierung von Proteinen Rechnung getragen. Die homologiebasierte Modellierung geht von einer Proteinsequenz A aus, die evolutionär mit einer Proteinsequenz B verwandt ist, deren Struktur bekannt ist. Der Verwandtheitsgrad wird normalerweise durch den Prozentsatz von in einem paarweisen Alignment von A und B auftretenden identischen Resten gemessen. Statistische Untersuchungen zeigen, daß, wann immer diese sogenannte Homologie von A und B etwa 25% übersteigt, eine weitgehende Strukturähnlichkeit der beiden Proteine praktisch zwingend vorliegt [40]. Liegt die Homologie von A und B im Bereich zwischen 15% und 25%, der sogenannten *Twilight Zone*, so ist eine aus einer evolutionären Verwandtschaft zwischen A und B resultierende Strukturähnlichkeit möglich, aber schwer zu bestimmen. Unterhalb von 15% gelten die Proteine als evolutionär nicht verwandt, und Strukturaussagen über A können aus der Struktur von B kaum abgeleitet werden. Im Falle einer nachweisbaren Homologie zwischen A und B geht die homologiebasierte Strukturvorhersage nun in folgenden Schritten vor:

Schritt 1 (Alignment): Berechne ein geeignetes Sequenzalignment zwischen A und B. Hier kommen die Protein Threading Methoden aus Abschnitt 6.3 zum Einsatz.

Schritt 2 (Rückgratplazierung): Weise den Rückgratatomen[7] der Reste von A, denen im Alignment Reste von B gegenüberstehen, die Raumkoordinaten der Rückgratatome der zugeordneten Reste in B zu.

Schritt 3 (Schleifenmodellierung): Berechne Koordinaten für die in Schritt 2 nicht plazierten Rückgratatome von A. Diese Atome stammen von Resten in A, die Lücken in der Sequenz B gegenüberstehen.

---

[7] Bei einem Proteinmolekül unterscheidet man zwischen dem *Rückgrat* (auch *Hauptkette* genannt) und den *Seitenketten*. Das Rückgrat enthält alle Peptidbindungen, die die Reste zu einer Polymerkette verbinden. Jeder Aminosäurerest trägt sein sogenanntes C_α-Atom zum Rückgrat bei. Mit diesem Atom ist die Seitenkette an das Rückgrat angeheftet [43]. Die Erfahrung zeigt, daß der Rückgratverlauf eines Proteins zum einen die Gesamtstruktur des Proteins wesentlich bestimmt. Zum anderen ist der Rückgratverlauf derjenige Aspekt der Proteinstruktur, den die Evolution am wenigsten verändert. Die Plazierung der Rückgratatome – oft sogar nur der C_α-Atome – ist daher ein wesentliches Teilproblem der Proteinstrukturvorhersage.

Schritt 4 (Plazierung von Seitenketten): Plaziere die Seitenketten von *A* entlang des modellierten Rückgratverlaufs. Führe eine Nachoptimierung mit Energieminimierungs- oder Molekulardynamikmethoden durch.

Abbildung 6.8 illustriert diesen Prozeß. Sequenz *A* ist hier die Sequenz von Kette *A* einer Triosephosphat-Isomerase (PDB: 1timA). Sequenz *B* ist die Sequenz einer 2-Phospho-D-Glycerat-Hydrolase (PDB: 4enl). Die Sequenzen P00925 und P30575 sind mit 1timA und 4enl verwandte Proteine aus der SwissProt Datenbank, für die keine Strukturen vorliegen. Die Verwendung eines multiplen Alignments mit diesen Sequenzen kann die Signifikanzaussagen über Abschnitte des Sequenz-Struktur-Alignments von 1timA und 4enl schärfen und zu einem genaueren Alignment führen.

```
1timA ...QEVHEKLRGWLKTHVSDAVAV--QSRIIYGGSVTGGNCKELASQHDVDGFLVGGASLKPEF...
         ||||||||  |||||  ||V          ||||GGS||GG||            ||F||||  ||  ||F
4enl  ...VPLYKHLADLSKSKTSPYVLPVPFLNVLNGGSHAGGAL-------ALQEFMIAPTGA-KTF...

P00925...VPLYQHLADLSKSKTSPYVLPVPFLNVLNGGSHAGGAL-------ALQEFMIAPTGA-KTF...
P30575...IPLYKHIANISNAKKGKFVLPVPFQNVLNGGSHAGGAL-------AFQEFMIAPTGV-STF...
rel      667898654444432110000  0012355555543 10       012222222110 012
1timA    .......190.......200.  ......210.......220.......230.......24
4enl     30 ......140.......150.......160......       .170........180.
```

Schritt 1

Schritt 2   Schritt 3   Schritt 4

Abbildung 6.8. Illustration der homologiebasierten Proteinmodellierung.

Übersteigt die Homologie von *A* und *B* etwa 50%, so ist der letzte Schritt dieser Prozedur der entscheidende. Alignment und Schleifenformen sind dagegen mit recht einfachen Methoden zu erhalten, solange die Anzahl der Einfügungen und Streichungen gering ist. In den für viele Anwendungen jedoch wesentlichen Bereichen niedrigerer Homologie – zwischen 50% und 25% oder weniger – sind die ersten drei Schritte die entscheidenden.

Für die Schritte 3 und 4 gibt es zwei Ansätze: Der erste versucht, die korrekte Plazierung von Schleifen bzw. Seitenketten als das Problem der Minimierung einer geeignet definierten Energie zu behandeln [13]. Der zweite zielt darauf ab, in den vorhandenen Strukturdatenbanken vorhandene und passende Strukturen von Seitenketten bzw. Schleifen für die Modellierung zu verwenden [1]. Es gibt zwar heute schon Programmsysteme, die im Prinzip eine durchgängige Behandlung aller vier Schritte der homologiebasierten Modellierung ermöglichen (siehe etwa [39]). In der Praxis sind die mit solchen Systemen erzielten Vorhersagen kompletter Proteinstrukturen aber noch recht ungenau. Allerdings kann man, etwa bei vollständiger Ausführung der Schritte 1 und 2, bei Identifikation des Funktionszentrums des Proteins und dann Durchführung der Schritte 3 und 4 für dieses Zentrum schon heute zu Modellen kommen, die für den Wirkstoffentwurf nützlich sein können[8]. Im Dezember 1994 gab es zum ersten Mal einen weltweiten Wettbewerb zur rechnergestützten Bestimmung vorher nicht freigegebener Proteinstrukturen [31]. Im Dezember 1996 folgt ein zweiter Wettbewerb, der auch Docking einschließen soll (siehe Abschnitt 6.5).

Ist keine Struktur eines verwandten Proteins bekannt, so kann man versuchen, Teile der Strukturinformation zu berechnen. Dabei spielt die Sekundärstrukturvorhersage eine besondere Rolle. Hier möchte man für jeden Rest der Sequenz bestimmen, ob er zu einer α-Helix oder einem β-Strang gehört. Abbildung 6.9 zeigt noch einmal, in einer etwas anderen Darstellung den schon in Bild 2 von Abbildung 6.8 gezeigten Rückgratverlauf des Enzyms Triosephosphat-Isomerase. Die spiralförmigen α-Helices und durch Pfeile repräsentierten β-Stränge sind klar zu erkennen.

Während α-Helices durch Bindungen zwischen in der Proteinsequenz nahe aneinanderliegenden Resten (Abstand = vier Reste) stabilisiert werden, stabilisieren sich β-Stränge untereinander meistens durch Kontakte zwischen in der Sequenz weit entfernten Resten. Darum erfordert eine zuverlässige Vorhersage von β-Strängen schon ein beträchtliches Maß von globalem Wissen über die 3D-Struktur des Proteins. Es ist deshalb nicht verwunderlich, daß eine Vorhersage der Sekundärstruktur allein auf der Basis von Sequenzinformation bei α-Helices im Bereich von 90% Genauigkeit liegt, während die Genauigkeit bei β-Strängen oft auf unter 60% absinkt. Allerdings kann man durch die Kombination adaptiver Lernmethoden mit Einbringung von evolutiver Information aus multiplen Alignments die mittlere Genauigkeit der Sekundärstrukturvorhersage bis auf über 72% steigern. Rost und Sander [36] haben dazu ein Verfahren entwickelt, das auf neuronalen Netzen beruht.

---

[8] An der GMD haben wir im Herbst 1995 eine erste „echte" Modellierung einer Proteinstruktur erfolgreich durchgeführt. Wir haben das Protein *Herpes-virale Thymidin-Kinase*, von dem uns die Sequenz übergeben wurde, nicht aber die Struktur, durch eine Kombination von klassischen und von uns eigens entwickelten Sequenzalignmentmethoden in einem Bereich um die (ATP-)Bindungstasche des Proteins, der über die Hälfte des gesamten Proteins umfaßte, modelliert. Wie ein nach der Modellierung durchgeführter Vergleich mit der gerade röntgenologisch aufgelösten Struktur [47] ergeben hat, ist das von uns erstellte Modell von ausreichender Qualität für eine weitergehende Modellierung der Wechselwirkungen in der Bindungstasche.

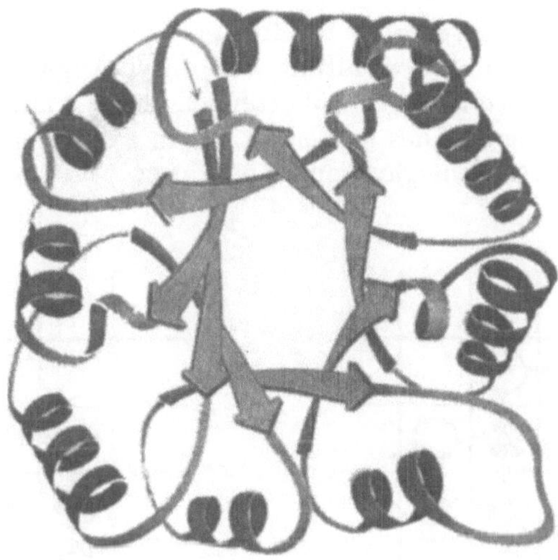

Abbildung 6.9. Rückgratverlauf des Enzyms Triosephosphat-Isomerase.

Wurde mit einer Sekundärstrukturvorhersage (Hypothesen für) die Lage von α-Helices und β-Strängen bestimmt, so kann man versuchen, die Sekundärstrukturelemente im Raum zu arrangieren und so zu 3D-Strukturen zu kommen. Die entstehenden Vorhersagen sind recht spekulativ, aber es gibt Ansätze, derartige Proteintopologien auf der Basis von beobachteten „Regeln" zu berechnen. Zur Formulierung der Regeln sowie zur Auswahl der Topologien werden Prolog-basierte Systeme verwendet [10].

Eine weitere Methode zielt darauf ab, nicht nur die Proteinstruktur, sondern auch den Faltungsweg zu berechnen, also die zeitliche Abfolge, in der sich das Protein faltet. Dies ist das sogenannte *Proteinfaltungsproblem*. Schon die experimentelle Beobachtung von Zwischenzuständen der Faltung ist sehr schwierig, zumal häufig zusätzliche Proteine, sogenannte *Faltungshelfer* am Faltungsprozeß beteiligt sind. Mit einer theoretischen Durchdringung dieses Problems steckt man ebenfalls noch ganz in den Anfängen. Man benutzt hier zur Zeit stark vereinfachte Modelle, bei denen die chemischen Eigenschaften von Aminosäuren meistens auf eine binäre Unterscheidung (hydrophob/hydrophil) reduziert werden. Auch die sterischen Eigenschaften der Aminosäuren werden entweder nur grob modelliert oder oder ganz außer acht gelassen. Den Konformationsraum diskretisiert man meistens in Form eines geeigneten räumlichen Gitters. Manchmal betrachtet man dabei sogar nur zwei Raumdimensionen (statt drei). Das Ergebnis ist ein zwar vollkommen unrealistisches Modell. Wenn man aber in diesem Modell schon proteinartiges Verhalten beobachten kann, könnte man daraus schließen, daß schon die wenigen modellierten Aspekte für das Verhalten von Proteinen entscheidend sind. Abbildung 6.10 zeigt zwei zweidimensionale Faltungen eines solchen abstrahierten Proteins. Die Proteinkette besteht aus weißen (hydrophilen) und schwarzen (hydrophoben oder H-) Resten. Dicke Linien markieren den Kettenverlauf. Die Qualität der Faltung wird durch Angabe der Anzahl im Gitter aber nicht in der Sequenz benachbarter schwarzer Aminosäurereste gemessen (dünne Doppellinien). Dies modelliert die in Proteinen beobachtete und für ihre Faltung wesentliche „hydrophobe Kraft".

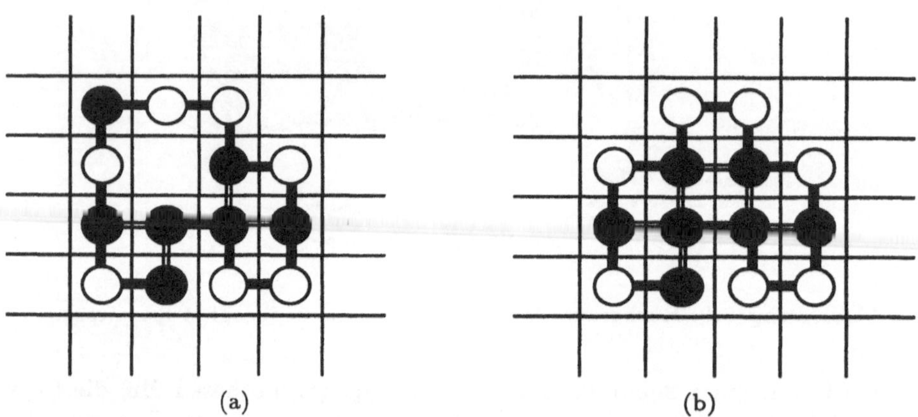

(a)   (b)

Abbildung 6.10. Zwei Konformationen desselben abstrakten zweidimensionalen Proteins. (a) Mit vier H-H Kontakten. (b) Mit sechs H-H Kontakten (maximal).

Mit Hilfe eines solchen Modells kann man nun thermodynamische Analysen machen, die sowohl über attraktive Faltungen als auch über häufige Faltungswege Auskunft geben [12]. Dadurch erhofft man sich Erkenntnisse darüber, welche Kräfte die Proteinfaltung treiben. Für genaue Strukturvorhersagen sind diese Methoden nicht geeignet.

Theoretische Informatiker haben ein solches Modell aufgenommen und dafür Approximationsalgorithmen entwickelt [20]. Diese Algorithmen haben allerdings nicht die Fähigkeit, biologische Erkenntnisse zu gewinnen. Vielmehr müssen sie als ein kombinatorisches Spiel betrachtet werden, dessen Regeln aus dem biologischen Vorbild entnommen sind, dessen Ziele aber nicht wieder an das biologische Vorbild anknüpfen[9].

Wodak und Rooman [48] geben eine ausführliche Übersicht über Methoden der Proteinstrukturvorhersage.

---

[9] Das liegt daran, daß die von den Informatikern entwickelten Algorithmen auf beweisbare Güte (bezüglich der in diesem Modell verwendeten stark vereinfachten Kostenfunktion) *im schlechtesten Fall* abzielen. Dabei ist der Abstand vom Optimum der Kostenfunktion erheblich. Die mit diesen Methoden erhaltenen Lösungen sind daher (kaum überraschend) biophysikalisch unsinnig (siehe auch Abschnitt 6.7.).

6.5 Analyse molekularer Wechselwirkungen

Praktisch sämtliche Prozesse des Lebens beruhen auf biochemischen Reaktionen, bei denen Biomoleküle mehr oder weniger stark und meistens reversibel aneinander binden (molekulares Docking). Abbildung 6.11 zeigt einen molekularen Komplex aus dem Enzym Dihydrofolat-Reduktase (DHFR) und dem Inhibitor Methotrexat (MTX). MTX bindet sehr stark an DHFR und kann damit das Zellwachstum in bösartigen Tumoren behindern. Deshalb wird MTX in der Chemotherapie für Krebspatienten eingesetzt. Dieses Beispiel zeigt, daß das Verständnis molekularer Wechselwirkungen wesentlich für Wirkstoffentwicklungen in der Biotechnologie und Pharmazie ist.

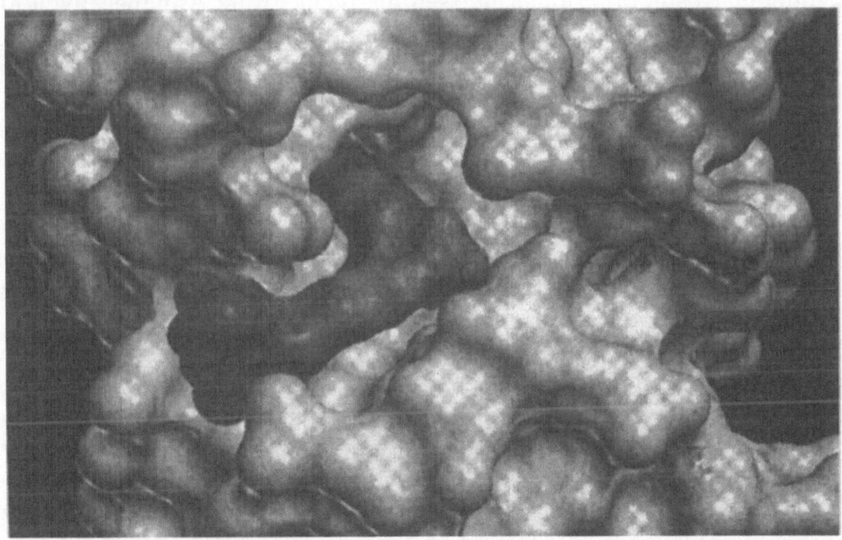

Abbildung 6.11. Molekularer Komplex aus Dihydrofolat-Reduktase (groß, hell) und Methotrexat (klein, dunkel).

Protein-Ligand Docking. Die Bindungen von Proteinen mit kleinen organischen Molekülen sind die für den rechnergestützten Medikamentenentwurf relevanteste Klasse molekularer Wechselwirkungen (Protein-Ligand Docking). (Das kleine organische Molekül wird in diesem Zusammenhang als *Ligand* bezeichnet; das Protein wird auch *Rezeptor* genannt.) Ein Beispiel für diese Art von Bindung zeigt Abbildung 6.11. Beim Bindungsprozeß entsteht ein Komplex aus Protein und Ligand, dessen Bindungskonstante maximal ist. Die Bindungskonstante ist eine makroskopische Größe, die gemessen werden kann und die Stärke der Bindung angibt. Sie steht in direkter Beziehung zur Differenz zwischen der freien Energie des gebundenen Komplexes und der freien Energie der ungebundenen Bindungspartner in Lösung.

Beim rechnergestützten molekularen Docking gibt es grundsätzlich zwei Ziele. Zum einen will man die Geometrie eines oder einiger energetisch bevorzugter molekularer Komplexe bestimmen. Die so gewonnenen Daten dienen als Basis für das Verständnis der untersuchten Wechselwirkungen sowie den Entwurf neuer Wirkstoffe. Zum anderen möchte man die Bindungskonstante eines berechneten Komplexes abschätzen können. Mit dieser Information kann man in Datenbanken nach geeigneten Wirkstoffen suchen. Heutige Methoden des rechnergestützten Docking vermögen zum ersten Ziel Beträchtliches beizutragen. Das zweite Ziel liegt jedoch noch in weiter Ferne. Das liegt daran, daß die Bindungskonstante bzw. die ihr unterliegenden freien Energien sich einer genauen Modellierung entziehen. Alle bis heute dafür verwendeten Kostenfunktionen müssen als recht grobe Annäherungen angesehen werden. Man hofft, daß die Annäherung im Einzelfall hinreicht, um wenigstens einigermaßen aussagekräftige Vergleiche zwischen Bindungsenergien verschiedener Komplexe anzustellen. Ob diese Hoffnung berechtigt ist, wird mit Rechenexperimenten und anschließendem Vergleich mit gemessenen Daten geprüft.

Protein-Ligand Docking setzt die Kenntnis der 3D-Struktur des Proteins voraus. Eine genaue Modellierung des Komplexes und seiner Energie muß wesentliche zur Bindungsenergie beitragende Phänomene wie etwa sterische Randbedingngen, H-Brückenbindungen und lipophile Wechselwirkungen, aber auch langreichweitige elektrostatische Wechselwirkungen und die noch schwerer zu fassenden entropischen Beiträge berücksichtigen. Eine weitere Komplikation ist, daß der Ligand meist strukturell flexibel ist und in einer hohen Anzahl (bis zu vielen Millionen) energetisch günstiger Konformationen auftreten kann. Demgegenüber ist der Rezeptor meistens recht unbeweglich und wird zum Zwecke des Docking heute noch meist als völlig starr angenommen. (Aber auch im Rezeptor treten in vielen Fällen während des Bindungsprozesses kleinere, aber entscheidende konformationelle Änderungen auf (induced fit), etwa vergleichbar mit den geringen Konformationsänderungen der Teile eines Gummigelenks beim Zusammenstöpseln.)

Das Protein-Ligand Docking Problem ist im wesentlichen ein Problem der Analyse einer komplexen Energielandschaft in einem hochdimensionalen Raum (bei kartesischer Darstellung drei Dimensionen für jedes Atom der beiden Bindungspartner). Schematisch wird das Problem in Abbildung 6.12 dargestellt.

Grundsätzlich gibt es zwei Möglichkeiten, das Protein-Ligand Docking im Rechner nachzuvollziehen. Die eine ist, die energetischen Gesichtspunkte mit einer möglichst genauen Energiefunktion zu modellieren (schattierte Landschaft in Abbildung 6.12) und dann numerische Methoden der Energieminimierung (EM) oder der Moleküldynamik (MD) anzuwenden. Bei EM-Methoden bedient man sich u.a. auch des Simulated Annealing [18] oder genetischer Algorithmen [22]. EM- oder MD-Methoden sind sehr rechenintensiv und profitieren deutlich von Parallelrechnern. Sie vermögen die en-

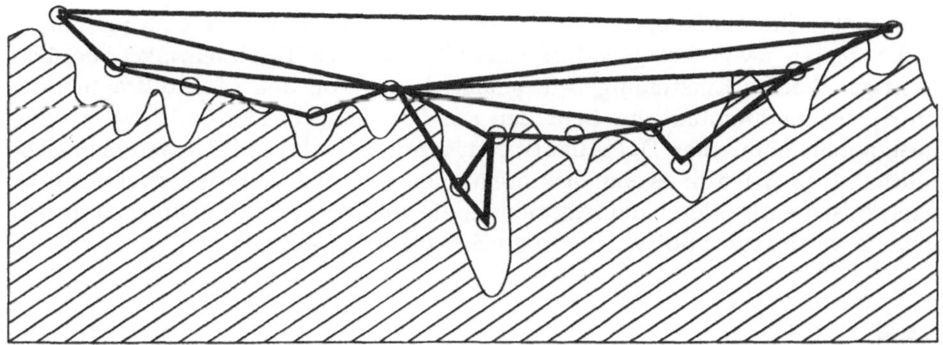

Abbildung 6.12. Schematische Darstellung der Energielandschaft eines Docking Problems.

thalpischen Verhältnisse in der Nähe einer Ausgangskonformation recht genau nachzubilden. Bei den MD-Methoden bewegt man sich hier etwa in einem simulierten Zeitbereich von bis zu Hunderten von Pikosekunden, also von einigen 10^{-10} Sekunden. Mit EM- und MD-Methoden wird auch mit den in absehbarer Zeit verfügbaren Rechnern eine genaue und zugleich umfassende (globale) Analyse der Energielandschaft nicht in vertretbarer Rechenzeit zu erbringen sein. Daher lohnt es sich, mit gröberen Energiemodellen und schnelleren Rechenverfahren einen ungefähren Überblick über die relevanten Teile der Energielandschaft des Komplexes, also über mögliche energetisch favorisierte Teilregionen zu erhalten, wie es in Abbildung 6.12 durch das Netzwerk im oberen Teil der Abbildung angedeutet ist. Hier können globale Optimierungsverfahren wie Simulated Annealing oder genetische Verfahren auf vereinfachten Kostenlandschaften eingesetzt werden. Eine andere Alternative bieten kombinatorische Optimierungsmethoden.

Für das Protein-Ligand Docking haben wir die kombinatorische Alternative gewählt [35]. Wir benutzen eine heuristische Energiefunktion, die enthalpische und entropische Beiträge enthält [8]. Gemäß dieser Funktion bewerten wir (partielle) Konformationen des molekularen Komplexes. Dabei zerlegen wir den flexiblen Liganden in (fast) starre Teile und bauen diese Teile in energetisch günstigen Konformationen in der Rezeptortasche auf. Es ergibt sich eine baumhafte Suche durch den Konformationsraum des Liganden, die den geometrischen und chemischen Kontext der den Liganden umgebenden Rezeptortasche berücksichtigt. Das Ergebnis der Docking-Methode ist eine überschaubare Menge von energetisch günstigen Ausgangskonformationen (in Abbildung 6.12 angedeutet durch die Knoten des Netzwerks), die bei Bedarf mit Hilfe von EM- oder MD-Läufen verfeinert werden können.

Die wesentlichen zwei Elemente des dieser Docking-Methode zugrunde liegenden Modells sind eine diskrete Darstellung des Konformationsraums für den Liganden sowie die diskrete Modellierung kurzreichweitiger chemischer Wechselwirkungen. Der erste Teil des Modells wird in Abbildung 6.13 veran-

schaulicht. Bei Einfachbindungen werden, wie in Abbildung 6.13 (a) dargestellt, bis zu zwölf fest gewählte Einstellungen des Torsionswinkels berücksichtigt. Welche Einstellungen dies sind, hängt von den Molekülfragmenten
an der Einfachbindung im Liganden ab. Die entsprechenden Werte werden
geeigneten chemischen Datenbanken entnommen [24]. Bei Ringsystemen (Abbildung 6.13 (b)) gibt es eine diskrete Menge von typischerweise zwei bis sechs
energetisch sinnvollen Konformationen, die wiederum mit entsprechender allgemein verfügbarer Software vorberechnet werden können [21].

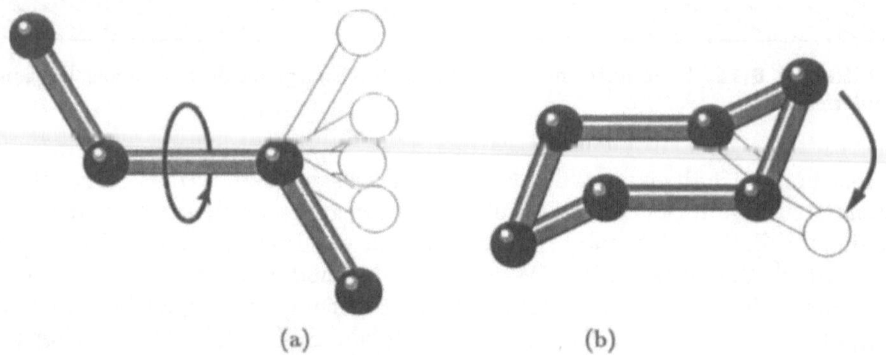

(a)   (b)

Abbildung 6.13. Diskrete Modellierung des Konformationsraums des Liganden.
(a) Einfachbindungen, (b) Ringsysteme.

Die chemischen Wechselwirkungen werden wie in Abbildung 6.14 modelliert. Dies macht den zweiten Teil des Modells aus. Zu einer Wechselwirkung
gehören jeweils zwei Partneratome (oder -atomgruppen). Dargestellt sind die
Partner O und H einer H-Brücke. Damit sich die Wechselwirkung ausbildet,
müssen sich die beiden Wechselwirkungspartner in einer bestimmten Distanz
voneinander befinden und gewisse Richtungskriterien erfüllen. Im Modell bedeutet dies, daß die beiden Partner jeweils auf der *Wechselwirkungsoberfläche*
des anderen Partners liegen müssen. Die Wechselwirkungsoberflächen sind
geeignet gewählte Ausschnitte von Kugeloberflächen.

Bei dieser Modellierung ist das Finden des energetisch günstigsten Komplexes aus Ligand und Rezeptor ein nichtlineares Optimierungsproblem mit
nichtlinearen Randbedingungen. Unser Docking-Algorithmus baut den Liganden schrittweise in der Bindungstasche des Rezeptors auf und versucht
dabei, durch Ausbildung von Wechselwirkungen so viele energetisch günstige
Beiträge wie möglich zusammenzubringen. Durch die Alternativen während
des Anbaus von Fragmenten an den Liganden erhält das Problem eine Baumstruktur. Die von uns verwendete heuristische Energiefunktion erlaubt, Such-
methoden auf dieser Baumstruktur zu verwenden. Die Plazierung des ersten Fragments führen wir mit einer auf Hashing basierenden Suche durch.
Aufgrund der diskreten Modellierung ist uns eine globale Durchforstung des

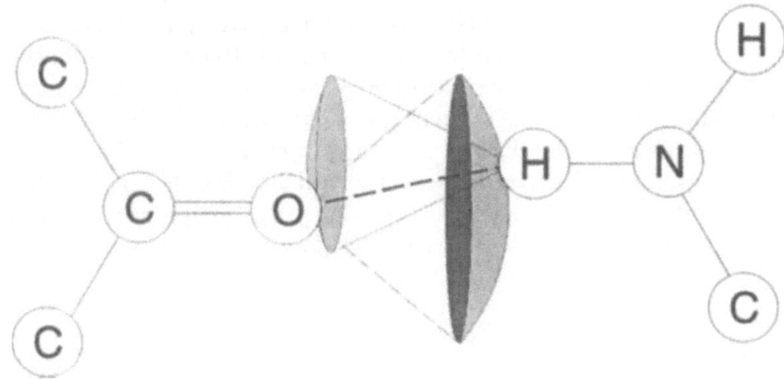

Abbildung 6.14. Diskrete Modellierung einer H-Brücke.

Konformationsraumes möglich. Sowohl die verwendeten Modelle als auch die verfügbaren experimentellen Daten, die zur Validierung dienen, sind jedoch mit erheblichen Ungenauigkeiten behaftet. Aus diesem Grunde ist auch hier die Analyse der Menge fast optimaler Lösungen notwendig und eine Beschränkung auf das exakte Optimum nicht sinnvoll.

Protein-Protein Docking. In der Natur kommen häufig Bindungen zwischen zwei Proteinen (Protein-Protein Docking) oder zwischen Proteinen und DNA (Protein-DNA Docking) vor. In diesem Falle sind beide beteiligten Moleküle nur eingeschränkt beweglich. Dabei sind die Konformationsänderungen der Bindungspartner (induced fit) schwer zu modellieren, aber wesentlich. Aus diesem Grunde befindet sich die Entwicklung von Methoden zur detaillierten Analyse von Protein-Protein Dockingproblemen noch in den Anfängen. Allerdings sind bereits Docking-Methoden entwickelt worden, die beide Moleküle als starr annehmen und lediglich die Grundfrage klären möchten, ob zwei Proteine prinzipiell aneinander binden können. Solche Methoden basieren auf stark vereinfachten Energiemodellen, die sich vor allem auf sterische Aspekte (Komplementarität der Oberflächen der beteiligten Moleküle) und dominierende chemische Phänomene (z. B. Hydrophobizität) beschränken [16, 23, 28].

Einen detaillierteren Überblick über Algorithmen für biomolekulares Docking gibt [27].

6.6 Analyse metabolischer Netzwerke

Die einzelne molekulare Wechselwirkung ist nur ein winziges Element in einem komplexen Netzwerk chemischer Reaktionen, deren Zusammenspiel den Metabolismus lebender Organismen ausmacht. Die bereits erkannten Abhängigkeiten füllen heute schon ganze Plakatwände [30]. Ein Eingriff an einer Stelle in diesem Netzwerk, etwa durch ein Medikament, kann weitreichende Veränderungen des Gleichgewichts im Gesamtsystem zur Folge haben. Diese *Nebenwirkungen* sind bis heute nicht im Rechner simulierbar. Um sie in den Griff zu bekommen, bedarf es einer stimmigen Modellierung der strukturellen, energetischen, aber auch der reaktionskinetischen Aspekte innerhalb des metabolischen Netzwerks. Hierzu gibt es allererste Ansätze, zum Teil auf formalsprachlichem Niveau, zum Teil auf der Basis der Simulation mit Hilfe probabilistischer Netzwerke [14]. Eine vernünftige Modellierung auf dieser „Systemebene" wäre so etwas wie die Krönung der Molekularen Bioinformatik.

6.7 Diskussion

Die Liaison zwischen Informatik und Molekularbiologie sowie Teilen der Biochemie und Pharmazie, die in der Molekularen Bioinformatik zu entstehen beginnt, stellt die Informatik vor neue und ausgesprochen anspruchsvolle Herausforderungen. In diesem Artikel wird nur auf die algorithmische Seite dieser Liaison eingegangen. Es sei jedoch am Rande bemerkt, daß auch andere Teilgebiete der Informatik, wie etwa die Bereiche der Datenbanken und des parallelen und verteilten Rechnens in diesem Anwendungsbereich großen Herausforderungen gegenüberstehen.

Für einen erfolgreichen Einsatz in der Molekularbiologie benötigt die Algorithmik einen Paradigmenwechsel.

Theoretische Algorithmenforschung geht meistens von einem relativ einfachen Modell der Eingabe aus. Die Eingabe besteht aus solchen Dingen wie Graphen, Zahlen oder Zahlenfeldern, Mengen usw. Für diese Eingabe ist dann eine Eigenschaft zu bestimmen oder eine Ausgabe zu konstruieren, die u. U. noch in einem bestimmten Sinne gut oder optimal sein soll. Auch die Eigenschaft ist meistens leicht definiert (wenn auch oft schwer zu berechnen), und gleiches gilt auch für die Kostenfunktion, nach der sich der Optimalitätsbegriff richtet. Der Informatikanteil beginnt meistens erst dann, wenn diese algorithmischen Randbedingungen festliegen und beschränkt sich auf die effiziente Lösung des algorithmischen Problems.

In technischen Anwendungsfeldern ist dies nicht mehr erfüllt. Die *Modellierung*, d. h. die Formulierung des diskreten algorithmischen Problems bestimmt oft die Qualität der berechneten Lösung. Ein ungenaues Modell gibt den zu modellierenden Sachverhalt nicht ausreichend wieder. Ein genaues Modell führt jedoch häufig zu algorithmisch komplexen oder gar unlösbaren Problemen. CAD-Entwurfsprobleme bei Schaltkreisen oder in der mechanischen Konstruktion sind ein gutes Beispiel für diesen Sachverhalt. Der Informatiker kann sich hier also der Modellierung nicht entziehen. Er muß sein methodisches Wissen dazu einsetzen, den genauen Punkt festzulegen, der die Präzision des Modells und die Komplexität des sich daraus ergebenden algorithmischen Problems geeignet gegeneinander abwägt. Das geht nicht, ohne daß der Informatiker über ein ausreichendes Maß an Wissen über die

Anwendung verfügt. Die Modellierung kann auch schwierig sein, etwa weil komplexe und schwer zu bestimmende Kostenfunktionen an die Stelle von explizit nicht modellierten Aspekten des Problems treten (etwa Kostenfunktionen zur Abschätzung des schwer zu berechnenden Verdrahtungsaufwandes auf Schaltkreisen). Auch eine Analyse der entstehenden Algorithmen kann sich nun meistens nicht mehr an theoretischen Kriterien, wie etwa der Laufzeit oder Lösungsgüte im schlechtesten Fall, orientieren. Jedoch können die Modelle meist gezielt verfeinert werden. Dies geht deshalb, weil häufig genaue Informationen über die Eigenschaften der Konstruktionsalternativen verfügbar sind. Von Menschen geschaffene Objekte, wie sie ja in technischen Anwendungen vorkommen, folgen nämlich in der Regel einem modularen und oft einem hierarchischen Aufbau mit klaren Strukturen und Symmetrien. Die Konstruktion folgt Gesetzen, die durch Einbau hinreichender Toleranzen strukturell einfache Entwurfsmodellierungen erlauben. Das liegt zum einen daran, daß der Mensch fordert, das Objekt, das er konstruiert, auch zu verstehen. Dies ist umso leichter, je einfacher das Modell zur Konstruktion des Objektes ist. Zum anderen stehen dem Menschen limitierte Ressourcen zur Konstruktion zur Verfügung (etwa 20 Mannjahre für die Entwicklung eines Schaltkreises). Damit muß das Entwurfsobjekt notwendig eine kurze Beschreibung haben, da es sonst nicht mit beschränktem Aufwand entwickelt und verstanden werden kann.

Dies alles gilt jedoch nicht für natürliche Objekte. Die Evolution verwendet enorme Ressourcen an Zeit und Material, und sie erhebt nicht den Anspruch, zu verstehen, was sie tut. Das Ergebnis sind von der Evolution hervorgebrachte Objekte (z. B. Proteine) und Prozesse (z. B. metabolische Pfade), die keinen leicht und präzise klassifizierbaren Kriterien genügen. Wollen wir also diese Objekte und Prozesse analysieren und modifizieren, so müssen wir zunächst an die Modelldaten kommen. Ein Beispiel für im Prinzip nicht verfügbare Modelldaten bildet die Kostenfunktion, nach der die Natur (wirklich) eine Proteinkette schrittweise verbessert (diese Kostenfunktion steht mit dem Begriff der Alignmentkosten in Zusammenhang, siehe Abschnitt 6.3), sowie die Energiefunktion für molekulares Docking in Abschnitt 6.5, nach der die Natur den molekularen Komplex optimiert. Das Problem der Erhebung der relevanten Modelldaten ist so schwierig, daß es bis heute den zentralen Teil der Molekularen Bioinformatik ausmacht. Dieses Problem ist untrennbar mit allen algorithmischen Problemen der Molekularen Bioinformatik verwoben. Bei der Erhebung der Daten für das Modell kommen in der Regel statistische Methoden, aber auch Methoden des maschinellen Lernens zum Einsatz. Die zum Zwecke der Modellierung und Validierung verwendeten biologischen Beobachtungsdaten, die unseren *standard of truth* darstellen, sind dabei immer mit Ungenauigkeiten behaftet. Aus den beiden vorgenannten Gründen ist eine Algorithmenanalyse nach klassischen Kriterien, also etwa der Forderung nach einer exakten Optimierung der Kostenfunktion, schon im Prinzip nicht sinnvoll. An ihre Stelle tritt die Analyse eines Ensembles von nach den

Kostenfunktionen in einem unscharfen Sinne fast-optimalen Lösungen. Aus solchen Ensembles und ihrem Vergleich mit tatsächlich beobachteten Daten kann man dann auch auf die Qualität der verwendeten Kostenfunktionen rückschließen. Ebenso wird jetzt ein genaueres Verständnis der Eingabepopulation wesentlich. Zum Beispiel unterscheiden sich biologische Sequenzen von nach einfachen Verteilungen zufällig gewählten Sequenzen in oft subtiler Art und Weise. Das Proteinfaltungsproblem für beliebige Aminosäuresequenzen lösen zu wollen, ist unsinnig, da die Eigenschaft der eindeutigen Faltbarkeit so selten erfüllt wird. Einer Kette aber anzusehen, ob sie sich eindeutig faltet, ist sicher praktisch so schwer wie das Faltungsproblem selbst.

Dies alles führt dazu, daß wir im Regelfalle nicht erwarten können, auf schnellem Wege vorgefertigte Modelle und Algorithmen aus der Informatik in der Molekularen Bioinformatik einsetzen zu können. Aber die methodische Schulung des Informatikers prädestiniert ihn dazu, algorithmische Aspekte bei der Modellierung hinreichend zu berücksichtigen und so den Rechner mit einem hohen Maß an Effektivität einzusetzen. Ferner kann die methodische Ausrichtung des Informatikers dazu dienen, das in der Molekularen Bioinformatik außerordentlich schwierige Problem der Validierung systematisieren zu helfen. Zu diesen Beiträgen wird der Informatiker aber nur durch eine intensive Beschäftigung mit den molekularbiologischen Daten und den ihnen unterliegenden Hintergründen befähigt. Dies bedeutet eine erhebliche Investition von Zeit und Engagement des Einzelnen und erfordert auch neue Initiativen in der interdisziplinären Lehre. Diese Investitionen der Informatik werden belohnt durch erfolgreiche Beteiligung an einem der spannendsten Wissenschaftsfelder, das unsere Zeit zu bieten hat.

Danksagung

Ich danke Bernd Kramer, Christian Lemmen, Matthias Rarey, Joachim Selbig, Ralf Thiele, Stephan Wefing und Ralf Zimmer für zahlreiche Diskussionen und insbesondere für hilfreiche Bemerkungen zu dem vorliegenden Artikel. Die dieser Arbeit zugrundeliegende Forschung wurde teilweise durch die BMBF Fördermaßnahmen PROTAL Kz. 413-4001-01 IB 301 A/1 und RELIWE Kz. 413-4001-01 IB 302 A/1 unterstützt.

Schriftenverzeichnis

1. R. Abagyan, M. Tortrov und D. Kuznetsov (1994). ICM – A method for protein modeling and design: applications to docking and structure prediction from the distorted native conformation. Journal of Computational Chemistry 15(5), 488–506.
2. N. N. Alexandrov, R. Nussinov und R. M. Zimmer (1996). Fast protein fold recognition via sequence to structure alignment and contact capacity potentials.

Proceedings of the Pacific Symposium on Biocomputing '96 (L. Hunter, T. Klein, eds.), World Scientific, Singapore, 53–72.

3. S. F. Altschul, W. Gish, W. Miller, E. M. Myers und D. J. Lipman (1990). Basic local alignment search tool. Journal of Molecular Biology 215, 403–410.

4. A. Bairoch und B. Boeckmann (1992). The SwissProt protein sequence data bank. Nucleic Acid Research 20, 2019–2022.

5. H.-J. Bandelt und A. W. M. Dress (1992). Split decomposition: a new and useful approach to phylogenetic analysis of distance data. Molecular Phylogenetics and Evolution 1, 242–252.

6. F.C. Bernstein et al. (1977). The Protein Data Bank: a computer based archival file for macromolecular structures. Journal of Molecular Biology 112, 535–542.

7. S. A. Benner, M. A. Cohen und G. H. Gonnet (1993). Empirical and structural models of insertion and deletions in the divergent evolution of proteins. Journal of Molecular Biology 229, 1065–1082.

8. H.-J. Böhm (1994). The development of a simple empirical scoring function to estimate the binding constant for a protein-ligand complex of known three-dimensional structure. Journal of Computer-Aided Molecular Design 8, 243–256.

9. J. U. Bowie, R. Lüthy und D. Eisenberg (1991). A method to identify protein sequences that fold into a known three-dimensional structure. Science 253, 164–170.

10. D. A. Clark, C. J. Rawlings, J. Shirazi, A. Veron und M. Reeve (1993). Protein topology prediction through parallel constraint logic programming. Proceedings of the First International Conference on Intelligent Systems for Molecular Biology (L. Hunter et al., eds.), AAAI Press, 1–9.

11. M. O. Dayhoff, R. M. Schwartz und B. C. Orcutt (1978). A model of evolutionary changes in proteins. In Atlas of Protein Sequence and Structure, Vol. 5, Suppl. 3, National Biomedical Research Foundation, Washington D.C., 345–352.

12. K. A. Dill et al. (1995). Principles of protein folding — A perspective from simple exact models. Protein Science 4, 561–602.

13. T. Fechteler, U. Dengler und D. Schomburg (1995). Prediction of protein three-dimensional structures in insertion and deletion regions: a procedure for searching data bases of representative protein fragments using geometric scoring criteria. Journal of Molecular Biology 253, 114–131.

14. D. Fell (1992). Metabolic control analysis: a survey of its theoretical and experimental development. Biochemical Journal 286, 313–330.

15. J. Felsenstein (1981). Evolutionary trees from DNA sequences: a maximum likelihood approach. Journal of Molecular Evolution 17, 368–376.

16. D. Fischer, S. L. Lin, H. L. Wolfson und R. Nussinov (1995). A geometry-based suite of molecular docking processes. Journal of Molecular Biology 248, 459–477.

17. Z. Galil und R. Giancarlo (1989). Speeding up dynamic programming with applications to molecular biology. Theoretical Computer Science 64, 107–118.

18. D. S. Goodsell und A. J. Olson (1990). Automated docking of substrates to proteins by simulated annealing. PROTEINS: Structure, Function and Genetics 8, 195–202.

19. O. Gotoh (1982). An improved algorithm for matching biological sequences. Journal of Molecular Biology 162, 705–708.

20. W. E. Hart und S. Istrail (1994). Fast protein folding in the hydrophobic-hydrophilic model within 3/8 of optimal. Proceedings of the 34th Annual ACM Symposium on the Theory of Computing, 157–168.

21. J. Hoflack und P. J. De Clercq (1988). The SCA program: an easy way for the conformational evaluation of polycyclic molecules. Tetrahedron 44, 6667.

22. G. Jones, P. Willet und R. C. Glen (1995). Molecular recognition of receptor sites using a genetic algorithm with a description of desolvation. Journal of Molecular Biology 245, 43–53.

23. E. Katchalski-Katzir, I. Shariv, M. Eisenstein, A. A. Friesem, C. Aflalo und I. A. Vakser (1992). Molecular surface recognition: determination of geometric fit between proteins and their ligands by correlation techniques. Proceedings of the National Academy of Sciences 89, 2195–2199.

24. G. Klebe und T. Mietzner (1994). A fast and efficient method to generate biologically relevant conformations. Journal of Computer-Aided Molecular Design 8, 583–606.

25. A. Krogh, M. Brown, I. S. Mian, K. Sjölander und D. Haussler (1994). Hidden Markov Models in computational biology: application to protein modeling. Journal of Molecular Biology 235, 1501–1531.

26. R. Lathrop (1994). The protein threading problem with sequence amino-acid interaction preferences is NP-complete. Protein Engineering 7(9), 1059–1068.

27. T. Lengauer und M. Rarey (1996). Computational methods for biomolecular docking. Current Opinion in Structural Biology 6.

28. H.-P. Lenhof (1995). An algorithm for the protein docking problem, In Bioinformatics: From Nucleic Acids and Proteins to Cell Metabolism (D. Schomburg, U. Lessel, eds.), GBF Monographs Vol. 18, VCH, Weinheim, 125–139.

29. H.-T. Mevissen und M. Vingron (1996). Quantifying the local reliability of a sequence alignment. Erscheint in Protein Engineering.

30. G. Michal (1993). Biochemical pathways. Poster, Boehringer Mannheim, Penzberg.

31. J. Moult, R. Judson, K. Fidelis und J. T. Pedersen (1995). A large-scale experiment to assess protein structure prediction methods. PROTEINS: Structure, Function, and Genetics 23(3).

32. S. B. Needleman und C. D. Wünsch (1970). A general method applicable to the search for similarities in the amino acid sequence of two proteins. Journal of Molecular Biology 48, 443–453.

33. C. Ouzonis, C. Sander, M. Scharf und R. Schneider (1993). Prediction of protein structure by evaluation of sequence-structure fitness. Journal of Molecular Biology 232, 805–825.

34. L. R. Rabiner (1989). A tutorial on Hidden Markov Models and selected applications in speech recognition. Proceedings of the IEEE 77(2), 257–286.

35. M. Rarey, B. Kramer und T. Lengauer (1995). Time-efficient docking of flexible ligands into active sites of proteins. Proceedings of the Third International Symposium on Intelligent Systems for Molecular Biology (C. Rawlings et al., eds.), AAAI Press, 300–308.

36. B. Rost und C. Sander (1994). Redefining the goals of protein secondary structure prediction. Journal of Molecular Biology 235, 13–26.

37. R. K. Saiki et al. (1988). Primer-directed enzymatic amplification of DNA with a thermostable DNA polymerase. Science 239, 487–491.

38. N. Saitou und M. Nei (1987). The neighbor-joining method: a new method for reconstructing phylogenetic trees. Molecular Biology and Evolution 4, 406–425.

39. A. Sali und T. Blundell (1993). Comparative protein modelling by satisfaction of spatial restraints. Journal of Molecular Biology 234, 779–815.

40. C. Sander und R. Schneider (1991). Database of homology derived protein structures and the structural meaning of sequence alignment. PROTEINS: Structure, Function and Genetics 9, 56–68.

41. F. Sanger, S. Nicklen und A. R. Coulson (1977). DNA Sequencing with chain-terminating inhibitors. Proceedings of the National Academy of Sciences 74, 5463–5467.
42. T. F. Smith und M. S. Waterman (1981). Identification of common molecular subsequences. Journal of Molecular Biology 147, 195–197.
43. L. Stryer (1991). Biochemie. Spektrum Akademischer Verlag, Heidelberg.
44. D. L. Swofffford und G. J. Olsen (1990). Phylogeny reconstruction. In Molecular Systematics (D. M. Hillis, C. Moritz, eds.), Sinauer Associates Inc., Sunderland, Massachusetts, 411–501.
45. R. Thiele, R. Zimmer und T. Lengauer (1995). Recursive dynamic programming for adaptive sequence and structure alignment. Proceedings of the Third International Symposium on Intelligent Systems for Molecular Biology (C. Rawlings et al., eds.), AAAI Press, 384–392.
46. M. S. Waterman (1995). Introduction to Computational Biology. Chapman & Hall, New York, New York.
47. K. Wild, T. Bohner, A. Aubry, G. Folkers und G. E. Schulz (1995), The three-dimensional structure of thymidin kinase from Herpes simplex virus type I. FEBS Letters 368, 289–292.
48. S. J. Wodak und M. J. Rooman (1993). Generating and testing protein folds. Current Opinion in Structural Biology 3, 247–259.

LEDA – Eine Plattform für kombinatorisches und geometrisches Rechnen

Kurt Mehlhorn und Stefan Näher

LEDA ist eine Bibliothek von Sofwarekomponenten für kombinatorische und geometrische Probleme. Die wichtigsten Eigenschaften der Bibliothek sind die umfangreiche Sammlung von effizienten Datentypen und Algorithmen, deren präzise und dennoch lesbare Spezifikation, und ihre leichte und elegante Benutzbarkeit. Auf diese Weise stellt LEDA eine Plattform für kombinatorisches und geometrisches Rechnen dar, die den Schritt vom Algorithmus zum ausführbaren Programm erheblich erleichtert. Damit macht LEDA die theoretischen Resultate über effiziente Datenstrukturen und Algorithmen auch für Sofwareentwickler nutzbar, die keine Experten auf diesem Gebiet sind.

7.1 LEDA – Überblick und Beispiele

Kombinatorisches und geometrisches Rechnen stellt eines der zentralen Gebiete der Informatik dar. Aus diesem Grund enthalten auch die meisten Universitätslehrpläne Kurse über Datenstrukturen und effiziente Algorithmen. Typische Objekte dieses Gebietes sind Graphen, Folgen, Wörterbücher, Bäume, kürzeste Wege, Flüsse, Abbildungen, Punkte, Segmente, Linien, konvexe Hüllen und Voronoi-Diagramme; es bildet die Grundlage für solche Anwendungen wie diskrete Optimierung, Planung, Verkehrskontrolle, CAD, Grafik und vieles mehr. Dennoch gibt es keine Standard-Bibliothek für Datenstrukturen und Algorithmen. Dies steht in klarem Gegensatz zu anderen Disziplinen wie beispielsweise Statistik (SPSS), numerische Analyse (LINPACK, EISPACK), symbolisches Rechnen (MAPLE, MATHEMATICA) oder lineares Programmieren (CPLEX).

Das Fehlen einer Bibliothek beeinträchtigt den Nutzen des Gebietes für die gesamte Informatik ganz erheblich. Das sich ständig wiederholende Neuimplementieren von grundlegenden Datenstrukturen und Algorithmen behindert den Fortschritt nicht nur innerhalb der Forschung, sondern in sogar noch stärkerem Maße auch außerhalb der Universitäten. Letzteres vor allem deshalb, weil außerhalb der Forschung Zweifel an der Wiederverwendbarkeit von Software dazu führen, daß der Aufwand zum Implementieren einer effizienten Lösung nicht investiert wird, so daß man schließlich zu weniger effizienten oder sogar trivialen Lösungen greift. Dies hat zur Folge, daß neue Erkenntnisse über Algorithmen und Datenstrukturen nur sehr langsam Eingang in die Praxis finden.

Doch worauf ist nun das Fehlen einer Bibliothek von effizienten Algorithmen und Datenstrukturen zurückzuführen? Einer der größten Unterschiede zwischen kombinatorischem oder geometrischem Rechnen und anderen Gebieten wie Statistik, numerischer Analyse und linearem Programmieren ist der Gebrauch komplexer Datentypen. Während die in Programmiersprachen eingebauten Typen wie ganze oder reelle Zahlen, Vektoren und Matrizen normalerweise für andere Gebiete ausreichen, beruht kombinatorisches und geometrisches Rechnen vor allem auf Typen wie Keller, Schlangen, Listen, Wörterbücher, Folgen, Graphen, Punkte, Linien und konvexe Hüllen. Es erfordert deshalb eine Programmierumgebung, die all diese Typen zur Verfügung stellt. Mit der Einführung der objektorientierten Programmierung wurde solch eine Erweiterung in effizienter und eleganter Weise möglich.

Im Jahre 1989 haben wir das LEDA Projekt (Library of Efficient Data Types and Algorithms) ins Leben gerufen, um eine Bibliothek der Datentypen und Algorithmen für kombinatorisches und geometrisches Rechnen aufzubauen. Die wesentlichen Eigenschaften von LEDA sind:

- LEDA stellt eine beträchtliche Anzahl von Datentypen und Algorithmen in einer Form zur Verfügung, die es auch Nicht-Experten erlaubt, sie zu benutzen. Diese Sammlung beinhaltet die meisten der Datentypen und Algorithmen, die in Textbüchern dieses Gebietes beschrieben sind: Keller, Schlangen, Listen, Mengen, Wörterbücher, gerichtete, ungerichtete und planare Graphen, Linien, Punkte und Ebenen; dazu kommen viele Algorithmen der Graphen- und Netzwerktheorie sowie der algorithmischen Geometrie.

- LEDA gibt eine präzise und lesbare Spezifikation für jeden der erwähnten Datentypen und Algorithmen. Die Spezifikationen sind kurz (in der Regel nicht länger als eine Seite), allgemein (sie erlauben verschiedene Implementierungen) und abstrakt (Implementierungsdetails sind versteckt).

- Viele Datentypen in LEDA sind parametrisiert; beispielsweise funktioniert der Wörterbuchtyp für beliebige Schlüssel- und Informationstypen. Ein spezielles Objekt D mit Schlüsseltyp **string** und Informationstyp **int** kann z.B. durch **dictionary<string, int>** D definiert werden.

- LEDA enthält die effizientesten Implementierungen, die für seine Datentypen bekannt sind. Für viele der Typen kann der Benutzer zwischen verschiedenen Implementierungen wählen, beispielsweise ab-Bäumen, $BB[a]$-Bäumen, dynamischem perfekten Hashing oder Skiplisten für Wörterbücher. So realisiert die Definition **_dictionary <string,int,skip_list>** D beispielsweise ein Wörterbuch durch Skiplisten.

- Für viele effiziente Datenstrukturen ist der Zugriff über eine Position wichtig. LEDA benutzt ein neues Item-Konzept, um Positionen abstrakt behandeln zu können.

- LEDA enthält einen komfortablen Typ graph. Er bietet Standarditerationen wie „für alle Knoten v eines Graphs G tue" (= „**forall_nodes**(v, G)") oder „für alle Nachbarn w von v tue" (=„**forall_adj_nodes**(w, v)"); Knoten und Kanten können beliebig hinzugefügt oder gelöscht werden. Auch werden Felder und Matrizen bereitgestellt, die mit den Knoten oder Kanten indiziert werden können. Mithilfe des Datentyps graph können die Programme zum Lösen von Graphenproblemen fast genauso geschrieben werden, wie sie normalerweise in Textbüchern zu finden sind. Wir betonen, daß alle hier abgedruckten Programme übersetz- und ausführbar sind. Das Ziel ist die Gleichung „Algorithmus + LEDA = Programm".

– LEDA ist in C++ geschrieben, und alle Datentypen und Algorithmen sind in der Bibliothek als vorübersetzte Objekt-Module gespeichert. Dies führt zusammen mit der Tatsache, daß aufgrund der großen Ausdruckskraft von LEDA Anwendungsprogramme kurz sind, zu kurzen Übersetzungszeiten.

– Viele geometrische Algorithmen benutzen beliebig genaue Arithmetik und sind deshalb frei von Rundungsfehlern. Darüber hinaus kommen sie mit allen degenerierten (= entarteten) Fällen klar.

– LEDA unterstützt eine Vielfalt von Anwendungsbereichen. So wurde es schon in so unterschiedlichen Gebieten wie Code-Optimierung, VLSI-Design, Roboter-Bewegungsplanung, Verkehrsplanung, Maschinenlernen und algorithmischer Biologie benutzt.

In den folgenden Abschnitten illustrieren wir zunächst LEDA anhand von vier Beispielen und diskutieren dann theoretische Ergebnisse, die die Qualität unseres „Produkts" wesentlich erhöht haben. Die vier Beispiele demonstrieren verschiedene Teile der Bibliothek: grundlegende Datenstrukturen, Graphen, Geometrie und Grafik. Die Beispiele zeigen vor allem auch, wie leicht man mithilfe von LEDA von einem Algorithmus zu einem lauffähigen Programm gelangen kann. Sie verdeutlichen, daß LEDA nicht einfach eine Bibliothek von Datentypen und Algorithmen ist, sondern eher eine Plattform darstellt, auf der Anwendungen aufsetzen können.

Worte zählen Wir möchten eine Folge von Worten (Zeichenketten, Strings) von der Standardeingabe lesen, die Anzahl der Vorkommen jedes einzelnen Strings zählen und schließlich eine Liste aller Strings zusammen mit ihrer Häufigkeit ausgeben. Die hierfür geeigneten LEDA Typen sind *string* und *dictionary array*. Der parametrisierte Typ dictionary array (d_array<I,E>) realisiert Felder mit Indextyp **I** und dem Elementtyp **E**. Hier verwenden wir ein Array mit Indextyp **string** und Elementtyp **int**. Das vollständige Programm ist in Abbildung 7.1 zu sehen. Es beginnt mit einer include Anweisung für dictionary arrays. In der ersten Zeile des Hauptprogramms definieren wir ein dictionary array N mit Indextyp **string** und Elementtyp **int** und initialisieren alle Einträge des Arrays auf 0. (Die Implementierung von **d_array** speichert alle Einträge, die von Null verschieden sind, in einem balancierten Suchbaum mit Schlüsseltyp string). In der zweiten Zeile definieren wir einen String s. Die dritte Zeile verrichtet die ganze Arbeit. Der Ausdruck (`cin >> s`) gibt true zurück, wenn der Eingabestrom nicht leer ist, andernfalls gibt er false zurück. Im ersten Fall wird der erste String vom Eingabestrom entfernt und der Variablen s zugewiesen. Dann wird der Eintrag $N[s]$ des Arrays N inkrementiert. Die Iteration **forall_defined**(s, N) in der letzten Zeile weist nacheinander alle Strings, für die auf N während der Ausführung des Programms zugegriffen wurde, der Variablen s zu. All diese Strings werden zusammen mit der Häufigkeit ihres Auftretens auf die Standardausgabe ausgegeben.

```
#include<LEDA/d_array.h>
main()
{ d_array<string,int> N(0);
  string s;
  while (cin >> s) N[s]++;
  forall_defined (s,N)
    cout << s << " " << N[s] << endl;
}
```

Abbildung 7.1. Ein Programm, das die Anzahl der Vorkommen jedes Strings in einer Folge von Strings zählt.

Kürzeste Wege in Graphen Ein gerichteter Graph besteht aus einer Menge V von Knoten und einer Menge E von Kanten. Eine Kante $e = (v, w)$ ist eine gerichtete Verbindung von ihrem Startknoten v zu ihrem Endknoten w. Nehmen wir nun an, daß für jede Kante e eine Reisezeit $cost[e]$ in Minuten gegeben ist und daß es unsere Aufgabe ist, die minimale Reisezeit von einem bestimmten Knoten s zu jedem beliebigen anderen Knoten zu berechnen (Abbildung 7.2 zeigt ein Beispiel).

Dijkstra (1959) hat einen einfachen Algorithmus gefunden, der dieses Problem löst. Zu jedem Zeitpunkt während der Ausführung des Algorithmus gibt es eine Menge $S \subseteq V$ von Knoten, für die die minimale Reisezeit bereits bekannt ist, während für alle anderen Knoten lediglich eine obere Schranke für die Reisezeit bekannt ist, d.h. eine Zeitspanne, in der man die Strecke auf jeden Fall bewältigen kann, die jedoch nicht notwendigerweise minimal ist.

Für jeden Knoten v bezeichnen wir mit $dist[v]$ die kürzeste bisher bekannte Reisezeit von s nach v. Anfangs ist $dist[s] = 0$, $dist[v] = \infty$ für jeden Knoten $v \neq s$, und $S = \emptyset$. In jedem Schritt wählen wir einen Knoten $u \in V - S$ mit dem kleinsten Wert $dist[u]$ (am Anfang ist $u = s$) und fügen ihn zu S hinzu. Für jede von u ausgehende Kante $e = (u, v)$ setzen wir $dist[v]$ auf den Wert $dist[u] + cost[e]$, wenn dieser Wert kleiner ist als der aktuelle Wert von $dist[v]$. In unserem Beispiel ist s der erste Knoten, der zur Menge S hinzukommt. Wenn dies geschieht, wird $dist[a]$ auf 2 gesetzt und $dist[c]$ auf 6. Dann fügen wir a zu S hinzu, $dist[b]$ wird auf 3 gesetzt, und $dist[c]$ wird auf 5 erniedrigt, ... Die Korrektheit dieses Algorithmus soll hier nicht bewiesen werden (Beweisidee: man zeigt, daß für alle Knoten v der Wert von $dist[v]$ immer die kürzeste Reisezeit von s nach v entlang eines Pfades angibt, dessen Knoten alle mit Ausnahme des Endknotens zu S gehören). Wie können wir nun den

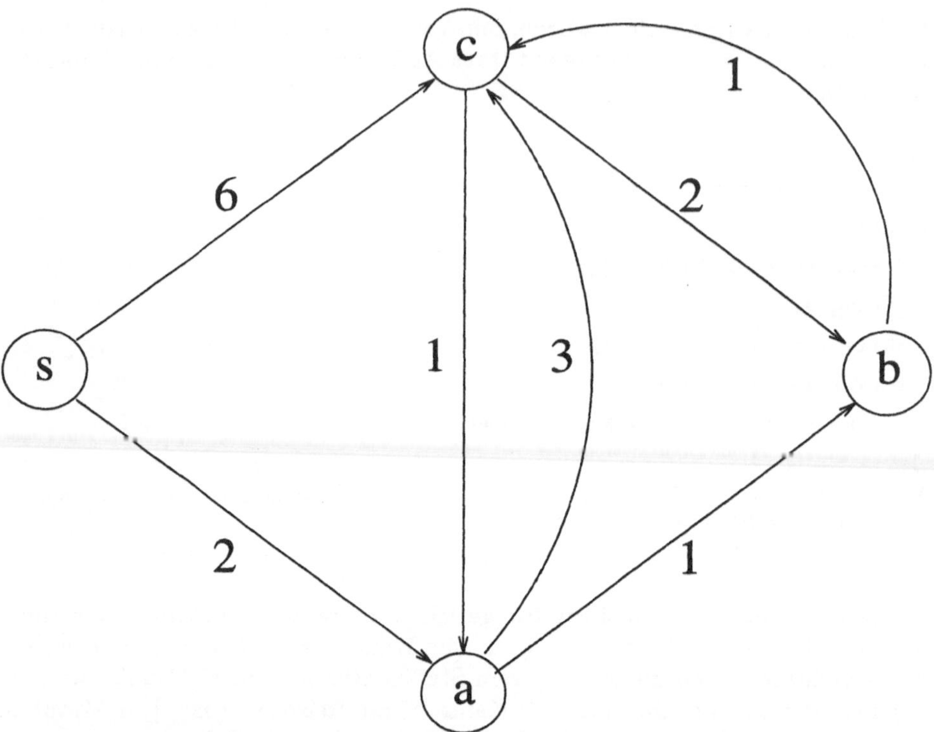

Abbildung 7.2. Ein Graph mit Kantenbeschriftungen. Diese geben die Reisezeit (in Minuten) über die jeweilige Kante an. Die kürzeste Reisezeit von Knoten s zu Knoten c beträgt 4 Minuten.

Knoten in $V - S$ mit dem kleinsten *dist*-Wert schnell finden? Eine geeignete Datenstruktur ist eine *Warteschlange* (priority queue). Abbildung 7.3 zeigt die LEDA-Implementierung von Dijkstras Algorithmus. Neben Graphen benutzt er **node_array** (Knotenfeld), **edge_array** (Kantenfeld) und **node_pq** (Knoten-Warteschlange). Knoten- und Kantenfelder sind Felder, die mit Knoten bzw. Kanten indiziert sind. Wir benutzen ein **edge_array<int>** *cost*, um die Reisezeiten entlang der Kanten zu speichern, ein **node_array<int>** *dist*, um die minimale Reisezeit zu jedem Knoten zu speichern, und eine **node_pq<int>** $PQ(G)$. An dem Parameter G in der Definition von PQ erkennt LEDA, daß G der zugrundeliegende Graph ist. Die Knoten-Warteschlange PQ enthält stets alle Knoten von G, die in $V - S$ liegen, zusammen mit ihren aktuellen *dist*-Werten. Am Anfang werden alle Knoten in PQ eingefügt. Bei jeder Iteration wird der Knoten mit dem kleinsten zugehörigen Wert aus PQ gelöscht ($u = PQ.del\_min()$) und alle von u ausgehenden Kanten e werden überprüft (**forall_adj_edges**(e, u)). Falls notwendig, wird dabei der *dist*-Wert des Zielknotens verringert ($PQ.decrease\_inf(v, c)$).

```
#include <LEDA/graph.h>
#include <LEDA/node_pq.h>


void DIJKSTRA(const graph& G, node s, const edge_array<int>& cost,
node_array<int>& dist)
{ node_pq<int>  PQ(G);
  node v;
  forall_nodes(v,G)
  { dist[v] = (v == s) ? 0 :MAXINT;
    PQ.insert(v,dist[v]);
   }
  while (! PQ.empty())
  { node u = PQ.del_min();
    edge e;
    forall_adj_edges(e,u)
    { v = target(e);
      int c = dist[u] + cost[e];
      if (c < dist[v])
      { PQ.decrease_inf(v,c);
        dist[v] = c;
       }
     }
   }
}
```

Abbildung 7.3. Dijkstras Algorithmus für das Problem der Berechnung aller
kürzesten Wege von einem Knoten aus.

Wir möchten besonders auf die große Ähnlichkeit zwischen dem LEDA-
Programm und der Beschréibung des Algorithmus hinweisen. Die gleiche
Ähnlichkeit ist bei den meisten Graphenalgorithmen anzutreffen. In diesem Sinne erfüllt LEDA die Gleichung „**Algorithmus + LEDA = Programm**".

Erwähnenswert ist sicher auch, daß ein Programmierer von Dijkstras Al-
gorithmus nichts über die innere Funktionsweise von Graphen und Knoten-
Warteschlangen zu wissen braucht. Die Kenntnis der relevanten Seiten im
Handbuch genügt vollkommen. Abbildung 7.4 zeigt die Handbuchseite für
Knoten-Warteschlangen. Im letzten Abschnitt gibt diese Seite die Laufzei-
ten der verschiedenen Operationen für Warteschlangen an: konstante Zeit

für *insert*, *empty* und *decrease_inf* und logarithmische Zeit für *del_min*. In einem Graphen mit n Knoten und m Kanten benötigt Dijkstras Algorithmus n *inserts*, *empty*-Tests und *del_mins* und höchstens m *decrease_infs*. Seine Laufzeit ist deshalb proportional zu $m + n \log n$.

Konvexe Hüllen Stellen Sie sich eine endliche Menge L von Punkten in der Ebene vor, die von einem Gummiband umschlossen ist. Das Gummiband zeigt den Verlauf der sogenannten konvexen Hülle von L. Abbildung 7.5 zeigt ein Beispiel. Die konvexe Hülle ist eine der grundlegenden Strukturen in der algorithmischen Geometrie. Sie wird bei der Bildverarbeitung oder Mustererkennung oft als eine Annäherung an die Form einer Punktmenge benutzt. Wir erklären im folgenden, wie wir die konvexe Hülle berechnen, wenn die Punktmenge gegeben ist: wir beschränken uns der Einfachheit halber auf die sogenannte obere Hülle. Wenn wir die konvexe Hülle nämlich durch eine Gerade durch den Punkt, der am weitesten links, und den Punkt, der am weitesten rechts liegt, durchschneiden, zerteilen wir sie in die obere und die untere Hülle von L (siehe Abbildung 7.5). Dabei ist ein Punkt p links von einem Punkt q, wenn entweder die x-Koordinate von p kleiner ist als die von q oder wenn die x-Koordinaten der beiden Punkte gleich sind und die y-Koordinate von p kleiner als die von q ist.

Wir berechnen die obere Hülle einer Punktmenge L wie folgt: Zuerst sortieren wir die Menge L gemäß der oben definierten Links-Rechts Reihenfolge ihrer Punkte. Sei $p_1, p_2, \ldots, p_n$ die gemäß dieser Reihenfolge aufsteigend sortierte Folge. Wir konstruieren die obere Hülle der Punkte $p_1, \ldots, p_i$ inkrementell für alle i, $1 \leq i \leq n$. Die Initialisierung ist einfach. Die obere Hülle von p_1 ist p_1. Setzen wir nun voraus, daß die obere Hülle der Punkte $p_1, \ldots, p_i$ bereits berechnet ist und daß wir den Punkt p_{i+1} abarbeiten. Wenn $p_i = p_{i+1}$, dann ist nichts zu tun. Wenn aber $p_i \neq p_{i+1}$, dann löschen wir den jeweils letzten Punkt der aktuellen oberen Hülle, solange diese mindestens aus zwei Punkten besteht und mit dem neuen Punkt p_{i+1} keine Rechtskurve bildet (siehe Abb. 7.6). Dann fügen wir p_{i+1} zur oberen Hülle hinzu; damit ist der Iterationsschritt abgeschlossen.

Abbildung 7.7 zeigt die LEDA Implementierung von diesem Algorithmus. Wegen der schon erwähnten großen Ähnlichkeit zwischen der algorithmischen Beschreibung und dem LEDA-Programm sind nur wenige zusätzliche Worte notwendig, um das Programm zu erklären: $L.sort()$ sortiert die Liste L gemäß einer vordefinierten Ordnung auf ihren Elementen. Für Punkte ist dies die bereits erwähnte Links-Rechts Reihenfolge. $L.pop()$ löscht das erste Element der Liste und gibt es zurück. $Uh.append(p)$ hängt den Punkt p an die Liste Uh an, $L.empty()$ gibt true zurück, wenn L leer ist, $Uh.length()$ gibt die Länge der Liste Uh zurück, und $Uh.del\_item(it)$ löscht das Element it der Liste Uh. In LEDA wird eine Liste als eine Folge sogenannter Items (mit dem Typ **list_item**) betrachtet, wobei jedes dieser Items ein Element der Liste enthält. $Uh.last()$ gibt das letzte Item der Liste Uh zurück, und für

Node priority queues (node_pq)

1. Definition
An instance Q of the parametrized data type **node_pq⟨I⟩** is a set of pairs (v, i), where v is a node of some graph G and i belongs to some linearly ordered type **I**; i is called the information associated with node v. For any node v of G there can be at most one pair $(v,)$ in Q.

2. Creation
node_pq⟨I⟩ $Q(G)$;

creates an empty instance Q of type **node_pq⟨I⟩** for the nodes of graph G.

3. Operations

void $Q.insert(\textbf{node } v, \textbf{I } i)$
adds the node v with information i to Q.
Precondition: There is no pair $(v,)$ in Q.

I $Q.inf(\textbf{node } v)$
returns the information of node v.

bool $Q.member(\textbf{node } v)$
returns true if (v, i) in Q for some i, false otherwise.

void $Q.decrease\_inf(\textbf{node } v, \textbf{I } i)$
makes i the new information of node v.
(*Precondition*: $i \leq Q.inf(v)$).

node $Q.find\_min()$
returns a node with the minimal information(**nil** if Q is empty).

void $Q.del(\textbf{node } v)$
removes the pair $(v,)$ from Q.

node $Q.del\_min()$
removes a node with minimal information from Q and returns it (**nil** if Q is empty).

int $Q.size()$
returns the number of pairs in Q.

void $Q.clear()$
makes Q the empty node priority queue.

bool $Q.empty()$
returns true if Q is the empty node priority queue, false otherwise.

4. Implementation
Node priority queues are implemented by fibonacci heaps and node arrays. Operations *insert*, *del_node*, *del_min* take time $O(\log n)$, *find_min*, *decrease_inf*, *empty* take time $O(1)$ and *clear* takes time $O(m)$, where m is the size of Q. The space requirement is $O(n)$, where n is the number of nodes of G.

Abbildung 7.4. Die Handbuchseite für Knoten-Warteschlangen.

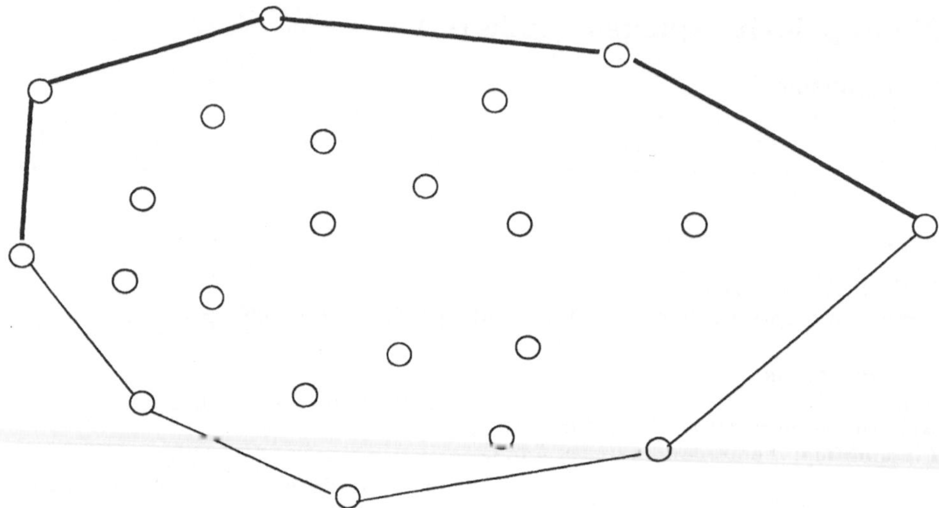

Abbildung 7.5. Die konvexe Hülle einer Punktemenge in der Ebene. Die obere Hülle ist dick gezeichnet.

ein Item it kann mit $Uh[it]$ auf den Inhalt des Items zugegriffen werden. Das Vorgänger-Item von it in der Liste Uh erhält man mit $Uh.pred(it)$.

Es gibt noch eine weitere interessante Beobachtung bei dem Programm zur Berechnung der konvexen Hülle. Ein Punkt in LEDA kann beliebige rationale Koordinaten enthalten, und alle Prädikate werden exakt (d.h. mit genauer rationaler Arithmetik) ausgerechnet. Beachten Sie auch, daß das Programm mehrfaches Auftreten des gleichen Punktes ebenso korrekt verarbeitet wie kollineare Punkte (solche Situationen werden degenerierte Fälle genannt). Es ist vorgesehen, daß alle geometrischen Algorithmen in LEDA mit allen degenerierten Fällen zurecht kommen, und momentan trifft dies bereits für viele zu. Weitere Details hierzu können in [3], [4] und [16] nachgelesen werden.

Grafik Der LEDA Datentyp **window** ist eine Schnittstelle zum X11 Windows System. Abbildung 7.8 illustriert den Gebrauch dieses Datentyps. Das Programm liest eine Folge von Punkten ein, gibt sie in einem Fenster aus und zeichnet ihre obere Hülle als Linienzug. Wieder reichen wenige Erklärungen aus: Die Definition **window** W definiert ein grafisches Fenster und öffnet es für die Mauseingabe. Durch Drücken der linken Maustaste gibt man einen Punkt ein (W >> p); beim Betätigen der rechten Maustaste wird W >> p als false ausgewertet. Der Punkt wird an die Liste L gehängt und im Fenster W gezeigt. Danach wird die obere Hülle berechnet und als Linienzug gezeichnet. Abbildung 7.9 zeigt ein Beispiel.

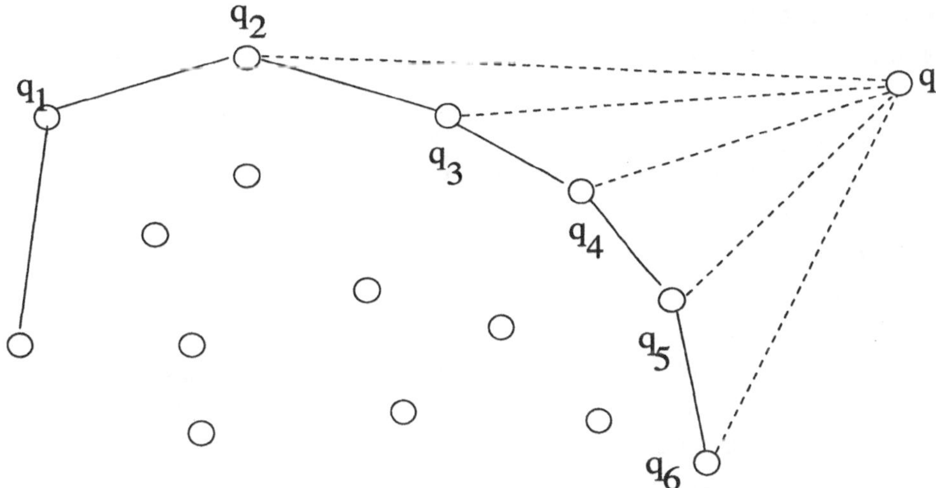

Abbildung 7.6. Die obere Hülle nach dem Abarbeiten aller Punkte außer q. Wenn der Knoten q hinzugefügt wird, werden die letzten vier Punkte der aktuellen Hülle gelöscht, weil (q_i, q_{i+1}, q) für $2 \leq i \leq 5$ keine Rechtskurve bildet.

7.2 Größe der Bibliothek

LEDA ist sehr umfangreich. Die Bibliothek enthält die meisten Datenstrukturen und Algorithmen, die in den einschlägigen Textbüchern beschrieben sind (siehe [1], [5], [9], [12], [20], [21], [22], [24], [25], [26]). Sie ist in die folgenden sechs Gebiete unterteilt: (1) Basistypen, (2) Zahlen, Vektoren und Matrizen, (3) Wörterbücher und Warteschlangen, (4) Graphen, (5) Geometrie und (6) Grafik.

Die Basisdatentypen sind Strings, Listen, Schlangen, Keller, Felder, Partitionen und Bäume.

Die Zahlentypen umfassen sowohl die eingebauten Typen (int, float, double) als auch Typen mit beliebiger Genauigkeit (integer, real). Der Typ integer entspricht der Menge der ganzen Zahlen im mathematischen Sinne; real entspricht der Klasse der floating point Zahlen mit Mantisse und Exponent in beliebiger Genauigkeit. Es gibt auch Vektoren und Matrizen für all diese Zahlentypen.

In der dritten Gruppe gibt es Warteschlangen, Wörterbücher, Wörterbuch- und Hashingfelder, sortierte Folgen und persistente Wörterbücher.

Der Graphenteil bietet verschiedene Arten von Graphen: gerichtete Graphen, ungerichtete Graphen und planare Graphen. Darüber hinaus gibt es noch weitere Datenstrukturen auf Graphen wie etwa Felder, die mit Knoten oder Kanten indiziert sind, Warteschlangen für Knoten, Knotenpartitionen und andere. Zusätzlich ist eine große Anzahl von Algorithmen auf Graphen und Netzwerken verfügbar: Kürzeste Wege, zweifache Zusammen-

```
#include<LEDA/list.h>
#include<LEDA/plane.h>

list<point> u_hull(list<point> L)
{ L.sort();   // into left-to-right order
  list<point> Uh;
  point p = L.pop();
  Uh.append(p);
  while (!L.empty())
  { point q = L.pop();   // deletes the first element from L
    if (p == q) continue;
    list_item it = Uh.last();
    while (Uh.length() >= 2 &&
           right_turn(Uh[Uh.pred(it)],Uh[it],q))
    { Uh.del_item(it);   // deletes the last element from Uh
      it = Uh.last();
     }
    Uh.append(q);
    p = q;
   }
  return Uh;
}
```

Abbildung 7.7. Ein Programm zum Berechnen der oberen Hülle einer Punktmenge.

hangskomponenten, starke Zusammenhangskomponenten, transitive Hülle, topologisches Sortieren, ungewichtetes und gewichtetes bipartites Matching, ungewichtetes allgemeines Matching, Netzwerkfluß, Netzwerkfluß mit minimalen Kosten, Planaritätstest, planare Einbettung, minimaler aufspannender Baum, usw. Das LEDA-Handbuch [19] sagt Ihnen, was es sonst noch alles gibt.

7.3 Implementierung

Alle Datentypen und Algorithmen in LEDA sind vorkompiliert und in Bibliotheken abgespeichert. Ein Anwenderprogramm braucht nur die Header Files von den Datentypen, die in der Anwendung benutzt werden, einzubinden. Diese sind im allgemeinen kurz (sie bestehen nämlich nur aus den Deklarationen der member Funktionen des Typs) und enthalten wenig Programmtext.

```
#include<LEDA/window.h>


main()
{ window W;
  list<point> L;
  point p;
  while (W >> p)
  { L.append(p);
    W.draw_point(p);
   }
  W.draw_polygon(u_hull(L));
}
```

Abbildung 7.8. Ein Programm, das den Algorithmus für die obere Hülle und die Schnittstelle zu XWindows illustriert.

Da LEDA erlaubt, die Anwenderprogramme auf hohem Niveau zu formulieren, sind diese normalerweise kurz und elegant. Insgesamt resultiert daraus eine kurze Übersetzungszeit.

Alle Datentypen in LEDA sind durch die asymptotisch effizienteste Implementierung realisiert, die bekannt ist. Für viele Datentypen werden verschiedene Implementierungen zur Verfügung gestellt. Beispielsweise kann der Benutzer bei den Wörterbüchern unter ab-Bäumen, AVL-Bäumen, $BB[a]$-Bäumen, Rot-Schwarz-Bäumen, Skiplisten und randomisierten Suchbäumen wählen. Der Mechanismus zum Auswählen einer anderen Implementierung ist ziemlich bequem. Wenn man zum Beispiel die Definition des Wörterbuchfeldes N im Wörterzähl-Programm durch **_d_array<string, int,** $skip\_list$ **>** $N(0)$ ersetzt, werden automatisch Skiplisten benutzt.

Abstrakte Datentypen verstecken die Implementierungsdetails einer Datenstruktur. Allerdings kann die Abstraktion, wenn sie nicht sorgfältig durchgeführt wird, auch einen Effizienzverlust mit sich bringen, wie folgendes Beispiel erläutert. Ein Wörterbuch mit Schlüsseltyp **K** und Informationstyp **I** wird gewöhnlich als Abbildung von **K** nach **I** betrachtet. Nehmen wir nun an, jemand möchte zuerst auf die Information zugreifen, die zu einem Schlüssel k gehört, dann diese Information verändern, um schließlich die neue Information an den Schlüssel k zu binden. Ist ein Wörterbuch auf herkömmliche Weise definiert, werden dabei zwei Suchvorgänge notwendig: Beim ersten Suchen werden der Schlüssel k und die dazugehörige Information lokalisiert. Der zweite Suchvorgang lokalisiert k noch einmal und assoziiert eine neue Information mit k. Ein direkter Zugriff auf die Datenstruktur könnte jedoch die zweite Suche sparen. Man merkt sich einfach einen Zeiger auf die Position des Schlüssels k in der Datenstruktur und ersetzt den zweiten Suchvorgang

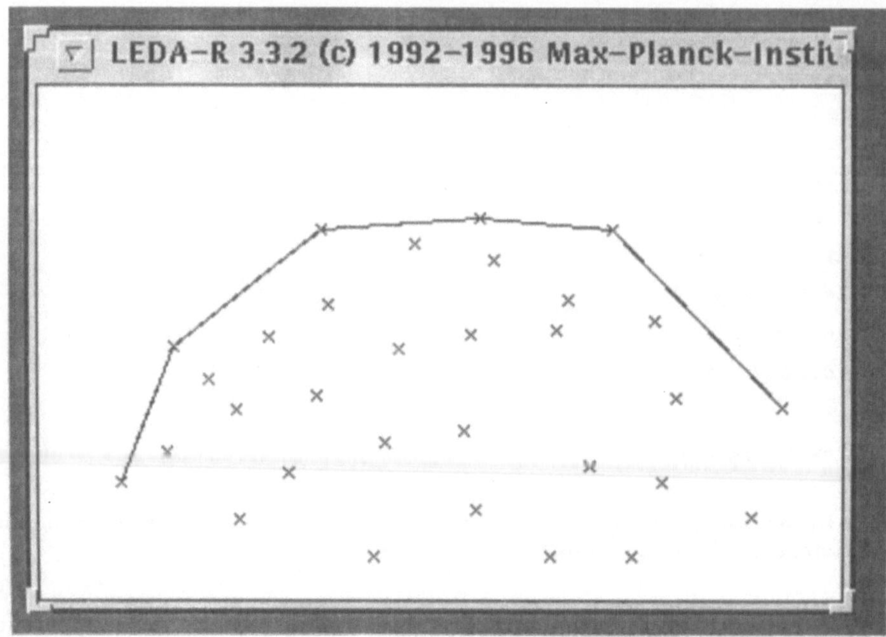

Abbildung 7.9. Eine Ausgabe des Programms zum Berechnen der oberen Hülle.

durch einen direkten Zeigerzugriff. In LEDA wurde ein neues Item-Konzept
eingeführt, um die durch die Abstraktion eingeführte Ineffizienz zu umgehen.
Ein Wörterbuch wird als eine Sammlung von items (mit dem Typ **dic_item**)
betrachtet, von denen jedes einen Schlüssel und eine Information enthält.
Die Schlüssel, die mit verschiedenen Informationen assoziiert sind, sind verschieden. Eine Suche in einem Wörterbuch erhält einen Schlüssel und gibt
ein Item zurück (und nicht die darin enthaltene Information). Auf die Information kann nun über dieses Item zugegriffen werden. Das Wesentliche
dabei ist, daß man das Item speichern und später direkt über dieses Item
zugreifen kann. Auf diese Weise stellen Items die Abstraktion einer Position
in einer Datenstruktur dar. Sie ermöglichen einerseits Effizienz und erlauben
andererseits vollständige Verkapselung der zugrundeliegenden Datenstruktur.
Unserer Meinung nach ist das Item-Konzept ein Schlüsselfaktor für die Effizienz von LEDA. Weitere Informationen dazu finden sie im LEDA-Handbuch
[19] und in [14].

Natürlich müssen wir einen Preis für die Universalität von LEDA zahlen. Lauther [10] hat intensive Vergleiche zwischen mit LEDA implementier-
ten Graphen- und Netzwerkalgorithmen und von Hand in C geschriebenen
durchgeführt. Er erklärt, die LEDA Versionen seien um einen Faktor zwischen 2 und 10 (normalerweise etwa 4) langsamer als seine eigenen Versionen
und benötigten zwischen 2 und 3,5 mal soviel Speicherplatz. Wir glauben,
daß man dies in Anbetracht der Bequemlichkeit, die LEDA bietet, durchaus

akzeptieren kann. Als Reaktion auf Lauthers Bericht haben wir mittlerweile einige grundlegende Datenstrukturen (in erster Linie graph) neu implementiert, wodurch der Overhead auf einen Faktor von etwa 2 reduziert wurde.

7.4 Programmüberprüfung

Wie stellen wir Korrektheit der Programme in der LEDA-Bibliothek sicher?

– Wir gehen von korrekten Algorithmen aus (die Algorithmenforschung legt, Gott sei Dank, großen Wert auf Korrektheit und Analyse).
– Wir dokumentieren unsere Programme ausführlich (zumindest in jüngerer Zeit), siehe z.B. [15, 18].
– Wir testen unsere Programme intensiv, und die große Nutzergemeinde von LEDA tut es auch.
– Wir entwickeln Prüfprogramme, die die Ausgaben unserer Programme überprüfen.

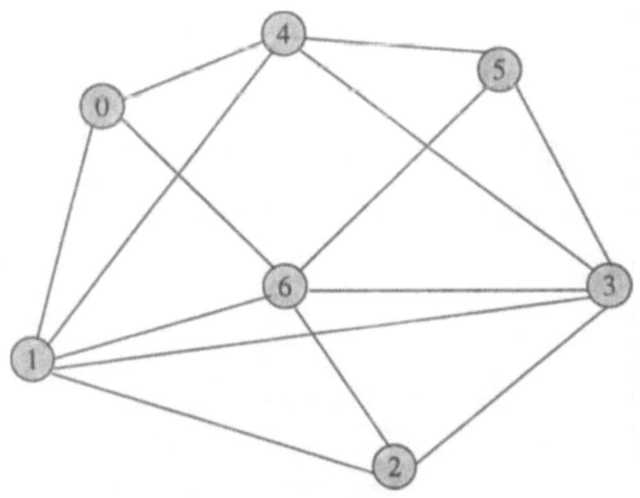

Abbildung 7.10. Ein planarer Graph G_1.

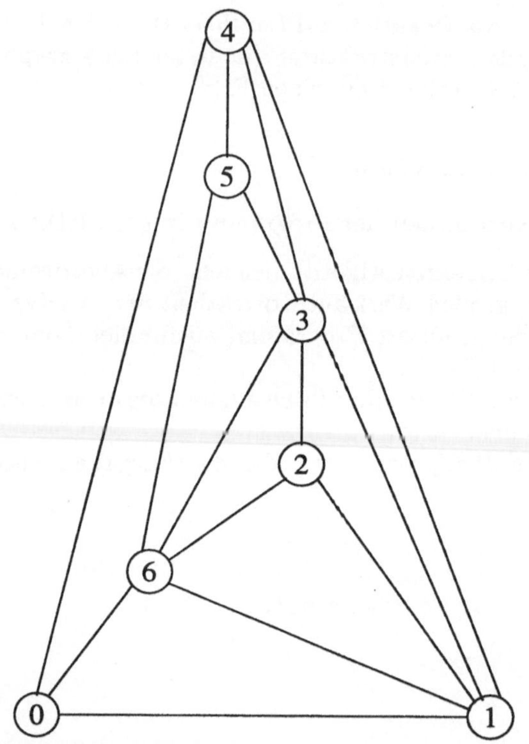

Abbildung 7.11. Ausgabe des Planaritätstests für G_1.

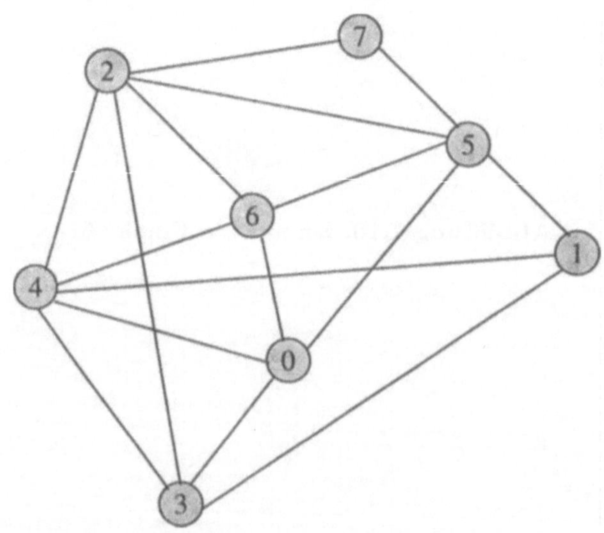

Abbildung 7.12. Ein nicht-planarer Graph G_2.

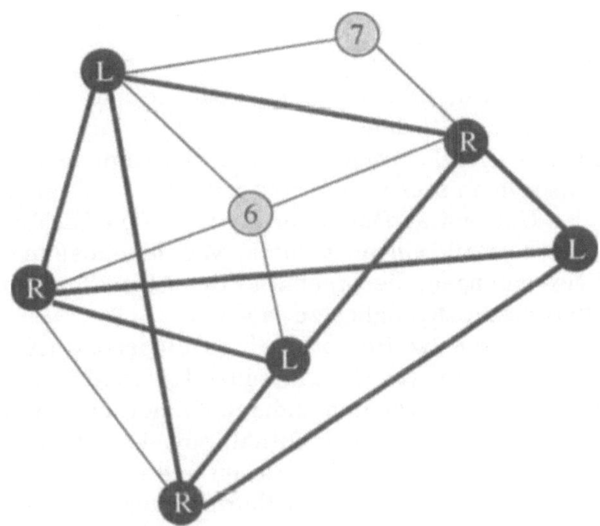

Abbildung 7.13. Ausgabe des Planaritätstests für G_2. Die mit R und L bezeichneten Knoten bilden den Teilgraphen $K_{3,3}$, der die Nichtplanarität des Graphen beweist.

Den letzten Punkt vertiefen wir durch ein Beispiel und verweisen den Leser für eine ausführliche Diskussion auf [17]. In LEDA gibt es schon seit 1990 eine Funktion *bool* PLANAR(*graph G*), die testet, ob ein Graph G planar ist. 1992 bekamen wir einen planaren Graphen zugesandt, den unser Programm für nicht planar erklärt hatte. Bei der Reimplementierung des Algorithmus [13] erkannten wir, daß wir nur dann Vertrauen in die Korrektheit unserer Implementierung haben können, wenn diese *ihre Antwort belegen würde*. Die neue Implementierung tut daher folgendes: Wenn der Eingabegraph planar ist, dann liefert das Programm eine planare Einbettung, und wenn der Eingabegraph nicht planar ist, dann liefert das Programm einen sogenannten Kuratowski-Untergraphen, der die Nichtplanarität bezeugt, siehe Abbildung 7.13. Ein Nutzer der Neuimplementierung muß nun nichts mehr glauben, er erhält vielmehr für jeden Eingabegraphen einen Beweis für die Korrektheit der Ausgabe. Falls der Leser Zugang zur LEDA-Bibliothek hat, sollte er an dieser Stelle die Vorführung *plan_demo* ausprobieren. Er wird erfahren, daß der Planaritätstest und das Erstellen der Zeichnung sehr schnell sind (die entsprechenden Programme laufen in Linearzeit), daß aber das Finden der Kuratowskigraphen vergleichsweise lange dauert (die Laufzeit ist quadratisch). Wir haben auch für das letzte Problem jüngst einen Linearzeitalgorithmus gefunden, aber noch nicht implementiert [8].

7.5 Schlußfolgerungen

Die Arbeit an LEDA wurde 1989 begonnen, und eine erste Version wurde 1990 für die Öffentlichkeit zugänglich gemacht. Seither wird die Bibliothek ständig weiterentwickelt. Die aktuelle Version ist über ftp@mpi-sb.mpg.de abrufbar. LEDA wird inzwischen an sehr vielen Hochschulen und Forschungsinstituten eingesetzt, an der Universität Dortmund etwa in den Fachbereichen Informatik, Physik, Mathematik, Chemietechnik, Maschinenbau und Elektrotechnik. Es ist uns also gelungen, die Ergebnisse der Algorithmenforschung auch außerhalb der Informatik zugänglich zu machen.

LEDA ist nicht die einzige Bibliothek für Datenstrukturen. Andere sind NIHL [7], Booch components [2] ([11] gibt einen Überblick) und STL [23]. Die Haupteigenschaft, die LEDA von den anderen Bibliotheken unterscheidet, ist ihr Umfang. Keine andere Bibliothek enthält soviele Datentypen und Algorithmen aus dem Gebiet des kombinatorischen und geometrischen Rechnens.

Das LEDA-Projekt hat uns sehr viel Befriedigung gebracht.

- Die Bibliothek ist weit verbreitet. Das zeigt, daß die Ergebnisse der Algorithmenforschung gebraucht werden (wenn man sie denn nur richtig aufbereitet).
- Die Bibliothek ist eine Quelle schwieriger und gut motivierter theoretischer Forschungsaufgaben. Die Lösung dieser Aufgaben erlaubte es, die Qualität des Produkts wesentlich zu verbessern. Dies zeigt zum einen, daß auch unsere theoretische Forschung von der Bibliothek profitiert, und zum anderen, daß **nur** Algorithmenforscher die Ergebnisse des Gebiets auch implementieren können.

Schriftenverzeichnis

1. A.V. Aho, J.E. Hopcroft und J.D. Ullman (1983). Data Structures and Algorithms. Addison-Wesley Publishing Company.
2. G. Booch (1987). Software Components with Ada. Benjamin/Cummings Publishing Company.
3. Ch. Burnikel, K. Mehlhorn und St. Schirra (1994). On degeneracy in geometric computations. In Proc. SODA 94, 16–23.
4. Ch. Burnikel, K. Mehlhorn und St. Schirra (1994). How to compute the Voronoi diagram of line segments: Theoretical and experimental results. In Proceedings of ESA'94, LNCS 855, 227–239.
5. T.H. Cormen, C.E. Leiserson und R.L. Rivest (1990). Introduction to Algorithms. MIT Press/McGraw-Hill Book Company.
6. E.W. Dijkstra (1959). A note on two problems in connexion with graphs. Numer. Math. 1, 269–271.
7. K.E. Gorlen, S.M. Orlow und P.S. Plexico (1990). Data Abstraction and Object-Oriented Programming in C++. John Wiley and Sons Ltd.
8. C. Hundack, K. Mehlhorn und St. Näher (1996). A simple linear time algorithm for identifying Kuratowski subgraphs of non-planar graphs. Erscheint.

9. J.H. Kingston (1990). Algorithms and Data Structures. Addison-Wesley Publishing Company.
10. U. Lauther (1992). Untersuchung der library of efficient data types and algorithms (LEDA). Technical report Siemens AG, ZFE München.
11. N. Locke (1994). C++ FTP Libraries. C++ Report 6, 61–65.
12. K. Mehlhorn (1984). Data Structures and Efficient Algorithms. Springer-Verlag.
13. K. Mehlhorn, P. Mutzel und St. Näher (1993). An implementation of the Hopcroft and Tarjan planarity test and embedding algorithm. Technical Report MPI–I–93–151, Max–Planck–Institut für Informatik, Saarbrücken.
14. K. Mehlhorn und St. Näher (1992). Algorithm design and software libraries: Recent developments in the LEDA project. In Algorithms, Software, Architectures, Information Processing 92, 493–505. Elsevier Science Publishers B.V.
15. K. Mehlhorn und St. Näher (1994). Implementation of a sweep line algorithm for the segment intersection problem. Technical Report MPI-I-94-160, Max-Planck-Institut für Informatik, Saarbrücken.
16. K. Mehlhorn und St. Näher (1994). The implementation of geometric algorithms. 13th World Computer Congress IFIP94, Vol. 1, 223–231. Elsevier Science B.V. North-Holland, Amsterdam.
17. K. Mehlhorn, St. Näher, T. Schilz, St. Schirra, M. Seel, R. Seidel und Ch. Uhrig (1996). Checking geometric programs or verification of geometric structures. Computational Geometry. Erscheint.
18. M. Müller und J. Ziegler (1993). An implementation of a convex hull algorithm. Technical Report MPI-I-94–105, Max-Planck-Institut für Informatik, Saarbrücken.
19. St. Näher und Ch. Uhrig (1995). LEDA manual. Technical Report MPI-I-95-1-02, Max-Planck-Institut für Informatik, Saarbrücken.
20. J. Nievergelt und K.H. Hinrichs (1993). Algorithms and Data Structures. Prentice Hall Inc.
21. J. O'Rourke (1994). Computational Geometry in C. Cambridge University Press.
22. R. Sedgewick (1991). Algorithms. Addison-Wesley Publishing Company.
23. A. A. Stepanov und M. Lee (1994). The Standard Template Library. Technical Report HPL-94-34. Hewlett-Packard Laboratories.
24. R.E. Tarjan (1983). Data Structures and Network Algorithms. CBMS-NSF Regional Conference Series in Applied Mathematics vol. 44.
25. C.J. van Wyk (1988). Data Structures and C Programs. Addison-Wesley Publishing Company.
26. D. Wood (1993). Data Structures, Algorithms, and Performance. Addison-Wesley Publishing Company.

Hierarchischer Entwurf komplexer Systeme

Günter Hotz und Armin Reichert

Der Aufbau von Rechnern wird in der Regel durch Blockdiagramme erläutert und für einzelne Blöcke dieser Diagramme wie z.B. Prozessoren geschieht das auf gleiche Weise. So tut man dies in schrittweiser Verfeinerung, bis man an die Grenze des Interesses des Lesers stößt. Diese Grenze mag bei den Gattern liegen, sie kann aber auch darüber oder darunter liegen. Beim Chipentwurf interessiert man sich eventuell auch für den Aufbau der Gatter aus Transistoren oder gar für physikalische Eigenschaften der Transistoren.

Dieses Schema zur Erklärung komplexer Systeme finden wir überall. Lehrbücher sind nach diesem Schema aufgebaut, wie die Inhaltsverzeichnisse zeigen, und Theorien sind es auch. Natürlich ist das nicht die einzige Weise sich in großen Systemen zu orientieren, wie das Beispiel von Lexika zeigt.

Hierarchische Strukturen spielen in großen Systemen eine sehr wichtige Rolle. Aus diesem Grund sollte man dort, wo man solche Systeme in Computern modellieren oder repräsentieren will oder die Entwicklung der Zustände solcher Systeme verfolgen will, Werkzeuge bereitstellen, die aus diesen Strukturen Vorteil ziehen.

Die übliche Vorgehensweise komplexe Systeme durch Blockdiagramme zu erläutern, verwendet wesentlich die zwei Dimensionen, die die Tafel zur Verfügung stellt. Das soll heißen, daß man diesen offensichtlichen Vorteil für das Verständnis der Mitteilung durch eine mühsame Umsetzung der zweidimensionalen „Formeln" in lineare Ausdrücke nicht wieder zerstören sollte. Vielmehr sollte diese zweidimensionale Struktur direkt vom Rechner erkannt und umgesetzt werden.

Wir werden hier eine Sprache 2dL vorstellen, die wesentlich zweidimensional angelegt ist. Diese Sprache dient zur Eingabe von Schaltkreisentwürfen in das System CADIC zur Erzeugung des Layouts von Chips, die diese Schaltkreise repräsentieren. Wir werden zunächst die Konzepte dieser Sprache entwickeln und an Beispielen erläutern. Wir kommen dann auf Probleme zu sprechen, die mit der Interpretation dieser Sprache und mit der Erzeugung von Layout verbunden sind. Diese Probleme führen zur Entwicklung von Werkzeugen, die dem Menschen erlauben, in den Layoutprozeß einzugreifen und eventuell auch den Entwurf zu modifizieren.

Im letzten Kapitel kommen wir zurück auf die Frage nach der Übertragbarkeit des im Fall des Hardware-Entwurfs erfolgreichen Systems auf die oben angedeuteten allgemeineren Fälle.

8.1 Die Elemente der Sprache 2dL

Die Elemente der Sprache sind Rechtecke und Polygonzüge in der Ebene. Die Rechtecke und die Polygonzüge tragen Beschriftungen. In der Ebene sind zwei

Richtungen „Norden" und „Westen" ausgezeichnet. Im allgemeinen werden diese Richtungen durch die Begrenzung des Bildschirms vorgegeben. Alle Rechtecke sind kantenparallel zu diesen Richtungen und paarweise durchschnittsfremd in die Ebene eingebettet. Auf den Seiten der Rechtecke sind „Anschlüsse" angebracht. Das sind Punkte, die Markierungen tragen.

Die Beschriftungen der Rechtecke sind Wörter über einem Alphabet wie z.B. $A, B, Ad, Mult, \&, \vee, \ldots$ oder mit Parametern versehene Namen wie $Ad[n]$, Ad_n, $Mult[2^n]$, $FloatingAd[n]$.

Die Anschlüsse s auf dem Rand der Rechtecke tragen zwei Markierungen $\omega(s)$ und $\tau(s)$. Die Markierung $\omega(s)$ gibt an, ob s ein „Eingang" ($\omega(s) = 1$) oder ein „Ausgang" ($\omega(s) = -1$) oder ohne Orientierung ($\omega(s) = 0$) ist. In der graphischen Eingabe wird ω auch durch Strecken definiert, die in den Anschlüssen auf der Seite senkrecht stehen und die durch einen Pfeil im Falle $\omega(s) \neq 0$ eine Orientierung ausweisen.

Die zweite Markierung $\tau(s)$ gibt den Leitungstyp an. Die Leitungstypen können auch parametrisiert sein. So bezeichnet $\tau(s) = \underline{\text{bool}}^n$ einen Anschluß für n boolesche Leitungen. Es kann auch mehrere Varianten des Typs $\underline{\text{bool}}$ geben, die etwa Leitungen in verschiedenen Schichten repräsentieren. Markierungen können auch variabel sein und ihren Typ erst im Zusammenspiel mit anderen Anschlüssen zugewiesen bekommen. Ein Beispiel eines Bausteins zeigt Abbildung 8.1.

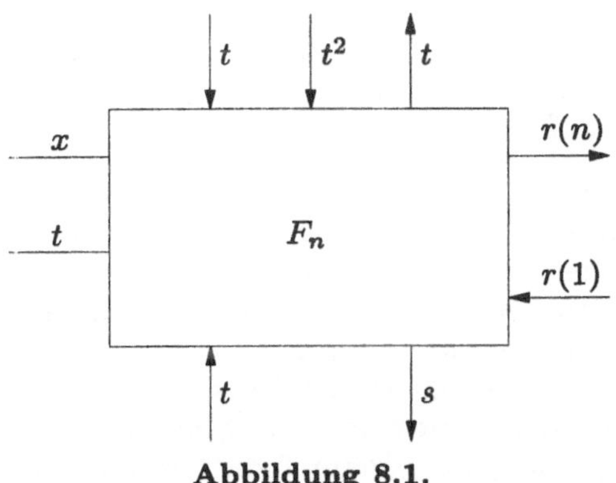

Abbildung 8.1.

Die Rechtecke können als Funktionen oder Relationen interpretiert werden, die Anschlüsse als lokale Variablen, die Werte von außen annehmen oder nach außen abgeben, oder die je nach Situation das eine oder das andere tun.

Die Namen der Rechtecke bestimmen den Baustein eindeutig, sie werden also in der Sprechweise der Programmiersprachen „global" verwendet. Die Namen der Anschlüsse sind lokal für jeden Baustein zu verstehen. Natürlich macht es auch Sinn, „Lokalität" bei den Bausteinnamen zu betrachten. Für das Ziel dieses Beitrags ist das aber nur von sekundärem Interesse.

Netze setzen sich aus Bausteinen zusammen. Sie besitzen als „Rahmen" ein Rechteck, das ebenfalls Anschlüsse trägt, die wie die Anschlüsse der elementaren Bausteine zwei Markierungen ω und τ tragen. Ist das Netz kein Baustein, dann enthält es im Inneren Bausteine, deren Anschlüsse untereinander und mit den Anschlüssen des Rahmens durch Polygonzüge verbunden sind. Wir präzisieren wie folgt:

— Jeder Anschluß auf dem Rahmen des Netzes und auf dem Rand von inneren Bausteinen ist durch genau einen Polygonzug mit einem anderen Anschluß des Netzes verbunden.
— Alle Polygonzüge sind einfach, d.h. sie schneiden sich selbst nicht. Je zwei verschiedene Polygonzüge haben keinen Punkt gemeinsam.
— Die Polygonzüge z können orientiert sein und tragen auch die Markierungen τ. Ist z ein Polygonzug, der die Anschlüsse s_1 und s_2 verbindet, dann gilt

$$\omega(s_1) = -\omega(s_2) \qquad \text{oder} \qquad \omega(s_1) = \omega(s_2) = 0. \tag{ω}$$

Weiter gilt: Ist $\omega(s_1) = \omega(s_2) = 0$, dann ist z nicht orientiert. Ist $\omega(s_i) \neq 0$, dann weist die Orientierung von z stets in Richtung des Einganges und vom Ausgang hinweg. Für die Typen gilt:

$$\tau(s_i) = \tau(z), \quad (i = 1, 2), \tag{τ}$$

falls $\tau(s_1)$ und $\tau(s_2)$ feste Typen sind. Ist $\tau(s_1)$ oder $\tau(s_2)$ kein fester Typ, sondern eine Typvariable oder ein parametrisierter Typ, dann ist (τ) als „Konsistenzbedingung" zu lesen.

Wir betrachten ein Beispiel. Der Baustein F in Abbildung 8.2 besitzt auf der oberen Seite zwei, auf der unteren Seite drei Anschlüsse. Ein unterer Anschluß ist mit einem oberen verbunden. Der Pfeil auf dem oberen Polygonzug weist den oberen Anschluß als Eingang, den unteren als Ausgang aus. Der Pfeil auf der vom unteren Anschluß des &-Gatters ausgehenden Leitung weist diesen Anschluß als Ausgang aus. Entsprechendes gilt für den unteren Anschluß des V-Gatters. Damit ergeben sich die oberen Anschlüsse und der seitliche Anschluß als Eingänge, wodurch die Orientierung aller Polygonzüge bis auf die beiden ganz links an F anschließenden eindeutig festgelegt ist. Weiter sind die Typen der Polygonzüge als <u>bool</u> festgelegt, soweit sie mit den Gattern in Verbindung stehen. Die Typen t_1, t_2, t_3 sind aufgrund der Struktur des Netzes frei bleibend, so wie das hier auch für den Baustein F gilt.
Wir sehen, daß es bequem ist, nicht alle Orientierungen und alle Typen von vorneherein spezifizieren zu müssen, da sich viele der Typen eventuell aus den „Konsistenzbedingungen" (ω) und (τ) und aus der Kenntnis „elementarer" Bausteine automatisch ergeben. Das ist aber nicht nur bequem im Rahmen einer Spezifikation des Netzes, sondern auch nützlich, da solche Netze sich, wie wir sehen werden, vielfältiger verwenden lassen.

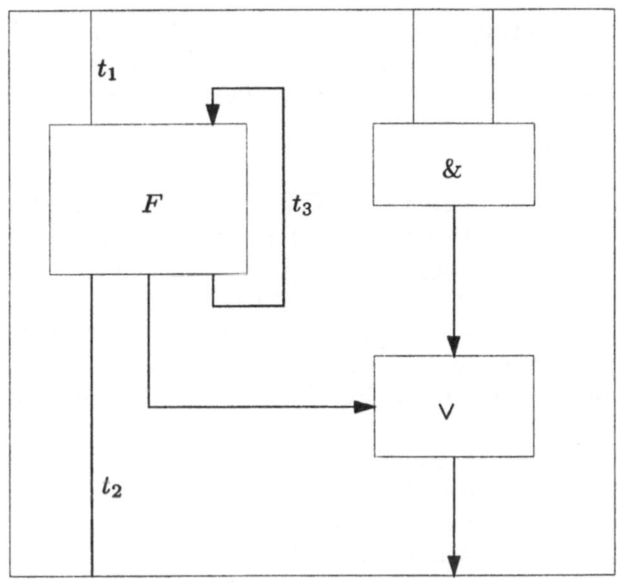

Abbildung 8.2.

Für die Interpretation der Netze bereiten Rückkopplungen, wie sie in Abbildung 8.2 der mit t_3 markierte Polygonzug zeigt, Schwierigkeiten. Man kann verschiedene Fälle unterscheiden, die eine befriedigende Interpretation zulassen. Den einfachsten Fall beschreiben wir durch die folgende

Definition 8.1. *Ein Netz heißt* kombinatorisch *genau dann, wenn 1. und 2. gelten:*

1. *Alle Polygonzüge des Netzes sind orientiert.*
2. *Das Netz enthält keine geschlossenen orientierten Pfade aus den Polygonzügen und Bausteinen.*

Unsere Netze sollen etwas tun, d.h. wir werden ihnen Relationen oder Funktionen zuordnen, die das beschreiben. Das tun wir, indem wir von elementaren Bausteinen ausgehend Netze definieren, die selbst eventuell wieder durch eine Black-Box, d.h. ein Rechteck, das das Netz bezeichnet, in einem anderen Netz repräsentiert werden.

8.2 Interpretation von Netzen

Die Interpretation der Netze beruht auf der Interpretation der Bausteine. Sei also F ein Baustein mit den Eingängen $x_1, \ldots, x_n$, den Ausgängen $y_1, \ldots, y_m$ und den nicht orientierten Anschlüssen $z_1, \ldots, z_l$.

Jeder Anschluß x besitze einen Typ $\tau(x)$ und jedem Typ t ist eine Menge $\Psi(t)$ von Werten zugeordnet, für die der Anschluß geeignet ist. Anstelle von $\Psi(\tau(x))$ schreiben wir auch $\Psi(x)$. Wir setzen somit $\Psi(\underline{\text{bool}}^n) = \{0,1\}^n$.

Die aktuelle Belegung der Anschlüsse bezeichnen wir mit ξ. ξ ist also eine Abbildung, die jedem Anschluß x einen Wert $\xi(x) \in \Psi(x)$ zuordnet. Die Menge dieser Belegungen sei $W(F)$. Dem Baustein F ist eine Relation

$$\rho(F) \subset W(F)$$

zugeordnet, die das „Verhalten" von F beschreibt. Im Fall etwa von $F = \&$ ist $\rho(F) : \{0,1\}^2 \rightarrow \{0,1\}$ eine Abbildung. Ist $\xi \in W(F)$, dann kann die Belegung ξ in eine Belegung $\xi' \in \rho(F)$ übergehen mit $\xi(x_i) = \xi'(x_i)$ für $i = 1, \ldots, n$, falls ein solches ξ' existiert. Ein solches ξ' braucht nicht eindeutig bestimmt sein und es muß auch nicht existieren. Im letzteren Fall ändert sich die Belegung nicht. Man beachte, daß der Nichtdeterminismus auch bewirken kann, daß ein bereits berechnetes Resultat durch ein anderes Resultat ersetzt wird.

Sei N ein Netz und ξ sei eine Belegung der Polygonzüge von N in Übereinstimmung mit deren Typen. Wir bezeichnen ξ als den *Zustand* des Netzes. Ein Netzzustand ξ geht in einen Zustand ξ' über, wenn ein Baustein des Netzes *schaltet*. Wir erfassen dieses Verhalten durch die Relation $\xrightarrow{1}$.

Definition 8.2. *Sind $\xi \neq \xi'$ zwei Zustände von N und gibt es einen Baustein F von N, so daß 1. und 2. gelten, dann schreiben wir $\xi \xrightarrow{1} \xi'$.*

1. *$\xi(p) = \xi'(p)$ falls p nicht mit F inzidiert oder p mit einem Eingang von F inzidiert.*
2. *Die Einschränkung ξ_F' von ξ' auf die mit F inzidierenden Polygonzüge liegt in $\rho(F)$.*

Erläuterung: Das Schalten des Bausteins F bewirkt, daß die Werte auf den Ausgangsleitungen und den neutralen Leitungen von F in Abhängigkeit von der Beschriftung auf den Eingangsleitungen und den neutralen Leitungen überschrieben werden.

Mit $\xi \longrightarrow \xi'$ bezeichnen wir den reflexiven und transitiven Abschluß von $\xrightarrow{1}$. Die Relation $\longrightarrow$ beschreibt das innere Verhalten von Netzen und für manche Anwendungen mag das ausreichen. Wo das Netz aber nicht Selbstzweck ist, wird man sich für das von außen sichtbare Verhalten des Netzes interessieren. Im hierarchischen Entwurf werden Netze durch „black boxes" in anderen Netzen repräsentiert. Will man diese Netze über ihre hierarchische Konstruktion verstehen, dann muß man die black boxes wie Bausteine behandeln, d.h. daß wir auch den Netzen N eine Relation $\rho(N)$ zuordnen müssen. Das geschieht durch die folgende Definition.

Seien $q_1, q_2, \ldots, q_r$ die Polygonzüge des Netzes N, die mit den Anschlüssen des Netzes in Verbindung stehen, d.h. $q_1, q_2, \ldots, q_r$ stellen die Verbindung des Netzes mit seiner Außenwelt dar.

Ist $\xi \in W(N)$ und sind $\{p_1, \ldots, p_s\}$ Polygonzüge von N, dann bezeichnet

$$\xi|_{\{p_1, \ldots, p_s\}}$$

die Einschränkung von ξ auf diese Variablen. Ist F_i ein Baustein von N, dann bezeichne $\xi(F_i)$ die Einschränkung von ξ auf die Anschlüsse von F_i. Wir nennen ξ *konsistent* mit $\rho(F_i)$ genau dann, wenn $\xi(F_i) \in \rho(F_i)$ gilt.

Definition 8.3. $\xi \in W(N)$ *heißt* konsistenter Zustand *von N in Bezug auf die Semantik der Bausteine F_i von N, wenn ξ zu jedem $\rho(F_i)$ konsistent ist.*

Nun stellen sich folgende Fragen:

I. Gibt es zu einer Anfangsbelegung ξ von N einen konsistenten Zustand ξ' von N mit $\xi \longrightarrow \xi'$?
   In dieser Allgemeinheit läßt sich die Frage nicht beantworten, da ein solches Netz in jedem Knoten einen Rechner haben könnte. Zum Verständnis ist es vielleicht nützlich, auf die Analogie zu dem Randwertproblem partieller Differentialgleichungen zu verweisen.

II. Man finde Voraussetzungen, unter denen sich (I) beantworten läßt.
   Ist N kombinatorisch, dann gilt offensichtlich:
   Falls die Projektion von $\rho(F)$ auf die Eingangsbelegungen für alle Bausteine F des Netzes total ist, dann gibt es zu jeder Anfangsbelegung ξ eine mit N konsistente Belegung ξ' mit $\xi \longrightarrow \xi'$.
   Haben wir anstelle der Relationen $\rho(F)$ totale Abbildungen, dann ist ξ' durch ξ eindeutig bestimmt.

III. Wir haben nur *planare* Netze in Betracht gezogen. Stellt dies eine Einschränkung gegenüber dem allgemeinen Fall dar? Warum wurde die Definition auf planare Netze festgelegt?

IV. Kann man im Falle „freier Interpretationen" ρ das Äquivalenzproblem für die Netze lösen?

Wir werden auf diese Fragen in späteren Abschnitten zurückkommen.

8.3 Operationen auf der Menge der Netze

Unsere Netze haben vier Seiten. Ist F ein Netz, dann bezeichnen wir die Anschlüsse von F mit

$$N(F) = (N_\tau(F), N_\omega(F)),$$

wenn sie auf der Nordseite von F liegen und entsprechend mit $S(F)$, $W(F)$ und $O(F)$ die Anschlüsse auf den anderen Seiten des Rechtecks. Genauer: Zur Bezeichnung der Anschlüsse fassen wir die Typen und die Orientierungen der Anschlüsse zu Wörtern zusammen, indem wir die Anschlüsse von F auf der Nord- und Südseite von Westen nach Osten und die auf der Ost- und Westseite von Norden nach Süden lesen. Für das Netz G in Abbildung 8.2 erhalten wir

$$
\begin{aligned}
N_\tau(G) &= (t_1, \underline{\text{bool}}, \underline{\text{bool}}), \\
S_\tau(G) &= (t_2, \underline{\text{bool}}), \\
W_\tau(G) &= O_\tau(G) \;=\; \varepsilon \quad (\text{leeres Wort}), \\
N_\omega(G) &= (0, 1, 1), \\
S_\omega(G) &= (0, -1).
\end{aligned}
$$

Die Orientierungen werden also durch Wörter aus $\{0, 1, -1\}$ beschrieben und die Typen durch Wörter über dem Alphabet der expliziten Typen, der Typvariablen und der parametrisierten Typen bzw. Typvariablen.

Nun definieren wir für F und G die Operation $F \ominus G$ genau dann, wenn $O(F)$ und $W(G)$ die beiden folgenden Bedingungen erfüllen:

1. $O_\omega(F) * W_\omega(G) \in \{0, -1\}^*$, wobei $*$ die komponentenweise Multiplikation von $O_\omega(F)$ und $W_\omega(G)$ bezeichnet.
2. $O_\tau(F) = W_\tau(G)$.

Die 2. Bedingung ist wie folgt zu lesen:

– Soweit es sich um explizite Typen handelt, müssen diese gleich sein.
– Besteht mindestens eine der beiden Komponenten aus einer Typvariablen, dann interpretieren wir obige Bedingung als eine „Konsistenzbedingung" für die Variable(n). Falls diese Konsistenzbedingung erfüllbar ist, dann gilt Bedingung 2 per Definition.

Zur Erläuterung betrachte man den Fall, daß die gleiche Typvariable mehrfach in $O_\tau(F)$ vorkommt und aufgrund von Bedingung 2 mit verschiedenen Typen gleichgesetzt wird. In diesem Fall erhielten wir einen Widerspruch und würden deshalb Bedingung 2 als nicht erfüllt ansehen.

Unter den Voraussetzungen 1. und 2. definieren wir $F \ominus G$ wie folgt: Durch geeignete Deformationen von F oder G bringen wir die vertikalen Seiten beider Netze auf die gleiche Größe und die korrespondierenden Anschlüsse an die gleichen Positionen auf der Ostseite von F und der Westseite von G. Nun verkleben wir die Rechtecke längs dieser Seiten und verketten die Polygonzüge, die in den gleichen Anschlüssen enden. Diese Seite nehmen wir nun heraus und ordnen den verketteten Polygonzügen p eine Orientierung und einen Typ zu. Seien p_1, p_2 die beiden Polygonzüge, die zu $p = p_1 \cdot p_2$ verkettet werden, dann setzen wir

$$
\omega(p) = 0, \quad \text{falls } \omega(p_1) = \omega(p_2) = 0
$$

und orientieren p in Richtung der Orientierungen $\neq 0$ von p_1 oder p_2. Aufgrund von 1. ist diese Vorschrift eindeutig. Für $\tau(p)$ wählen wir einen Typ oder eine Typvariable, die mit 2. konsistent ist, und zwar für alle Polygonzüge in gleicher Weise, für die 2. eine Konsistenzbedingung erzeugt. Das so erhaltene Netz ist $F \ominus G$. Offensichtlich gilt

$$N(F \ominus G) = N(F) \cdot N(G)$$
$$S(F \ominus G) = S(F) \cdot S(G)$$

im Sinne der Konsistenzbedingung; es mögen Zuweisungen $\tau(s)$ für Polygonzüge s aufgrund unserer Konstruktion umbenannt worden sein. Ebenso sind die Gleichungen

$$O(F \ominus G) = O(G),$$
$$W(F \ominus G) = W(F)$$

zu verstehen.

Beobachtung: Es mag $F \ominus G$ und $G \ominus H$ definiert sein, aber weder $(F \ominus G) \ominus H$ noch $F \ominus (G \ominus H)$, da es nach der Umbenennung von Variablen in explizite Typen zu Konflikten kommt. Ist aber einer der beiden Ausdrücke definiert, dann auch der andere und bis auf „konsistente Umbenennungen" von ω sind beide Ausdrücke gleich. In diesem Sinne ist $\ominus$ assoziativ. Man definiert die Operation $\oplus$ in völlig analoger Weise und erhält so eine Bikategorie $(\mathcal{N}, \ominus, \oplus)$.

8.4 Interpretationen als Funktoren

Seien F und G Netze, sei $F \ominus G$ definiert und das Verhalten von F bzw. G sei durch die Relationen $\rho(F)$ bzw. $\rho(G)$ gegeben. Wir bezeichnen mit $O(\rho), W(\rho), N(\rho)$ bzw. $S(\rho)$ die Projektionen der Relation ρ auf die einzelnen Seiten. Ist

$$O(\rho(F)) \cap W(\rho(G)) \neq \emptyset,$$

dann gibt es offensichtlich Interpretationen ζ_F und ζ_G von F bzw. G, die an der „Nahtstelle" übereinstimmen und eine Interpretation ζ von $F \ominus G$, deren Einschränkung auf F bzw. G gerade ζ_F bzw. ζ_G ergibt. Jede Interpretation $\rho(F \ominus G)$ von $F \ominus G$ kann auf diese Weise erhalten werden. Allerdings sind die Projektionen von $\rho(F \ominus G)$ auf $\rho(F)$ bzw. $\rho(G)$ i.a. nicht surjektiv. Definiert man

$$\rho(F) \ominus \rho(G) :=$$
$$\{\zeta \mid \exists \zeta_F \in \rho(F) \exists \zeta_G \in \rho(G), O(\zeta_F) = W(\zeta_G), \zeta|_F = \zeta_F, \zeta|_G = \zeta_G\},$$

so hat man damit eine Methode, Interpretationen von Netzen aus den Interpretationen ihrer Komponenten zu erhalten.

Damit wird ρ zu einem Funktor, der $(\mathcal{N}, \oplus, \ominus)$ in eine partielle Algebra von Relationen abbildet. Sind F und G kombinatorisch und ist auch $F \ominus G$ kombinatorisch, dann sind $\rho(F), \rho(G)$ und $\rho(F \ominus G)$ Abbildungen und $\rho(F) \ominus \rho(G)$ ist ein spezielles Produkt von Abbildungen.

In entsprechender Weise definiert man die Operation $\oplus$ für Netze und für die Relationen, die das Verhalten dieser Netze beschreiben.

8.5 Erzeugendensysteme

Wir wollen in diesem Abschnitt zeigen, daß sich jedes Netz durch ein Produkt aus Netzen mit einem Knoten erzeugen läßt, wenn wir spezielle Bausteine mit geeigneter Interpretation in $\mathcal{N}$ aufnehmen. Darüber hinaus wollen wir durch die Aufnahme weiterer spezieller Bausteine zeigen, daß die für die Netze vorausgesetzte Planarität keine Einschränkung der Allgemeinheit darstellt. Wir führen weiter einige Bausteine ein, deren Bedeutung sich erst im Zusammenhang mit der hierarchischen Definition von Netzen ergibt.

Bekanntlich kann man jeden endlichen Graphen in $\mathbb{R}^3$ einbetten, indem man jeden Knoten des Graphen durch genau einen Punkt und jede Kante durch einen endlichen Streckenzug repräsentiert; jeder dieser Streckenzüge darf als einfach vorausgesetzt werden und je zwei dieser Streckenzüge als durchschnittsfremd. Projiziert man diese Einbettungen in die Ebene, dann erhält man nach eventuell erforderlichen einfachen Deformationen des Streckenkomplexes im Raum eine planare Repräsentation des Netzes, die jeden Knoten des Netzes durch genau einen Punkt in der Ebene und jede Kante durch einen einfachen Streckenzug repräsentiert. Die Projektionen verschiedener Streckenzüge schneiden sich dabei in höchstens endlich vielen Punkten.

Nun macht man die Schnittpunkte der Polygonzüge zu Bausteinen des Netzes und versieht sie mit der Interpretation einer Überkreuzung. Auf diese Weise erhält man also für jedes denkbare endliche Netz eine planare Repräsentation. Wir unterscheiden zwei verschiedene Sorten von Kreuzungsbausteinen (Abbildung 8.3). Solange es nur um eine funktionale Interpretation geht, verwenden wir Überkreuzungen wie in 8.3a, deren Funktion in einer Permutation der Eingangswerte besteht. Im Zusammenhang mit Layoutfragen ist die Einbettung von Leitungen in Schichten wichtig, so daß die Relation dieses Bausteins auch eine Information über die Lage der sich kreuzenden Strecken zueinander enthält (Abbildung 8.3b).

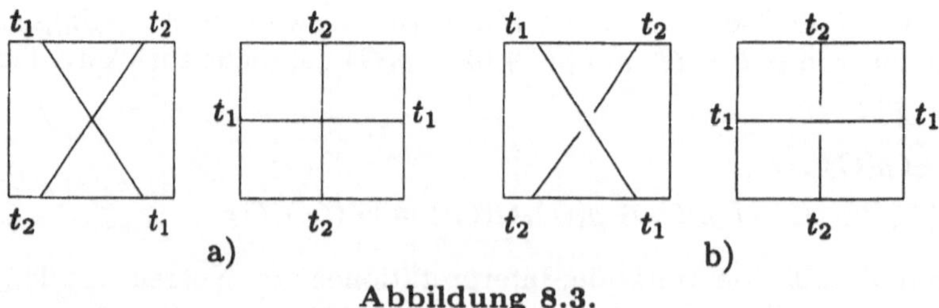

Abbildung 8.3.

Betrachtet man Netze, die nur Knoten von letzterem Typ enthalten, dann erhält man planare Repräsentanten von räumlichen Netzen, die als Sonderfälle die *Knoten* und *Zöpfe* enthalten, die seit Gauss eine intensive Bearbeitung erfahren haben, vgl. Reidemeister (1932), Artin (1925). In jüngster Zeit erfahren diese Netze, die erstmals in Hotz (1965) eingeführt wurden, in der statistischen Mechanik eine intensive Bearbeitung, Kohno (1989). Das Interesse besteht in diesen Theorien in der Entscheidung der Frage, ob zwei vorgegebene Netze ohne Selbstdurchdringung ineinander deformiert werden können, oder in der Frage nach berechenbaren, notwendigen Kriterien für dieses Äquivalenzproblem.

Interessiert man sich für die Frage, wann zwei gegebene Layouts für den gleichen Schaltkreis durch einfache Verlagerungen von Leitungen ineinander überführbar sind, dann stößt man also auf ein berühmtes ungelöstes Problem der Mathematik.

Wir haben Kompositionsoperationen zwischen Netzen eingeführt, was zur Frage von Erzeugendensystemen führt. Zerschneidet man Netze in Rechtecke, von denen jedes höchstens einen Knoten enthält, dann stößt man i.a. auch auf Rechtecke, wie sie in Abbildung 8.4 dargestellt sind, und auf Netze, die durch Drehungen daraus hervorgehen.

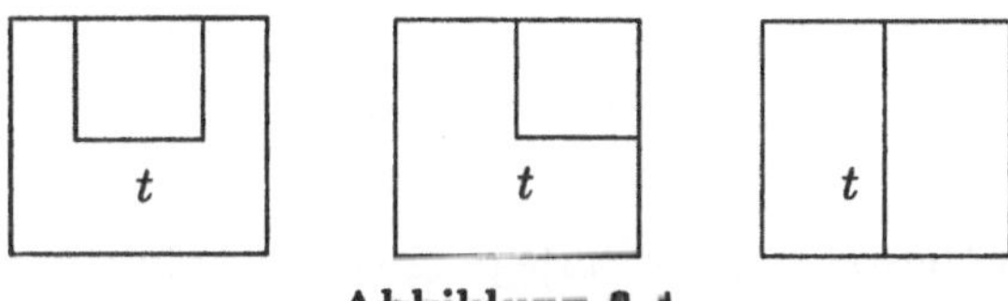

Abbildung 8.4.

Indem wir diese Rechtecke auch als Netze in $\mathcal{N}$ aufnehmen, erhalten wir als Erzeugendensystem für $(\mathcal{N}, \ominus, \oplus)$ die Netze mit einem Knoten, wenn wir die Interpretation der speziellen Netze aus 8.3 und 8.4 ein für alle mal festlegen. $(\mathcal{N}, \ominus, \oplus)$ ist eine *freie Bikategorie* (Molitor 1988). Unser Beispiel aus Abbildung 8.2 läßt sich damit wie folgt schreiben:

$$(t_2 \ominus \llcorner \ominus \vee)\emptyset(t_2 \ominus | \ominus \sqcup \ominus |)\emptyset(F \ominus | \ominus \&)\emptyset(t_1 \ominus \sqcap \ominus | \ominus |)$$

Hierin haben wir Leitungen des Typs t kurz durch t bezeichnet und ungetypte Leitungen durch $|$. Die Bedeutung der Symbole $\llcorner$, $\sqcup$ und $\sqcap$ ergibt sich aus Abbildung 8.4.

Für unser Ziel, hierarchisch komplexe Systeme zu definieren, ist es vorteilhaft, noch weitere spezielle Bausteine zu verwenden.

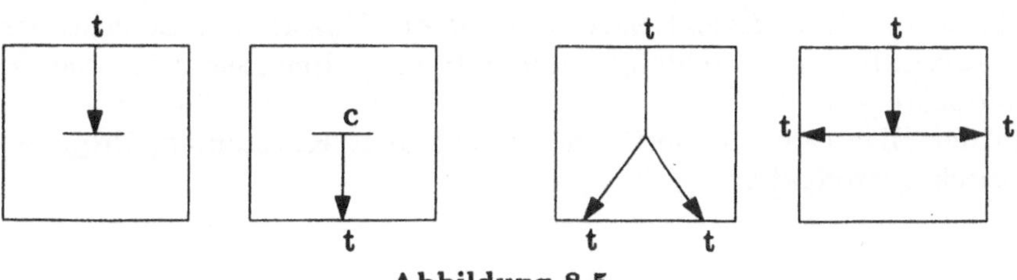

Abbildung 8.5.

Wir bezeichnen durch die in Abbildung 8.5 dargestellten Symbole der Reihe nach die Projektion von $\Psi(t)$ auf $\Psi(t)^0$, die Konstante c aus $\Psi(t)$ und die Verzweigung oder Diagonalisierung, d.h. die Abbildung

$$x \mapsto (x, x).$$

Wir verwenden weiter die Symbole in Abbildung 8.6.

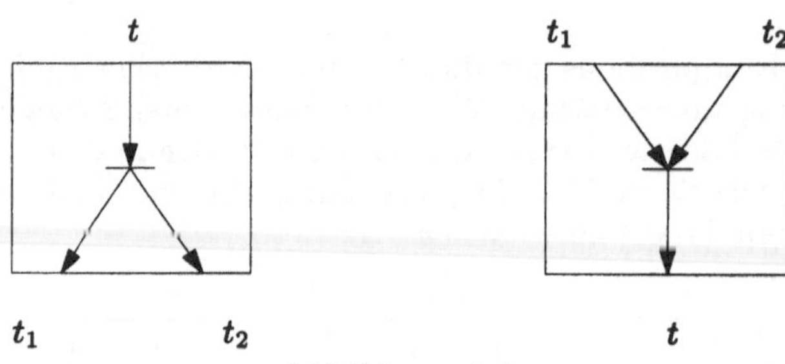

Abbildung 8.6.

Die Bedeutung besteht in der Zerlegung von $\Psi(t)$ in ein direktes Produkt $\Psi(t) = \Psi(t_1) \times \Psi(t_2)$. Im Falle des linken Symbols wird ein ankommendes Signal vom Typ t in zwei Ausgangssignale vom Typ t_1 bzw. t_2 zerlegt, im rechten Fall werden zwei Signale vom Typ t_1 bzw. t_2 in ein Produkt vom Typ t zusammengefaßt. Man denke hierbei z.B. an ein Bündel von 32 binären Leitungen, die aufgespalten werden in je 16 binäre Leitungen.

$$\underline{\mathrm{bool}}^{16} \times \underline{\mathrm{bool}}^{16} = \underline{\mathrm{bool}}^{32}$$

Neben den angegebenen Symbolen werden auch alle Symbole verwendet, die sich aus diesen durch Rotation oder andere naheliegende Variationen ergeben.

Wir bezeichnen mit $\mathcal{D}$ die Menge aller Netze, die die hier eingeführten speziellen Netze mit der angegebenen, stets gleichen Interpretation umfassen. Diese speziellen Interpretationen liefern uns eine große Anzahl von Rechenregeln, die die Semantik der Netze für jede Interpretation der freien Knoten erhalten. Für kombinatorische Schaltkreise wurde ein vollständiges Relationensystem in Hotz (1965) und Claus (1971) angegeben. In Molitor (1988) wurde gezeigt, daß im allgemeinen Fall die vollständige Menge der semantikerhaltenden Transformationen im Sinne der Theorie der Berechenbarkeit nicht aufzählbar ist. Abbildung 8.7 enthält einige Beispiele für solche Transformationsregeln.

In der Bikategorie $\mathcal{D}$ verfügen wir also über Konstanten, Projektionen und direkte Produkte.

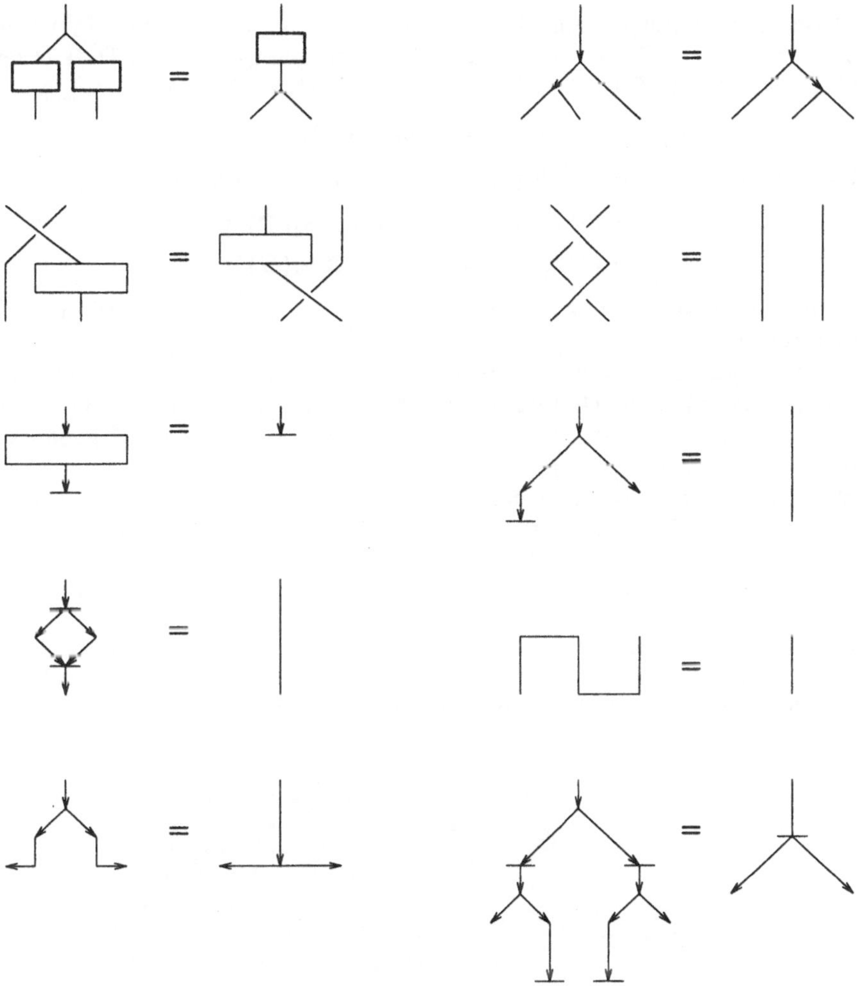

Abbildung 8.7.

8.6 Der Verfeinerungsfunktor

Sei $\mathcal{D}$ die oben definierte Bikategorie von Netzen. $\mathcal{D}$ enthält also die aufgezählten elementaren Bausteine, die stets in gleicher Weise interpretiert werden, und eine Menge $\mathcal{B}$ weiterer elementarer Bausteine, über die wir von Fall zu Fall verfügen.

Wir betrachten nun Bifunktoren $\eta = (\eta_1, \eta_2)$ von $(\mathcal{D}, \ominus, \oplus)$ in sich. Wir setzen voraus, daß die Abbildung

$$\eta_1 : (\text{Typen} \cup \text{Variablen})^* \longrightarrow (\text{Typen} \cup \text{Variablen})^*$$

ein Monoidhomomorphismus ist, für den $\eta_1(t) = t$ für jeden Typ t und $\eta_1(w) = \varepsilon \Rightarrow w = \varepsilon$ für alle w gilt. Die Abbildungen η_1 und $\eta_2 : \mathcal{D} \to \mathcal{D}$ seien verträglich, d.h. für $F \in \mathcal{D}$ und jede Seite $X = O, W, N, S$ gilt

$$X(\eta_2(F)) = \eta_1(X(F)).$$

Weiter setzen wir voraus, daß $\eta_2(F) = F$ für $F \in \mathcal{B}$ und

$$\eta_2(F \ominus G) = \eta_2(F) \ominus \eta_2(G),$$
$$\eta_2(F \oplus G) = \eta_2(F) \oplus \eta_2(G),$$

wenn $F \ominus G$ bzw. $F \oplus G$ definiert ist. Darüber hinaus respektiere η_2 die Identitäten von $\mathcal{D}$.

Ist η_1 irgendein Homomorphismus, der die genannten Voraussetzungen erfüllt und ist η_2' eine Abbildung der Menge der Netze mit einem Knoten nach $\mathcal{D}$, die mit η_1 verträglich ist, dann läßt sich (η_1, η_2') auf genau eine Weise zu einem Verfeinerungsfunktor fortsetzen.

Wir werden im folgenden den Verfeinerungsfunktor zusammen mit den Operationen von $\mathcal{D}$ zur Definition von Netzen verwenden. Es wird sich zeigen, daß wir mit diesen Konzepten in der Lage sind, jede berechenbare Funktion zu definieren. Zunächst erläutern wir die Sprache 2dL an einigen Beispielen.

Beispiel 1: Ein Ornament

Sei S_n für $n \in \mathbb{N}$ ein Netz mit $O(S_n) = W(S_n) = 2$ und $S(S_n) = N(S_n) = 0$. Wir definieren den Verfeinerungsfunktor η wie in Abbildung 8.8.

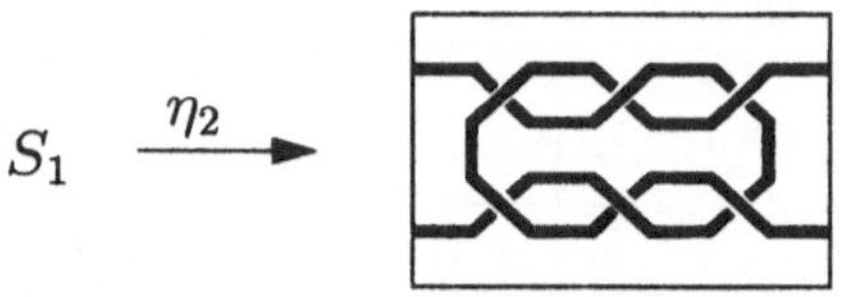

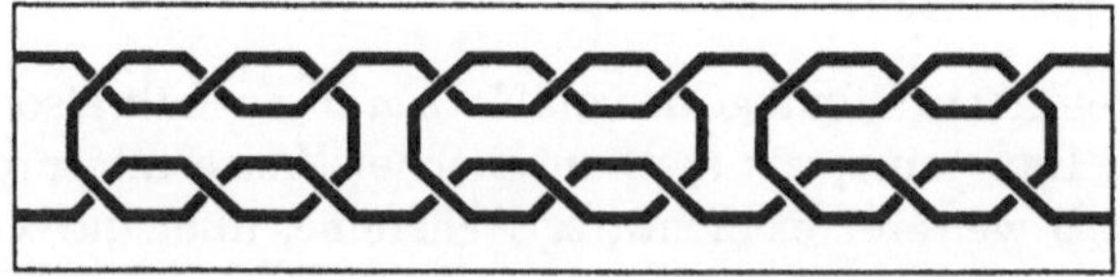

Abbildung 8.8.

Offensichtlich gilt $\eta_2^2(S_1) = \eta_2(S_1)$, da die Überkreuzungen als elementare Bausteine in $\mathcal{D}$ liegen und daher durch η_2 auf sich selbst abgebildet werden.

Nun erhält man durch n-fache Iteration von η aus S_n ein Netz, das nur Überkreuzungen enthält, also ein Fixpunkt von η ist. Für $n = 3$ erhält man das darunter abgebildete Netz.

Beispiel 2: Überkreuzungen

Wir führen die Typenvariable $\underline{n}$ für $n \in \mathbb{N}$ ein und definieren $\eta_1(\underline{n+1}) = \eta_1(\underline{n}) \cdot \eta_1(\underline{n})$, worin der Punkt das Monoidprodukt bezeichnet. Nun definieren wir für die Netze $U_n (n \in \mathbb{N})$ den Verfeinerungsfunktor wie in Abbildung 8.9. Darunter sieht man das Ergebnis einer Anwendung von η.

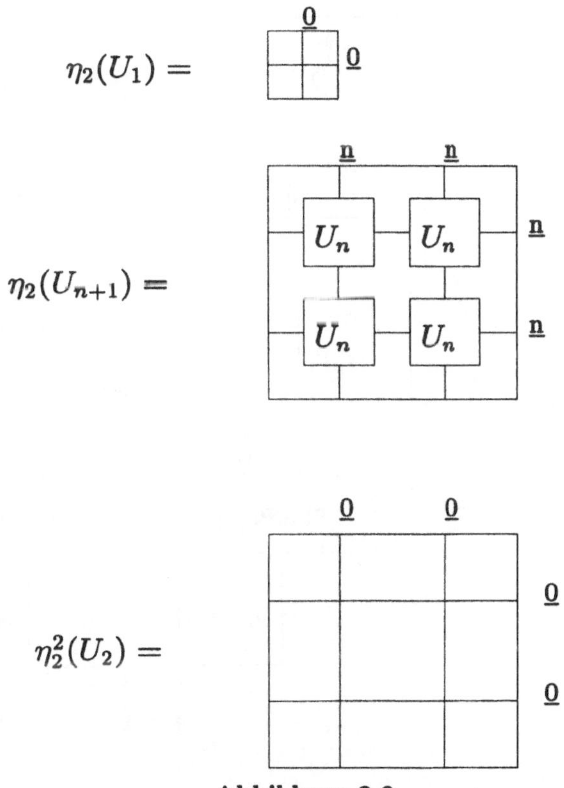

$$\eta_2(U_1) =$$

$$\eta_2(U_{n+1}) =$$

$$\eta_2^2(U_2) =$$

Abbildung 8.9.

Jedes U_n wird durch n-fache Iteration von η_2 in ein „Überkreuzungsnetz" überführt.

Beispiel 3: Shuffle

Es seien $a = (a_1, \ldots, a_n), b = (b_1, \ldots, b_n) \in M^*$ und $n = 2^k$. Es soll ein Netz Shuffle$[n]$ definiert werden, das diese beiden Folgen als Eingabe aufnimmt und die Folge $c = (a_1, b_1, a_2, b_2, \ldots, a_n, b_n)$ ausgibt. Den Eingängen von Shuffle[n] weisen wir die Typvariable $s[n]$ zu. Indem wir $\Psi(s[0]) = M$ und $\eta_1(s[n+1]) = s[n] \cdot s[n]$ setzen, wird jeder Typvariablen ein Typ zugewiesen. Nun definieren wir den Verfeinerungsfunktor η durch die beiden Regeln in Abbildung 8.10.

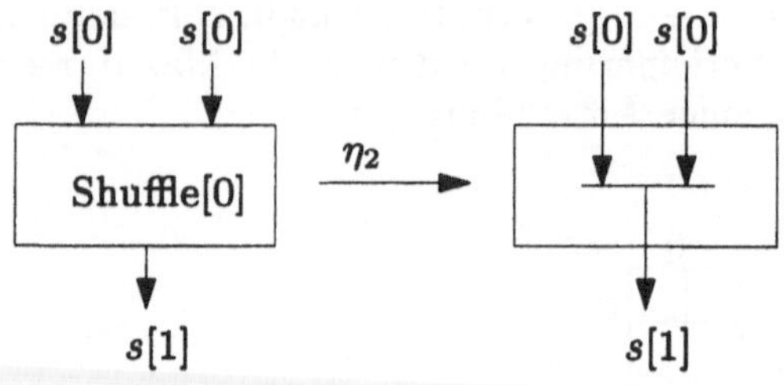

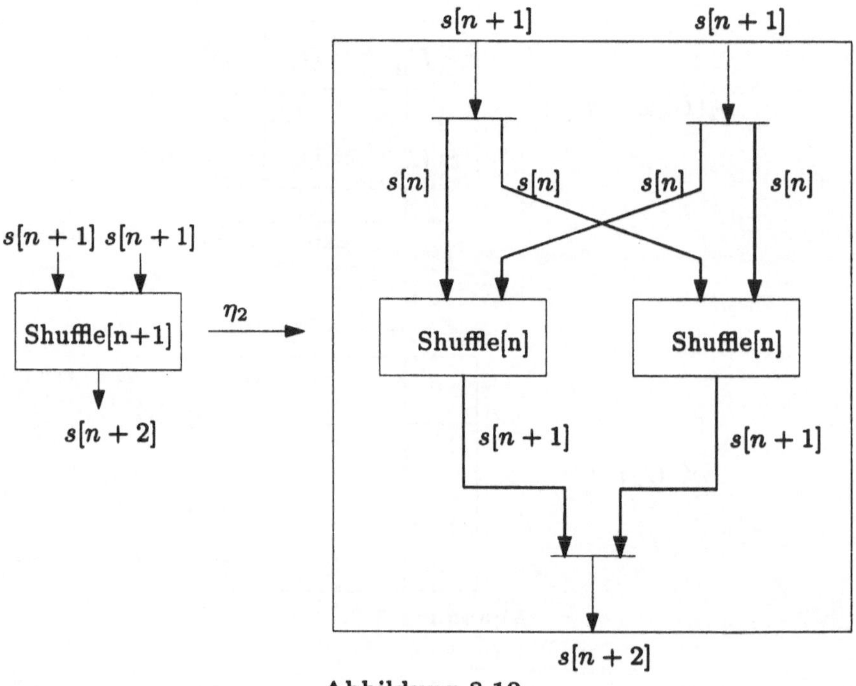

Abbildung 8.10.

Die Verwendung der Operationen für das direkte Produkt macht das Schema nicht gerade übersichtlicher. Daher begnügen wir uns damit, diese Operationen implizit zu definieren, was durch die Schemata in Abbildung 8.11 in eindeutiger Weise geschieht, wenn wir daraus die „Konsistenzbedingung"

$$\eta_1\left(s[n+1] \cdot s[n+1]\right) = s[n]^4$$

ableiten, woraus sich $\eta_1(s[n+1]) = s[n]^2$ ergibt. Wir werden auf dicse implizite Definition von η_1 durch die η_2 definierenden Schemata später zurückkommen.

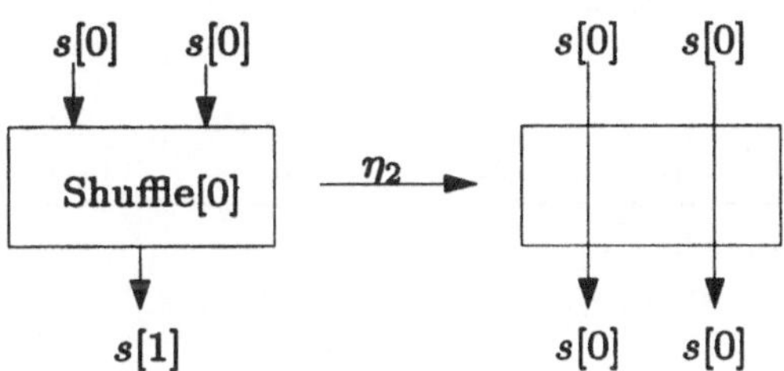

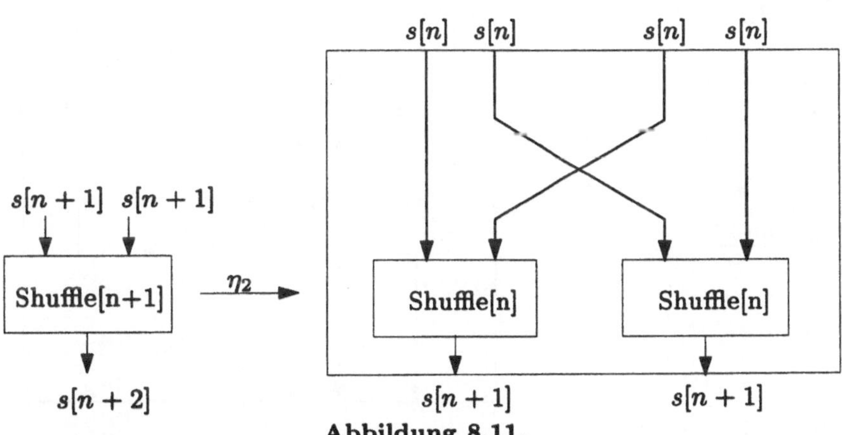

Abbildung 8.11.

Beispiel 4: Even-Odd

Das Netz Even-Odd$[n]$ führt die zu Shuffle$[n]$ inverse Operation durch. Eine Eingabefolge $c = (a_1, \ldots, a_n)$ wird in die Ausgabefolgen $a = (a_1, a_3, \ldots)$ und $b = (a_2, a_4, \ldots)$ transformiert. Man erhält Even-Odd$[n]$ aus Shuffle$[n]$, indem man die Richtung der Pfeile umdreht und das Netz an der Ost-West-Achse spiegelt.

Beispiel 5: Das CS-Addierwerk

Das CSA ist ein Addierwerk, dessen Tiefe logarithmisch bezogen auf die Stellenzahl der Summanden ist. Das wird dadurch erreicht, daß man das Addierwerk rekursiv aus Addierwerken aufbaut, die sowohl die Summe $x +$

y als auch die Summe $x + y + 1$ berechnen. Hierdurch reduziert sich die Auswertung eines Übertrags auf die Auswahl eines der beiden Resultate $x+y$ bzw. $x+y+1$ eines „höher" stehenden Addierwerkes. Diese Auswahl kann aber durch einen Selektor erfolgen, dessen Tiefe von seiner Stellenzahl unabhängig ist. Wir führen die Typvariable $\underline{n}$ für $n \in \mathbb{N}_0$ ein und definieren $\eta_1(\underline{n+1}) = \underline{n} \cdot \underline{n}, \eta_1(0) = \underline{\text{bool}}$.

η_2 definieren wir durch das Diagramm 8.12.

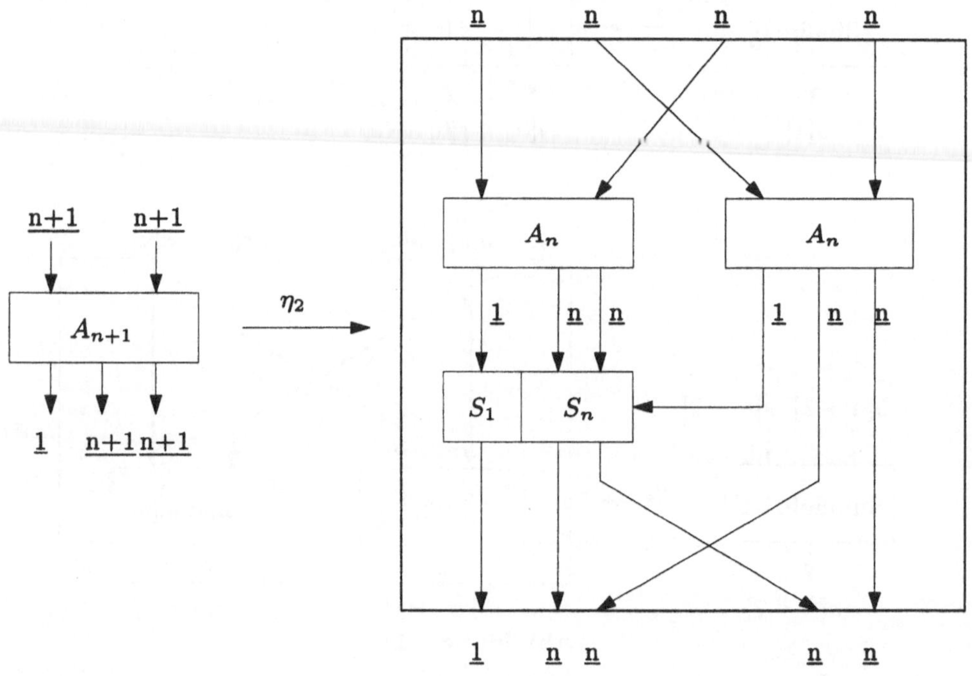

Abbildung 8.12.

Der Typ $\underline{n}$ repräsentiert $N = 2^n$ boolesche Leitungen. Die Summe zweier N-stelliger Zahlen ist i.a. $N + 1$-stellig. Die führende Stelle ist der Übertrag. A_n erzeugt die Summen (modulo 2^n) $x + y$ im rechten und $x + y + 1$ im mittleren Ausgang. Die zu den beiden Summen gehörigen Überträge sind im Ausgang vom Typ $\underline{1}$ zusammengefaßt.

Der Aufbau von A_{n+1} wird durch das Diagramm beschrieben. Die Eingänge vom Typ $\underline{n+1}$ werden aufgespalten in zwei Eingänge vom Typ $\underline{n}$. Das entspricht der Zerlegung der 2^{n+1}-stelligen Dualzahl durch eine Zerlegung in der Mitte. Nun werden die beiden führenden Stellen vom Typ $\underline{n}$ dem linken, die beiden anderen dem rechten Addierwerk $A[n]$ zugeführt. In Abhängigkeit von den Überträgen, die das rechte Addierwerk erzeugt, werden die Resultate des linken Addierwerks durch das Netz $S_1 \ominus S_n$ ausgewählt. Danach werden die zusammengehörigen Komponenten der Resultate wieder zusammengcfaßt. Eine gewisse Inkonsequenz besteht in der Trennung der beiden Überträge von der zugehörigen Summe. Das führt aber zu übersichtlicheren Diagrammen. Wir definieren die Verankerung der Rekursion wie in Abbildung 8.13.

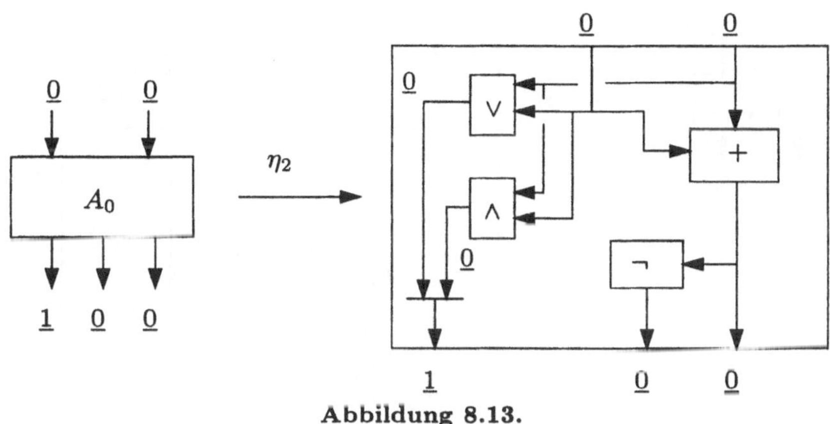

Abbildung 8.13.

Es bleibt die Definition des Selektors (Abbildung 8.14).
Wir bezeichnen mit a bzw. $a+1$ das Resultat der Summen und mit r_0 bzw. r_1 die Überträge im Falle Summe bzw. Summe+1. Wir haben dann die Resultate gemäß der folgenden Tabelle auszuwerten.

r_1	r_0	$a+1$	a	b'	b
0	0	*	*	a	a
1	0	*	*	$a+1$	a
1	1	*	*	$a+1$	$a+1$

Der Fall $r_1 = 0, r_0 = 1$ ist ausgeschlossen. b' bezeichnet die zur Summe+1 gehörige, b die zur Summe gehörige Komponente.

Wir bemerken weiter, daß das Addierwerk, das wir schließlich verwenden, nur die Summe $x+y$, nicht aber die Summe $x+y+1$ benötigt. Wir beseitigen deshalb den entsprechenden Ausgang, indem wir ihn durch eine Projektion abschneiden. Durch eine anschließende Reduktion des Layouts modulo unseres Relationensystems vereinfacht sich das Netz.

Man kann dieses Addierwerk auch so definieren, daß man in einem ersten Schritt durch eine Shuffle-Operation dafür sorgt, daß die i-ten Stellen beider Summanden benachbart sind. Hierdurch erspart man sich dann die zahlreichen Überkreuzungsoperationen, die wir verwendet haben. Modulo unseres Relationensystems sind aber beide Netze gleich.

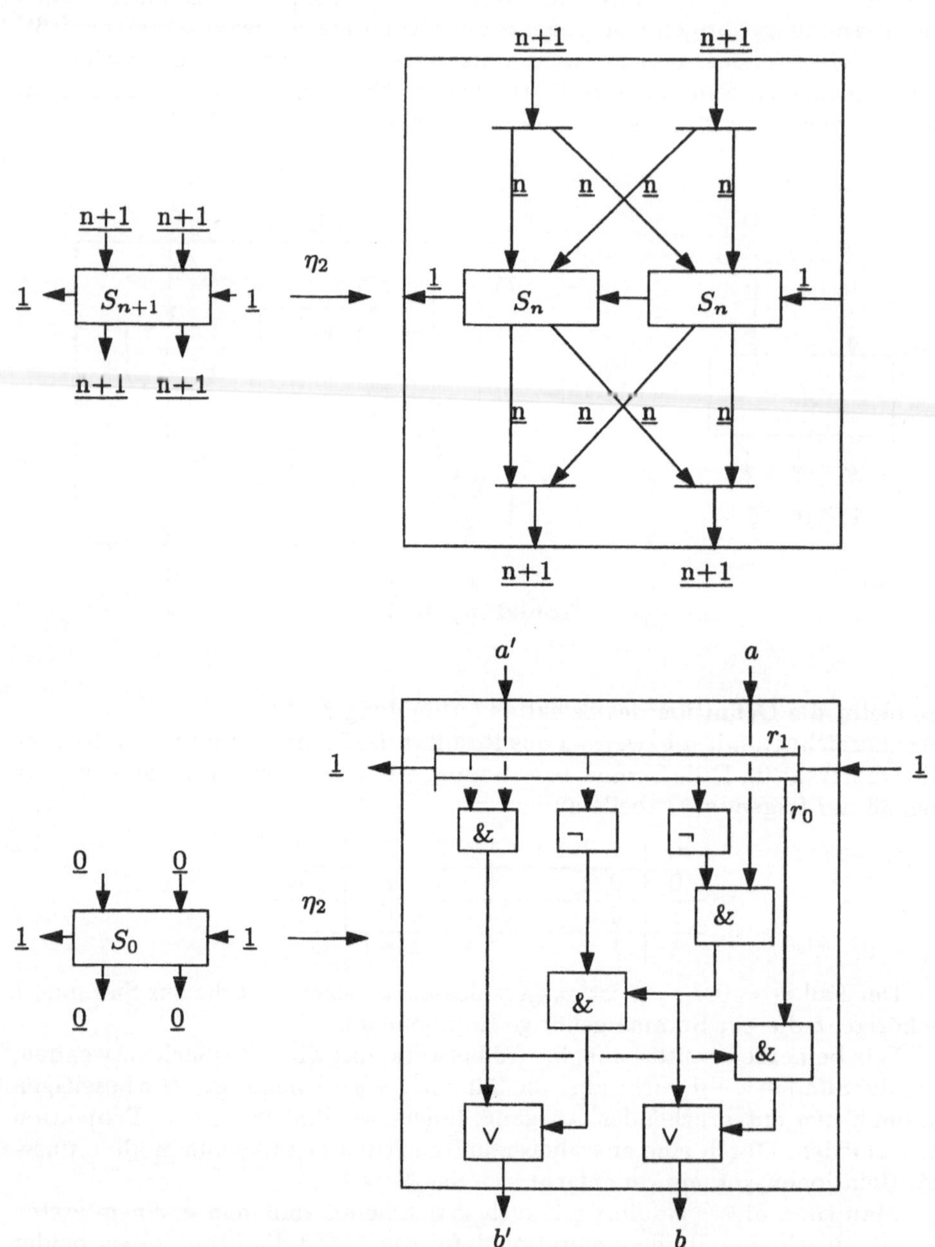

Abbildung 8.14.

8.7 Einige Bemerkungen über das System CADIC

CADIC ist ein System zur Unterstützung des Chipentwurfs, [2, 3, 7, 8, 9, 11, 12]. Es wurde im Teilprojekt B1 des Sonderforschungsbereichs 124 „VLSI-Entwurfssysteme und Parallelität" entwickelt. Gegenstand des Projektes waren die mit dem Chipentwurf verbundenen wissenschaftlichen Probleme. Das Ziel bestand in der Entwicklung von Werkzeugen, die es erlauben, nicht nur einzelne Chips zu entwickeln, sondern *parametrisierte* Definitionen zu erstellen und den Entwurf eines Chips mit festen Parametern möglichst weitgehend vorzubereiten. Die Eingabesprache des Systems bestand zunächst aus bikategoriellen Ausdrücken und den darauf aufbauenden Verfeinerungsfunktoren. Als leistungsfähigere Workstations es ermöglichten, konnten wir uns die manuelle Übersetzung der Diagramme in die bikategoriellen Ausdrücke sparen und diese Arbeit der Maschine überlassen. So entstand die in den Beispielen erläuterte 2-dimensionale Eingabesprache. Die Entwicklung der Oberfläche und des Compilers von CADIC in seiner jetzigen Form, sowie der Schale, in die alle anderen Entwurfswerkzeuge (Logiksimulation, Laufzeitanalyse, Schichtzuweisung, Versorgungsnetze, Plazierung, Verdrahtung, Fehlersimulation und Testmustergenerierung) integriert werden, verdanken wir der Dissertation Burch (1994). Hinzu kommen Werkzeuge, die eine „Navigation" durch die Hierarchieebenen eines Entwurfs zur Inspektion von Details des vollständigen Layouts ermöglichen. Solche Inspektionen werden notwendig, wenn z.B. der Testmustergenerator für einige Leitungen keine hinreichenden Tests findet; das tritt bei 1-2% der Leitungen bei größeren Entwürfen stets auf. Das Problem der Testmustergenerierung ist ja fast identisch mit dem Erfüllbarkeitsproblem für Schaltkreise. Durch die *hierarchische* Inspektion ist der Entwerfer über die Funktion der vorliegenden Details informiert und kann dem System häufig durch „Tips", die zu wesentlichen Laufzeiteinsparungen führen, helfen. Es kann auch notwendig werden, durch lokale, semantikerhaltende Transformationen den Entwurf so abzuändern, daß man Testmuster berechnen kann. Die erforderliche Laufzeit ist nicht invariant gegenüber unseren semantikerhaltenden Transformationen. Es mögen aber auch Transformationen erforderlich werden, die auf die Axiome der booleschen Algebra zurückgreifen müssen. Dabei kann natürlich die hierarchische Struktur des Entwurfs gestört werden. Das schadet aber nichts, da diese ja bei vorliegendem Entwurf ihren Dienst getan hat.

Diese Beobachtung leitet über zu einem Fragekreis, dem diese Arbeit ursprünglich in der Hauptsache gewidmet sein sollte, nämlich der über die Anwendung im Chipentwurf weit hinausgehende Bedeutung des hierarchischen Konzeptes. Wir beobachten z.B. in Ordnungen und Gesetzen auch die Verwendung hierarchischer Konzepte. Doch findet diese mehr implizit statt. Systeme des Workflowmanagements machen keinen expliziten Gebrauch von diesem Konzept, obwohl alle Firmen hierarchisch strukturiert sind. Man findet rasch, daß das Hierarchiekonzept nirgends in der reinen Form auftritt, wie wir es hier entwickelt haben. Es liegt vielmehr als allgemeine Orientierung über den Strukturen. Vermutlich kann man diese Strukturen beschreiben, indem man das hierarchische Konzept in approximativer Weise verwendet, nämlich ähnlich wie wir es oben beim Chipentwurf skizziert haben. Man gibt eine hierarchische Struktur vor und paßt sie an die konkreten Gegebenheiten an.

Das System CADIC wurde an größeren Beispielen mit sehr gutem Erfolg erprobt. Es besitzt Schnittstellen zu kommerziellen Entwurfssystemen. Es ist das einzige System, das den hier geschilderten hierarchischen, parametrisierten Entwurf auf Basis einer 2-dimensionalen Entwurfssprache erlaubt.

8.8 Komplexitätsbetrachtungen

Wir zeigen zunächst, daß unsere Entwurfssprache universell ist. Das Schema der primitiven Rekursion kann man offensichtlich durch die beiden Diagramme in Abbildung 8.15 beschreiben.

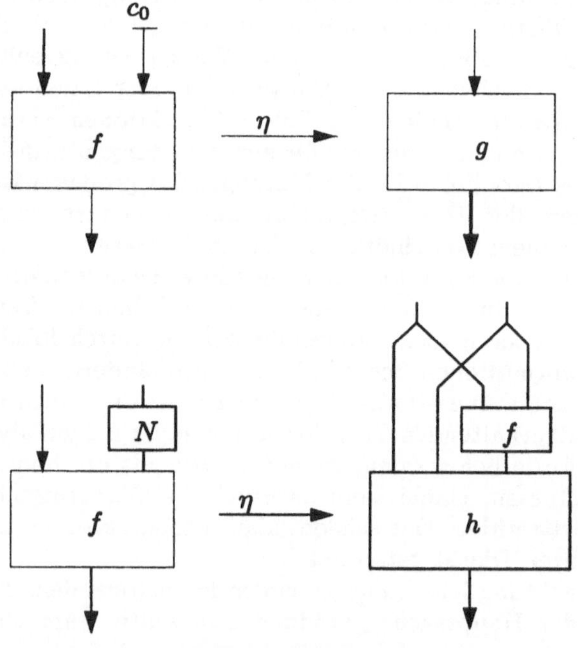

Abbildung 8.15.

Diese Diagramme haben noch nicht die Form, die unsere Sprache vorschreibt, da die „Substitutionen" nicht „kontextfrei" sind. Das kann man aber leicht erreichen, indem man die obigen Diagramme durch andere Diagramme ersetzt, die das gleiche leisten (Abbildung 8.16).

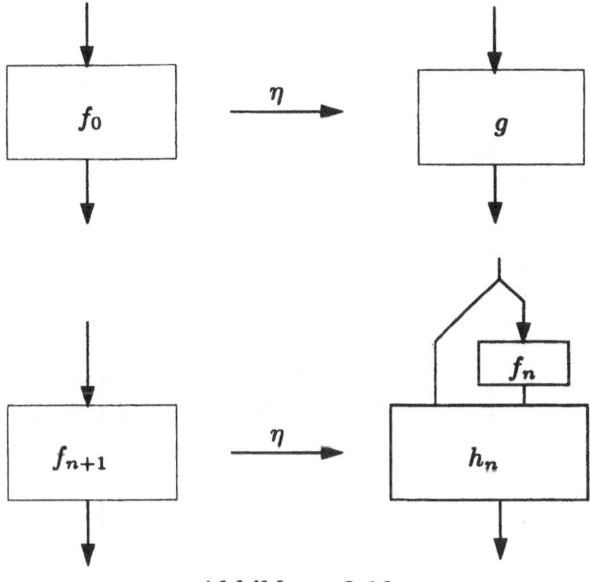

Abbildung 8.16.

Man kann also durch Iteration des Verfeinerungsfunktors die primitivrekursiven Funktionen auswerten. Man sieht sofort, daß man auch die allgemeinrekursiven Funktionen erhalten kann, wenn man als Index mehrere Parameter zuläßt. Unsere Sprache ist also universell.

Es stellt sich nun die Frage, wie schwer die Aufgaben sind, die wir dem System zur Erleichterung des Programmierers übertragen. Wir haben erwähnt, daß wir Spezifikationen von Leitungstypen nur partiell ausführen wollen, da dadurch Teilschaltungen vielfältiger verwendbar werden. Ein Beispiel für eine solche Schaltung stellt Abbildung 8.17 dar, die man beim Entwurf von Multiplizierern verwendet und in der, je nachdem in welchem Kontext sie innerhalb einer Schaltung eingesetzt wird, die nicht orientierten Leitungen in verschiedenen Richtungen verwendet werden.

Es stellt sich also die Frage nach der Konsistenz des Entwurfs bei konkreten Parameterwerten. Natürlich kann man die Konsistenz entscheiden, wenn man die Schaltung vollständig expandiert. Es stellt sich aber die Frage, ob dies auch besser geht. Die Antwort auf diese Frage fällt leider negativ aus.

Wir haben gesehen, daß die Semantik von einfachen Netzen leicht definiert werden kann. Kann man einer Definition leicht ansehen, ob sie zu einfachen Netzen führt? Kann man sich nicht auf solche Definitionen beschränken, wo dies stets der Fall ist? Hierzu geben zwei Sätze eine schöne Auskunft, Kolla und Serf (1991). Rückkopplungen mögen nur „virtuell" sein, wie in Abbildung 8.18.

Hierdurch wird das folgende Problem aufgeworfen: Es sei eine hierarchische Definition $\mathcal{H}$ eines einfachen Netzes G gegeben. Kann man zu G stets eine

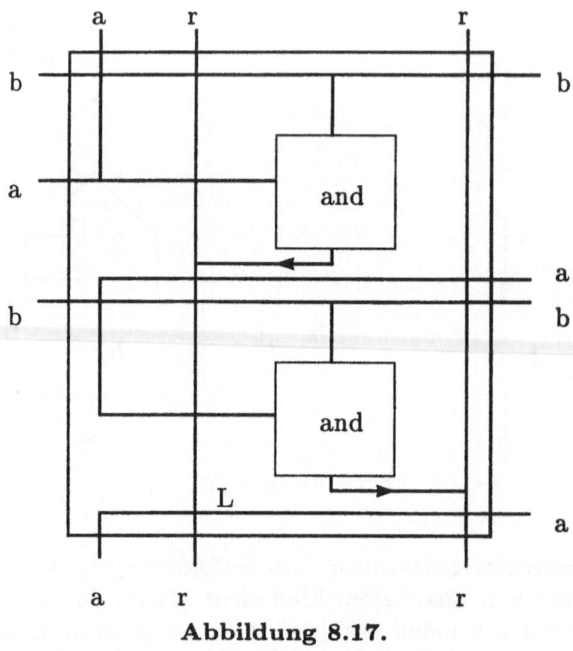

Abbildung 8.17.

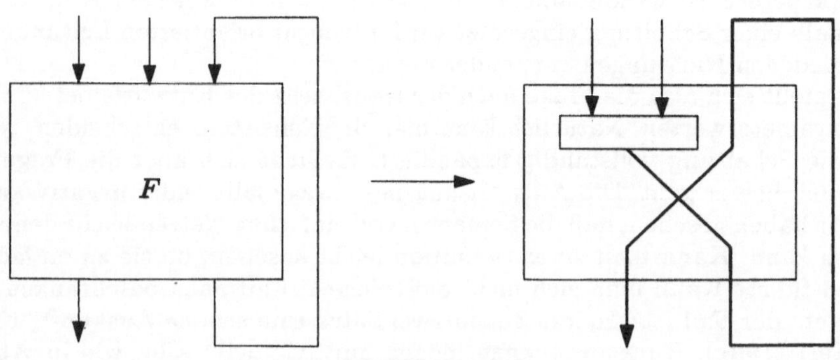

Abbildung 8.18.

hierarchische Definition $\mathcal{H}'$ finden, die keine Rückkopplungen enthält und die G definiert? Die folgenden Sätze beziehen sich auf hierarchische Definitionen, bei denen jeder Baustein höchstens einen Parameter trägt.

Antwort 1: Es gibt eine Folge G_k von Netzen und hierarchischen Definitionen $\mathcal{H}_k$ von G_k mit

$$\text{Größe}(\mathcal{H}_k) = 41 \cdot k + 46,$$

so daß für jede zykelfreie Definition $\mathcal{H}'_k$ von G_k

$$\text{Größe}(\mathcal{H}'_k) \geq c \cdot 2^k$$

gilt; c ist hierin eine von k unabhängige Konstante aus $\mathbb{N}$.

Antwort 2: Zu jeder Folge G_k von einfachen Netzen, die eine boolesche Funktion f_k definieren, gibt es zu $\mathcal{H}_k$ eine Folge $\mathcal{H}'_k$ wie in Antwort 1, die Netze G'_k definieren, so daß G_k und G'_k jeweils die gleiche boolesche Funktion definieren und es gilt

$$\text{Größe}(\mathcal{H}'_k) \leq c \cdot \text{Größe}(\mathcal{H}_k)^3.$$

In diesen Sätzen bezeichnet Größe($\mathcal{H}_k$) die Anzahl der Knoten, die in der Definition von η Verwendung finden.

Aus diesen Resultaten folgt auch, daß die Nachprüfung der Typkonsistenz eine exponentielle Laufzeit erfordern kann. Die Universalität der Sprache und die beiden eben angegebenen Sätze zeigen, daß eine hierarchische Vorgehensweise nicht stets zu einfachen Entscheidungsfragen führen wird.

Schriftenverzeichnis

1. E. Artin (1925). Theorie der Zöpfe. Abh. des Math. Seminars der Hamburgischen Universität. Bd. 4.
2. B. Becker et al. (1987). Hierarchical design based on a calculus of nets. Proc. 24th ACM/IEEE Design Automation Conference, 649–653.
3. B. Becker et al. (1990). A graphical system for hierarchical specifications and checkup of VLSI circuits. Proc. 1st European Design Automation Conference, 235–244.
4. Th. Burch (1994). Eine graphische Arbeitsumgebung für den parametrisierten Entwurf integrierter Schaltkreise. Dissertation, Universität des Saarlandes.
5. V. Claus (1971). Ein Vollständigkeitssatz für Programme und Schaltkreise. Acta Informatica 1, 64–78.
6. G. Hotz (1965). Eine Algebraisierung des Syntheseproblems von Schaltkreisen I,II. EIK 1, 185–205, 209–231.
7. G. Hotz, R. Kolla und P. Molitor (1986). On network algebras and recursive equations. Proc. 3rd International Workshop on Graph Grammars, 251–259.
8. U. Sparmann et al. (1994). A hierarchical environment for interactive test engineering. Proc. of the International Test Conference 1994, 461–470.

9. R. Knuth (1995). Produktionstest des Prozessors der SB-PRAM, Diplomarbeit, Fachbereich Informatik, Universität des Saarlandes.

10. T. Kohno (1989). New Developments in the Theory of Knots. World Scientific Publishing.

11. R. Kolla (1986). Spezifikation und Expansion logisch-topologischer Netze. Dissertation, Universität des Saarlandes.

12. R. Kolla, P. Molitor und H.-G. Osthof (1989). Einführung in den VLSI-Entwurf. Teubner, Stuttgart.

13. R. Kolla und B. Serf (1991). The virtual feedback problem in hierarchical representations of combinational circuits. Acta Informatica 28, 463–476.

14. P. Molitor (1988). Free net algebras in VLSI-theory. Fundamenta Informaticae XI, 117–142.

15. K. Reidemeister (1932). Knotentheorie. Springer-Verlag, Berlin/New York.

Zeit und Raum in Rechnernetzen

Rüdiger Reischuk

> *Sie (die Zeit) hat nur Eine Dimension: verschiedene Zeiten sind nicht zugleich, sondern nach einander (so wie verschiedene Räume nicht nach einander, sondern zugleich sind). . . . Hier füge ich noch hinzu, daß der Begriff der Veränderung und, mit ihm, der Begriff der Bewegung (als Veränderung des Orts) nur durch und in der Zeitvorstellung möglich ist.*
>
> *Immanuel Kant, Kritik der reinen Vernunft:*
> *Der Transzendentalen Ästhetik zweiter Abschnitt*
> *Von der Zeit*

Verteilte Rechnersysteme erweisen sich als eine attraktive Architektur mit einer Reihe von Vorteilen. Vor allem ist hier zu nennen die lokale Verfügbarkeit und die Möglichkeit des dezentralen Managements, so daß bei Ausfall einzelner Komponenten nicht zwangsläufig das gesamte System zum Stillstand kommen muß. Andererseits erzeugt gerade diese räumliche Trennung eine neuartige Synchronisationsproblematik. Wir diskutieren exemplarisch zwei Prototypprobleme: Konsistenz bei divergenter lokaler Information – auch Consensus oder das Problem der Byzantinischen Generäle genannt – und die zeitliche Synchronisation der lokalen Uhren in den einzelnen Knoten und gemeinsamer Aktionen. Grundlegend hierfür ist eine präzise Analyse, wie aus lokalem Wissen der einzelnen Komponenten globales Wissen über den Gesamtzustand des Systems gewonnen werden kann, und zwar durch den Austausch von Nachrichten und das Eintreffen oder Nichteintreffen von Ereignissen.

Es zeigt sich, daß in Abhängigkeit von bestimmten Systemeigenschaften diese Ziele nur bis zu einem gewissen Grad erreichbar sind. Dabei können kryptografische und probabilistische Verfahren hilfreich sein. Auf die wesentlichen Systemparameter und ihre Bedeutung wird näher eingegangen. Fehlertoleranz ist in manchen Fällen überhaupt nicht erzielbar. Wir stellen in diesem Aufsatz einige der grundlegenden Ergebnisse und methodischen Ansätze vor.

9.1 Die Bedeutung Verteilter Systeme

Vernetzte Cluster von autonomen Rechnern sind heutzutage die beherrschende System-Architektur. Dies gilt nicht nur für Forschungseinrichtungen wie Universitäten und Forschungsgesellschaften, die bei dem Wandel weg vom zentralen Großrechner eine Vorreiterrolle übernommen haben, sondern inzwischen auch für die meisten Industrieunternehmen, die auf eine Vielzahl leistungsfähiger EDV-Arbeitsplätze angewiesen sind. Wenn wir etwas mehr globalisieren, so wäre das weltweite Internet mit seinen hunderttausenden von intelligenten Knoten als ein weiteres Beispiel anzuführen. Aber auch „im Kleinen" wie etwa in modernen Flug- und Raumfahrzeugen wird diese Architektur zunehmend verwandt.

Dezentrale Verfügbarkeit und die Zusammenarbeit einer Vielzahl von Maschinen kann eine enorme Leistungssteigerung bewirken, beispielsweise bei verteilten Datenbanksystemen. Räumliche Trennung und Duplizierung von Komponenten kann die Zuverlässigkeit des Gesamtsystems wesentlich steigern. Jedoch verlangt jede Art von Zusammenarbeit ein gewisses Maß an Synchronisation der einzelnen Agenten, sowohl im zeitlichen Ablauf als auch bei der Auswahl von Aktionen und Entscheidungen.

Diese Synchronisationsproblematik ist schon seit längerer Zeit ein zentrales Grundlagenthema der Informatik. Zunächst stellt sich die Aufgabe, reale Systeme adäquat zu modellieren. Noch mehr als bei der Untersuchung von sequentiellen Rechnern sind Abstraktionen und vereinfachende Annahmen notwendig, um stringent beweisbare Aussagen von grundsätzlicher Bedeutung überhaupt machen zu können. Solch ein abstraktes Modell wird durch Ausprägungen der wesentlichen Attribute beschrieben. Ein wichtiger Punkt ist die Kommunikation zwischen den einzelnen Komponenten: sei es durch globale Variablen oder durch Versenden von Nachrichten, im Fall von Nachrichten etwa durch paarweisen Informationsaustausch (eine Nachricht ist für genau einen Empfänger bestimmt) oder in Form von Broadcasts (das gleichzeitige Senden an mehrere Empfänger) und, wie schnell und wie zuverlässig eine einzelne Nachricht übermittelt wird.

Für ein derartig spezifiziertes System kann man dann versuchen, geeignete Verfahren (d.h. Algorithmen, man spricht in diesem Fall auch von Protokollen) zu entwickeln, um die verschiedenartigen Synchronisationsaufgaben effizient zu lösen, beispielsweise zu erkennen, wann alle Komponenten des Systems die Bearbeitung einer Aufgabe beendet haben oder ob das System in einen unerwünschten Zustand wie einen Deadlock geraten ist. Dabei scheiden simple zentralistische Lösungsverfahren, bei denen das System global beobachtet werden muß und eine einzelne Komponente für die Durchführung verantwortlich ist, aus, sowohl aus technischen wie auch aus Effizienzgründen. Gesucht sind sogenannte verteilte Verfahren, bei denen jede Komponente aktiv mitarbeitet und aus ihrem lokalen Wissen über den Systemzustand eigenständig Entscheidungen fällt. Dadurch werden starke Lastunterschiede innerhalb des Systems und Totalausfall beim Fehler einer einzelnen Komponente, wie es bei einer zentralistischen Lösung zu befürchten ist, vermieden.

Der korrekte Entwurf solcher Protokolle scheint eine der anspruchsvollsten Aufgabenstellungen in der Informatik zu sein, wenn man als Meßlatte den Anteil veröffentlichter Verfahren ansetzt, die sich später als fehlerhaft erwiesen haben[1]. Darüberhinaus sind für manche Aufgabenstellungen bislang keine Lösungen bekannt. Dies muß nicht immer an der Unfähigkeit der Informatiker liegen, denn in einer Reihe von Fällen konnte gezeigt werden, daß ein Problem für gewisse Systemklassen überhaupt nicht lösbar ist. Derartige negative Resultate besitzen nicht nur beweistechnisches Interesse, sondern können auch praktisch relevant sein. Zunächst erübrigt sich damit eine weitere vergebliche Suche nach Protokollen mit den gewünschten Eigenschaften. Ein weiterer positiver Fortschritt kann dann darin bestehen, die Synchronisationsforderungen abzuschwächen oder technische Eigenschaften des Systems abzuändern. Hierfür werden wir Beispiele geben.

Ziel dieses Beitrages ist es, an einigen prototypischen Problemen die Besonderheiten dieser Fragestellungen zu illustrieren und Methoden zu ihrer Lösung zu skizzieren. Die Fachwelt hat sich dabei einer Reihe von Metaphern bedient, die Szenarien außerhalb der Rechnerwelt beschreiben, oftmals in Form einer militärtaktischen Aufgabenstellung. Da diese Beispiele die Problematik recht anschaulich verdeutlichen, werden wir auf einige etwas näher eingehen. Die Ethik verantwortungsvoller Informatiker möge daran keinen Anstoß nehmen.

9.2 Lokales und globales Wissen

Bereits vor 40 Jahren wurden Synchronisationsprobleme von Myhill, Waksman und anderen untersucht. Popularität hat das sogenannte *Firing-Squad-Problem* erlangt:

> *Ein General führt eine Armee von Soldaten. Erhält dieser einen Angriffsbefehl, so soll er seine Soldaten derart instruieren, daß alle gleichzeitig feuern.*

Die Aufgabenstellung ist trivial lösbar in einem System mit Broadcast-Kommunikation: Der General läßt den Trompeter das Angriffssignal blasen, von dem die Soldaten wissen, daß dies eine unverzügliche Aktion verlangt.

Ist die Armee dagegen räumlich zerstreut und Informationsaustausch nur durch Botschafter oder Telephonverbindungen zwischen den einzelnen Truppenteilen möglich, wird das Problem um einiges schwerer. Information muß dann lokal weitergeleitet werden. Zunächst sei angenommen, daß diese Nachrichtenweitergabe zuverlässig ohne Verstümmelungen des Textes oder bewußte Sabotage funktioniert (eine in vielen Fällen sicherlich fragwürdige Annahme, wenn man sich die Verbreitung von Gerüchten oder das Kinderspiel „Stille Post" vor Augen hält) und daß jeder Soldat über eine eigene Uhr verfügt, die exakt die gleiche Zeit anzeigt wie die Uhr seines Generals. Kann der General nicht definitiv abschätzen, wann sein Befehl auch den letzten Soldaten erreicht hat, so genügt es selbst unter diesen Voraussetzungen nicht,

---

[1] Eines der wenigen Beispiele, wo ein Protokoll formal verifiziert worden ist und dabei eine Reihe von Ungenauigkeiten der ursprünglichen Spezifikation verbessert werden mußten, kann man in [27] nachlesen.

etwa mittags um 12h einen Befehl abzusetzen, um 13h anzugreifen. Bei einem Teil der Truppe könnte dieser Befehl erst nach 13h eintreffen.

Zunächst mag der Eindruck eines rein zeitlichen Synchronisationsproblems gegeben sein. Ebenso wesentlich ist jedoch das Problem „gleiches Wissen aller Akteure". Jeder Soldat muß den Angriffsbefehl kennen, aber darüberhinaus auch wissen, daß jeder andere Soldat dies weiß, bevor er aktiv werden kann.

Das Firing-Squad-Problem wurde hauptsächlich für reguläre, synchron getaktete ein- und mehrdimensionale Prozessorfelder untersucht, deren genaue Größe vorab nicht bekannt ist. Es ist bereits lösbar, wenn die einzelnen Akteure nur simple Automaten sind, was auf den ersten Blick überraschen mag. Ziel einer Reihe von Untersuchungen war es, Lösungen mit möglichst einfachen Automaten, d.h. möglichst wenigen Zuständen zu finden. Wesentlich dabei ist es, daß das gesamte System zumindest soweit synchronisiert ist, daß alle Komponenten gleichförmig getaktet arbeiten. Eine Berechnung läßt sich dann in eine Folge von *Runden* zerlegen. Zu Beginn einer Runde generiert ein Prozessor Nachrichten und verschickt diese an seine Nachbarn. Die Länge einer Runde ist so bemessen, daß alle diese Nachrichten vor Ende der Runde die Empfänger erreichen.

Bei getakteten Systemen ist Informationsübertragung auch ohne direkten Datenaustausch möglich. Dies ist ein wesentlicher Vorteil synchroner Systeme. In diesem Fall können Mechanismen wie Timeouts eingesetzt werden. Einem möglichen Ereignis E wird eine Zeitspanne zugeordnet; wird das Eintreffen von E innerhalb dieser Zeit nicht beobachtet, so können die einzelnen Komponenten des Systems folgern, daß E nicht eingetreten ist. Ein wichtiges Anwendungsbeispiel sind Updates in verteilten Datenbanksystemen [17]. Beim *Leader-Election-Problem* – der internen Auswahl eines einzelnen Prozessors aus einem gleichförmigen System, dessen Komponenten sich nur durch eindeutige Namen (IDs) unterscheiden – konnte für ringförmige Netzwerke bewiesen werden, daß der notwendige Kommunikationsaufwand im Vergleich zu asynchronen Systemen drastisch sinkt. Während ein System aus n Prozessoren im asynchronen Fall mindestens $n \log n$ Nachrichten zur Auswahl genau eines Prozessors benötigt, genügt unter der Annahme der Synchronität linearer Kommunikationsaufwand.

Das Thema „Knowledge and Action" in Verteilten Systemen ist sowohl hinsichtlich einer adäquaten Modellierung als auch bezüglich der korrekten logischen Schlußweisen äußerst komplex. Das wohlbekannte *Gefangenen-Dilemma*[2] scheitert an seiner Spezifikation (in [19] wird dies Paradoxon unter

---

[2] Ein zum Tode verurteilter Gefangener erhält bei Verkündung des Urteils den zusätzlichen Hinweis, daß er in der folgenden Woche gehängt werde, und zwar so, daß er den Tag seiner Hinrichtung nicht vorhersehen könne. Der Verurteilte überlegt sich daraufhin, daß dies nicht der letzte Tag der kommende Woche sein könne, da er ansonsten nach Verstreichen des vorletzten Tages den Termin mit Sicherheit wissen würde. Aus einer ähnlichen Überlegung scheidet dann auch der vorletzte Tag aus, denn ansonsten wäre dieser Termin nach Verstrei-

dem Namen „unerwartete Prüfung" eingehender diskutiert).

Das Problem der *untreuen Ehemänner* ist dagegen realer Natur. Wir müssen uns hier auf eine Kurzfassung beschränken und verweisen den interessierten Leser bezüglich weiterer historischer Details auf die vorzügliche Darstellung in [23].

> *Der Inselstaat Mamajorca besitzt eine matriacharische Gesellschaftsform. Königin Henrietta I regiert mit großer Weisheit. Alle Untertaninnen gehorchen ihr aufs Wort und beherrschen das logische Schließen perfekt. Darüberhinaus ist noch wichtig zu wissen, daß die Insel so klein ist, daß ein lautes Ereignis, das sich dort ereignet, überall wahrgenommen werden kann.*
>
> *Eines Tages hält die Königin eine Versammlung aller Frauen auf dem Marktplatz ab und gibt Folgendes bekannt:*
>
> - *Mindestens einer Eurer Ehemänner ist untreu gewesen.*
> - *Keine von Euch weiß, ob ihr eigener Gatte treu ist oder nicht, aber jede weiß dies von allen anderen Männern.*
> - *Ich gestatte keine öffentliche Diskussion über dies Thema.*
> - *Sobald eine Frau weiß, daß ihr Gatte untreu ist, so hat sie diesen um Mitternacht desselben Tages zu erschießen.*
>
> *Daraufhin vergehen neun Tage ohne Besonderheiten. In der zehnten Nacht konnte man eine Reihe von Schüssen hören.*

Frage, was ist passiert? Die Antwort lautet, daß zehn Männer untreu gewesen sind und daß alle in dieser Nacht ihr Ende finden. Allgemein gilt folgender Sachverhalt:

Theorem 9.1. *Es sei t die exakte Anzahl untreuer Ehemänner. Dann werden genau diese in der t-ten Nacht nach der Versammlung erschossen.*

Für $t = 1$ ergeben sich nämlich folgende Schlüsse. Alle Frauen bis auf eine wissen von genau einem Mann, daß er untreu ist. Dessen Frau dagegen kennt nur treue Ehemänner. Da nach Aussage der Königin mindestens ein untreuer existiert, schließt sie, daß ihr Mann der einzige derartige ist, und befolgt den Befehl in der ersten Nacht.

Aus diesem Vorfall können nun die anderen Frauen schließen, daß ihr eigener Ehemann treu gewesen sein muß. Denn andernfalls hätte die Vollstreckerin auch mindestens einen untreuen Mann gekannt und hätte daher am ersten Tag nicht die Gewißheit erlangen können, daß ihr Mann untreu war.

Nehmen wir nun induktiv an, daß es für $t > 1$ bis zur $(t-1)$-ten Nacht ruhig geblieben ist, so ergibt sich für die Untertaninnen am Tag t das folgende Bild. Die Frauen mit untreuen Männern kennen $t-1$ andere untreue Männer. Da keiner in der vorangegangenen Nacht erschossen wurde, konnte bislang

---

chen des drittletzten Tages eindeutig, usw. Für den Gefangenen vollkommen überraschend erscheint dann doch der Henker am folgenden Mittwoch.

keine Frau Gewißheit erlangt haben. Dies impliziert jedoch, daß jede Frau mindestens $t-1$ untreue Männer kennen muß. Der Gatte einer Frau, die nur $t-1$ untreue Männer kennt, muß daher zu den untreuen gehören und wird folglich in derselben Nacht bestraft.

Global betrachtet stellen wir Folgendes fest: Die genaue Zahl t der Ungetreuen ist zunächst den Frauen nicht bekannt. Globales Wissen ist auf Grund der Verkündung der Königin nur, daß $t \geq 1$. Was weiß eine Frau, die t untreue Männer kennt? Die korrekte Zahl muß entweder t oder $t+1$ betragen – abhängig von ihrem eigenen Mann. Darüberhinaus kann sie sicher sein, daß jede andere Frau einerseits mindestens $t-1$ untreue Männer kennt und andererseits weiß, daß die anderen Frauen mindestens $t-2$ untreue Männer kennen. Nach Ablauf der t-ten Nacht kennen schließlich alle Frauen die korrekte Zahl – dies wird damit globales Wissen –, aber sie wissen darüberhinaus auch, daß alle anderen Frauen diese Zahl kennen und zusätzlich wissen, daß alle anderen dies Wissen besitzen. Informationsübertragung hat in diesem Fall ohne physikalische Datenübermittlung stattgefunden und zu einem einheitlichen globalen Wissensstand aller Beteiligten geführt.

Im allgemeinen wächst bei der Beschreibung des lokalen und globalen Wissens in einem Verteilten System die Rekursionstiefe mit der Größe des Systems. Derartiges wird in der menschlichen Umgangssprache sehr schnell nicht mehr überschaubar. Eine gute Formalisierung und strenge logische Schlußweisen sind dann unverzichtbar. Dem an näheren Details interessierten Leser empfehlen wir die Arbeiten [15, 2, 24, 14, 10, 22], wo geeignete Modellierungen vorgestellt werden.

9.3 Kommunikationsverzögerungen

Im nächsten Jahrhundert setzt Henrietta II die Treue-Kampagne ihrer Mutter fort, allerdings mit neuerer Technologie.

- Sie installiert ein Post-System auf der Insel, das jeden Brief in endlicher Zeit dem Empfänger zustellt.

Anstelle einer Versammlung auf dem Marktplatz geschieht die Unterrichtung aller Untertaninnen zum Thema „untreue Ehemänner" nun dergestalt, daß die Königin zunächst Briefe an alle versendet mit Informationen über das neue Mail-System. Anschließend erhält jede Frau einen Brief mit dem gleichem Wortlaut wie das, was Henrietta I verkündet hatte.

Das Ergebnis ist niederschmetternd, es passiert nämlich nichts. Denn bei Verzicht auf die Versammlung – oder wie ein Informatiker sagen würde, Ersatz des synchronen Broadcasts durch paarweise Kommunikation mit unbeschränkter Verzögerung – ergibt sich, daß bei mehr als einem untreuen Ehemann keiner bestraft wird. Eine Frau kann sich nämlich nicht sicher sein, daß alle anderen den Befehl der Königin bereits erhalten haben und dementsprechend gehandelt haben. Aus der Asynchronität des Systems können daher keine Schlußfolgerungen über das Nichteintreten von Ereignissen gezogen werden.

Henrietta III hat aus den Fehlern ihrer Mutter gelernt und verbessert den Post-Service.

- Jeder Brief wird nun garantiert noch am gleichen oder spätestens am nächsten Tag zugestellt.

Anders ausgedrückt gibt es eine Zeitspanne von $u = 2$ Tagen, innerhalb derer eine Nachricht eintreffen kann. Diese Unsicherheit u ist wesentlicher als die Mindestzeit zur Datenübermittlung. Qualitativ gleiche Resultate würden sich ergeben, wenn jeder Brief beispielsweise am dritten oder vierten Tag nach Aufgabe beim Empfänger einträfe.

Die Unterrichtung aller Frauen zum Thema „untreue Ehemänner" unter ihrer Herrschaft beginnt mit der Information über das verbesserte Mail-System gefolgt von einem Brief an alle Untertaninnen mit dem gleichem Wortlaut wie der ihrer Großmutter.

Das Ergebnis ist noch immer nicht zufriedenstellend, denn es geschieht eine große Ungerechtigkeit: Es werden einige, aber nicht alle untreuen Männer bestraft. Wieso?

Die Analyse dieser Situation ist wesentlich komplexer und soll hier nur angedeutet werden. Die Unsicherheit, wann die Briefe der Königin bei den Untertaninnen eintreffen, impliziert zum einen, daß sich der Fortschritt beim globalen Wissen nur mit Geschwindigkeit u entwickeln kann. Bei jeder Überlegung muß eine Frau darauf Rücksicht nehmen, daß andere diese Erkenntnisse erst einen Tag später erlangt haben könnten, und daher einen Tag abwarten. So wäre es beispielsweise fatal, wenn eine Frau, die nur einen untreuen Mann kennt und in der ersten Nacht keine Schüsse hört, daraus schließen würde, daß ihr eigener Mann ebenfalls untreu sein müsse und diesen daraufhin in der zweiten Nacht bestrafen würde. Die Frau des untreuen Mannes könnte den Brief der Königin erst am zweiten Tag erhalten habe und, angenommen alle andere Männer seien treu, erst in der zweiten Nacht handeln. Es vergehen daher mindestens $2t - 1$ Tage, bis betrogene Ehefrauen ihren Mann entlarven können.

Darüberhinaus kann eine betrogene Ehefrau, die den Brief der Königin später als ihre Leidensgenossinnen erhält, keine Gewißheit über die Untreue ihres Gatten erlangen. Denn die Schüsse, die in der Nacht $2t - 1$ fallen – für diese Frau wäre es erst die $(2t - 2)$-te Nacht nach Erhalt des Briefes der Königin – könnten ebenso aus einer Situation resultieren, wo es nur $t - 1$ untreue Männer gibt und alle deren Ehefrauen den Befehl der Königin mit einem Tag Verspätung erhalten.

Man kann dies Problem erstaunlicherweise dadurch lösen, daß man den Frauen eine zusätzliche Wartezeit $d \geq u - 1$ auferlegt, bevor sie zur Tat schreiten sollen. Der Fortschritt wird dadurch auf $u + d$ verlangsamt. Um derartiges zu vermeiden, empfiehlt sich alternativ die Einführung eines globalen Kalenders und das Abstempeln der Briefe, so daß der Empfänger die Laufzeit der Post erkennen kann.

9.4 Unzuverlässige Komponenten und Kommunikation

Die Geschichte endet damit, daß Henrietta IV alle Untertaninnen noch einmal auf dem Marktplatz versammelt und mit diesem Tag den Mamajorcischen Kalender einführt. Ihre weiteren Bemühungen, die Kampagne der Vorfahren fortzuführen, scheiterten jedoch daran, daß ihre Untertaninnen inzwischen das Vertrauen in die Weisheit ihrer Herrinnen verloren hatten. Man konnte nicht mehr bei allen Frauen sicher sein, daß das neue Dekret peinlich genau befolgt werden würde. Nunmehr können selbst loyale Untertaninnen nicht mehr die Untreue ihres Ehemann als erwiesen ansehen, wenn andere Frauen bis zu einem gewissen Zeitpunkt nicht gehandelt haben. Damit waren fortan alle Bestrebungen zur Hebung der Moral in Mamajorca zum Scheitern verurteilt.

Dies zeigt, daß in einem System, wo einzelne Komponenten fehlerhaft arbeiten können, unbewußt oder beabsichtigt, die Synchronisationsproblematik noch erheblich zunimmt.[3] Selbst einfache Übertragungsfehler wie der Verlust von Nachrichten kann globale Konsistenz erschweren oder unmöglich machen.

Im Email-Nachrichtenverbund ist man es gewohnt, eine Fehlermeldung zu bekommen, wenn eine Nachricht den Empfänger nicht innerhalb einer gewissen Zeitspanne, etwa 3 Tage, erreicht hat. Leider funktioniert auch dieser Mechanismus nicht immer zuverlässig und man bekommt gelegentlich eine Nachricht erst nach Monaten oder überhaupt nicht als unzustellbar zurück. Auf den ersten Blick scheint es eine ganz simple Lösung mit wenig Overhead zu geben. Der Empfänger einer jeden Nachricht sendet eine Bestätigung zurück an den Absender. Was passiert jedoch, wenn diese verlorengeht? Der Empfänger besitzt zwar die beabsichtigte Information, der Absender aber weiß nicht, daß der Empfänger diese tatsächlich erhalten hat.

Der Absender könnte dann die Nachricht noch einmal senden. Günstigstenfalls wird dadurch nur das Nachrichtenaufkommen erhöht, oftmals können jedoch auch Nachrichtenduplikate Verwirrung stiften, wenn nicht geeignete Filtermechanismen eingesetzt werden. Erhält der Absender jedoch die Bestätigung, so kann sich der Empfänger nicht sicher sein, daß seine Bestätigung auch angekommen ist. Also könnte der Absender die Bestätigung des Empfängers mit einer Rückbestätigung quittieren, usw. Es sollte klar werden, daß auf diese Weise nie ein gleicher Wissenstand zwischen den beiden Partnern erreicht werden kann, in dem Sinne, daß

> *„A weiß, daß B weiß, daß A weiß, daß . . . daß die Nachricht angekommen ist.“*

Wir wollen im folgenden diese Konsistenzproblematik und die verschiedenen Systemausprägungen bezüglich Synchronisation und Fehlverhalten formalisieren und wichtige grundlegende Erkenntnisse vorstellen.

---

[3] Man überlege sich, was passiert wäre, wenn unter Henrietta I die einzige betrogene Ehefrau am ersten Abend wegen Krankheit handlungsunfähig gewesen wäre.

9.5 Consensus

Systemmodellierung

Wir betrachten Systeme von n autonomen Prozessoren $P_1, \ldots, P_n$, die physikalisch verbunden sind durch ein Kommunikationsnetzwerk. Dies kann ein Broadcast-Medium sein wie ein lokales Ethernet oder ein Token-Ring, bei dem zu jedem Zeitpunkt nur ein Prozessor eine Nachricht an einen oder mehrere andere Prozessoren versenden kann, oder ein Graph, bei dem die Prozessoren, die Knoten des Graphen, jeweils paarweise über separate Verbindungskanäle, die Kanten, miteinander kommunizieren können. Wir setzen voraus, daß der Absender einer Nachricht eindeutig identifiziert werden kann, d.h. Prozessoren besitzen eindeutige IDs und kennen den Partner am anderen Ende einer Verbindungsleitung. Denn anonyme Systeme erweisen sich als zu schwach für unsere angestrebten Ziele.

Die Topologie des Kommunikationsnetzes kann dabei ein vollständiger Graph sein (jeder ist mit jedem verbunden) oder bei großen Netzen typischerweise ein gradbeschränkter Graph – entweder mit einer unregelmäßigen Struktur wie beispielsweise das Internet, oder regelmäßig aufgebaut wie etwa mehrdimensionale Gitter oder Permutationsnetzwerke. Um die essentiellen Schwierigkeiten bei der Synchronisation solcher Systeme zu skizzieren, werden wir zunächst Netzwerke mit vollständigen paarweisen Verbindungen betrachten.

Bei Meinungsverschiedenheiten kann ein Konsens durch eine Mehrheitsentscheidung herbeigeführt werden. Man wählt die Alternative, die die meisten Stimmen erhalten hat. Bei binären Entscheidungen (nur zwei Alternativen) sind daher Systeme mit einer ungeraden Anzahl von Komponenten vorteilhaft, denn es können Pattsituationen nicht auftreten. Dies ist jedoch nicht entscheidend, denn andernfalls kann man für den Falle eines Patts eine Zusatzregel vorsehen – beispielsweise die erste Alternative auszuwählen im Sinne einer vorher festgelegten Ordnung.

Um die Zuverlässigkeit von 1-Prozessorsystemen zu erhöhen, ist es naheliegend, Redundanz durch einfache Duplizierung zu erzielen. Eine Konfiguration, die einzelne Fehler kompensieren kann, sollte daher mindestens 3 autonome Komponenten besitzen. Dies ist eine gängige Vorgehensweise in der Praxis. Jedoch hat sich gezeigt, daß damit nicht alle Anforderungen erfüllt werden können. Denn dies simple Verfahren funktioniert nicht, wenn fehlerhafte Komponenten verschiedenartige Information versenden. Denn letztlich kann ein einzelner Prozessor nur auf der Grundlage seiner lokalen Information, d.h. den von den anderen empfangenen Nachrichten, entscheiden. In einem Verteilten System mit Fehlern kann man nie einen Zustand garantieren, in dem diese lokale Information für alle Komponenten identisch ist. Daher sind kritische Situationen nicht auszuschließen, wo eine marginale Informationsdifferenz zu unterschiedlichen individuellen Entscheidungen führt.

In einer diese Problematik motivierenden Arbeit skizzieren Lamport, Shostak und Pease [18] die folgende Aufgabenstellung, die sie das *Problem der Byzantinischen Generäle* nennen.

Für eine Armee bestehend aus mehreren räumlich getrennten Divisionen jeweils angeführt durch einen General, soll ein Schlachtplan entworfen werden. Die Generäle können untereinander nur durch den Austausch von Botschaftern kommunizieren, da eine Zusammenkunft aller zur Beratung des Plans aus strategischen Gründen ausgeschlossen ist. Eine Entscheidung (etwa sofortiger Angriff oder noch Abwarten) muß daher von jedem General aus den Vorschlägen seiner Kollegen nach einem vorab festgelegten Verfahren vor Ort getroffen werden. Das Problem dabei ist, daß einige wenige eventuell nicht loyale Generäle, die heimlich mit dem Feind paktieren, durch Sabotage versuchen könnten, eine einmütige Entscheidung der übrigen zu verhindern.

Zunächst überlegt man sich, daß es genügt, unabhängig für jeden General eine einmütige Festlegung zu treffen, was dieser für einen Vorschlag unterbreitet hat. Besitzt nämlich jeder denselben Vektor von Vorschlägen, so kann jeder loyale General lokal für sich eine vorher vereinbarte Entscheidungsfunktion wie etwa eine Mehrheitsregel auf diesen Vektor anwenden und gelangt so in Einklang mit den anderen zu demselben Ergebnis.

Bei den Vorschlägen loyaler Generäle ist dies kein Problem, denn ein solcher hat die gleiche Botschaft an alle verschickt. Ein nichtloyaler General dagegen mag einigen „Angriff" und anderen „Rückzug" übersandt haben. Auf was sich die anderen letztendlich einigen, als dessen Vorschlag anzusehen, ist relativ gleichgültig, wichtig ist nur, daß sie zur gleichen Einschätzung kommen. Ohne diese Eigenschaft könnte eine kleine Gruppe illoyaler Generäle in einer Situation, wo die anderen loyalen Generäle zur Hälfte einen Angriff und zur anderen Hälfte ein Abwarten favorisieren, durch gezielte Falschinformation Folgendes erreichen: Einem Teil der loyalen Generäle gegenüber äußern diese Unterstützung für einen Angriff, was etwa bei einer Mehrheitsregel dann dazu führt, daß sich diese für Angriff entscheiden. Einem anderen Teil wird der Vorschlag Abwarten unterbreitet, so daß diese eine Mehrheitsmeinung für letztere Alternative vorfinden.

Somit zerfällt das ursprüngliche Problem in unabhängige gleichartige Teilprobleme, bei denen jeweils ein Konsens zu erzielen ist, als Voraussetzung aber nur ein einzelner Wert, nämlich der Vorschlag eines einzelnen Generals gegeben ist. Dies wollen wir nun folgendermaßen formalisieren.

Jeder Prozessor P_i ($i = 1, \ldots, n$) startet mit einem Anfangswert x_i. Nach Austausch von Informationen mit seinen Nachbarn wählt P_i einen Entscheidungswert y_i. Der Ausgabevektor $Y = (y_1, \ldots, y_n)$ muß dabei in Abhängigkeit vom Eingabevektor $X = (x_1, \ldots, x_n)$ den folgenden Bedingungen genügen:

- **Terminierung (Wait Freeness):**
  Jeder korrekte Prozessor trifft nach endlich vielen Schritten eine Entscheidung. Durch das Verhalten und die Geschwindigkeit anderer Prozessoren kann diese daher nicht unendlich lange hinausgezögert werden. Manchmal wird die stärkere Bedingung erhoben, daß eine Entscheidung innerhalb einer fest vorgegebenen Zeitschranke fällt unabhängig von dem Verhalten anderer.

- **Übereinstimmung (Agreement):**
  Alle korrekten Prozessoren entscheiden sich für den gleichen Wert, d.h. $y_i = y_j$, falls P_i und P_j beide korrekt sind.

- **Sinnhaftigkeit (Validity):**
  Als Entscheidungswerte sind nur die aktuellen Eingabewerte zulässig, $y_i \in \{x_1, \ldots, x_n\}$. Dies bedeutet insbesondere, daß bei identischen Eingabewerten dieser Wert auch von jedem als Entscheidungswert gewählt werden muß.

  In manchen Fällen begnügt man sich mit dieser zweiten schwächeren Forderung und akzeptiert bei verschiedenartigen Eingabewerten einen beliebigen Ausgabewert. Eine noch weitergehende Abschwächung ist die folgende Bedingung, die
  Nichttrivialität:
  Die Menge der Entscheidungswerte, die sich ergeben, wenn man alle Anfangsverteilungen und alle möglichen Protokollabläufe betrachtet, umfaßt mehr als ein Element.

Terminierung ist eine selbstverständliche, aber nicht zu vergessende Bedingung bei Algorithmen für Verteilte Systeme. Damit sollen Protokolle ausgeschlossen werden, die in ungünstigen Situationen, z.B. beim Ausfall gewisser Komponenten, das Problem unendlich lange vor sich herschieben, ohne zu einer Lösung zu gelangen.

Die zweite Bedingung der Übereinstimmung – zumindest der korrekten Prozessoren – ist unser eigentliches Ziel. Es ist klar, daß man keine Anforderungen an die Entscheidung inkorrekter Prozessoren stellen kann.

Die letzte Bedingung schließlich verlangt, daß das Ergebnis der Entscheidung die Ausgangslage – zumindest in eindeutigen Situationen – entsprechend widerspiegelt. Ein Entscheidungsverfahren mit diesen Eigenschaften wird als *Byzantinisches Agreement* bezeichnet. Die noch schwächere Forderung der Nichttrivialität ist das mindeste, was man verlangen sollte, nämlich um Verfahren auszuschließen, die immer einen vorab festgelegten Wert wählen. Diese Version heißt *nichttrivialer Consensus* oder einfach *Consensus*.

Die nachfolgenden negativen Resultate gelten schon für binäre Entscheidungsprobleme, d.h. die einzig möglichen Anfangswerte sind 0 und 1. Algorithmen sind in der Regel für beliebige Wertebereiche konzipiert. Man kann jedoch durch geeignete Maßnahmen erreichen, daß bei jedem Lauf nur eine kleine Anzahl von Werten zu betrachten ist. Wenn beispielsweise ein General zu Anfang viele verschiedene Werte an die anderen sendet, so kann dies relativ leicht erkannt werden und man kann derartige Falschmeldungen unbeachtet lassen.

Physikalische Synchronisation von Rechnernetzen

Durch die technische Ausführung besitzt ein Rechnernetz eine gewisse Synchronisation per se. Diesbezüglich ist es zweckmäßig, *synchrone und asynchrone* Modelle zu unterscheiden, und dies getrennt für die beiden wesentlichen Bereiche: zum einen die Kopplung der Prozessoren, zum anderen die Nachrichtenübertragung durch das Kommunikationsnetzwerk.

Kann die Hardware keine perfekte Synchronisation garantieren, so wäre die nächste Stufe eine *beschränkte Form von Asynchronität*. Es wird dann angenommen, daß die Schwankungen der relativen Geschwindigkeit der Prozessoren zueinander nach oben und unten durch feste bekannte Werte beschränkt sind. Für das Netzwerk werden garantierte maximale (und in manchen Fällen auch wichtig minimale) Übertragungszeiten für jede einzelne Nachricht gefordert.

Im *vollkommen asynchronen Modell* gibt es derartige Garantien nicht, d.h. eine Nachricht beispielsweise kann beliebig lange verzögert werden. Fehler können nicht durch einfache Timeout-Verfahren oder ähnliches behandelt werden. Denn der Verlust einer Nachricht ist prinzipiell nicht zu unterscheiden von einer großen Verzögerung bei der Übertragung, der Ausfall eines Prozessors nicht von einem Zustand, wo dieser durch starke Belastung extrem langsam reagiert. Man kann dies Problem auch nicht dadurch lösen, derartige systemkonforme Verzögerungen als virtuelle Fehler zu deklarieren. Dies würde nämlich überzogene und zum Teil nicht erfüllbare Anforderungen an die Fehlertoleranz stellen.

Nimmt man an, daß Prozessoren und Netzwerk in gleichem Maße synchronisiert sind, so ergeben sich die folgenden drei wesentlichen Modelle.

- *vollständig synchron:* getaktet in synchronen Runden wie oben am Beispiel des Firing-Squad-Problems beschrieben,

- *beschränkt asynchron,*

- *vollständig asynchron.*

Fehlertoleranz

Die Lösbarkeit der Consensus Probleme und die Komplexität der Algorithmen hängt wesentlich davon ab, welche Annahmen man über die Anzahl und Art der auftretenden Fehler macht. Oftmals wird dabei zur Vereinfachung angenommen, daß die Kommunikationsleitungen einwandfrei arbeiten und Fehler nur bei den Prozessoren auftreten. Mit anderen Worten, der Verlust einer Nachricht wird gewertet als ein Prozessorfehler, entweder beim Absender oder beim Empfänger. Dieses Vorgehen läßt sich auf Grund der nachfolgenden Ergebnisse rechtfertigen.

Die wichtigsten Typen von Fehlern, geordnet der Schwere nach sind die folgenden:

1. *Fail-Stop* oder Ausfall (Crash) eines Prozessors: Der Prozessor arbeitet bis zu einem gewissen Zeitpunkt einwandfrei und fällt dann vollständig aus, insbesondere sendet oder empfängt er keine Nachrichten mehr.
2. *Omission* oder partielle Unterbrechung: Einige Nachrichten gehen verloren, alle Nachrichten, die den Empfänger erreichen, sind jedoch korrekt.
3. *Timing:* Ausführen einer Aktion oder das Versenden von Nachrichten geschieht zu spät oder auch zu früh.
4. *Byzantinischer Fehler* oder Inkonsistenz: Gestörte Prozessoren verhalten sich beliebig inkorrekt, insbesondere können sie falsche Information versenden.

Byzantinische Fehler werden sinnvollerweise noch in folgender Weise eingeschränkt:

- *symmetrische Fehler:* Ein inkorrekter Prozessor verhält sich zu allen anderen in gleicher Weise inkorrekt.

- *erkennbare Fehler:* Eine Nachricht, die falsch ist, kann vom Empfänger erkannt werden.

- *beweisbare Fehler:* Ein Prozessor kann den anderen einen Beweis erbringen, wenn ihm ein Nachbar eine falsche Nachricht übersandt hat.

Symmetrische Fehler erweisen sich noch als relativ gut kompensierbar. Beim Byzantinischen Agreement beispielsweise treten keine Probleme auf, wenn ein inkorrekter General allen anderen die gleiche falsche Meinung übermittelt, deren Übereinstimmung wird dadurch nicht gestört.

Falsche Nachrichten können bei der Generierung und bei der Übertragung entstehen. Übertragungsfehler im Netzwerk können durch geeignete Codierung der Nachrichten erkannt werden. Eine falsche Information eines Nachbarn kann jedoch unter Umständen mit Hilfe des lokalen Wissens enttarnt werden.

Schwierig wird es, einen Dritten davon zu überzeugen, daß Fehler im System aufgetreten sind. Erhält etwa ein Prozessor P_i eine falsche Nachricht von P_j, so kann er dies gegenüber P_k zwar behaupten. P_k steht jedoch vor der schwierigen Entscheidung, wem zu glauben, wenn P_j behauptet, diese Nachricht niemals an P_i gesendet zu haben.

Enorme Bedeutung erlangt diese Beweisbarkeit beispielsweise bei der Konzipierung elektronischer Zahlungssysteme. Wir wollen uns hier auf Authentisierungsverfahren in Form digitaler Unterschriften beschränken. Werden alle Nachrichten auf diese Weise authentisiert, so kann P_i einem Dritten gegenüber jederzeit den Beweis erbringen, daß P_j der Urheber gewesen ist.

Diese Klassifizierung der Annahmen über Fehler im System ist so zu verstehen, daß man nach Bewertung der möglichen Fehler in einem realen System und der Güte der gewünschten Fehlertoleranz ein entsprechendes Fehlermodell und dann für dieses Modell geeignete Verfahren wählt. Um ganz sicher zu gehen, sollten auch schwere Fehler wie Inkonsistenzen berücksichtigt werden, was jedoch in der Regel einen höheren Aufwand erfordert. Sind die Sicherheitsanforderungen nicht so hoch, kann man sich auf einfachere Fehlermodelle und damit effizientere Protokolle beschränken.

Für die weitere Analyse benötigen wir, wie sich herausstellen wird, noch eine obere Schranke für die maximale Anzahl inkorrekter Prozessoren. Diese Zahl bezeichnen wir im folgenden mit t. Ein Algorithmus oder Protokoll zur Lösung des Consensus Problems heißt t–*fehlertolerant* (t–resilient) bezüglich eines vorgegebenen Typs von Fehlern, falls für jede beliebige Verteilung von Anfangswerten und beliebiges fehlerhaftes Verhalten von maximal t Prozessoren die übrigen Prozessoren bei korrektem Verhalten den erwarteten Konsens erzielen.

Diese Art von Fehlertoleranz mit einer festen vorgebenen Schranke für die maximale Anzahl von Fehlern ist vielleicht nicht das, was man in der Praxis am liebsten hätte. Wünschenswerter wären Verfahren, die sich der Zahl der auftretenden Fehler anpassen und in ungünstigen Situationen entsprechend mehr Aufwand betreiben. Die Ergebnisse im folgenden werden zeigen, daß so etwas im allgemeinen nicht möglich ist. Konsens kann immer nur bis zu einer gewissen Fehlerschranke t, die als Parameter in diesen eingeht, garantiert werden. Man muß daher abwägen und entsprechend den Erfordernissen t genügend hoch ansetzen.

Neben deterministischen Protokollen sind auch probabilistische Protokolle betrachtet worden, die durch interne Randomisierung das Erreichen eines Konsens beschleunigen. Diese Algorithmen arbeiten fehlerfrei, d.h. korrekte Prozessoren entscheiden immer gleich. Durch Zufallsentscheidungen, teils global, teils lokal, wird dabei der (worst-case) Einfluß fehlerhafter Prozessoren gemindert. Im Rahmen dieser Einführung können wir diesen Punkt nicht weiter vertiefen.

9.6 Byzantinisches Agreement in synchronen Systemen

Fehlertoleranz

Wir betrachten zunächst synchrone, vollständig verbundene Rechnernetze. Die einfachste Konfiguration ist ein Ring aus 3 Prozessoren, von denen einer, etwa P_1 als vorschlagender General fungiert. Seine Botschaften an die P_i sind die Ausgangswerte x_i für das Consensus-Protokoll. Maximal einer der Generäle P_1, P_2, P_3 sei inkorrekt, d.h. $n = 3$ und $t = 1$. In dem Fall, daß alle Prozessoren bis auf einen defekt sind, ist Agreement offensichtlich trivialerweise erfüllt, deshalb sei im folgenden $t < n - 1$ vorausgesetzt.

Ist der General P_1 korrekt mit Anfangswert 0 und teilt dies P_2 und P_3 mit, so muß sich P_2 auf Grund der Validity Bedingung für den Wert 0 entscheiden. Dies gilt auch, wenn ihm P_3 inkorrekterweise mitteilt, er selber habe von P_1 den Wert 1 erhalten. Analoges gilt für einen korrekten General P_1 mit Wert 1 und die Entscheidung eines korrekten P_3, unabhängig davon, daß P_2, nun inkorrekt, behauptet, den Wert 0 empfangen zu haben. P_3 wird wie P_1 den Wert 1 wählen.

Man vergleiche dies nun mit einer dritten Situation, wo P_1 inkorrekt und P_2 und P_3 korrekt sind und P_1 die Ausgangswerte 0 an P_2 und 1 an P_3 sendet. Die beiden korrekten Generäle können sich zwar gegenseitig über diese Inkonsistenz unterrichten, sie aber nicht lösen. Die lokale Information ist für P_2 identisch zur ersten Situation, wo er sich für 0 entschied, und für P_3 identisch zur zweiten Situation mit Entscheidung 1. Daher müssen sich beide wie in den entsprechenden vorherigen Situationen entscheiden und verletzen damit die Einmütigkeit.

Dieses Argument läßt sich formalisieren und erweitern auf Netzwerke mit beliebig vielen Prozessoren, von denen bis zu ein Drittel fehlerhaft sein können. Gleichzeitig wurde in [26] ein simples, aber extrem kommunikationsintensives Protokoll vorgestellt, welches das Problem für weniger als ein Drittel Fehler in $t + 1$ Runden löst. Ein Prozessor sendet in jeder Runde an alle anderen alle Information, die er bislang erhalten hat (man nennt derartiges auch ein *Full-Information-Protokoll*). Der Aufwand, genauer die Länge der Nachrichten dieses Protokolls, wächst exponentiell mit der Zahl der Runden ($O(n^{t+1})$). Die Entscheidungsregel und deren Korrektheitsbeweis sind die eigentliche Schwierigkeit und benutzen eine komplexe Induktion. Somit erhalten wir für den allgemeinsten Fall beliebiger Inkonsistenzen von Prozessoren das Ergebnis :

Theorem 9.2. *In synchronen Systemen der Größe n ist t-fehlertolerantes Byzantinisches Agreement genau dann zu erzielen, wenn $t < n/3$ gilt [26].*

Dies positive Ergebnis für $t < n/3$ ist später unter Effizienzgesichtspunkten in einer langen Folge von Arbeiten verbessert worden. Zunächst wurde der Kommunikationsaufwand auf polynomielle Größe ($O(nt + t^3)$) reduziert, allerdings auf Kosten der Zeitkomplexität oder der Fehlertoleranz. Diese Entwicklung und den aktuellen Erkenntnisstand kann man in [13] nachlesen.

Halten wir damit fest: Ein redundantes System der Größe 3, wie es die simple Mehrheitsregel nahelegen mag, genügt nicht, um Agreement bei einem beliebigen Fehler zu garantieren. Man benötigt vielmehr 4 autonome Duplikate.[4]

Kommunikation mit Authentisierung

Bei Authentisierung durch signierte Nachrichten (digitale Unterschriften) ist obig skizziertes Szenario nicht möglich. In der ersten Situation etwa würde P_2 dem inkorrekten Prozessor P_3 nicht glauben, da ihm dieser nicht den Wert 1 mit der Unterschrift von P_1 präsentieren kann. In der letzten Situation dagegen können sich P_2 und P_3 gegenseitig den Nachweis erbringen, daß P_1

---

[4] Die Relevanz dieser Erkenntnis mag man daran ablesen, daß in Fachkreisen Beispiele genannt wurden, wo dieser Trugschluß bezüglich 1-Fehlertoleranz bei Redundanz 3 in realen Systemen tatsächlich zu unerwarteten Problemen geführt haben soll.

inkonsistente Information versendet hat, denn sie besitzen verschiedene von diesem signierte Werte.

Byzantinisches Agreement kann daher durch das folgende simple 2-Runden Protokoll erreicht werden. In der ersten Runde schickt der General seinen authentisierten Wert an die beiden anderen. Diese Nachrichten tauschen P_2 und P_3 in der zweiten Runde aus. Falls diese am Ende genau einen Wert mit der Unterschrift von P_1 besitzen, entscheiden sie auf diesen Wert. Andernfalls, d.h. wenn P_i keinen oder mehrere Werte erhalten hat, entscheidet er sich für einen vorab festgelegten Default-Wert (z.B. 0).

Ist P_1 korrekt, so wird nur sein Anfangswert in authentisierter Form vorliegen und jeder andere korrekte Prozessor entscheidet sich ebenfalls für diesen (Validity). Signiert P_1 dagegen verschiedene Werte, so werden sich die beiden anderen korrekten Prozessoren diese gegenseitig zusenden und daher beide den Default-Wert wählen (Agreement).

Bei größeren Systemen mit entsprechend größerer Fehlerschranke t reicht dies 2-Runden Protokoll nicht aus, um Agreement sicherzustellen. Denn neben dem General P_1 können noch andere fehlerhaft sein und bewirken, daß sich das lokale Wissen zweier korrekter Prozessoren auch nach der zweiten Runde unterscheidet. Dieser Aufwand läßt sich nicht vermeiden, auch wenn man die Fehlerarten noch weiter einschränkt, wie die folgenden Ergebnisse zeigen.

Theorem 9.3. *Bei Verwendung von Protokollen mit Authentisierung (beweisbare Fehler) oder für den einfacheren Fall von Omission-Fehlern ist in synchronen Systemen jede Fehlerschranke $t \leq n$ tolerierbar.*

In synchronen Systemen sind im ungünstigen Fall $t + 1$ Runden Informationsaustausch für t-fehlertolerantes Byzantinisches Agreement notwendig und hinreichend, selbst wenn nur Fail-Stop-Fehler auftreten können [8].

Zeit- und Nachrichtenkomplexität

In der Praxis wird man aus Sicherheitsgründen die maximale Fehlerschranke relativ hoch ansetzen, im Normalfall jedoch keine oder nur wenige tatsächliche Fehler erwarten. Daher sind Protokolle von Interesse, die in solch einer gutartigen Situation das Agreement wesentlich schneller erreichen. Diese Eigenschaft nennt man *Early Stopping*. Die obigen Lösungen dagegen verwenden immer eine feste Rundenzahl $t + 1$. Mit anderen Worten sind worst-case und best-case Zeitkomplexität identisch.

Unsere Untersuchungen haben ergeben, daß man dazu zwischen zwei Formen von Agreement unterscheiden muß.

- *Immediate Agreement*: Alle korrekten Prozessoren entscheiden sich in der gleichen Runde; Anwendungsbeispiel wäre eine simultane Aktion wie beim Firing-Squad-Problem.

- *Eventual Agreement*: Korrekte Prozessoren wählen denselben Wert, jedoch möglicherweise zu verschiedenen Zeitpunkten; Anwendungsbeispiel etwa Transaktionen in verteilten Datenbanksystemen.

Early Stopping ist unter der *Immediate*-Bedingung nicht möglich. Im anderen Fall kann man diese Eigenschaften erreichen, es bedarf allerdings einer zusätzlichen Runde.

Theorem 9.4. *Um Immediate Agreement zu erzielen, sind immer $t+1$ Runden notwendig, selbst wenn in der konkreten Situation überhaupt keine Fehler auftreten.*

Eventual Agreement kann bei f tatsächlichen Fehlern bereits in $f + 2$ Runden erzielt werden. Diese Schranke ist bestmöglich [6].

Wir hatten oben bereits kurz die Nachrichtenkomplexität angesprochen. Zur Vereinfachung wollen wir bei Protokollen ohne Authentisierung die Anzahl der Nachrichten zählen, während bei Protokollen mit Authentisierung auch die Anzahl der Unterschriften, die in Nachrichten enthalten sind, von Bedeutung ist. Der notwendige Aufwand kann relativ gut abgeschätzt werden. Dazu folgendes Ergebnis:

Theorem 9.5. *Ein t-fehlertolerantes Protokoll für Byzantinisches Agreement benötigt im worst case ohne Authentisierung mindestens $\Omega(nt)$ Nachrichten und mit Authentisierung mindestens $\Omega(n + t^2)$ Nachrichten mit insgesamt mindestens $\Omega(nt)$ Unterschriften [5].*

Diese Schranken sind asymptotisch bestmöglich, da sie von geeigneten Protokollen erreicht werden. Bei der ersten gilt dies zumindest für kleine t.

Allgemeine Netzwerke

Die bislang betrachteten Algorithmen setzten voraus, daß jeder Prozessor an jeden anderen auf direktem Wege Nachrichten senden kann. Für große Systeme sind vollständige Netzwerke unrealistisch. In weniger dichten Netzwerken funktionieren modifizierte Verfahren, wenn man den Durchmesser des Graphen berücksichtigt. Bei den einfachen Fehlertypen reicht es, wenn der Subgraph aus korrekten Prozessoren zusammenhängend ist. Bezeichnet k die Zusammenhangszahl des Netzwerkes, so ist dafür hinreichend $k > t$. Bei Byzantinischen Fehlern gilt dagegen

Theorem 9.6. *Für t-fehlertolerantes Byzantinisches Agreement bei Inkonsistenz ohne Authentisierung ist in einem Netzwerk notwendig und hinreichend $t < k/2$ [3].*

Die Notwendigkeit folgt aus der Eigenschaft, daß in einem Netzwerk mit Zusammenhangszahl $k \leq 2t$ zwei Teilmengen von Prozessoren der Mächtigkeit jeweils maximal t die übrigen Prozessoren trennen können. Verhalten sich alternativ alle Prozessoren in einer dieser beiden Teilmengen hinreichend inkonsistent und verfälschen die Nachrichten zwischen den Teilen des getrennten Netzwerkes, so haben die Prozessoren in den verschiedenen Teilen keine Möglichkeit, die beiden Situationen zu unterscheiden.

Andererseits kann man in einem Netzwerk mit Zusammenhang mindestens $2t + 1$ die Kommunikation in einem vollständigen Netzwerk fehlerfrei simulieren. Eine Nachricht wird vom Absender dupliziert und über $2t + 1$ disjunkte Wege an den Empfänger versandt. Da mindestens eine Mehrheit von $t + 1$ Wegen nur korrekte Prozessoren enthält, gelangen die Nachrichten über diese unverfälscht ans Ziel.

Damit sind durch n und k die maximale Fehlertoleranz t eines beliebigen Netzwerkes für Byzantinisches Agreement eindeutig bestimmt: $t < \min\{n/3, k/2\}$. In [11] wird ein elegantes Argument mit Hilfe von Überdeckungsgraphen entwickelt, um diese Schranke nicht nur für das Byzantinische Agreement, sondern auch für ähnliche Konsens-Probleme zu beweisen.

9.7 Consensus in asynchronen Systemen

Betrachten wir nun den Fall eines (vollkommen) asynchronen Netzwerkes. Es hat sich gezeigt, daß nicht die unterschiedliche Arbeitsgeschwindigkeit der Prozessoren die entscheidende Schwierigkeit ist – denn dies läßt sich bis zu einem gewissen Grad synchronisieren – sondern die Nachrichtenverzögerung. Das erste und grundlegende Resultat besagt, daß im asynchronen Fall überhaupt kein Konsens erreicht werden kann.

Theorem 9.7. *In vollkommen asynchronen Systemen ist nichttrivialer Consensus unmöglich, selbst für den einfachsten Fall* $t = 1$ *und Ausfall-Fehler [12].*

Die Beweisidee ist wie folgt: Eine Konfiguration C des Systems heiße *bivalent*, wenn es noch möglich ist, beide Entscheidungswerte zu erreichen. Es gibt mit anderen Worten zwei verschiedene Fortsetzungen von C, so daß die korrekten Prozessoren einmal auf 0 und einmal auf 1 entscheiden. Andernfalls heiße C univalent (genauer 0-valent oder 1-valent). Wann immer nun ein Protokoll in eine entscheidende Phase tritt, d.h. von einer bivalenten in eine univalente Konfiguration übergeht, und dies muß durch die Aktion eines einzelnen Prozessors geschehen, besteht die Gefahr, daß das System bei Ausfall oder extremer Verlangsamung dieses Prozessors nie zu einer Entscheidung gelangt.

Da nichttrivialer Consensus eine sehr schwache Anforderung darstellt, hat dies Ergebnis in Fachkreisen zunächst zu der Auffassung geführt, daß in einem asynchronen System keinerlei sinnvolle fehlertolerante Kooperation möglich ist. Das folgende Problem einer kompakten Namensvergabe zeigt jedoch, daß man auch im vollkommen asynchronen Fall etwas erreichen kann. Ziel des *Renaming-Problems* ist jedoch gerade das Gegenteil von Einmütigkeit.

Jeder Prozessor P_i besitzt als Eingabe einen eindeutigen Namen x_i, der aus einem großen Universum stammt. P_i soll aus einer Menge W einen neuen Namen y_i wählen, so daß $y_i \neq y_j$ für alle $i \neq j$. Dabei wähle man w, die Mächtigkeit der Menge W, in Abhängigkeit von n und t möglichst klein.

Bei einer nichtdistributiven Lösung mit einer zentralen Namensvergabestelle, etwa Prozessor P_1, würde $w = n$ genügen; diese weist allerdings keinerlei Fehlertoleranz auf. Die naheliegende Idee, P_1 im Falle des Ausfalls durch einen Vertreter P_2 zu ersetzen, scheitert daran, daß dazu ein Konsens über den Ausfall von P_1 notwendig ist. Dies ist jedoch unmöglich, wie wir oben gesehen haben. Erhöht man jedoch den Entscheidungsspielraum, so wird das Problem distributiv und fehlertolerant lösbar.

Theorem 9.8. *Renaming ist in asynchronen Systemen t-fehlertolerant mit n Namensalternativen nicht lösbar, selbst für $t = 1$.*
Bei $n + t$ Alternativen gibt es dagegen geeignete Protokolle, die dies erreichen [1].

Da Fehlererkennung ein grundsätzliches Problem darstellt, im asynchronen Fall jedoch nicht garantiert werden kann, wurde folgende Abschwächung unter dem Namen *kollektive Konsistenz* betrachtet, ein Consensus ohne garantierte Terminierung.

Fehlerhafte Prozessoren sollen erkannt und isoliert werden. Jeder Prozessor P_i bestimmt zu diesem Zweck eine Menge V_i von Prozessoren, die er als fehlerhaft ansieht. Falls zwei Prozessoren P_i, P_j eine Entscheidung treffen und $P_j \notin V_i$, so wird verlangt, daß $V_i = V_j$.

Auf Grund des obigen Unmöglichkeitsergebnisses kann kollektive Konsistenz nicht in allen Situationen „wait-free" erreicht werden. Genauer gilt:

Theorem 9.9. *Jedes nichttriviale Protokoll für kollektive Konsistenz in einem asynchronen System besitzt entweder einen Lauf ohne Fehler, in dem kein Prozessor jemals eine Entscheidung trifft, oder einen Lauf, bei dem alle Prozessoren auf einen Prozessor warten [9].*

9.8 Zeit-Synchronisation

Zum Abschluß wollen wir noch kurz auf das Problem der zeitlichen Synchronisation eingehen. Jeder Knoten in einem Rechnernetz besitzt heutzutage eine interne Uhr, seine lokale Hardware-Clock, die sich bezüglich einer absoluten Referenzuhr mit einer gewissen Abweichung, der sogenannten Drift-Rate, bewegt[5]. Selbst in einem lokalen Cluster können sich so erhebliche Zeitunterschiede einstellen, wenn nicht manuell oder periodisch auf Betriebssystemebene (typischerweise in einer Master-Slave-Form) eine Synchronisation durchgeführt wird.

Eine möglichst genaue Synchronisation der Uhren ist aus vielerlei Gründen wichtig. In synchron arbeitenden Systemen etwa können nur so scharfe Zeitpunkte für Timeouts definiert werden. In Realzeit-Systemen ist eine gute Synchronisation Grundvoraussetzung. Sogenannte *Time-Stamps* zur Ordnung von Ereignissen oder die Festlegung von Zeitintervallen – etwa für die

---

[5] Für moderne Workstations liegt diese typischerweise im Bereich von $10^{-5} \ldots 10^{-6}$, d.h. Abweichungen von bis zu einer Sekunde pro Tag sind üblich.

Gültigkeit von Schlüsseln beim Einsatz kryptografischer Verfahren in Rechnerverbänden – sind ebenfalls auf synchronisierte Uhren angewiesen. Lamport hat diese Problematik als erster eingehend diskutiert (siehe hierzu [16]). Inzwischen sind eine Vielzahl von Protokollen zur Uhrensynchronisation mit unterschiedlicher Fehlertoleranz und Güte entwickelt worden (beispielhaft genannt seien [20, 4], einen guten Überblick über die älteren Verfahren gibt [28]).

Man unterscheidet dabei zwischen *interner Synchronisation* und nennt die maximale Abweichung zwischen zwei Uhren im Netz die *Präzision* und *externer Synchronisation* zur „realen Zeit" (sprich einer externen sehr genauen (Atom-)Referenzuhr). Die letztere Abweichung bezeichnet man als *Akkuratheit*. Für viele Anwendungen ist eine gute Präzision ausreichend. Die Akkuratheit hängt davon ab, mit welcher Genauigkeit die externe Zeit im Netz gelesen werden kann, während die erreichbare Präzision im wesentlichen durch die Unsicherheit bei der Nachrichtenübertragung bestimmt wird. Der Leser möge sich an das zu Anfang diskutierte Problem des Mamajorcischen Postdienstes erinnern.

Mills hat ein relativ einfaches Verfahren, ein sogenanntes Round-Trip-Protokoll, in die Praxis umgesetzt und als das *Network-Time-Protokoll* NTP implementiert, mit dessen Hilfe Rechner weltweit über das Internet im Millisekundenbereich synchronisiert werden können [21]. Ausgewählte Time-Server-Knoten bieten hierbei anderen Rechnern die Möglichkeit, die Zeit abzufragen. Je schneller diese Kommunikation bestehend aus Anfrage und Antwort abgewickelt wird, desto präziser kann ein Knoten seine interne Uhr anschließend adjustieren. Dazu wird eine logische Uhr kreiert, die aus der Hardware-Clock und einem geeigneten Offset besteht. In Abhängigkeit von der maximalen Drift-Rate kann durch periodische Synchronisation jedes Knotens mit einem Time-Server eine gute Präzision langfristig sichergestellt werden.

Kommen wir damit zum Ende unseres Überblicks über logische und zeitliche Synchronisationsprobleme in Verteilten Systemen. Die Fragen,

was ist Zeit, gibt es eine „reale Zeit",

wie verändert sich die Zeit, wie ist sie meßbar?

sind unter anderem von Kant und Einstein unter dem Blickwinkel der Philosophie und der Physik untersucht worden. In modernen, räumlich getrennten Rechnersystemen bekommt dieser Begriff auf Grund der Synchronisationsproblematik eine zusätzliche Bedeutung. Überlegungen zum Thema Zeit aus Sicht der Informatik kann man unter anderem in [25, 7] finden.

Schriftenverzeichnis

1. H. Attiya, A. Bar-Noy, D. Dolev, D. Peleg und R. Reischuk (1990). Renaming in an asynchronous environment. J.ACM 37, 524-548.

2. K. Chandy und J. Misra (1986). How processes learn. Distributed Computing 1, 40-52.

3. D. Dolev (1982). The Byzantine Generals strike again. J. Algorithms 3, 14-30.

4. D. Dolev, J. Halpern und R. Strong (1986). On the possibility and impossibility of achieving clock synchronization. J. Computer and System Sciences 32, 230-250.

5. D. Dolev und R. Reischuk (1985). Bounds on information exchange for Byzantine Agreement. J.ACM 32, 191-204.

6. D. Dolev, R. Reischuk und R. Strong (1990). Early stopping in Byzantine Agreement. J.ACM 37, 720-741.

7. D. Dolev, R. Reischuk und R. Strong (1994). Observable clock synchronisation. Proc. 14. ACM Symposium on Principles of Distributed Computing, 284-293.

8. D. Dolev und R. Strong (1983). Authenticated algorithms for Byzantine Agreement. SIAM J. Computing 12, 656-666.

9. C. Dwork, C. Ho und R. Strong (1995). Collective consistency. Technical Report, IBM Almaden Research.

10. R. Fagin, J. Halpern und M. Vardi (1992). What can machines know? On the properties of knowledge in distributed systems. J.ACM 39, 328-376.

11. M. Fischer, N. Lynch und M. Merritt (1986). Easy impossibility proofs for distributed consensus problems. Distributed Computing 1, 26-39.

12. M. Fischer, N. Lynch und M. Paterson (1985). Impossibility of distributed consensus with 1 faulty process. J.ACM 32, 374-382.

13. J. Garay und Y. Moses (1993). Fully polynomial Byzantine Agreement in $t + 1$ rounds. Proc. 25. ACM Symposium on the Theory of Computing, 31-41.

14. J. Halpern und R. Fagin (1989). Modelling knowledge and action in distributed systems. Distributed Computing 3, 159-177.

15. J. Halpern und Y. Moses (1990). Knowledge and common knowledge in a distributed environment. J.ACM 37, 549-587.

16. L. Lamport (1978) Time, clocks and the ordering of events in distributed systems. Communications of the ACM 21, 558-565.

17. L. Lamport (1984). Using time instead of timeout for fault-tolerant distributed systems. ACM Trans. on Progr. Lang. and Systems 6, 254-280.

18. L. Lamport, R. Shostak und M. Pease (1982). The Byzantine Generals problem. ACM Trans. on Progr. Lang. and Systems 4, 382-401.

19. D. Lehmann (1984). Knowledge and common knowledge and related puzzles. Proc. 3. ACM Symposium on Principles of Distributed Computing, 62-67.

20. J. Lundelius und N. Lynch (1984). An upper and lower bound for clock synchronization. Information & Control 62, 1984, 190-204.

21. D. Mills (1991). Internet time synchronization: The network time protocol. IEEE Trans. on Computers 39, 1482-1493.

22. Y. Moses und B. Bloom (1994). Knowledge, timed precedence and clocks. Proc. 13. ACM Symposium on Principles of Distributed Computing, 294-303.

23. Y. Moses, D. Dolev und J. Halpern (1986). Cheating husbands and other stories. Distributed Computing 1, 167-176.

24. Y. Moses und M. Tuttle (1988). Programming simultaneous actions using common knowledge. Algorithmica 3, 121-170.

25. B. Patt-Shamir und S. Rajsbaum (1994). A theory of clock synchronization. Proc. 26. ACM Symposium on the Theory of Computing, 810-819.

26. M. Pease, R. Shostak und L. Lamport (1980). Reaching agreement in the presence of faults. J.ACM 27, 228-234.

27. J. Rushby (1994). A formally verified algorithm for clock synchronization under a hybrid fault model. Proc. 13. ACM Symposium on Principles of Distributed Computing, 304-313.

28. F. Schneider (1987). Understanding protocols for Byzantine clock synchronization. Technical Report, Cornell University.

Kommunikation in parallelen Rechnernetzen

Friedhelm Meyer auf der Heide und Rolf Wanka

Effiziente Kommunikationsmethoden in Netzwerken sind Grundvoraussetzung, um die Leistungsfähigkeit großer paralleler Rechnersysteme auszuschöpfen. Aus diesem Grund wurden und werden erhebliche Forschungs- und Entwicklungsanstrengungen unternommen, derartige Kommunikationsmechanismen, sogenannte Router, zu analysieren und herzustellen. In diesem Aufsatz beschreiben wir die Grundideen der Beiträge der theoretischen, algorithmisch orientierten Forschung zur Entwicklung solcher Kommunikationsmethoden.

10.1 Das Routingproblem

Telefonnetze, Rechnernetze in Unternehmen und Hochschulen oder das Internet sind Beispiele für Netzwerke, die die Aufgabe haben, viele Kommunikationsanfragen (Telefonate, e-mail-Kontakte innerhalb einer Hochschule oder zwischen Hochschulen oder Unternehmen, Geldtransfers zwischen Banken, ...) gleichzeitig zu verarbeiten. Woher weiß eine Botschaft, wohin sie gehen muß und welchen Weg sie zu benutzen hat? Beim Verschicken einer e-mail über das Internet schaut das System für einen Teil der Adresse in einer Tabelle nach, trägt in der Botschaft einen Teil des Weges ein, den die Botschaft zurücklegen muß, und verschickt sie an den ersten Rechner auf diesem Weg. Dieser wertet dann die mitgegebene Weginformation aus und gibt die e-mail weiter oder bestimmt selbst einen Weg oder ein Wegstück für die Botschaft. Unter Umständen werden auch Prioritätsberechnungen durchgeführt. Dieser Vorgang wiederholt sich, bis die Botschaft beim Adressaten angekommen ist. Diesem Verfahren liegt also ein Netzwerk, d. h. ein Graph zugrunde, dessen Knoten die einzelnen Rechner sind. Die Kanten geben an, zwischen welchen Knoten direkte Leitungen, sogenannte *Links*, verlaufen. Eine Botschaft durchläuft somit in solchen Netzwerken einen Weg vom Sender zum Empfänger.

Hohe Anforderungen an die Struktur von Netzwerken und die Arbeitsweise der einzelnen Knoten haben sich durch die Entwicklung von Parallelrechnern ergeben. Hier arbeiten viele Rechner, die *Prozessoren*, gemeinsam an der Lösung eines Problems. Dieses „Team-Work" kann natürlich nicht funktionieren, wenn die einzelnen Prozessoren unabhängig voneinander arbeiten. Vielmehr müssen sie zur effizienten Lösung der gemeinsam bearbeiteten Aufgabe miteinander kommunizieren, z. B.

– Zwischenergebnisse austauschen (Routing),
– in gemeinsam genutzten Datenstrukturen suchen und Aktualisierungen durchführen (Verwaltung globaler Daten) und
– Arbeit umverteilen (Lastbalancierung).

Routing ist dabei das grundlegende Problem, es ist auch zur Verwaltung von globalen Variablen und zur Lastbalancierung notwendig. In diesem Aufsatz beschäftigen wir uns mit dem Routingproblem in Netzwerken. Wir stellen unter dem Gesichtspunkt der Forschung über effiziente Algorithmen grundlegende Techniken zur Entwicklung und Analyse von Routingalgorithmen vor. Viele dieser Techniken haben ihren Eingang in die Praxis, d. h. in reale Routing-Hardware und -protokolle, gefunden.

Ein *Router* besteht aus einem Netzwerk und Protokollen für seine Prozessoren, die entscheiden, wann sie welche der eingebrachten Botschaften über welche Links weiterschicken. Diese Botschaften wiederum haben ein bestimmtes Format. Häufig verlangen Router feste Botschaftsgrößen, immer aber feste Formate für die Information über Weg und Ziel, den sogenannten *Header*. Um eine einzelne Botschaft von A nach B zu schicken, ist es sicher sinnvoll, sie entlang eines kürzesten Weges von A nach B im Netzwork zu schicken. Diese Weglänge beschreibt den (Mindest-)Zeitaufwand für das Routing. Wenn wir viele Botschaften zwischen verschiedenen Prozessor-Paaren versenden wollen, kann es uns passieren, daß Engpässe entstehen, da viele der Botschaften auf ihrem jeweiligen Weg denselben Link durchlaufen müssen. Hier entsteht die sogenannte *Congestion* (engl.: Stau). Man kann sich intelligente Verfahren vorstellen, die in dem Sinne *adaptiv* arbeiten, daß sie einzelne Botschaften umleiten, also deren Routingweg ändern. Diese Strategie sieht sehr naheliegend aus, wird jedoch nur sehr selten benutzt. Die fast ausschließlich benutzten Verfahren sind *oblivious* (engl.: vergeßlich, etwas außer acht lassend), d. h. sie gehen davon aus, daß Botschaften, die von A nach B gehen, immer den gleichen Weg wählen. Wir werden in diesem Aufsatz nur oblivious Verfahren untersuchen. Wir werden uns zuerst mit der Frage nach der Wahl der Netzwerke befassen und uns mit Wegesystemen und der Congestion beschäftigen. Den Schwerpunkt dieses Aufsatzes bildet jedoch die Entwicklung und Analyse von Routing-Protokollen, insbesondere von universellen Protokollen, die für eine große Klasse von Netzwerken effizient arbeiten. Derartige Protokolle und grundlegende Analysetechniken werden wir in den Kapiteln 10.3 und 10.4 entwickeln.

10.2 Netzwerke

Für $k \in \mathbb{N}$ bezeichne $[k] = \{0, \ldots, k-1\}$. Ein Netzwerk beschreiben wir durch einen zusammenhängenden Graphen $M = (V, E)$. $N = |V|$ ist die *Größe* des Netzwerks. Die Knoten $i \in V$ sind die Prozessoren, die Kanten sind die Links. Um eine Botschaft von einem Prozessor i zu einem Prozessor j zu schicken, muß sie entlang eines Weges von i nach j in M geschickt werden. Bezeichne $d(i, j)$ den Abstand zwischen i und j, d. h. die Länge eines kürzesten Weges von i nach j. $D = \max\{d(i, j) \mid i, j \in V\}$ nennen wir den Durchmesser von M. Für $\{i, j\} \in E$ ist j ein *Nachbar* von i. Die Anzahl der Nachbarn von i ist der Grad von i. $c = \max\{\text{Grad von } i \mid i \in V\}$ bezeichnet den Grad von M. Sei $c : \mathbb{N} \to \mathbb{N}$ eine Funktion. Eine Netzwerk-Familie $\mathcal{M} = \{M_k \mid k \in \mathbb{N}\}$

ist c-gradbeschränkt, falls für alle $k \in \mathbb{N}$ der Grad von M_k höchstens $c(k)$ ist. Besonders interessieren uns Netzwerk-Familien mit konstantem Grad, d. h. solche, für die die Funktion c beschränkt ist, da nur solche Netzwerke für große Prozessorzahlen realisierbar sind. Wenn die Familie aus dem Zusammenhang klar ist, sagen wir auch, daß ein einzelnes Netzwerk konstanten Grad hat.

Welche Eigenschaften sind notwendig, damit ein Netzwerk (von konstantem Grad) gute Routingeigenschaften aufweist?

– Der Durchmesser sollte klein sein, da dieser eine untere Schranke für die worst-case-Routingzeit ist. Bei konstantem Grad ist ein Durchmesser von $O(\log N)$ erreichbar, und besser kann man auch nicht werden.

– Das Netzwerk sollte keine „Flaschenhälse" enthalten, die erzwingen, daß beim Routing viele Botschaften über einen einzigen Link laufen müssen. Graphentheoretisch besagt diese Eigenschaft, daß das Netzwerk eine große *Bisektionsweite* haben sollte, d. h., daß für jede Zerlegung von V in zwei gleich große disjunkte Mengen X und Y (ist N ungerade, enthält X einen Knoten mehr als Y) relativ viele Kanten zwischen X und Y verlaufen sollten. Somit ist etwa ein vollständiger binärer Baum ein sehr schlechtes Routing-Netzwerk, da seine Bisektionsweite 1 ist.

Zudem untersuchen wir die symmetrischen Netzwerke, da wir für sie sehr gut die Routingzeit abschätzen können. Diese Netzwerk-Klasse enthält unter anderem *Expander*-Graphen. Solche Netzwerke weisen sehr gute Routingeigenschaften auf. Sie haben z. B. sehr kleine Durchmesser und sehr große Bisektionsweiten.

Definition 10.1 (Butterfly-Netzwerk). *Sei $d \in \mathbb{N}$. Das d-dimensionale Butterfly-Netzwerk BF(d) ist der Graph mit der Knotenmenge $V = [2]^d \times [d+1]$ und der Kantenmenge $E = E_1 \cup E_2$, $E_1 = \{\{(\alpha, i), (\alpha, i+1)\} \mid \alpha \in [2]^d, i \in [d]\}$ und $E_2 = \{\{(\alpha, i), (\beta, i+1)\} \mid \alpha, \beta \in [2]^d,\ i \in [d],\ \alpha$ und β unterscheiden sich genau an der i-ten Position$\}$.*

Setzen wir $(\alpha, 0) = (\alpha, d)$ für alle $\alpha \in [2]^d$, so erhalten wir W-BF(d), das d-dimensionale Butterfly-Netzwerk mit Wrap-around-Kanten.

Abbildung 10.1 zeigt das dreidimensionale Butterfly-Netzwerk BF(3). E_1 enthält die senkrechten Kanten, E_2 die quer verlaufenden Kanten. BF(d) hat $(d+1) \cdot 2^d$ Knoten, $2d \cdot 2^d$ Kanten und Grad 4. W-BF(d) hat $d \cdot 2^d$ Knoten, $2d \cdot 2^d$ Kanten und ist 4-regulär, d. h., alle Prozessoren haben den Grad 4.

Definition 10.2 (Knotensymmetrischer Graph). *Ein Graph $G = (V, E)$ heißt knotensymmetrisch, wenn es für je zwei Knoten $u, v \in V$ eine bijektive Abbildung $\varphi : V \to V$ mit $\varphi(u) = v$ gibt, so daß der Graph $G_\varphi = (V, E_\varphi)$ mit $E_\varphi = \{\{\varphi(x), \varphi(y)\} \mid \{x, y\} \in E\}$ isomorph zu G ist.*

Anschaulich bedeutet Knotensymmetrie, daß ein Graph von jedem Knoten aus betrachtet gleich aussieht. W-BF(d), das Butterfly-Netzwerk mit Wrap-around-Kanten, ist ein knotensymmetrischer Graph, ebenso wie der weiter unten definierte Torus $T(m, d)$.

Definition 10.3 (Geschichteter Graph). *Ein Graph* $G = (V, E)$ *heißt geschichtet mit Tiefe* t, *wenn man die Knoten derart disjunkt in Levels* $L_0, \ldots, L_t$ *aufteilen kann, daß es für jeden Link ein* $i \in [t]$ *gibt, so daß dieser Link einen Knoten auf Level* L_i *mit einem Knoten auf Level* L_{i+1} *verbindet.*

Auf geschichteten Graphen findet das Routing wie folgt statt: Nur die Knoten auf Level L_0 enthalten zu verschickende Pakete, weshalb sie auch *Quellen* genannt werden, und nur die Knoten auf Level L_t bekommen Pakete, weshalb sie *Senken* genannt werden. Pakete dürfen von einem Level nur zum nächsthöheren geschickt werden.

Das Butterfly-Netzwerk BF(d) ist geschichtet mit Tiefe d. Level L_i besteht aus den Knoten $\{(\alpha, i) \mid \alpha \in [2]^d\}$ (siehe Abbildung 10.1).

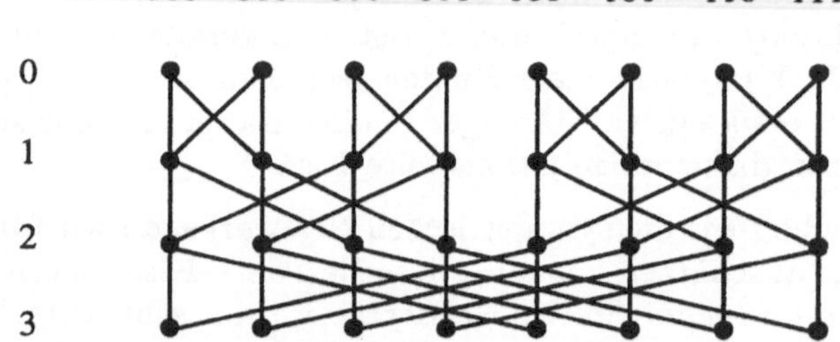

Abbildung 10.1. Das dreidimensionale Butterfly-Netzwerk BF(3).

Die bisher erwähnten Netzwerke haben den Nachteil, daß ihre physikalische Realisierung sehr schwierig ist, da sie für große N nur mit sehr langen Links realisierbar sind und somit viel Platz und viel Energie (zur Übertragung von Botschaften) benötigen. Viele reale Architekturen benutzen deshalb viel einfachere Strukturen, die des (m, d)-Gitters und die des (m, d)-Torus.

Definition 10.4 (Gitter-, Torus-Netzwerk). *Seien* $m, d \in \mathbb{N}$. *Das* (m, d)-*Gitter* $M(m, d)$ *ist der Graph mit der Knotenmenge* $V = [m]^d$ *und der Kantenmenge* $E = \{\{(a_{d-1} \ldots a_0), (b_{d-1} \ldots b_0)\} \mid a_i, b_j \in [m], \sum_{i=0}^{d-1} |a_i - b_i| = 1\}$.
Der (m, d)-*Torus* $T(m, d)$ *besteht aus dem* (m, d)-*Gitter und zusätzlich den Kanten* $\{\{(a_{d-1} \ldots a_{i+1} 0 a_{i-1} \ldots a_0), (a_{d-1} \ldots a_{i+1}(m - 1)a_{i-1} \ldots a_0)\} \mid i \in [d], a_j \in [m]\}$.
$M(m, 1)$ wird auch lineares Array, *$T(m, 1)$* Kreis *und* $M(2, d) = T(2, d)$ d-*dimensionaler Hypercube* genannt.

$M(m, d)$ und $T(m, d)$ haben jeweils m^d Knoten und, für $m > 2$, Grad $2d$. Im Fall $m = 2$ ist der Grad d. Der Durchmesser von $M(m, d)$ ist $d \cdot (m - 1)$, und von $T(m, d)$ ist er $d\lfloor m/2 \rfloor$.

Abbildung 10.2 zeigt drei dieser Netzwerke. Man erkennt, daß der Torus knotensymmetrisch ist.

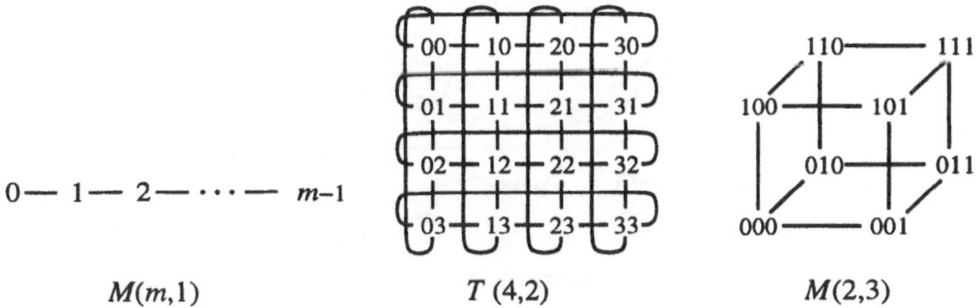

Abbildung 10.2. Ein lineares Array, ein zweidimensionaler Torus und ein dreidimensionaler Hypercube.

Das Gitter-Netzwerk ist einfach *skalierbar*, d. h., es ist relativ leicht möglich, ein vorhandenes Gitter zu erweitern, ohne es dazu aufzutrennen. Zudem erlaubt die reguläre Struktur Realisierungen, in denen alle Leitungslängen gleich sind. Das kommt dem theoretischen Modell, in dem die Übertragungzeiten für alle Leitungen als gleich lang angesetzt werden, sehr nah.

10.3 Store-and-Forward-Routing

Im Store-and-Forward-Modus werden Pakete vom in Abbildung 10.3 dargestellten Format verschickt. Dabei sind die Längen der einzelnen Komponenten fest vorgegeben.

Header

| Botschaft | Info | Start | Ziel |

Abbildung 10.3. Format eines Paketes.

Start und Ziel sind in der Regel Prozessornamen aus V, haben also $\lfloor \log N \rfloor + 1$ Bits. Wir werden immer verlangen, daß Pakete durch Info nicht sehr lang werden: Info besteht immer aus $O(\log N)$ Bits.

Beim Store-and-Forward-Routing stellen wir uns jeden Link durch zwei gegenläufig gerichtete Links ersetzt vor, den *Eingangs-* und den *Ausgangslink*. Jeder Link hat einen Puffer, seine Größe nennen wir A. Das bedeutet, daß er bis zu A Pakete speichern kann. Zudem hat jeder Prozessor einen Eingabe-Puffer (vgl. Abbildung 10.4). Die Länge des Eingabe-Puffers ist nicht spezifiziert, sie wird immer durch das zu lösende Routingproblem definiert.

Oblivious Routing und Wegesysteme. Wie in der Einleitung gesagt, wollen wir nur sogenannte oblivious Routing-Verfahren vorstellen. Solche Verfahren haben die Eigenschaft, daß der Weg, den ein Paket im Netzwerk durchläuft,

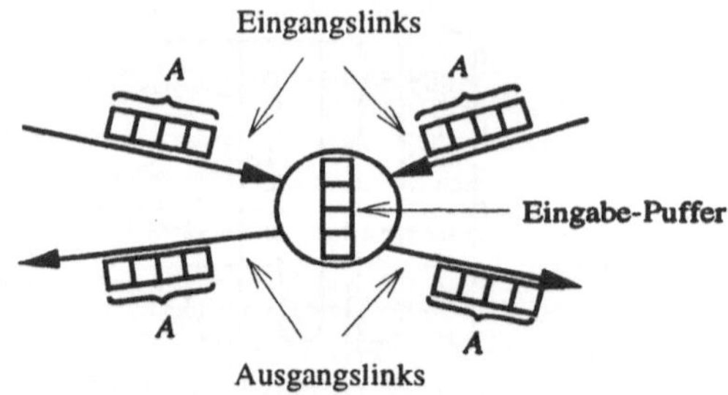

Abbildung 10.4. Links und Puffer.

nur von seinem Start und Ziel abhängt. Wir legen daher ein *Wegesystem*
$W = \{w_{i,j} \mid i,j \in V, i \neq j\}$ fest. Dabei bezeichnet $w_{i,j}$ einen Weg von
Prozessor i zu Prozessor j in M, den jedes Paket mit Start i und Ziel j
nehmen muß. Mit D bezeichnen wir den Durchmesser des Wegesystems, d. h.
die Länge eines längsten Weges in W. Jeder Prozessor hat Informationen
über dieses Wegesystem. Man beachte jedoch, daß die naive Darstellung des
Wegesystems für beliebige Netze sehr viel, nämlich $\Theta(N^2 \log c)$ Platz in jedem
Prozessor benötigt. Wir werden diesen Aspekt weiter unten kurz diskutieren.

Routingprobleme und -protokolle. Ein Routingproblem ist durch eine Menge R von Paketen, genauer durch ihre Start-Ziel-Paare gegeben. Hierbei ist
es durchaus erlaubt, daß Start-Ziel-Paare mehrfach auftreten, also mehrere Pakete vom gleichen Start zum gleichen Ziel gesandt werden. Zu jedem
Routingproblem R ist somit eine (Multi-)Menge $W(R)$ von Wegen aus W
assoziiert.

Das Routing von R arbeitet wie folgt: Zu Beginn hat jeder Prozessor i
alle Pakete aus R mit Start $= i$ in seinem Eingabe-Puffer. In einer *Runde*
kann jeder Prozessor aus seinem Eingabe-Puffer sowie den Puffern seiner
Eingangslinks Pakete auswählen und entlang ihrer Wege in die Puffer seiner
Ausgangslinks ablegen und dabei die Info ändern. Er darf jedoch pro Runde
nur maximal ein Paket in den Puffer eines jeden Ausgangslinks legen, und
das auch nur, wenn im Puffer noch Platz ist, also weniger als A Pakete bereits
gespeichert sind.

Die Auswahl der weiterzuschickenden Pakete, basierend auf den Headers
der Pakete, sowie die Art der Änderung von Info wird vom *Routing-Protokoll*
vorgeschrieben. Die Entscheidung zwischen mehreren Paketen, die in den
gleichen Puffer müssen, heißt *contention resolution* (engl.: Schlichtung eines
Streites) und wird nach einer *Vorrangsregel* getroffen. Routing-Protokolle und
ihre Analyse sind Gegenstand dieses Abschnitts.

Congestion und Dilation. Die *Dilation* D_R *von* R ist die Länge eines längsten
Weges in $W(R)$. Die *Congestion* $C_R(e)$ *von* R *für Link* e ist die Anzahl der
Wege aus $W(R)$, die durch e laufen. $C_R = \max\{C_R(e) \mid e \in E\}$ ist die
Congestion von R.

D_R und C_R haben wesentlichen Einfluß auf die Routingzeit, d. h. die Zahl der Runden, die zum Routen von R benötigt werden. Diese Zeit ist natürlich mindestens $\max\{C_R, D_R\}$, da C_R viele Pakete über den Link e mit $C_R(e) = C_R$ laufen müssen, und da es ein Paket gibt, das D_R viele Links durchlaufen muß.

Für Routing mit beliebig großen Puffern ($A \geq C_R$) kann andererseits immer Routingzeit $D_R \cdot C_R$ erreicht werden, da jedes Paket auf jedem der maximal D_R zu durchlaufenden Links höchstens C_R (genauer: $C_R - 1$) Mal aufgehalten werden kann.

Für Routing mit kleinen Puffern ($A < C_R$) ist dieses nicht ohne weiteres klar, für beliebige Netzwerke auch nicht bekannt. Wir stellen uns in den folgenden Abschnitten die Fragen:

- Ist in beliebigen Netzwerken Routingzeit $O(\max\{C_R, D_R\})$ bei beliebig großen Puffern erreichbar?
- Bei welchen Netzwerken erreichen wir Routingzeit $O(\max\{C_R, D_R\})$ sogar mit kleinen Puffern?

Zuvor werden wir uns jedoch mit der Dilation und Congestion beschäftigen. Die Dilation ist einfach – und in vielen Fällen genügend exakt – durch den Durchmesser des Wegesystems, typischerweise also den Durchmesser des Netzwerks, abschätzbar. Die einfache Abschätzung für die Congestion, die Größe von R, ist jedoch sehr unbefriedigend. Falls jeder Prozessor eine Botschaft versendet, ist $|R| = N$. In Netzwerken wie dem Butterfly-Netzwerk ist der Durchmesser aber nur $\Theta(\log N)$. Somit liefern unsere bisherigen Überlegungen nur eine obere Schranke für die Routingzeit, die exponentiell im Durchmesser ist. Zunächst untersuchen wir die Congestion genauer.

Congestion. Um die Congestion zu untersuchen, schauen wir uns das sogenannte *Funktionenrouting* näher an. Seien $F_{N,p} = \{f \mid f : [N] \times [p] \to [N]\}$ und $f \in F_{N,p}$. Jeder Prozessor i besitzt p Pakete $x_{i,0}, \ldots, x_{i,p-1}$. Für alle $(i,j) \in [N] \times [p]$ soll Paket $x_{i,j}$ nach Prozessor $f(i,j)$ geroutet werden, d. h.: $x_{i,j}$ enthält Start $= i$ und Ziel $= f(i,j)$. Wir sagen dann auch, daß wir *gemäß f routen*.

Falls $f \in F_{N,p}$ erfüllt, daß $|f^{-1}(i)| = p$ ist für alle $i \in [N]$, so sprechen wir von f als einer p-p-Funktion. 1-1-Funktionen sind *Permutationen*.

Wir betrachten zuerst beliebige Netzwerke M mit N Prozessoren und Grad c und ein beliebiges Wegesystem W für M. Nun gibt es in $F_{N,p}$ natürlich Funktionen, deren Congestion mindestens $\frac{N \cdot p}{c}$ ist, nämlich z. B. die Funktion, die alle $N \cdot p$ Pakete zum gleichen Ziel sendet. Um die Routingprobleme mit hoher Congestion an den Zielen der Botschaften auszuschließen, beschäftigen wir uns zuerst mit Permutationen.

Wie groß kann die Congestion werden, wenn (partielle) Permutationen geroutet werden sollen? Borodin und Hopcroft [2] haben eine sehr große untere Schranke nachweisen können. Ihr Ergebnis wurde von Kaklamanis *et al.* [8] verschärft. Zusammen mit einer Erweiterung von Parberry [19] ergibt sich der folgende Satz.

Theorem 10.1. *Sei M ein beliebiges Netzwerk aus N Prozessoren mit Grad c, und sei W ein beliebiges Wegesystem in M. Seien m Prozessoren als Quellen und m Prozessoren als Senken gekennzeichnet. Dann gibt es eine Permutation $\pi \in F_{m,1}$, die eine Congestion C_π von $\Omega\left(\frac{m}{c\sqrt{N}}\right)$ hat.*

Sind alle Prozessoren Start und Ziel, d. h. ist $m = N$, so ist die Congestion $\Omega(\sqrt{N}/c)$ und in Netzwerken mit konstantem Grad $\Omega(\sqrt{N})$. Damit hat sich unsere Befürchtung bestätigt, daß die Congestion sehr viel größer sein kann als der Durchmesser, der ja eben bei vielen Netzwerken $O(\log N)$ ist, so daß sich, relativ zum Durchmesser, sehr schlechte Routingzeiten ergeben.

Für den d-dimensionalen Hypercube $M(2, d)$ besagt Satz 10.1, daß $C = \Omega(\sqrt{2^d}/d)$ ist. Kaklamanis *et al.* geben in [8] ein Wegesystem (und ein Routingprotokoll) an, das diese Schranke erreicht.

Aus Satz 10.1 folgt, daß man im worst case mit oblivious Routing sehr langsam wird. Routing-Verfahren, die im worst case schnell sind, müssen deshalb adaptiv sein, d. h., sie müssen, abhängig von der beobachteten Congestion, verschiedene Wege benutzen können. Schnelle deterministische adaptive Verfahren sind allerdings bislang nur für eine Variante des Butterfly-Netzwerks, das Multibutterfly-Netzwerk, bekannt. Dieses ist aus Expandern zusammengesetzt. Auf dem Multibutterfly-Netzwerk der Größe $n \log n$ mit dem Durchmesser $O(\log n)$ gibt es ein adaptives Routingverfahren [22, 10], das Permutationen in Zeit $O(\log n)$ routen kann. Eine weitere, allgemeine Methode, deterministisch zu routen, beruht auf dem Sortieren: Kann man auf einem Netzwerk der Größe N in Zeit $T(N)$ sortieren, so kann man auch jede (partielle) Permutation in Zeit $O(T(N))$ mit Puffergröße 1 routen. Hiermit erhält man z. B. auf dem Butterfly-Netzwerk $BF(d)$ eine Laufzeit von $O(d^2)$ und auf den Gittern $M(m, d)$ und Tori $T(m, d)$ für konstante d eine Laufzeit von $O(d \cdot m)$. Details dazu findet man in Leightons Buch [9].

Im Butterfly-Netzwerk haben leider sehr wichtige als Routing-Problem auftauchende Permutationen große Congestion, wie das weiter unten angeführte Beispiel der *Bit-Reversal Permutation* zeigt.

Betrachte $BF(d)$ und sei $n = 2^d$. Wir wollen nur Pakete von den n Quellen zu den n Senken routen, haben also zwar $n \log n$ Prozessoren, routen aber Funktionen aus $F_{n,p}$. Wir fassen $BF(d)$ somit als geschichtetes Netzwerk auf. Das Wegesystem enthält entsprechend n Wege von den Quellen auf Level 0 zu den Senken auf Level d. Ein solcher Weg ist dann eindeutig: Von der Quelle $(a_{d-1} \ldots a_0, 0)$ zur Senke $(b_{d-1} \ldots b_0, d)$ benutzt er als i-te Kante, $i \in [d]$, die senkrechte Kante, falls $a_i = b_i$ ist, und sonst die Querkante. Mit diesem Wegesystem liefert Satz 10.1 eine untere Schranke für die Congestion von $\Omega(\sqrt{n/\log n})$.

In $BF(d)$ kann mit diesem Wegesystem die Congestion aber noch größer werden: Die Permutation $\pi_{\mathrm{BRP}}(a_{d-1} \ldots a_0) = (a_0 \ldots a_{d-1})$ heißt *Bit-Reversal Permutation*. Der Einfachheit halber sei d gerade. Unter dem oben beschriebenen Wegesystem betrachten wir die Pakete, die in den Quellen $(0^{d/2}\alpha, 0)$, $\alpha \in [2]^{d/2}$, starten. Alle diese insgesamt $2^{d/2} = \sqrt{n}$ Pakete müssen durch den

Prozessor $(0^d, d/2)$ (vgl. Abbildung 10.5 für BF(4)), womit direkt $C_{\mathrm{BRP}} \geq \frac{1}{2}\sqrt{n}$ folgt.

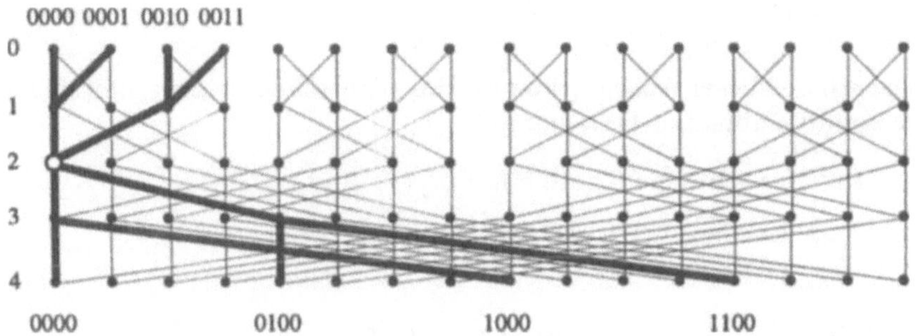

Abbildung 10.5. Die Wege beim Routing gemäß der *Bit-Reversal Permutation* auf BF(4), die bei $(00\alpha, 0)$ für $\alpha \in \{0,1\}^2$ starten.

Bisher haben wir nur Negativ-Resultate: Die Congestion ist im worst case sehr groß, und der worst case tritt bei wichtigen Routing-Problemen auf.

Wir werden uns deshalb als nächstes nicht mit der Congestion im worst case befassen, sondern wir werden uns fragen, wieviele der Funktionen aus $F_{n,p}$ große, wieviele kleine Congestion haben.

Wir betrachten das Butterfly-Netzwerk mit dem oben beschriebenen Wegesystem.

Theorem 10.2. *Sei $k > 0$ fest. Für einen Anteil von $1 - 1/n^k$ der Funktionen $f \in F_{n,p}$ ist die Congestion von f höchstens[1] $e \cdot p + (k+1)\log n + \log\log n + 1 = O(\log n + p)$.*

Beweis. Sei $f \in F_{n,p}$ eine zufällig gewählte Funktion. Die nachfolgenden Wahrscheinlichkeiten beziehen sich immer auf die zufällige Wahl von f. Sei $e = (u,v)$ eine Kante zwischen Level $i-1$ und Level i. Wir bestimmen $\mathrm{Prob}(C_f(e) \geq r)$, d. h. die Wahrscheinlichkeit, daß mindestens r Pakete beim Routing von f über e gehen.

Von v aus können $2^{d-i} = n/2^i$ Senken erreicht werden. Sei q eine Quelle, von der aus e erreichbar ist. Wenn ein Weg von q aus über e geht, können nur $n/2^i$ der n Senken Ziel sein. Also folgt:

$$\mathrm{Prob}(\text{in } q \text{ startender Weg geht über } e) = \frac{n/2^i}{n} = \frac{1}{2^i}$$

Da an jeder Quelle p Pakete starten und u von 2^{i-1} Quellen erreichbar ist, gibt es $\binom{p \cdot 2^{i-1}}{r}$ Möglichkeiten, r Pakete auszuwählen, die über e wandern müssen.

---

[1] $e = 2,71828\ldots$ bezeichnet die *Eulersche Zahl.*

Da die Wahl der Ziele der Pakete unabhängig ist, ist die Wahrscheinlichkeit, daß r Pakete durch e gehen, $(\frac{1}{2^i})^r$.

Insgesamt haben wir[2]:

$$\mathrm{Prob}(C_f(e) \geq r) \leq \binom{p \cdot 2^{i-1}}{r} \cdot \left(\frac{1}{2^i}\right)^r \leq \left(\frac{p \cdot 2^{i-1} \cdot \mathrm{e}}{r}\right)^r \cdot \left(\frac{1}{2^i}\right)^r = \left(\frac{p \cdot \mathrm{e}}{2r}\right)^r$$

Man beachte bei dieser Abschätzung für die Wahrscheinlichkeit, daß sie nicht von der Kante e abhängt. Daraus folgt:

$$\mathrm{Prob}(\text{es gibt eine Kante } \hat{e} \text{ mit } C_f(\hat{e}) \geq r)$$
$$\leq \sum_{e \text{ aus } \mathrm{BF}(d)} \mathrm{Prob}(C_f(e) \geq r) \leq 2n \log n \left(\frac{p \cdot \mathrm{e}}{2r}\right)^r$$

Für $r = \mathrm{e} \cdot p + (k+1) \log n + \log\log n + 1$ ist der obige Term höchstens $1/n^k$, wie die folgende Rechnung zeigt:

$$\mathrm{Prob}(\text{es gibt eine Kante } \hat{e} \text{ mit } C_f(\hat{e}) \geq r)$$
$$\leq 2n \log n \left(\frac{p \cdot \mathrm{e}}{2r}\right)^r$$
$$\leq 2n \log n \left(\frac{1}{2}\right)^{(k+1)\log n + \log\log n + 1} = n \log n \cdot \frac{1}{n^{k+1} \log n} = \frac{1}{n^k}$$

$\square$

Satz 10.2 besagt, daß es nur sehr wenige Funktionen in $F_{n,p}$ gibt, die auf dem Butterfly-Netzwerk eine große Congestion verursachen.

Allgemeine Aussagen über die Congestion in beliebigen Netzwerken zu machen, ist nicht möglich. Allerdings können wir eine solche Aussage für symmetrische Netzwerke recht einfach gewinnen, wenn wir passend gewählte Wegesysteme zugrunde legen:

Für ein symmetrisches Netzwerk $M = (V, E)$ erhalten wir ein zufälliges Kürzeste-Wege-System, falls wir für jedes Prozessor-Paar (i, j) den Weg zwischen i und j zufällig aus allen kürzesten Wegen zwischen i und j wählen und dieses Auswählen für verschiedene (i, j) unabhängig voneinander vornehmen.

Sei nun $E(C(e))$ der Erwartungswert der Congestion von Kante e, falls wir als Zufallsexperiment die oben beschriebene Wahl eines Kürzeste-Wege-Systems sowie die zufällige Wahl einer Funktion $f \in F_{N,p}$ zugrunde legen. Die Symmetrie des Netzwerks sagt uns, daß alle Knoten „gleichberechtigt" sind, daß also $E(C(e))$ für alle Kanten e gleich ist. Da $\sum_{e \in E} C(e) \leq D \cdot p \cdot N$ und $|E| \leq c \cdot N$ ist, ist somit $E(C(e)) \leq \frac{D \cdot p}{c}$. Mit Hilfe der Chernoff-Schranken (siehe z. B. [7]), kann man nun folgern (siehe [17]):

---

[2] Für den Binomialkoeffizienten gilt: $\binom{n}{m} \leq (\frac{n \cdot \mathrm{e}}{m})^m$

Theorem 10.3. *Sei M ein symmetrisches Netzwerk mit N Knoten und Grad c mit einem zufälligen Kürzeste-Wege-System. Dann hat eine zufällig gewählte Funktion $f \in F_{N,p}$ mit Wahrscheinlichkeit $1 - 1/N^k$ für beliebige $k > 0$ Congestion $O(\frac{D \cdot p}{c} + \log N)$.*

Für symmetrische Netzwerke M mit konstantem Grad und Durchmesser $O(\log N)$ ergibt sich somit die Congestion-Schranke $O(p \cdot \log N)$. Sie ist optimal, da insgesamt $\Theta(p \cdot N \cdot \log N)$ Kanten von den $N \cdot p$ Paketen durchlaufen werden, eine der $O(N)$ Kanten also Congestion $\Omega(p \cdot \log N)$ haben muß.

Wir haben bisher gesehen, daß zwar die Congestion im worst case bereits für Permutationen sehr schlecht ist. Auf der anderen Seite gibt es aber nur wenige Funktionen in $F_{N,p}$, die eine hohe Congestion haben.

Wir werden jetzt Protokolle kennenlernen, die mit hoher Wahrscheinlichkeit tatsächlich eine Routingzeit von $O(C + D)$ erreichen. Zudem werden wir den Trick von Valiant und Brebner kennenlernen, der es ermöglicht, mit Hilfe von Routingverfahren für zufällige Funktionen aus $F_{n,p}$ jede p-p-Funktion schnell zu routen.

Das Random-Rank-Protokoll auf geschichteten Netzwerken. Wir geben nun ein Protokoll an, das es erlaubt, auf einem geschichteten Netzwerk M der Tiefe D ein beliebiges Problem R mit einer erwarteten Rundenzahl von $O(C + D + \log(|R|))$ zu routen. Es ist dies das sogenannte *Random-Rank-Protokoll* [9].

Sei ein beliebiges Wegesystem W auf M gegeben. Sein Durchmesser ist D. Wir untersuchen im weiteren das folgende Protokoll für M: Zu Beginn des Routings wird in jedem Paket x eine Zufallszahl $r(x) \in [r]$ (der sogenannte *zufällige Rang*) in Info abgespeichert. Den Wert für r werden wir später bestimmen. Zusätzlich enthält jedes Paket in Info eine *Ident-Nummer*, die verschieden ist von den Ident-Nummern aller anderen Pakete[3]. In einer Runde schickt jeder Prozessor für jeden Link von den Paketen, die über diesen Link wollen, dasjenige mit dem niedrigsten Rang weiter. Sind für zwei Pakete, die über den gleichen Link müssen, die Ränge gleich, wird dasjenige Paket verschickt, das die niedrigere Ident-Nummer aufweist.

Theorem 10.4. *Sei $k > 0$ fest. Sei R ein Routing-Problem auf M, das bezüglich W die Congestion C besitzt. Das Routing von R mit dem Random-Rank-Protokoll benötigt mit einer Wahrscheinlichkeit von mindestens $1 - 1/|R|^k$ höchstens $O(C + D + \log(|R|))$ Runden. Die Wahrscheinlichkeit wird gemessen bezüglich der zufälligen, unabhängigen Wahl der Ränge.*

Beweis. In der nachfolgenden Analyse gehen wir davon aus, daß die Start-Prozessoren alle ihre Pakete bereits in die Puffer ihrer Links gelegt haben. Das Routing von R möge ab diesem Moment $T \geq D + s$ Runden dauern, s ist die Mindestverzögerung. Wir zeigen, daß es sehr unwahrscheinlich ist, daß s groß wird.

---

[3] Eine solche kann einfach bestimmt werden.

x_1 bezeichne ein in Runde T an seiner Senke z angekommenes Paket. Wir verfolgen den Weg von x_1 bis zu demjenigen Link e_1 zurück, in dessen Puffer liegend es zuletzt verzögert worden ist, und zwar durch das Paket x_2. Die Länge dieses Wegstücks bezeichnen wir mit ℓ_1. Von e_1 aus verfolgen wir jetzt den Weg von x_2 rückwärts zum Link e_2, auf dem x_2 zuletzt aufgehalten worden ist[4], und zwar von Paket x_3. Die Länge dieses Wegstücks (ohne e_1) sei ℓ_2. Diese Konstruktion wiederholen wir solange, bis wir bei einem Paket x_{s+1} angelangt sind, das den Puffer auf e_s verlassen und dabei das Paket x_s aufgehalten hat. Insgesamt gilt für $i \in \{1, \ldots, s\}$: Paket x_{i+1} verläßt den Puffer von e_i während der Runde $T - (\sum_{j=1}^{i} \ell_j) - i + 1$ und hält x_i dabei auf.

Der so bestimmte Weg von e_s nach z heißt *Delay-Pfad*. Er besteht aus s Wegstücken der Längen $\ell_1, \ldots, \ell_s$ des Wegesystems W mit $\sum_{i=1}^{s} \ell_i \leq D$. Wegen der Vorrangsregel gilt: $r(x_i) \leq r(x_{i-1})$. In Abbildung 10.6 ist ein Delay-Pfad schematisch dargestellt.

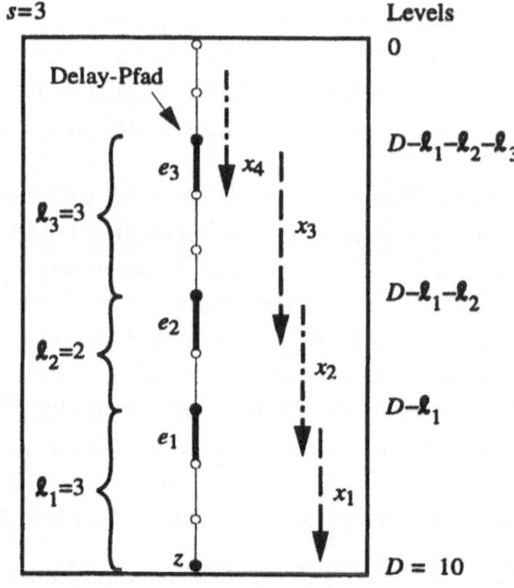

Abbildung 10.6. Ein Delay-Pfad auf einem geschichteten Netzwerk der Tiefe 10.

Die folgende Definition faßt die soeben bestimmten Bausteine zusammen. Eine *s-Delay Sequence* besteht

- aus s (nicht unbedingt verschiedenen) *Kollisionslinks* $e_1, \ldots, e_s$.
- aus $s+1$ *Delay-Paketen* $x_1, \ldots, x_{s+1}$. Der Weg von x_i verläuft über e_i und e_{i-1} für $i \in \{2, \ldots, s\}$. Der Weg von x_{s+1} geht über e_s, der von x_1 über e_1.

---

[4] Es kann durchaus $e_1 = e_2$ sein.

– aus s natürlichen Zahlen $\ell_1, \ldots, \ell_s$, so daß ℓ_i die Anzahl der Links auf dem Weg des Paketes x_i von e_i nach e_{i-1} (ohne e_{i-1}) ist und gilt: $\sum_{i=1}^{s} \ell_i \leq D$.
– aus $s + 1$ natürlichen Zahlen $r_1, \ldots, r_{s+1}$ mit $0 \leq r_{s+1} \leq \cdots \leq r_1 \leq r$.

Eine s-Delay Sequence ist *aktiv*, wenn für alle $i \in \{1, \ldots, s+1\}$ gilt: $r(x_i) = r_i$.
Unsere obigen Betrachtungen liefern:

Lemma 10.1. *Jede Wahl der Ränge, die für das Routing von R zu $T \geq D+s$ Runden führt, liefert eine aktive s-Delay Sequence.*

Lemma 10.2. *Die Anzahl verschiedener aktiver s-Delay Sequences ist höchstens*

$$|R| \cdot C^s \cdot \binom{D + s}{s} \cdot \binom{s + r}{s + 1} .$$

Beweis. Es gibt genau $\binom{D+s}{s}$ Möglichkeiten, die ℓ_i derart auszuwählen, daß $\sum_{i=1}^{s} \ell_i \leq D$ ist. Es gibt $|R|$ Pakete, von denen eines als x_1 ausgewählt werden kann. Da durch x_i und ℓ_i jeweils der Link e_i festgelegt und da $C_R(e_i) \leq C$ ist, gibt es höchstens C^s Möglichkeiten, die Pakete $x_2, \ldots, x_{s+1}$ an $e_1, \ldots, e_s$ auszuwählen. Wir haben also insgesamt höchstens $\binom{D+s}{s} \cdot |R| \cdot C^s$ Möglichkeiten, die Delay-Pakete festzulegen. Nun müssen wir noch abzählen, wieviele Möglichkeiten es gibt, die r_i festzulegen, so daß $r_i \leq r_{i-1}$. Dies sind nicht mehr als $\binom{s+r}{s+1}$. Ein eleganter Beweis für diese Tatsache findet sich in [9] auf S. 552f. Damit ist Lemma 10.2 bewiesen. $\qquad\Box$

In die Bestimmung der Anzahl der aktiven Delay Sequences geht die Vorrangsregel ein. Dürfte aus einem Puffer ein beliebiges Paket ausgewählt werden, müßte der Faktor $\binom{s+r}{s+1}$ durch r^{s+1} ersetzt werden, d. h., es gäbe erheblich mehr aktive Delay Sequences. Daß eine einzelne s-Delay Sequence aktiv ist, tritt mit Wahrscheinlichkeit $1/r^{s+1}$ ein. Damit haben wir unter Anwendung von Lemma 10.1 und unter Ausnutzung der Ungleichung $\binom{a}{b} \leq 2^a$:

Prob(Rundenzahl $\geq D + s$)

$$\leq \quad \text{Prob(es gibt eine aktive } s\text{-Delay Sequence)}$$

$$\leq \quad |R| \cdot C^s \cdot \binom{D + s}{s} \cdot \binom{s + r}{s + 1} \cdot \frac{1}{r^{s+1}}$$

$$\leq \quad |R| \cdot C^s \cdot 2^{D+s} \cdot \left(\frac{e(s + r)}{s + 1} \right)^{s+1} \cdot \frac{1}{r^{s+1}} \leq |R| \cdot 2^D \cdot \left(\frac{2eC(s + r)}{r \cdot (s + 1)} \right)^{s+1}$$

Jetzt setzen wir $s = 8e \cdot C + (k + 1)\log(|R|) + D - 1 = O(C + D + \log(|R|))$ und $r \geq s + 1$. Das ergibt

Prob(Rundenzahl $\geq 8e \cdot C + (k + 1)\log(|R|) + 2D - 1$)

$$\leq \quad |R| \cdot 2^D \cdot \left(\frac{4eC(s + 1)}{(s + 1)^2} \right)^{s+1} = |R| \cdot 2^D \cdot \left(\frac{4eC}{s + 1} \right)^{s+1}$$

$$\leq \quad |R| \cdot 2^D \cdot \left(\frac{1}{2} \right)^{(k+1)\log(|R|)+D} = |R| \cdot 2^D \cdot \left(\frac{1}{|R|} \right)^{k+1} \cdot \frac{1}{2^D} = \frac{1}{|R|^k} ,$$

womit Satz 10.4 bewiesen ist. $\qquad\Box$

Für Funktionen aus $F_{n,p}$ ist $|R| = n \cdot p$. Soll eine zufällig aus $F_{n,p}$ gewählte Funktion auf $\mathrm{BF}(d)$ mit $n = 2^d$ gemäß dem Random-Rank-Protokoll geroutet werden, so ist wegen Satz 10.2 die Congestion höchstens $O(p + \log n)$, und zwar mit einer Wahrscheinlichkeit von mindestens $1 - 1/n^k$. Mit Satz 10.4 werden dann höchstens $O(p + \log n)$ Runden mit einer Wahrscheinlichkeit von $(1 - 1/n^k)(1 - 1/(n \cdot p)^k) \geq 1 - 2/n^k$ benötigt.

Zwar sind Gitter keine geschichteten Netzwerke, jedoch kann man durch geeignete Konstruktionen die obigen Aussagen auf sie übertragen, d. h., auf dem (m, d)-Gitter benötigt das Routing $O(p + d \cdot m)$ Runden mit hoher Wahrscheinlichkeit. Gleiches gilt für Tori.

In [17] wird das sogenannte *Growing-Rank-Protokoll* für beliebige Netzwerke mit Kürzeste-Wege-Systemen beschrieben. Es ist sehr ähnlich zum Random-Rank-Protokoll. Die Änderung besteht darin, den Rang eines Paketes, das weitergeschickt wird, um den Wert r/D zu erhöhen. Das hat zur Folge, daß häufig aufgehaltene Pakete einen relativ kleinen Rang behalten und in späteren Runden bevorzugt werden. Die Analyse dieses Protokolls erfolgt ebenfalls durch ein Delay-Sequence-Argument und liefert für beliebige Netzwerke vergleichbar starke Ergebnisse wie oben.

Protokolle bei beschränkter Puffergröße. Wir haben bisher gesehen, daß wir Routingzeit $O(C + D + \log N)$ in beliebigen Netzwerken erreichen können, falls das Netzwerk über genügend große Puffer verfügt.

Für kleine, beschränkte Puffergrößen sind derartige Ergebnisse nicht bekannt. Anhand der folgenden einfachen Beispiele kann man erkennen, daß Pufferbeschränkungen das Routingproblem unter Umständen erheblich komplizierter machen.

Beispiel 1: Das Deadlock-Problem. Mit Deadlock bezeichnet man beim Routing eine Situation, in der noch nicht alle Pakete an ihren Zielen angekommen sind, aber kein Paket mehr bewegt werden kann.

Ein Deadlock tritt in folgender Situation auf: Betrachte einen Kreis im Netzwerk, so daß alle Puffer der Kreiskanten voll sind und die Routingwege aller derart gepufferten Pakete über die jeweils im Uhrzeigersinn folgende Kreiskante verlaufen. Somit kann keines dieser Pakete bewegt werden.

Die einfachste Methode, derartige Deadlocks zu umgehen, besteht darin, nur Wegesysteme zu benutzen, die einen Graphen ohne gerichtete Kreise aufspannen.

Beispiel 2: Routing auf dem linearen Array. Wir betrachten das lineare Array $M(N, 1)$, auf dem jeder Prozessor i, $i \in [N - \ell]$, p Pakete zu $i + \ell$ senden will, für $\ell \leq N$ und beliebiges p. Offensichtlich hat dieses Routing-Problem Congestion $C = p \cdot \ell$ und Dilation $D = \ell$.

Wir betrachten nun das einfache Routing-Protokoll, in dem ein Prozessor immer zuerst Pakete aus dem Eingabe-Puffer weiterleitet. Nur wenn dieser leer ist, leitet er ein Paket aus seinem Eingangspuffer weiter. Falls der Puffer Größe C hat, ergibt sich natürlich eine Laufzeit von $p \cdot \ell + p$. Was passiert aber bei kleiner Puffergröße $A < p$? Nach A Runden sind die Ausgangspuffer der Prozessoren $0, \ldots, N - \ell - 2$ voll. Da Prozessor $N - \ell - 1$ auch in den nächsten $p - A$ Runden seinen Eingangspuffer nicht leert, können die Prozessoren $0, \ldots, N - \ell - 2$ in dieser Zeit keine Pakete verschicken. Nach diesen weiteren $p - A$ Runden kann nur der Prozessor $N - \ell - 2$ Pakete weiterleiten, usw. D. h., daß dieses Problem mit diesem Protokoll erst nach $\Theta(\ell + p + (p - A)^{N-\ell-1})$ Runden geroutet worden ist. Siehe dazu Abbildung 10.7. Ähnlich schlechte Ergebnisse werden für $p < A < C$ erreicht.

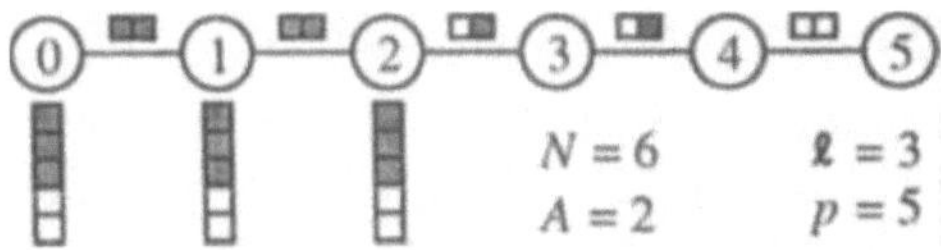

Abbildung 10.7. Nach A Runden sind die ersten $N - \ell - 1$ Prozessoren blockiert.

Ändert man das Routing-Protokoll dahingehend ab, daß die Prozessoren Pakete in ihren Eingangspuffern gegenüber den Paketen in ihren Eingabe-Puffern vorziehen, so treten solche Staus nicht mehr auf. Dann wird tatsächlich eine Rundenzahl von $p \cdot \ell + p$ erreicht. Hierfür ist allerdings $A \geq 2$ notwendig. Für $A = 1$ arbeitet dieses Protokoll nur dann schnell, wenn man einen Mechanismus – er wird *global control* genannt – voraussetzt, der es ermöglicht, in einer Runde alle Pufferinhalte um einen Link nach rechts zu verschieben.

Man kann Blockierungseffekte auch für Routing-Probleme beobachten, in denen in geschichteten Netzwerken von Quellen zu Senken geroutet wird. Es gibt geschichtete Netzwerke, für die man Eingaben finden kann, bei denen Varianten des oben für $M(N, 1)$ beschriebenen Protokolls wesentlich mehr als $C \cdot D$ Runden benötigen.

Auf der anderen Seite ist die Situation nicht hoffnungslos: Leighton *et al.* [12] konnten zeigen, daß es in jedem Netzwerk zu jedem Routingproblem ein Protokoll gibt, welches nur $O(C + D)$ Runden bei konstant großen Puffern benötigt. Die genaue Puffergröße ist nicht bekannt, sie ist bei dieser Konstruktion aber auf jeden Fall wesentlich größer als 2.

Der gravierende Nachteil dieser Konstruktion ist, daß sie für jedes Routingproblem ein spezielles Protokoll benötigt. Wir haben somit nur Aussagen über sogenanntes *Off-line-Routing*. Zu gegebenem Routing-Problem R kann das Protokoll durch einen probabilistischen Algorithmus in Zeit $O((c \cdot |R| \cdot N)^{1+\varepsilon})$, $\varepsilon > 0$ beliebig, c der Grad des Netzwerks, berechnet werden, wie Leighton und Maggs [11] gezeigt haben.

Das im wesentlichen einzige Protokoll mit asymptotisch optimaler Laufzeit – es stammt von Ranade [20] und ist ursprünglich für das Butterfly-Netzwerk entwickelt worden – folgt nicht mehr exakt dem Store-and-Forward-Modus. Es verallgemeinert vielmehr das oben beschriebene Random-Rank-

Protokoll für geschichtete Netzwerke mit beliebig großen Puffern, indem es durch Erzeugung zusätzlicher, geeigneter „Geister-Pakete" dafür sorgt, daß Pakete jeden Link in der Reihenfolge ihrer Ränge durchlaufen. Näheres findet sich in [13].

Theorem 10.5. *Für eine zufällig gewählte Funktion $f \in F_{n,p}$ benötigt Rana-des Routing-Algorithmus für das Butterfly-Netzwerk mit einer Wahrscheinlichkeit von mindestens $1 - 1/n^k$ höchstens $O(\log n + p)$ Schritte bei Puffergröße 1.*

Ähnliche Aussagen gelten für Gitter und Torus.

Zufällige Zwischenziele. Wir haben bei den oben vorgestellten Protokollen gesehen, daß die Laufzeit $O(C + D)$ mit hoher Wahrscheinlichkeit erreicht wurde. Das hat aber natürlich nichts daran geändert, daß C im worst case sehr groß sein kann. Valiant und Brebner haben in [23] eine Methode vorgestellt, mit deren Hilfe die Congestion beim Routing beliebiger p-p-Funktionen mit hoher Wahrscheinlichkeit klein gehalten werden kann. Wir beschreiben diese Methode für das Butterfly-Netzwerk $BF(d)$ mit $n = 2^d$.

Sei $f \in F_{n,p}$ eine p-p-Funktion. Das Paket $x_{i,j}$, $i \in [n]$, $j \in [p]$, das sich in der Quelle i befindet, soll zu Senke $f(i,j)$ geschickt werden. Wir betrachten folgendes 3-Phasen-Protokoll:

1. Route $x_{i,j}$ mittels dem Random-Rank-Protokoll zu einer zufällig gewähl-ten Senke $g(i,j)$, d. h., route die Pakete gemäß einer zufälligen Funktion $g \in F_{n,p}$.
2. Transportiere $x_{i,j}$ von Senke $g(i,j)$ nach Quelle $g(i,j)$.
3. Route $x_{i,j}$ mittels dem Random-Rank-Protokoll von Quelle $g(i,j)$ nach Senke $f(i,j)$.

Wird dieses Protokoll auf dem Butterfly-Netzwerk mit Wrap-around-Kanten durchgeführt, können wir die Phase 2 weglassen.

Wir wissen bereits aus unseren bisherigen Betrachtungen, daß mit Wahr-scheinlichkeit $1 - 2/n^k$ die erste Phase $O(\log n + p)$ Runden benötigt. In der dritten Phase liegt ein Routingproblem vor, das ebenfalls ein „hohes Maß an Zufall" enthält. Eine ähnliche Analyse mittels Delay Sequences wie oben zeigt, daß mit Wahrscheinlichkeit $1 - 2/n^k$ die dritte Phase in $O(\log n + p)$ Runden durchgeführt werden kann.

Theorem 10.6. *Sei $k > 0$. Für jede p-p-Funktion $f \in F_{n,p}$ gilt: f kann auf $BF(d)$ mit Wahrscheinlichkeit $(1 - \frac{2}{n^k})^2 \geq 1 - \frac{4}{n^k}$ in $O(\log n + p)$ Runden geroutet werden.*

D. h., daß es gewissermaßen keine schlechten Eingaben mehr gibt, da es für *jedes* Routingproblem viele gute Möglichkeiten gibt zu routen. Erkauft wurde dies damit, daß dieser Algorithmus im Durchschnitt mindestens doppelt so lange benötigt wie das Random-Rank-Protokoll, da man ja zweimal bzw. dreimal zu routen hat.

Betrachtungen zum Speicheraufwand. Wir haben bisher angenommen, daß jeder Prozessor in der Lage ist, zu einem Paket anhand des Headers zu entscheiden, über welchen Link er es weiterzuleiten hat.

Eine naive Methode, diese Informationen zu verwalten, besteht darin, jeden Prozessor mit einer Lookup-Table auszustatten, die zu jedem Start-Ziel-Paar angibt, über welchen Link ein Paket mit diesem Start und Ziel weitergeleitet werden muß (gemäß dem Wegesystem). Diese Tabelle benötigt jedoch Platz $O(N^2 \log c)$. Hängt für alle Prozessoren i das Endstück eines jeden Weges durch i nur vom Ziel des Weges ab (was meist der Fall ist), kommt man mit $O(N \log c)$ Platz aus. Für viele konkrete Netzwerke kann man jedoch auf diese Tabelle verzichten:

- Im Butterfly-Netzwerk genügt es einem Prozessor auf Level i, die i-ten Bits von Start und Ziel zu vergleichen, um zu wissen, ob das Paket die senkrechte oder die Quer-Kante benutzen muß.
- Im (m, d)-Gitter kann ein Prozessor ähnlich leicht allein aus seinen eigenen Koordinaten und denen des Ziels die zu benutzende Kante berechnen.

In beiden Fällen wird nur $O(\log N)$ viel Speicherplatz pro Prozessor benötigt. Für beliebige Netzwerke ist die Situation bedeutend schwieriger. Im wesentlichen sind bisher zwei Methoden untersucht worden, mit wenig Speicher in den Prozessoren auszukommen.

Intervall-Routing. Das Intervall-Routing wurde von Santoro und Khatib [21] eingeführt. Hierbei werden Routingwege so festgelegt, daß die Ziele der Wege, die von einem Prozessor aus über einen festen Link weiterführen, ein Intervall bilden. Somit reicht es, die c Intervallgrenzen, also $O(c \log N)$ Bits, abzuspeichern. Van Leeuwen und Tan [14] haben gezeigt, daß es tatsächlich in jedem Netzwerk, nach geeigneter Umnumerierung der Prozessoren, ein *Interval Labeling Scheme* (ILS) gibt, d. h. ein Wegesystem, für welches obiges einfaches Schema existiert. Allerdings haben diese Wegesysteme einige Nachteile: Sie erzeugen nur für einige spezielle Netzwerke kürzeste Wege. Um Wege, deren Länge höchstens der doppelte Durchmesser ist, zu bekommen, besteht die einzige bekannte Methode darin, entlang eines Spannbaums zu routen ([3, 14]). Damit ergibt sich aber eine lineare Congestion für fast alle Permutationen. Um Kürzeste-Wege-Systeme zu erzeugen, sind $\Omega(\frac{N}{(\log N)^2})$ Intervalle pro Knoten notwendig. Hiermit ergibt sich allerdings kaum noch Speichergewinn.

Routing durch Simulation. Hier ist die Idee, im Netzwerk ein gutstrukturiertes Netzwerk G mit ebenfalls N Prozessoren, z. B. das Butterfly-Netzwerk, einzubetten, und das Routing entlang der (mit wenig Speicher schnell berechenbaren, s. o.) Routingwege in G durchzuführen.

Eine einfache speichereffiziente Routingmethode besteht darin, in jedem Prozessor nur die c Wege zu seinen Nachbarn bzgl. G abzuspeichern, (Platz $O(\text{Durchmesser von } G)$ pro Nachbar), und diesen dem Paket als Info mitzugeben. Es wird also Info der Länge $O(\text{Durchmesser von } G)$ benötigt. Derartige

Methoden werden in [15, 16] vorgestellt. Analyse der Congestion, geschickte Wahlen von G, Nutzung geeigneter Routingprotokolle und einige Tricks zur Reduzierung der Länge von Info liefern z. B. für symmetrische Netzwerke:

Theorem 10.7. *M sei beliebiges symmetrisches Netzwerk mit N Prozessoren, konstantem Grad und Durchmesser $\Theta(\log N)$. Für jedes $s \in [2, N]$ gilt: Routing gemäß einer zufälligen Funktion aus $F_{N,1}$ benötigt mit großer Wahrscheinlichkeit $O((\log N)^2 / \log s)$ Runden, wobei pro Prozessor nur Platz $O(s \log n)$ benötigt wird. Für Info reicht eine Länge von $O(\log N)$.*

Z. B. kann also bereits mit Platz $O(N^\varepsilon)$, $\varepsilon > 0$ beliebig, eine Rundenzahl von $O(\log N)$ erreicht werden. Auf der anderen Seite reicht ein Platz von $O(\log N)$ aus, falls $O((\log N)^2)$ Runden akzeptierbar sind.

10.4 Wormhole-Routing

Wir untersuchen nun einen Routing-Modus, der insbesondere das Versenden langer Botschaften unterstützt. Wir gehen davon aus, daß wir Botschaften versenden wollen, die um vieles länger sind als die Pakete, die ein Link verarbeiten kann. Eine einfache Möglichkeit, derartig lange Botschaften zu versenden, besteht darin, sie auf mehrere Pakete zu verteilen und diese einzeln zu versenden. Allerdings ergeben sich dabei zwei Nachteile: Zum einen muß jedes dieser Pakete mit einem eigenen Header ausgestattet werden, obwohl sie alle den gleichen Start- und den gleichen Ziel-Prozessor haben. Zum anderen kommen die Teile der Botschaft nicht notwendig als kontinuierlicher Datenstrom am Ziel an, eventuell sogar in der falschen Reihenfolge, so daß sie noch sortiert werden müssen.

Wormhole-Routing beschreibt eine Technik, diese Nachteile zu umgehen. Die Botschaft wird hierbei in Teile fester Größe, die sogenannten *Flits* (*flow control unit*), zerlegt. Das erste Flit, der Kopf, ist wie ein Paket beim Store-and-Forward-Routing aufgebaut. Die anderen Flits enthalten nur ihren Anteil der Botschaft, jedoch keine Header. Wir erlauben keine Puffer auf den Links (Eingabe-Puffer bleiben jedoch erhalten). Während des Routings befinden sich die Flits einer Botschaft in aufeinanderfolgenden Prozessoren eines Weges im Netzwerk, mit Ausnahme der Flits, die noch im Start- bzw. schon im Ziel-Prozessor sind. In einem Schritt wird die gesamte Folge von Flits um eine Position auf ihrem Weg weitergeleitet (Siehe Abbildung 10.8).

Die Botschaft läuft also wurmartig entlang ihres Routingweges, weshalb diese Folge von Flits *Wurm* und der beschriebene Routing-Modus *Wormhole-Routing* genannt werden. Die Länge der Folgen von Flits bezeichnen wir als Wurmlänge.

Reale Router haben typischerweise eine recht große *Bandweite B*, d. h., B Flits (verschiedener Würmer) können gleichzeitig über einen Link laufen. Hiermit wird der negative Effekt der fehlenden Puffer zum Teil abgefangen. Wormhole-Routing arbeitet, wie gesagt, ohne Puffer. Die Variante, in der

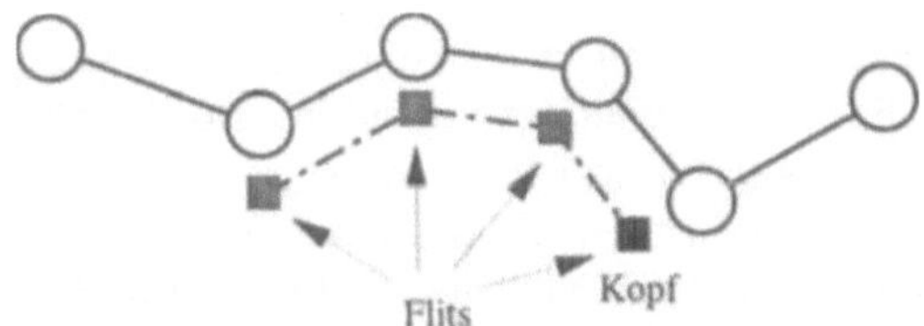

Abbildung 10.8. Wurm auf dem Weg.

Würmer nur Länge 1 haben, spielt eine Sonderrolle und wird häufig separat untersucht. Hier ist es möglich, daß ein Paket (= Wurm der Länge 1), falls es nicht auf seinem Weg vorwärts gehen kann, da ein anderes Paket den gleichen Link benutzt, auf seinem Weg einen Schritt *rückwarts* geht, um so zu *warten*. In gewissem Sinn können so Puffer simuliert werden. Diese Variante mit Würmern der Länge 1 ist vielfältig unter den Begriffen *Deflection Routing* und *Hot-Potato Routing* untersucht worden (siehe z. B. [5, 6, 18]).

Wie können wir Kollisionen verhindern, falls keine Puffer vorhanden sind, die Würmer sich also in jedem Schritt vorwärts bewegen müssen?

Für spezielle Netzwerke wie Gitter und Tori sind in [1, 18] Verfahren entwickelt worden, die es den Würmern erlauben, abhängig von der beobachteten Congestion verschiedene Wege zu benutzen. Diese Verfahren sind also adaptiv, nicht oblivious.

Eine Methode aus [4] funktioniert in beliebigen Netzwerken mit beliebigen Wegesystemen und ist oblivious. Dieses Protokoll stellen wir nun genauer vor.

Ein Protokoll für oblivious Wormhole-Routing. Wir gehen von einem Netzwerk M der Größe N ohne Puffer mit Bandweite B aus und nehmen an, daß N Würmer jeweils der Länge L geroutet werden sollen. Im Netzwerk ist ein beliebiges Wegesystem W mit Durchmesser D vorgegeben.

Das folgende Protokoll wurde in [4] vorgestellt und analysiert. Jeder Wurm w wählt einen zufälligen Rang und zusätzlich eine *zufällige Verzögerung* $d(w) \in [D]$.

Vorrangsregel. Falls mehr als B Flits gleichzeitig den gleichen Link durchlaufen wollen, werden die Flits der B Würmer mit kleinstem Rang ausgewählt. Die anderen Flits und deren Nachfolge-Flits werden zerstört.

Man beachte, daß der Kopf eines Wurms nicht bemerkt, wenn sein „Körper zerstört" wird. Er läuft mit dem übrig gebliebenen Anfangsstück seines Körpers weiter, eventuell bis zu seinem Ziel. Nur die Flits hinter dem zerstörten Flit F werden in den nächsten Schritten dort zerstört, wo zuvor F zerstört wurde.

Routing-Protokoll. Zu Beginn sind alle Würmer *aktiv*. Das Protokoll arbeitet in *Iterationen* zu je $2D + L$ Schritten. Eine Iteration besteht aus einer Vorwärts- und einer Rückwärtsphase.

In der Vorwärtsphase wird jeder aktive Wurm w nach $d(w)$ Schritten gestartet und läuft seinen Routingweg entlang. Jeder Prozessor arbeitet in jedem Schritt gemäß der oben beschriebenen Vorrangsregel. Diese Phase ist nach $2D + L$ Schritten beendet. Man beachte, daß ein Wurm w, von dem während des Routings kein Flit zerstört wurde, nach $2D + L$ Schritten vollständig am Ziel angekommen ist, da er zu Beginn nur $d(w) \le D$ Schritte und während des Routings nie verzögert wurde und höchstens D Schritte weit läuft. Ein solcher Wurm ist *erfolgreich*.

In der Rückwärtsphase wird für jeden erfolreichen Wurm vom Ziel aus eine Empfangsbestätigung (ein *Acknowledgement*) zu dessen Start geschickt. Hierzu wird der Verlauf der Vorwärtsphase umgekehrt, allerdings werden nur Pakete (d.h. Würmer der Länge 1), und zwar nur für erfolgreiche Würmer, verschickt. Diese Phase dauert $2D$ Schritte.

Die Würmer, für die am Ende der Rückwärtsphase kein Acknowledgement am Start angekommen ist, sind erfolglos gestartet worden und bleiben deshalb aktiv.

Diese Iteration wird solange wiederholt, bis es keine aktiven Würmer mehr gibt. Die Routingzeit ist #(Iterationen) $\cdot (4D + L)$.

Mit einem modifizierten Delay-Sequence-Argument kann bewiesen werden, daß mit großer Wahrscheinlichkeit

$$O\left(\frac{1}{B} \cdot \left(\frac{\min(L, D) \cdot C \cdot D^{1/B}}{D} + \log N \right) \right)$$

Iterationen ausreichen. C bezeichnet dabei wieder die Congestion. Da jede Iteration Zeit $O(D + L)$ benötigt, ergibt sich als Laufzeitschranke

$$O\left(\frac{1}{B} \cdot (LCD^{1/B} + (D + L)\log N) \right) \ .$$

Für $B \ge \log D$ und $L \cdot C \ge (D + L)\log N$ bzw. für $B \ge \log N$ erreicht dies die einfach zu bestimmende untere Schranke von $\Omega(\frac{L \cdot C}{B} + D + L)$. Für unsere Beispielklasse der symmetrischen Netzwerke mit Durchmesser $O(\log N)$, konstantem Grad, $L \le D$, erhalten wir für zufällige Routingfunktionen aus $F_{N,1}$ die Laufzeitschranke $O(\frac{1}{B} \cdot (\log N)^2)$.

Für (m, d)-Gitter mit $D = d \cdot m$ macht sich die Wahl der Bandweite noch deutlicher bemerkbar. Routing von Würmern gemäß einer zufälligen Funktion aus $F_{m^d,1}$ benötigt hier Zeit $O(\frac{1}{B} \cdot (L \cdot m \cdot d^{1/B} + (md + L)d\log m))$. Für $B \ge \log d$, $L \ge d^2 \log m$, $d \le \frac{m}{\log m}$, ergibt sich dann eine Routingzeit von $O(LB/m)$, also offensichtlich, bis auf konstanten Faktor, optimale Zeit.

Danksagungen

Wir danken Christian Scheideler und Berthold Vöcking für die anregenden Diskussionen während des Entstehens dieses Aufsatzes.

Diese Arbeit wird im Rahmen des Sonderforschungsbereichs 376 „Massive Parallelität" durch die Deutsche Forschungsgemeinschaft gefördert.

Schriftenverzeichnis

1. A. Bar-Noy, P. Raghavan, B. Schieber und H. Tamaki (1993). Fast deflection routing for packets and worms. *Proceedings of the 12th Symposium on Principles of Distributed Computing (PODC)*, 75–86.
2. A. Borodin und J. E. Hopcroft (1985). Routing, merging, and sorting on parallel models of computation. *Journal of Computer and System Sciences* 30, 130–145.
3. V. Braune (1993). Theoretische und experimentelle Analyse von Intervall-Routing-Algorithmen. Diplomarbeit, Universität-GH Paderborn.
4. R. Cypher, F. Meyer auf der Heide, C. Scheideler und B. Vöcking (1996). Universal algorithms for store-and-forward and wormhole routing. Erscheint in *Proceedings of the 28th ACM Symposium on Theory of Computing (STOC)*.
5. U. Feige und P. Raghavan (1992). Exact analysis of hot-potato routing. *Proceedings of the 33rd Symposium on Foundations of Computer Science (FOCS)*, 553–562.
6. A. Greenberg und B. Hajek (1992). Deflection routing in hypercube networks. *IEEE Transactions on Communications* 40, 1070–1081.
7. T. Hagerup und C. Rüb (1990). A guided tour of Chernoff bounds. *Information Processing Letters* 33, 305–308.
8. C. Kaklamanis, D. Krizanc und T. Tsantilas (1991). Tight bounds for oblivious routing in the hypercube. *Mathematical Systems Theory* 24, 223–232.
9. F. T. Leighton (1992). *Introduction to Parallel Algorithms and Architectures: Arrays, Trees, Hypercubes.* Morgan Kaufmann Publishers, San Mateo, CA.
10. F. T. Leighton und B. M. Maggs (1992). Fast algorithms for routing around faults in multibutterflies and randomly-wired splitter networks. *IEEE Transactions on Computers* 41, 578–587.
11. F. T. Leighton und B. Maggs (1995). Fast algorithms for finding O(congestion + dilation) packet routing schedules. *Proceedings of the 28th Hawaii International Conference on System Sciences (HICSS)*, 555–563.
12. F. T. Leighton, B. Maggs und S. Rao (1994). Packet routing and job-shop scheduling in O(congestion + dilation). *Combinatorica* 14, 167–180.
13. F. T. Leighton, B. M. Maggs, A. G. Ranade und S. B. Rao (1994). Randomized routing and sorting on fixed connection networks. *Journal of Algorithms* 17, 157–205.
14. J. van Leeuwen und R. B. Tan (1986). Computer networks with compact routing tables. *The book of L*, Springer-Verlag, 259–273.
15. F. Meyer auf der Heide und C. Scheideler (1995). Routing with bounded buffers and hot-potato routing in vertex-symmetric networks. *Proceedings of the 3rd European Symposium on Algorithms (ESA)*, 341–354.
16. F. Meyer auf der Heide und C. Scheideler (1995). Space-efficient routing in vertex-symmetric networks. *Proceedings of the 7th ACM Symposium on Parallel Algorithms and Architectures (SPAA)*, 137–146.
17. F. Meyer auf der Heide und B. Vöcking (1995). A packet routing protocol for arbitrary networks. *Proceedings of the 12th Symposium on Theoretical Aspects of Computer Science (STACS)*, 291–302.
18. F. Meyer auf der Heide und M. Westermann (1995). Hot-potato routing on multi-dimensional tori. *Proceedings of the 21st International Workshop on Graph-Theoretic Concepts in Computer Science (WG)*, 209–221.
19. I. Parberry (1990). An optimal time bound for oblivious routing. *Algorithmica* 5, 243–250.
20. A. G. Ranade (1991). How to emulate shared memory. *Journal of Computer and System Sciences* 42, 307–326.

21. N. Santoro und R. Khatib (1985). Labelling and implicit routing in networks. *The Computer Journal* 28, 5–8.
22. E. Upfal (1989). An $O(\log n)$ deterministic packet routing scheme. *Proceedings of the 21st ACM Symposium on Theory of Computing (STOC)*, 241–250.
23. L. Valiant und G. Brebner (1981). Universal schemes for parallel communication. *Proceedings of the 13th ACM Symposium on Theory of Computing (STOC)*, 263–277.

Parallelisierung aller APL-Operationen

Wolfgang J. Paul und Jürgen Sauermann

Die Sprache APL basiert auf einem äußerst eleganten Kalkül für Vektoren, Matrizen und Tensoren. APL-Operationen kommen inzwischen in vielen modernen Programmiersprachen vor. Ihre Parallelisierung ist daher nicht nur für Benutzer von APL von Interesse. Wir zeigen, daß sich alle APL-Operationen effizient parallelisieren lassen. Die wesentlichen Werkzeuge beim Beweis sind

1. *Zahlensysteme mit gemischter Basis für die Berechnung von Speicheradressen von Tensorelementen und*
2. *ein auf* Smoothing *basierender Routing-Algorithmus.*

11.1 Ziele

Die Sprache APL [7, 9, 22] basiert auf einem äußerst eleganten Kalkül für Vektoren, Matrizen und Tensoren. APL-Operationen kommen inzwischen in vielen modernen Programmiersprachen wie FORTRAN 90 vor [17]. Die Parallelisierung dieser Operationen ist daher für die Praxis von Interesse und zwar nicht nur für Benutzer von APL.

Wir zeigen in dieser Arbeit, daß sich *alle* APL-Operationen parallelisieren lassen. Dabei werden wir uns natürlich auf die umfangreiche theoretische Literatur über parallele Algorithmen stützen [6, 10, 14]. Um Algorithmen aus der theoretischen Literatur praktikabel zu machen, muß man typischerweise an drei Stellen noch Arbeit investieren:

1. Die Anzahl p der Prozessoren ist fest und wächst nicht mit der Größe n der Eingabe. Wir behandeln nur den Fall $p < n$.
2. Die Größe n der Eingabe ist keine Zweierpotenz, und man bläst die Eingabe möglichst auch nicht künstlich auf.
3. Wenn man mehrere Algorithmen in ein System (in unserem Fall einen parallelen APL-Interpreter [21, 24]) integrieren will, braucht man ein einheitliches Format für die Ein- und Ausgabe.

In Abschnitt 11.2 spezifizieren wir die Anforderungen an die Zielmaschine, auf der die parallelisierten APL-Operationen ausgeführt werden sollen. In den Abschnitten 11.3 und 11.4 geben wir einen kurzen Überblick über APL-Werte, und wir beschreiben, wie Daten auf der Zielmaschine abgelegt und wiedergefunden werden. Als zentrales Hilfsmittel benutzen wir hier eine Zahlendarstellung mit gemischter Basis [24]. Wir setzen nicht voraus, daß der Leser mit APL-Jargon vertraut ist.

In den Abschnitten 11.5 bis 11.8 beschreiben und analysieren wir parallele Algorithmen für *alle* APL-Operationen außer der Inversion von Matrizen und der Lösung linearer Gleichungssysteme[1]. Die Abschnitte enthalten Algorithmen für Routing, Reshape, Parallel Prefix und Sortieren, gefolgt von Anwendungen für die Realisierung von APL-Operationen. Solange nicht sortiert wird, erreichen wir in der Regel Laufzeit $O(n/p)$.

Lokale Laufzeiten schätzen wir asymptotisch ab. Die Kommunikationszeiten berechnen wir bis auf Terme niederer Ordnung exakt. Dies gestattet in Abschnitt 11.9 die Klassifikation der entwickelten Algorithmen nach ihrer Kommunikationszeit. Überdies kann man die exakten Analysen für die Abschätzung und Vorhersage von Laufzeiten auf realen Maschinen benutzen. Darauf werden wir aus Platzgründen hier nicht näher eingehen.

Große Teile der Abschnitte 11.3, 11.5.4 bis 11.5.6 und 11.6 stammen aus [24]. In den Abschnitten 11.7.1, 11.7.2 und 11.8 brauchen wir nur bekannte Standardalgorithmen in naheliegender Weise anzupassen.

11.2 Zielmaschine

Wir definieren zunächst eine abstrakte Zielmaschine. Damit legen wir einfach diejenigen Mechanismen fest, die zur Ausführung unserer Algorithmen notwendig sind. Jede reale Maschine, die die abstrakte Maschine effizient simuliert, kann auch unsere Algorithmen effizient ausführen.

11.2.1 Abstrakte Zielmaschine. Die abstrakte Zielmaschine hat einen *Master-Prozessor M* und p *Slave-Prozessoren* P_i, $i \in \{0, \dots, p-1\}$. Wir setzen voraus, daß p eine Zweierpotenz ist. Alle Berechnungen verlaufen in Runden. Es gibt zwei Sorten von Runden. In *compute*-Runden rechnen alle Prozessoren lokal. In *communicate*-Runden tauschen sie über insgesamt drei Netzwerke Daten aus.

Die Slaves sind untereinander durch ein sogenanntes *Shifting-Network* [26] verbunden. In solchen Netzen kann man für jede Kommunikationsrunde eine feste *Shift-Distanz d* einstellen. Ist die Distanz d eingestellt, so kann für alle i gleichzeitig Prozessor P_i an Prozessor $P_{i+d\bmod p}$ Daten senden. Dabei kann er n Daten in $\sigma + \rho n$ Schritten übertragen[2]. Hierbei ist σ die *Startup-Zeit* für die Kommunikation, und ρ ist die *inverse Bandbreite*, die jedem Prozessor zur Verfügung steht. Beispiele für Shifting-Networks sind Crossbars, Permutationsnetze [28] und Barrel-Shifter (siehe z.B. [18]).

Der Master ist mit den Slaves über zwei Kontrollbusse verbunden. Über Kontrollbus 1 kann der Master an die Slaves broadcasten. Auf Kontrollbus 2 liest der Master das bitweise logische ODER aller Signale, die von den Slaves auf diesen Bus gelegt werden. Bus 2 kann offensichtlich zur *Barrier-Synchronisation* [5] benutzt werden. Diese Verbindung zwischen Master und

---

[1] Parallele Algorithmen für diese Probleme sind ausführlich untersucht worden [19].

[2] Wir gehen davon aus, daß Prozessoren gleichzeitig senden und empfangen können; andernfalls muß man in zwei Teilrunden kommunizieren. Für die Analyse verdoppeln sich dann σ und ρ.

Slaves wurde in [2] vorgeschlagen. Über eine Realisierung wurde in [21] berichtet. Spezielle Hardware zum Synchronisieren ist überraschenderweise erst 1992 in kommerziellen Maschinen eingesetzt worden, und zwar im Kontrollbus der CM-5 [15]. In unseren Algorithmen werden die Kontrollbusse fast nur zur Synchronisation zwischen den Runden benutzt. Die Zeit zum Synchronisieren kann man im Parameter σ berücksichtigen. Die Zeit für die übrige Kommunikation über die Kontrollbusse vernachlässigen wir.

Für die Analyse der lokalen Laufzeiten behandeln wir die Prozessoren als Random Access Maschinen (RAMs) mit uniformem Kostenmaß [1], d.h. Elementaroperationen auf elementaren Daten haben Kosten 1. Das RAM-Modell aus [1] erlaubt als elementare Daten die ganzen Zahlen. Die Datenworte realer Maschinen haben jedoch eine beschränkte Breite. Deshalb passen wir unsere Analyse in zweierlei Hinsicht an:

- Wir nehmen an, daß n elementare Daten, die auf einem Prozessor gespeichert sind, in Zeit $O(n)$ sortiert werden können. Aus praktischer Sicht ist dies erfüllt, wenn man Bucket-Sort benutzt [1].
- Wir kodieren nicht unbeschränkt Tupel von natürlichen Zahlen in einzelne natürliche Zahlen, denn andernfalls bräuchte jeder Prozessor in jeder Runde nur ein Datum zu schicken. Bei Adreßrechnungen werden wir sogar massiv Tupel von natürlichen Zahlen durch einzelne natürliche Zahlen kodieren. Dort ist aber die Größe des Ergebnisses in natürlicher Weise (im Wesentlichen durch die Problemgröße n) beschränkt.

Die so definierte abstrakte Maschine ist beinahe ein BSP-Computer [16, 27], der nur eine eingeschränkte Menge von h-Relationen unterstützt.

11.2.2 Reale Zielmaschinen. Will man wissen, wie gut eine reale Maschine die Kommunikationsmechanismen der abstrakten Maschine simuliert, muß man nur die Größen σ und ρ bestimmen. Wir erinnern daran, daß wir in σ die Zeit zum Synchronisieren zwischen den Runden mit untergebracht haben. Zur Bestimmung der (ungünstigsten) inversen Bandbreite ρ braucht man nur $p-1$ Kommunikationsmuster zu betrachten. Man muß sich in diesem Zusammenhang vor der Annahme hüten, daß die pro Prozessor verfügbare Bandbreite bei modernen Maschinen vom globalen Kommunikationsmuster unabhängig ist. Beim Benchmarken einer Intel-Paragon [4] mit $p = 64$ von insgesamt 140 Prozessoren haben wir bei den $p-1$ möglichen Shifts Schwankungen von ρ um einen Faktor knapp unter 1.5 gemessen.

11.3 APL-Werte

Elementare Daten haben in APL den Typ integer, real, boolean oder character. Alle anderen APL-Werte sind Felder A, die aus elementaren Daten bestehen. Ihre Dimension ist höchstens 8 und wird in APL *rank* bzw. *Rang* genannt. Indizes beginnen bei 0 oder 1. Wir werden hier immer voraussetzen, daß sie bei 0 beginnen. Ein solches Feld wird durch ein 4-Tupel $A = (t, d, s, r)$

spezifiziert. Hierbei ist t der Typ der Komponenten des Feldes, d ist die Dimension von A, $s = (s_{d-1}, ..., s_0)$ ist der Vektor der oberen Grenzen der Indizes $+1$ und wird *Shape* von A genannt. Schließlich ist r die Folge der Feldelemente in lexikographischer Reihenfolge ihrer Indizes. Die Folge r wird *Ravel* von A genannt. Ist beispielsweise $d = 2$, so ist A eine Matrix, und der Ravel von A besteht aus den Matrixelementen in Zeilenordnung. Elementare Daten werden als APL-Werte mit Dimension 1 und Shape-Vektor (1) angesehen. Wir bezeichnen den Ravel von A mit $(, A)$ und das j-te Element des Ravels mit $(, A)[j]$.

Sei nun $A = (t, d, s, r)$ ein APL-Wert und es sei $n = \prod_{j=0}^{d-1} s_j$ die Anzahl seiner Elemente. Für (d-dimensionale) Indizes i von Feldelementen $A[i]$ bezeichne $s \perp i$ die Anzahl der Indizes, die lexikographisch kleiner als i sind. Nach Definition des Ravels gilt

$$A[i] = (, A)[s \perp i] \tag{11.1}$$

für alle Feldindizes i. Ein leichter Induktionsbeweis zeigt

$$s \perp i = \sum_{k=0}^{d-1} \left(i_k \prod_{x=0}^{k-1} s_x \right) .$$

Das ist aber nichts anderes als die natürliche Zahl, die im Zahlensystem mit der gemischten Basis s die Darstellung i hat. Mit einem solchen Zahlensystem messen wir alle unsere Zeit. Wenn wir wissen wollen, wieviele Sekunden des Tages um 3:35:16 Uhr mittags vorbei sind, so ist das $(2, 12, 60, 60) \perp (1, 3, 35, 16)$.

Für $k \in \{0, ..., d - 1\}$ sei $I_k = \{0, ..., s_k - 1\}$ die Menge der möglichen Werte, welche die Komponente i_k eines Feldindex i annehmen kann. Sei $j \in \{0, ..., n - 1\}$ und es sei $s \top j \in I_{d-1} \times \cdots \times I_0$ die Darstellung von j im Zahlensystem mit der gemischten Basis s. Dann gilt $s \top (s \perp i) = i$ für alle i und Gleichung (11.1) liefert

$$A[s \top j] = (, A)[j] \text{ für alle } j . \tag{11.2}$$

Mit dieser Gleichung kann man aus einer Ravelposition den zugehörigen Feldindex bestimmen.

Wir beenden diesen Abschnitt mit zwei Identitäten, die sich später als sehr nützlich erweisen werden. Ist $d = 6$ und $s_x = 10$ für alle x (d.h. wir rechnen mit gewöhnlichen Dezimalzahlen), dann sind

$$
\begin{aligned}
123456 \;&=\; (10, 10, 10, 10, 10, 10) \perp (1, 2, 3, 4, 5, 6) \\
&=\; (100, 10, 1000) \perp (12, 3, 456) \text{ und} \\
12345 \;&=\; (10, 10, 10, 10, 10) \perp (1, 2, 3, 4, 5) = (100, 1000) \perp (12, 345)
\end{aligned}
$$

Beispiele für diese Identitäten. Allgemein sei $j \in \{0, ..., d - 1\}$, $i_{up} = (i_{d-1}, ..., i_{j+1})$, $i_{low} = (i_{j-1}, ..., i_0)$, $s_{up} = (s_{d-1}, ..., s_{j+1})$, $s_{low} = (s_{j-1}, ...,$

s_0), $h = \prod_{x=j+1}^{d-1} s_x$, $m = s_j$ und $l = \prod_{x=0}^{j-1} s_x$. Dann verifiziert man mit einer leichten Rechnung

$$s \perp i \quad = \quad (h, m, l) \perp (s_{up} \perp i_{up}, i_j, s_{low} \perp i_{low}) \tag{11.3}$$

und

$$(s_{up}, s_{low}) \perp (i_{up}, i_{low}) \quad = \quad (h, l) \perp (s_{up} \perp i_{up}, s_{low} \perp i_{low}). \tag{11.4}$$

11.4 Speicherung von APL-Werten

Die Arbeit zwischen Master– und Slave-Prozessoren wird ganz einfach aufgeteilt. Die Slaves speichern und manipulieren die Ravel-Elemente. Der Master koordiniert die Arbeit. Wir geben an, wie Ravels auf den Slaves abgelegt werden.

Eine Adresse im globalen Adreßraum aller Slaves ist ein Paar (a, j). Hierbei ist j die Nummer eines Slaves und a ist eine Adresse im lokalen Speicher dieses Prozessors. Wir betrachten also den gesamten Adreßraum als eine Matrix mit p Spalten, d.h. mit einer Spalte für jeden Prozessor. Wir ordnen die globalen Adressen lexikographisch, d.h. in Zeilenordnung.

Für jeden APL-Wert A speichern wir $(, A)[0]$ auf Prozessor 0, d.h. an irgendeiner globalen Adresse der Form $(b, 0)$. Für alle j speichern wir Ravel-Element $(, A)[j]$ am j-ten Nachfolger von Adresse $(b, 0)$ im globalen Adreßraum. Dies ist Adresse $(b + \lfloor j/p \rfloor, j \bmod p)$. Die lokale Adresse b heißt die *Basisadresse* von A, und die Größe $\lfloor j/p \rfloor$ heißt das *lokale Displacement* von Ravel-Element $(, A)[j]$. Für alle j ist also Ravel-Element $(, A)[j]$ auf Slave $P_{j \bmod p}$ mit lokalem Displacement $\lfloor j/p \rfloor$ gespeichert.

Ist n die Anzahl der Elemente von Ravel r, dann speichert Slave P_i genau

$$\nu(i) = \left\{ \begin{array}{ll} \lceil n/p \rceil & \text{falls} \quad i < n \bmod p \\ \lfloor n/p \rfloor & \text{sonst} \end{array} \right.$$

Ravel-Elemente.

Die eben definierte Art, Ravels oder Vektoren, die als Zwischenergebnisse von Rechnungen auftreten, abzuspeichern, nennen wir *Zeilenordnung*. Gelegentlich speichern wir Vektoren $x = (x_0, \ldots, x_{n-1})$, die als Zwischenergebnisse auftreten, auch in *Spaltenordnung*: Es sei $\nu(i)$ wie oben definiert und es sei $V(i) = \sum_{j \leq i} \nu(j)$. In Spaltenordnung werden für alle i die Elemente $x_{V(i-1)}, \ldots, x_{V(i)-1}$ auf Slave i gespeichert.

Sei nun der Ravel des APL-Werts A mit Shape s in Zeilenordnung gespeichert. Für alle $k \in \{0, \ldots, p-1\}$ und $j \in \{0, \ldots, \nu(k) - 1\}$ sei $i(j, k)$ der Feldindex des Ravel-Elements von A, das auf Prozessor k mit Displacement j gespeichert ist. Dann gilt

Theorem 11.1. *Jeder Prozessor k kann* lokal *die Folge der Feldindizes $i(j, k)$ in Zeit $O(\lfloor n/p \rfloor)$ mit konstant vielen Divisionen berechnen.*

Beweis. Aus der Definition von $i(j,k)$ und Gleichung (11.2) folgt

$$A[i(j,k)] = (,A)[pj + k] = A[s\top(pj + k)]$$

für alle j und k. Dies gilt für alle APL-Werte, insbesondere für Werte, deren Elemente paarweise verschieden sind. Es folgt

$$i(j,k) = s\top(pj + k)$$

für alle j und k. Dies liefert den folgenden sehr einfachen Algorithmus: Berechne $i(0,k) = s\top k$ und $s\top p$ mit konstant vielen Divisionen. Berechne $i(j + 1, k)$ durch Addition von $i(j,k)$ und $s\top p$ im Zahlensystem mit der gemischten Basis s. Hier addiert man einfach Stelle für Stelle nach der Schulmethode. $\square$

Weil wir gewöhnlich Ravels in Zeilenordnung speichern, erfordern gewisse APL-Operationen überhaupt keine Kommunikation, insbesondere die komponentenweise Verknüpfung von Werten gleicher Dimension. Hierzu gehören die gewöhnlichen Vektoroperationen. Die lokale Laufzeit ist in diesem Fall $O(\lceil n/p \rceil)$.

11.5 Routing

Wir haben das folgende Routing-Problem zu lösen: Für $i, j \in \{0, \ldots, p - 1\}$ will Prozessor i genau $n(i,j)$ Pakete an Prozessor j senden. Jedes Paket enthält die Zieladresse j und eine konstante Zahl L von elementaren Daten. Im folgenden sei $n(i) = \sum_j n(i,j)$ die Gesamtzahl von Paketen, die Prozessor i schickt. Dann ist $N = \max_i n(i)$ die größte Zahl von Paketen, die irgendein Prozessor sendet, $m(j) = \sum_i n(i,j)$ ist die Gesamtzahl von Paketen, die Prozessor j empfängt, $M = \max_j m(j)$ ist die größte Zahl von Paketen, die irgendein Prozessor empfängt und $n = \sum_i n(i)$ ist die Zahl aller Pakete. Offensichtlich ist $\sigma + \rho L \max\{N, M\}$ eine untere Schranke für die Laufzeit von Algorithmen für das obige Routing-Problem.

11.5.1 Triviales Routen. Der triviale Routing Algorithmus (Rt0) arbeitet in $p - 1$ Runden. Jedes Paket wird direkt zu seinem Bestimmungsort geschickt. In Runde k wird Shift-Distanz k eingestellt. Die Kommunikationszeit für Runde k ist $\sigma + \rho L \max_i n(i, i + k \bmod p)$. Selbst wenn $N = M = n/p$ gilt, kann dieser Algorithmus Laufzeit $\Theta(nL)$ haben, beispielsweise falls gilt: $n(i, 2i) = n(p/2 + i, 2i + 1) = n/p$ für alle $i < p/2$ und $n(i,j) = 0$ für alle übrigen i und j (die Prozessoren tauschen Daten im Muster eines Perfect Shuffle aus).

Wir benutzen Algorithmus (Rt0) immer dann, wenn wir einen Ravel von Zeilenordnung in Spaltenordnung oder umgekehrt umspeichern. Hat der Ravel Länge n, dann ist $n(i,j) \leq \lceil \lceil n/p \rceil / p \rceil$ für alle i und j. Die Kommunikationszeit ist höchstens

$$\begin{aligned}(p-1)(\sigma + \lceil \lceil n/p \rceil /p \rceil \rho) \;&\leq\; p\sigma + (p-1)(\lceil n/p \rceil /p + 1)\rho \\ &\leq\; p\sigma + (\lceil n/p \rceil + p - 1)\rho \\ &\leq\; p\sigma + (n/p + p)\rho\,.\end{aligned} \tag{11.5}$$

11.5.2 Smoothing. Der folgende Algorithmus (Rt1) hat Laufzeit $O(N + M + p^2)$. Er benutzt *Smoothing*, eine Technik, die auch für das Lösen von Routingproblemen auf Gittern benutzt wird [23]. Wir routen in zwei Phasen. In jeder Phase wird der triviale Algorithmus benutzt. In Phase 1 verteilt für alle i und j Prozessor i seine $n(i,j)$ Pakete mit Ziel j so gleichmäßig wie möglich auf alle Prozessoren. Jeder Prozessor erhält höchstens $\lceil n(i,j)/p \rceil$ dieser Pakete. In Phase 2 werden die Pakete an ihr Ziel geschickt.

Für $x \in \{1, 2\}$ sei $n_x(i,s)$ die Zahl von Paketen, die Prozessor i in Phase x an Prozessor s schickt. Dann ist

$$n_1(i,s) \leq \sum_j \lceil n(i,j)/p \rceil < n(i)/p + p \leq N/p + p$$

und

$$n_2(i,s) \leq \sum_\imath \lceil n(i,s)/p \rceil < m(s)/p + p \leq M/p + p - 1\,.$$

In Phase 1 enthält jedes Paket $L+1$ elementare Daten, nämlich die ursprünglichen Daten und die Zieladresse. Die Kommunikationszeit in Phase 1 ist also höchstens $\sigma p + (N + p^2)(L + 1)\rho$. In Phase 2 muß die Zieladresse nicht mit übertragen werden, und die Kommunikationszeit ist $\sigma p + (M + p^2)L\rho$. Sei $RT(N, M, L)$ die größte Kommunikationszeit, die auftritt, wenn man Algorithmus (Rt1) mit Parametern N, M und p startet. Dann gilt

Theorem 11.2. $RT(N, M, L) \leq 2p\sigma + ((L+1)N + LM + (2L+1)p^2)\rho$.

11.5.3 Transposition, Rotation und Spiegelung. Routing-Algorithmen liefern sofort Algorithmen für alle APL-Operationen, welche nur die Ravel-Elemente eines einzelnen APL-Werts permutieren. Insbesondere gilt

Theorem 11.3. *Transposition, Rotation und Spiegelung von APL-Werten mit n Elementen können in Zeit $O(\lceil n/p \rceil + p^2)$ berechnet werden. Die Kommunikationszeit ist höchstens $2p\sigma + (5n/p + 5p^2 + 5)\rho$.*

Beweis. Es sei A der Operand und B das Ergebnis. Weiter sei $s = shape(A)$ und $t = shape(B)$. Jeder Prozessor k bestimmt nach Theorem 11.1 in $O(\lceil n/p \rceil)$ Schritten die Feldindizes i aller Elemente $A[i]$, die auf ihm gespeichert sind. Für jede der oben genannten Operationen gibt es eine einfache bijektive Funktion j, so daß das Element $A[i]$ an $B[j(i)] = (, B)[t \perp j(i)]$ zugewiesen werden muß. Dieser Wert muß auf Prozessor $(t \perp j(i)) \bmod p$ mit Displacement $\lfloor (t \perp j(i))/p \rfloor$ gespeichert werden. Deshalb routet jeder Prozessor für jeden seiner Feldindizes i das Paket $(A[i], \lfloor t \perp j(i) \rfloor)$ an Prozessor $(t \perp j(i)) \bmod p$. Der Rest ist trivial. Die Kommunikationszeit ist begrenzt durch

$$RT(\lceil n/p \rceil, \lceil n/p \rceil, 2) \leq 2p\sigma + (5\lceil n/p \rceil + 5p^2)\rho,$$

und der Satz folgt.

In Zukunft wenden wir die Ergebnisse der Abschnitte 11.3 und 11.4 an, ohne das explizit zu erwähnen.

11.5.4 Indizierung. Die Sprache APL hat sehr allgemeine Mechanismen, um die Elemente eines APL-Wertes B mit den Elementen eines zweiten APL-Wertes I zu indizieren. Im einfachsten Fall sind sowohl B als auch $I = (I[0], \ldots, I[n-1])$ Vektoren. In diesem Fall bezeichnet $B[I]$ den Vektor $(B[I[0]], \ldots, B[I[n-1]])$. Dieser Vektor kann als die rechte Seite einer Zuweisung $A \leftarrow B[I]$ verwendet werden. Dies nennt man eine *gather*-Operation oder *indexed reference*. Diese Zuweisung hat die gleiche Wirkung wie die sequentielle Folge der Zuweisungen $A[0] \leftarrow B[I[0]], \ldots, A[n-1] \leftarrow B[I[n-1]]$.

Der Vektor $B[I]$ kann aber auch als linke Seite einer Zuweisung $B[I] \leftarrow A$ verwendet werden. Dies nennt man eine *scatter*-Operation oder *indexed assignment*. Diese Zuweisung hat die gleiche Wirkung wie die sequentielle Folge der Zuweisungen $B[I[0]] \leftarrow A[0]; \ldots; B[I[n-1]] \leftarrow A[n-1]$.

Für $j \in \{0, \ldots, p-1\}$ sei $Q(j) = \#\{I[k] : I[k] = j \bmod p\}$. Dies ist die Zahl von verschiedenen Elementen $B[I]$, die auf Prozessor P_j bearbeitet werden müssen. Weiter sei $Q = \max_j\{Q(j)\}$ und $N = \lceil n/p \rceil$. Offensichtlich ist $\rho \cdot \max\{N, Q\}$ eine untere Schranke für die Laufzeit jedes Algorithmus für indexed assignment oder indexed reference. Die Basisalgorithmen für diese beiden Operationen können jetzt leicht formuliert werden.

Für indexed reference kreiert jeder Prozessor für jedes seiner Elemente $I[k]$ ein Paket $(I[k], k)$. Diese Pakete werden zu Prozessor $I[k] \bmod p$ geroutet. Dort wird die erste Komponente durch $B[I[k]]$ ersetzt. Die Pakete $(B[I[k]], k)$ werden an Prozessor $k \bmod p$ zurückgeschickt. Danach können die Prozessoren den Ravel von $B[I]$ lokal erzeugen.

Die Laufzeit dieses Verfahrens wird durch den Routing-Algorithmus bestimmt. Während des Vorwärts-Routens ist $N = \lceil n/p \rceil$, es ist $m(j) = \#\{k : I[k] = j \bmod p\}$, und $M = \max_j\{m(j)\}$. Während des Zurückroutens sind die Rollen von N und M vertauscht. Die Pakete beim Routen haben Länge $L = 2$. Es folgt

Theorem 11.4. *Indexed reference kann in Zeit $O(N + M + p^2)$ ausgeführt werden. Die Kommunikationszeit ist begrenzt durch $4p\sigma + (5N + 5M + 10p^2)\rho$.*

Für indexed assignment kreiert jeder Prozessor j Pakete $(A[k], I[k], k)$. Ein solches Paket wird zu Prozessor $I[k] \bmod p$ geschickt. Jeder Prozessor sortiert die Pakete, die er empfangen hat, nach den dritten Komponenten. Mit Bucket-Sort geht das in Zeit $O(M)$. Die Zuweisungen $B[I[k]] \leftarrow A[k]$ werden in der Reihenfolge der sortierten Liste (also nach aufsteigendem k) lokal durchgeführt. Die Pakete haben beim Routen Länge $L = 3$, und es folgt

Theorem 11.5. *Indexed assignment kann in Zeit $O(N + M + p^2)$ durchgeführt werden. Die Kommunikationszeit ist beschränkt durch $2p\sigma + (4N + 3M + 7p^2)\rho$.*

11.5.5 Reduktion. Sei S eine Menge, $f : S^2 \to S$ eine Funktion und $v = (v_{n-1}, \dots, v_0)$ ein Vektor aus S^n. Die *f-Reduktion f/v* ist wie folgt definiert: $u_0 = v_0, u_j = f(v_j, u_{j-1})$ für alle $j > 0$ und $f/v = u_{n-1}$.

In APL können Reduktionen auf viele Arten durchgeführt werden: auf Vektoren, auf den Zeilen oder Spalten einer Matrix oder allgemein entlang einer beliebigen Dimension eines APL-Wertes. Formal sei A ein APL-Wert wie in Abschnitt 11.3 definiert. Es sei $j \in \{0, \dots, d-1\}$ eine Dimension. Schließlich sei $i = (i_{up}, i_{low})$ mit $i_{up} \in I_{d-1} \times \dots \times I_{j+1}$ und $i_{low} \in I_{j-1} \times \dots \times I_0$. Die *Achse* von A in Richtung j durch i ist der Vektor

$$A(j|i) = (A[i_{up}, 0, i_{low}], \dots, A[i_{up}, s_j - 1, i_{low}]).$$

Die *f-Reduktion $f/[j]A$* von A in Richtung j hat als Ergebnis den APL-Wert A' mit Shape $s' = (s_{up}, s_{low})$ und $A'[i] = f/A(j|i)$ für alle i.

Die parallele Berechnung von allgemeinen f-Reduktionen scheint auf den ersten Blick ein unübersichtliches und kniffliges Problem zu sein. Mit den vorliegenden Hilfsmitteln läßt es sich jedoch auf erstaunlich leichte Weise lösen. Zunächst führen wir das Problem, ein beliebiges Feld A in Richtung j zu reduzieren, auf das Problem zurück, ein 3-dimensionales Feld B in Richtung 1 zu reduzieren:

Im Ravel $(, A)$ sind die Elemente von Achse $A(j|i)$ an den Positionen $s\bot(i_{up}, y, i_{low})$ mit $y \in \{0, \dots, s_j - 1\}$ gespeichert. Das Resultat der Reduktion der Achse wird im Ravel $(, A')$ des Ergebnisses an Position $(s_{up}, s_{low})\bot(i_{up}, i_{low})$ gespeichert. Seien h, m und l wie in Abschnitt 11.3 definiert, und es sei B das 3-dimensionale Feld mit Shape (h, m, l) und Ravel $(, A)$. In diesem Ravel sind die Elemente von Achse $B(1|(s_{up}\bot i_{up}, s_{low}\bot i_{low}))$ an den Positionen $(h, m, l)\bot(s_{up}\bot i_{up}, y, s_{low}\bot i_{low})$ mit $y \in \{0, \dots, s_j - 1\}$ gespeichert.

Das Resultat der Reduktion dieser Achse muß im Ravel $(, B')$ des Ergebnisses an Position $(h, l)\bot(s_{up}\bot i_{up}, s_{low}\bot i_{low})$ gespeichert werden. Gleichungen (11.3) und (11.4) implizieren nun unmittelbar, daß in beiden Fällen auf den Ravels genau die gleichen Operationen durchgeführt werden.

Nun müssen wir nur noch die f-Reduktion eines 3-dimensionalen Felds in Richtung 1 berechnen. Dies gelingt mit dem Routing-Algorithmus (Rt1). Sei $n = hml$. Für jedes Element $B[i, j, k]$ wird das Paket $(B[i, j, k], i, k)$ an Prozessor $(h, l)\bot(i, k) \bmod p$ geschickt. Die Reduktion der Achsen geschieht danach lokal in Zeit $O(m\lceil hl/p \rceil)$. Im Routing-Algorithmus ist $L = 3, N = \lceil n/p \rceil$ und $M = m\lceil hl/p \rceil = m\lceil n/(mp) \rceil$. Es folgt

Theorem 11.6. *Reduktion von APL-Werten mit n Elementen entlang Achsen der Länge m kann in Zeit $O(\lceil n/p \rceil + m)$ durchgeführt werden. Die Kommunikationszeit ist beschränkt durch $2p\sigma + (7n/p + 3m + 7p^2 + 4)\rho$.*

Man kann dieses Verfahren verbessern, wenn man Assoziativität und Kommutativität von f ausnutzt. Diese Situation kann man durch Modifikation der Eingabe oft erreichen. Beispielsweise kann man eine $-$-Reduktion in eine $+$-Reduktion umwandeln, wenn man das Vorzeichen jeder zweiten Komponente des Inputs umdreht. Schwierigkeiten machen schließlich nur noch die Schaltfunktionen NAND und NOR, auf die wir kurz in Abschnitt 11.7.3 zurückkommen.

11.5.6 Join, take und drop. Seien A und B APL-Werte mit Dimension d und Shape $s = (s_{d-1}, \ldots, s_0)$ bzw. $t = (t_{d-1}, \ldots, t_0)$. Es sei $t_j = s_j$ für alle $j \neq i$. Dann ist der *join* $A, [i]B$ von A und B entlang Dimension i das Feld C mit Shape $(s_{d-1}, \ldots, s_{i+1}, s_i + t_i, s_{i-1}, \ldots, s_0)$, wobei für alle j gilt: $C(i|j)$ besteht aus $A(i|j)$ konkateniert mit $B(i|j)$. Zur Berechnung des joins müssen nur die beiden Ravels von A und B umgespeichert werden. Die Kommunikationszeit ist $RT(\lceil n/p \rceil + \lceil m/p \rceil, \lceil (n+m)/p \rceil, 2)$, und man erhält

Theorem 11.7. *Der join zweier APL-Werte mit n und m Elementen kann in Zeit $O((n + m)/p)$ berechnet werden. Die Kommunikationszeit ist beschränkt durch $2p\sigma + (5(n + m)/p + 5p^2 + 8)\rho$.*

Sei $B = (B[0], \ldots, B[n-1])$ ein Vektor, und es sei a eine ganze Zahl. Wir definieren den Vektor $a \uparrow B$ (*take a of B*). Gilt $0 < a \leq n$, so besteht $a \uparrow B$ aus den ersten a Elementen von B. Gilt $n < a$, so besteht $a \uparrow B$ aus B gefolgt von $n - a$ Elementen z; hierbei ist z das Leersymbol, falls B vom Typ char ist, andernfalls ist $z = 0$. Gilt $a < 0$ und $|a| \leq n$, so besteht $a \uparrow B$ aus den letzten a Elementen von B. Gilt $a < 0$ und $n < |a|$, so besteht $a \uparrow B$ aus $n - |a|$ Elementen z gefolgt von B. Für $a > 0$ muß man für die Berechnung von $a \uparrow B$ überhaupt nicht kommunizieren. Für $a < 0$ braucht man eine einzige Kommunikationsrunde mit Distanz $-(n - |a|) = -n - a$.

Die Operation $a \downarrow B$ (*drop a of B*) kann einfach als $(-(n - a)) \uparrow B$ definiert werden.

Die Operationen take und drop sind auch auf Feldern B mit Dimension $k > 1$ und Vektoren $a = (a_{k-1}, \ldots, a_0)$ definiert. Es sei $t = (t_{k-1}, \ldots, t_0) = shape(B)$. Wir behandeln nur die Operation take.

Die Dimension von $a \uparrow B$ ist k. Der Shape von $a \uparrow B$ ist $(|a_{k-1}|, \ldots, |a_0|)$.

$a \uparrow B[j] = z$, falls für irgendein i gilt: $t_i \leq j_i < a_i$ oder $a_i < 0$ und $j_i < |a_i| - t_i$. Andernfalls ist $a \uparrow B[j] = B[q]$, wobei für alle i gilt:

$$q_i = \begin{cases} j_i & \text{falls } a_i > 0, \\ t_i - |a_i| + j_i & \text{sonst.} \end{cases}$$

Umgekehrt ist $B[q] = a \uparrow B[j(q)]$ für ein $j(q)$ genau dann, wenn für alle i gilt: $q_i < a_i$ oder $a_i < 0$ und $q_i \geq t_i - |a_i|$. In diesem Fall gilt

$$j(q)_i = \begin{cases} q_i & \text{falls } a_i > 0, \\ |a_i| - t_i + q_i & \text{falls } a_i < 0, \end{cases}$$

und Element $B[q]$ endet im Ravel des Ergebnisses an Position $j'(q) = (|a_{k-1}|, \ldots, |a_0|) \perp j(q)$. Also kann man $a \uparrow B$ lokal berechnen, nachdem man für alle q das Paar $(B[q], j'(q))$ an Prozessor $j'(q) \bmod p$ geroutet hat. Damit jeder Prozessor die Zahlen $j'(q)$ berechnen kann, sammelt der Master die k Elemente von a und broadcastet sie. Sei n die Anzahl der Elemente von B und $m = \prod_i |a_i|$. Dann ist die Kommunikationszeit durch $RT(\lceil n/p \rceil, \lceil m/p \rceil, 2)$ beschränkt, und wir erhalten

Theorem 11.8. *Ist n die Anzahl der Elemente von B und ist m die Anzahl der Elemente von $a \uparrow B$ bzw. $a \downarrow B$, dann kann man $a \uparrow B$ bzw. $a \downarrow B$ in Zeit $O((n+m)/p)$ berechnen. Die Kommunikationszeit ist beschränkt durch $2p\sigma + (3n/p + 2m/p + 5p^2 + 5)\rho$.*

11.6 Reshape

Es sei s ein Vektor und A ein APL-Wert. Dann ist $s\rho A$ (s *Reshape* A) ein APL-Wert B mit Shape s. Der Ravel von B besteht aus hinreichend vielen Kopien des Ravels von A. Die letzte Kopie wird an der passenden Stelle abgeschnitten.

11.6.1 Rekursives Verdoppeln.
Wir nehmen an, daß ein Ravel r' der Länge m aus einem Ravel r der Länge n erzeugt werden soll. Gilt $n \geq m$, so muß nur eine Kopie von r erzeugt werden. Sei also $c = m/n > 1$. Dann wird r' aus r durch rekursives Verdoppeln von r in Runden $i, i \in \{1, \ldots, \lceil \log c \rceil\}$, erzeugt. Für jedes i haben wir nach Runde i genau 2^i Kopien von r, also ist in der i-ten Runde die Shiftdistanz gleich $n \cdot 2^{i-1} \bmod p$ und jeder Prozessor sendet höchstens $\lceil n 2^{i-1} \rceil$ Daten. Spätestens in Runde $\log p + 1$ ist die Shiftdistanz gleich 0 und die Rechnung kann lokal zu Ende geführt werden. Sei nun $s = \lceil \log(\min\{p, c\}) \rceil$. Die Kommunikationszeit ist dann

$$
\begin{aligned}
s\sigma + \sum_{i=1}^{s} \lceil 2^{i-1} n/p \rceil \rho \;\leq\;& s\sigma + (s + (n/p)2^s)\rho \\
\leq\;& \sigma \log p + (\log p + (n/p)2\min\{p, c\})\rho \\
\leq\;& \sigma \log p + (\log p + 2(n/p)(m/n))\rho \\
\leq\;& \sigma \log p + (\log p + 2m/p)\rho .
\end{aligned}
$$

Zum lokalen Kopieren braucht man Zeit $O(\lceil m/p \rceil)$. Also gilt

Theorem 11.9. *Reshape eines Ravels der Länge n auf Länge $m > n$ kann in Zeit $O(\lceil m/p \rceil + \log p)$ durchgeführt werden. Die Kommunikationszeit ist beschränkt durch $\sigma \log p + (2m/p + \log p)\rho$.*

11.6.2 Äußeres Produkt. Es seien A bzw. A' APL-Werte mit gleichem Typ, Dimension d bzw. d', Shape s_{up} bzw. s_{low}. Weiter sei f eine Funktion mit zwei Argumenten. Das *äußere Produkt* $A \circ .f A'$ ist ein Feld mit Dimension $d + d'$, Shape (s_{up}, s_{low}) und Elementen $(A \circ .f A')[i, i'] = f(A[i], A'[i'])$.

Seien h und l definiert wie in Abschnitt 11.3. Es seien $B = (, A)$ und $B' = (, A')$ die Ravels von A und A'. Dann folgt aus (11.4), daß die Ravels von $A \circ .f A'$ and $B \circ .f B'$ identisch sind.

Sei C eine $h \times l$-Matrix, deren Spalten Kopien von B sind und sei C' eine $h \times l$-Matrix, deren Zeilen Kopien von B' sind. Dann kann $B \circ .f B'$ aus den Ravels von C und C' durch eine Vektoroperation in Zeit $O(\lceil hl/p \rceil)$ berechnet werden.

Nach Theorem 11.9 kann C' aus B' durch eine Reshape-Operation in Zeit $O(\lceil hl/p \rceil + \log p)$ erzeugt werden, wobei die Kommunikationszeit durch $(\log p)\sigma + (2hl/p + \log p)\rho$ beschränkt ist.

Sei C^T die Transponierte von Matrix C. Matrix C^T kann aus B wie eben durch eine Reshape-Operation erzeugt werden. Man erhält C aus C^T durch Transposition. Mit Theorem 11.3 folgt

Theorem 11.10. *Das äußere Produkt zweier APL-Werte mit h bzw. l Elementen kann in Zeit $O(\lceil hl/p \rceil + p^2)$ berechnet werden. Die Kommunikationszeit ist durch $(2 \log p)\sigma + (9hl/p + 5p^2 + 2\log p + 5)\rho$ beschränkt.*

11.6.3 Mehrdimensionales Indexing. Für $i \in \{0, \ldots, k - 1\}$ sei X^i ein APL-Wert mit Dimension d_i und Shape s_i. Es sei B ein APL-Wert mit Dimension k und Shape s. Dann ist $B[X^{k-1}, \ldots, X^0]$ ein APL-Wert mit Dimension $D = \sum d^i$ und Shape $t = (s^{k-1}, \ldots, s^0)$. Für $i \in \{0, \ldots, k - 1\}$ sei das d^i-Tupel j^i ein Index für X^i. Wir definieren

$$B[X^{k-1}, \ldots, X^0][j^{k-1}, \ldots, j^0] = B[X^{k-1}[j^{k-1}], \ldots, X^0[j^0]].$$

Ist beispielsweise B eine Matrix und X bzw. Y sind Folgen von Zeilenindizes bzw. Spaltenindizes, so ist $B[X, Y]$ der Minor von B, der aus den Elementen mit Zeilenindex in X und Spaltenindex in Y besteht.

Der Ausdruck $B[X^{k-1}, \ldots, X^0]$ kann als rechte oder linke Seite von Zuweisungen auftreten. Die Zuweisung $A \leftarrow B[X^{k-1}, \ldots, X^0]$ hat die gleiche Wirkung wie die sequentielle Folge der Zuweisungen $A[j] \leftarrow B[X^{k-1}, \ldots, X^0][j]$ für alle j. Die Reihenfolge ist nicht wichtig.

Im Falle eines indexed assignment soll eine Teilmenge der Elemente von B seinen Wert verändern. Hierzu setzt man $d^i = 1$ für alle i voraus; dann haben B und $B[X^{k-1}, \ldots, X^0][j]$ die gleiche Dimension. Die Zuweisung $B[X^{k-1}, \ldots, X^0] \leftarrow A$ hat die gleiche Wirkung wie die sequentielle Folge der Zuweisungen $B[X^{k-1}, \ldots, X^0][j] \leftarrow A[j]$ in lexikographischer Ordnung der Indizes j.

Wir realisieren höherdimensionales Indexing mit Hilfe der Algorithmen für den eindimensionalen Fall und für das äußere Produkt.

Für $x \in \{0, \ldots, k-1\}$ sei $S_x = \prod_{j<x} s_j$. Sei nun $(,A)[i]$ ein Element des Ravels von A. Dann ist $i = t \perp j$ für genau ein $j = (j^{k-1}, \ldots, j^0)$ wegen der Eindeutigkeit der verwendeten Zahlendarstellungen. Beim indexed assignment muß das Ravel-Element $(,A)[i] = A[j]$ zugewiesen werden an

$$
\begin{aligned}
B[X^{k-1}, \ldots, X^0][j] &= B[X^{k-1}[j^{k-1}], \ldots, X^0[j^0]] \\
&= (,B)[s \perp (X^{k-1}[j^{k-1}], \ldots, X^0[j^0])] \\
&= (,B)[X^{k-1}[j^{k-1}]S_{k-1} + \cdots + X^0[j^0]S_0] \\
&= (,B)[S_{k-1}X^{k-1} \circ . + \cdots \circ . + S_0 X^0[j]] \, .
\end{aligned}
$$

Ist also Y das äußere Produkt $S_{k-1}X^{k-1} \circ . + \cdots \circ . + S_0 X^0$, dann wird $(,A)[i]$ zugewiesen an $(,B)[Y[j]] = (,B)[(,Y)[t \perp j]] = (,B)[(,Y)[i]]$. Überdies ist $j \leq_{lex} j'$ genau dann wenn $i = t \perp j \leq t \perp j' = i'$. Man kann also statt des indexed assignment $B[X^{k-1}, \ldots, X^0] \leftarrow A$ einfach das indexed assignment $(,B)[(,Y)] \leftarrow (,A)$ mit den eindimensionalen Ravels von B, Y und A ausführen.

Das gleiche Argument zeigt, daß man statt $A \leftarrow B[X^{k-1}, \ldots, X^0]$ einfach $(,A) \leftarrow (,B)[(,Y)]$ ausführen kann.

Für die Berechnung von Y muß der Master den Shape-Vektor s broadcasten. Wir verzichten auf eine Laufzeitanalyse.

11.7 Parallel Prefix-Berechnung

Es sei S eine Menge und $\circ : S^2 \to S$ eine assoziative Funktion. Die Funktion $PP^\circ : S^n \to S^n$,

$$
PP_j^\circ(s_0, \ldots, s_{n-1}) = \begin{cases} s_0 \circ \cdots \circ s_j & \text{falls} \quad j > 0 \\ s_0 & \text{falls} \quad j = 0 \end{cases}
$$

für alle $j \in \{0, \ldots, n-1\}$, heißt *Parallel Prefix* der Länge n von $\circ$. Wir passen die Schaltkreise zur Berechnung von Parallel Prefix aus [13] in naheliegender Weise an.

11.7.1 Simulation von Parallel Prefix-Schaltkreisen. Parallel Prefix-Schaltkreise baut man aus Gattern mit zwei Inputs, welche die Funktion $\circ$ berechnen. Für Zweierpotenzen n liefert die Standardkonstruktion aus [13] Parallel Prefix-Schaltkreise mit Tiefe $2 \log n - 1$ und nicht mehr als $2n + 2$ Gattern (siehe etwa [11]). Für $n = p$ übersetzt man diese Schaltkreise direkt in einen Algorithmus mit Laufzeit $O(\log n) = O(\log p)$ und Kommunikationszeit $(2 \log n - 1)(\sigma + \rho)$.

Sei nun $n > p$ und der Vektor s sei in *Spaltenordnung* gespeichert. Für alle i seien $\nu(i)$ und $V(i)$ definiert wie in Abschnitt 11.4, und es sei $S_i = (s_{V(i-1)}, \ldots, s_{V(i)-1})$ die Folge der Elemente von s, die auf Prozessor i gespeichert ist. Dann wird $PP^\circ(S)$ wie folgt berechnet:

i) Jeder Prozessor i berechnet lokal $PP^\circ(S_i)$.

ii) Für alle i sei $P(i)$ die letzte Komponente von $PP^\circ(S_i)$.
Wir berechnen $PP^\circ(P(0), \ldots, P(n-1))$ mit dem Algorithmus für den Fall $n = p$.

iii) Sei $(R(0), \ldots, R(n-1))$ das Ergebnis dieser Rechnung. Dann ist $R(i) = PP^\circ(s_0, \ldots, s_{V(i)-1})$ für alle i. Prozessor $i-1$ sendet $R(i-1)$ an Prozessor i für $i > 1$.

iv) Für $i > 0$ berechnet Prozessor i

$$R(i-1) \circ PP^\circ(S_i)[j] = PP^\circ(S)[V(i-1)+j]$$

für alle $j \in \{0, \ldots, \nu(i) - 1\}$.

Es folgt

Theorem 11.11. *Für Eingabe und Ausgabe in Spaltenordnung kann Parallel Prefix der Länge n in Zeit $O(\lfloor n/p \rfloor + \log p)$ berechnet werden. Die Kommunikationszeit ist beschränkt durch $(2 \log p)(\sigma + \rho)$.*

11.7.2 Encode und Decode. Sei $s = (s_{n-1}, \ldots, s_0)$ ein Vektor der Länge n, und es sei A ein APL-Wert mit m Elementen und Shape t. Die APL-Operation *encode* angewendet auf s und A erzeugt das Feld $B = s\top A$ mit Shape (n, t) und $s \bot B(0|j) = A[j]$ für alle Indizes j.

Die APL-Operation *decode* erzeugt aus einem Vektor s der Länge n und einem APL-Wert B mit Shape (m, n) einen APL-Wert $A = s \bot B$ mit Shape m und $A[j] = s \bot B(0|j)$ für alle j.

Bei der parallelen Berechnung dieser Funktionen werden die Multiplikationen $S_k = \prod_{x < k} s_x$ durch eine Parallel Prefix-Berechnung durchgeführt. In der Praxis ist n klein, und die Parallelisierung ist nicht von großem Interesse. Wir verzichten auf die Details.

11.7.3 NAND-Reduktion. Die Schaltfunktionen NAND und NOR sind nicht assoziativ. Da ihr Wertebereich endlich ist, kann man Ihre Berechnung aber mit Techniken aus [13] leicht auf eine Parallel Prefix-Berechnung zurückführen.

11.7.4 Replikation und Kompression. Sei A ein APL-Wert mit Dimension d und Shape $s = (s_{d-1}, \ldots, s_0)$. Sei $i \in \{0, \ldots, d-1\}$, es sei $m = s_i$ und es sei $c = (c_0, \ldots, c_{m-1})$ ein Vektor mit s_i Elementen vom Typ integer. Für alle $t \in \{0, \ldots, m-1\}$ sei $C_t = \sum_{j \leq t} |c_j|$, es sei $C = (C_0, \ldots, C_{m-1})$ und $\zeta = C_{m-1}$.

Wir definieren $B = c/[i]A$, die *c-Replikation* von A in Richtung i. Der APL-Wert B hat Shape $s' = (s_{d-1}, \ldots, s_{i+1}, \zeta, s_{i-1}, \ldots, s_0)$. Für jeden Index j wird die Achse $B(i|j)$ aus $A(i|j)$ in der folgenden Weise konstruiert: Es seien $j_{up} = (j_{d-1}, \ldots, j_{i+1})$ und $j_{low} = (j_{i-1}, \ldots, j_0)$. Für $t \in \{0, \ldots, m-1\}$ sei $\alpha(t, j)$ die Folge, die aus c_t Kopien des t-ten Elements $A[j_{up}, t, j_{low}]$ von Achse $A(i|j)$ besteht, falls $c_t > 0$, die leere Folge ist, falls $c_t = 0$, und die Folge aus $|c_t|$ Elementen z wie in Abschnitt 11.5.5, falls $c_t < 0$. Dann ist

$B(i|j) = \alpha(0,j), \ldots, \alpha(m-1,j)$. Sind alle Komponenten von c aus $\{0,1\}$, so heißt die eben definierte Operation eine *Kompression*.

Ist also $c_t > 0$, dann muß für alle j das Element $A[j_{up}, t, j_{low}]$ von A in die Elemente $B[j_{up}, C_{t-1} + x, j_{low}]$ kopiert werden für $x \in \{0, \ldots, c_t - 1\}$. Ist $c_t < 0$, so muß z in diese Elemente kopiert werden.

Sei nun $h = \prod_{j=i+1}^{d-1} s_j$ und sei $l = \prod_{j=0}^{i-1} s_j$. Nach Gleichung (11.4) können wir dann $(, B)$ berechnen, indem wir $(, A)$ als den Ravel eines Feldes A' mit Shape (h, m, l) ansehen und den Ravel von $c/[1]A'$ berechnen. Wir behandeln zunächst den Fall $m \geq p$.

i) Wir bringen c in Spaltenordnung (mit Algorithmus (Rt0)), berechnen die Elemente C_t durch eine Parallel Prefix-Berechnung und bringen das Resultat zurück in Zeilenordnung. Die Kommunikationszeit ist begrenzt durch $(2p + 2\log p + 1)\sigma + (2m/p + 2p + 2\log p + 1)\rho$.

ii) Als nächstes müssen wir die Elemente $A[x,t,y]$ und c_t bzw. C_{t-1} zusammenbringen. Man ist versucht, die Vektoren c und C zu broadcasten, aber das kostet Zeit $\Theta(m)$. Das ist schlecht, falls $hl < p$.

Deshalb routen wir die Elemente $A[x,t,y]$ an den Prozessor, der c_t und C_{t-1} speichert.Wir kreieren Pakete $(A[x,t,y], (h,m,l)\bot(x,t,y))$ und routen sie zu Prozessor $t \bmod p$. Danach hat jeder Prozessor höchstens $hl\lceil m/p\rceil \leq hlm/p + hl$ Pakete. Die Kommunikationszeit ist beschränkt durch

$$
\begin{aligned}
RT(\lceil hml/p\rceil, hl\lceil m/p\rceil, 2) &\leq 2p\sigma + (3\lceil hml/p\rceil + 2hl\lceil m/p\rceil + 5p^2)\rho \\
&\leq 2p\sigma + (7hml/p + 5p^2 + 3)\rho,
\end{aligned}
$$

da $1 \leq m/p$.

iii) Wir ersetzen Elemente $A[x,t,y]$ durch z, falls $c_t < 0$ gilt, und wir ersetzen jedes $c_t < 0$ durch $|c_t|$. Wir entfernen alle Pakete $A[x,t,y]$ mit $c_t = 0$. Für alle verbleibenden Pakete $A[x,t,y]$ ist nun $c_t \geq 1$.

iv) Jeder Prozessor i speichert $\nu(i)$ Elemente c_t, wobei $\nu(i)$ wie in Abschnitt 11.4 definiert ist. Sei

$$
\zeta_i = \sum_{j=0}^{\nu(i)-1} c_{i+jp} \, .
$$

Das ist die Summe der Elemente c_t, die auf Prozessor i gespeichert sind. Für jedes solche Element c_t gibt es hl Elemente $A[x,t,y]$, die kopiert werden müssen in die Positionen $(h,z,l)\bot(x, C_{t-1} + u, y)$ für alle $u \in \{0, \ldots, c_t-1\}$. Es liegt nahe, ein Paket $(A[x,t,y], (h,\zeta,l)\bot(x, C_{t-1}+u,y))$ zu kreieren für jede Kopie, die von Element $A[x,t,y]$ gemacht werden soll, und diese Pakete dann an ihre Bestimmungsorte zu schicken. Hierbei braucht man aber schon Zeit $hl\zeta_i\rho$, um alle Pakete von Prozessor i abzuschicken. Das ist schlecht, falls $\zeta_i > \max\{m/p, \zeta/p\}$ für irgendein i gilt.

Wir verwenden daher nochmals *Smoothing* und führen *Kommando-Pakete* ein. Ein solches Paket f hat 3 Komponenten (a, b, d). Hierbei ist a ein elementarer Wert, b ist eine Position im Ravel von B, und $d \geq 1$ ist eine natürliche Zahl. Man *führt* das Kommandopaket (a, b, d) *aus*, indem man Element a in die Positionen $b, b + l, \dots, b + (d - 1)l$ des Ravels von B kopiert. Eine *Kommandofolge* f mit Länge ν ist eine Folge von Kommandopaketen $f(i) = (a(i), b(i), d(i)), i \in \{0, \dots, d(\nu) - 1\}$. Die Summe der Zahlen $d(i)$ heißt das *Gewicht* der Kommandofolge. Für alle i sei $D(i) = \sum_{j \leq i} d(j)$.

Spaltung der Kommandofolge f *bei Länge* μ erzeugt die beiden Kommandofolgen $f(0) \dots f(\mu - 1)$ und $f(\mu) \dots f(\nu - 1)$. Spaltung der Folge *bei Gewicht* k erzeugt ebenfalls zwei Kommandofolgen: sei $k \in \{1, \dots, D(n-1)\}$ und es sei $D(i - 1) < k \leq D(i)$. Ist $k = D(i)$, so sind es die beiden Folgen $f(0) \dots f(i)$ und $f(i + 1) \dots f(n - 1)$. Ist $k < D(i)$, so sind es die beiden Folgen

$$f(0) \dots f(i - 1)(a(i), b(i), (k - D(i - 1)))$$

und

$$(a(i), b(i) + l(k - D(i - 1)), d(i) - (k - D(i - 1)))f(i + 1) \dots f(\nu - 1).$$

Wir bemerken, daß die erste der beiden Folgen genau Gewicht k hat. Die zweite Folge hat das verbleibende Gewicht.

Wir kehren zur Beschreibung des Algorithmus zurück. Jeder Prozessor i kreiert eine Kommandofolge S_i, die aus den Kommandopaketen $(A[x, t, y], (h, \zeta, l)\perp(x, C_{t-1}, y), c_t)$ besteht für alle x, y und alle t, so daß $c_t > 1$ gilt und c_t auf Prozessor i gespeichert ist. Diese Kommandofolge hat Gewicht $\zeta_i hl$ und Länge $\nu(i)hl < \lceil m/p \rceil hl < 2hml/p$, da $m \geq p$.

Von S_i spalten wir sukzessive die längste Kommandofolge ab, die Gewicht höchstens $\lceil 2\zeta_i hl/p \rceil$ und Länge höchstens $\lceil 4hml/p \rceil$ hat. Mit jeder solchen Spaltung sinkt das Gewicht der verbleibenden Folge um den entsprechenden Betrag. Da Gewicht und Länge höchstens $p/2$-mal sinken können, haben wir zum Schluß höchstens p Folgen $S_{i,j}, j \in \{0, \dots, p-1\}$. Für jedes i und j wird die Folge $S_{i,j}$ zu Prozessor j geroutet. Die Kommunikationszeit ist beschränkt durch

$$
\begin{aligned}
RT(p\lceil 4hml/p^2 \rceil, p\lceil 4hml/p^2 \rceil, 3) \quad &< \quad 2p\sigma + (7p\lceil 4hml/p^2 \rceil + 7p^2)\rho \\
&< \quad 2p\sigma + (28hlm/p + 7p^2 + 7p)\rho.
\end{aligned}
$$

v) Jeder Prozessor hat nun Kommandofolgen mit Gesamtgewicht höchstens

$$y = \sum_i 2\lceil \zeta_i hl/p \rceil \leq 2hl\zeta/p + 2p.$$

Die Folge wird in einzelne Kommandos $(a, b, 1)$ gespalten, die letzte Komponente der Kommandopakete wird entfernt, und (a, b) wird an Prozessor $b \bmod p$ geschickt. Dort wird a an Position b von $(, B)$ kopiert. Die Kommunikationszeit ist beschränkt durch

$$RT(y, \lceil hl\zeta/p \rceil, 2) \;\; \leq \;\; 2p\sigma + (3(2hl\zeta/p + p) + 2(hl\zeta/p + 1) + 5p^2)\rho$$
$$\leq \;\; 2p\sigma + (8hl\zeta/p + 5p^2 + 3p + 2)\rho.$$

Für $m \geq p$ folgt damit schon

Theorem 11.12. *Es sei c ein Vektor mit m Elementen, A sei ein APL-Wert mit Shape (h, m, l) und es sei $\zeta = \sum_i |c_i|$. Dann kann $c/[1]A$ in Zeit $O(hml/p + h\zeta l/p + p^2)$ berechnet werden. Die Kommunikationszeit ist beschränkt durch*

$$(8p + 2\log p + 1)\sigma + (35hlm/p + 8hl\zeta/p + 2m/p + 17p^2 + 12p + 2\log p + 6)\rho.$$

Beweis. Wir müssen noch den leichteren Fall $m < p$ behandeln. Statt der obigen Schritte i) und ii) wird Vektor c einfach gebroadcastet. Danach berechnet jeder Prozessor die Vektoren C lokal. Das Broadcasten geschieht in trivialer Weise durch eine Folge von p Shifts mit Kommunikationszeit $p\sigma + pm\rho < p\sigma + p^2\rho$. Schritt iii) ist wie oben.

iv) Für $i \in \{0, \ldots, p-1\}$ und $t \in \{0, \ldots, m-1\}$ sei $\mu(i,t)$ die Zahl von Paaren (x,y), so daß $A[x,t,y]$ auf Prozessor i gespeichert ist, es sei $\nu(i,t) = \mu(i,t)c_t$ und $K_i = \sum_t \nu(i,t)$. Dies ist die Anzahl von Kopien, die von Elementen gemacht werden müssen, die auf Prozessor i gespeichert sind. Jeder Prozessor i kreiert wie oben eine Kommandofolge S_i. Die Folge hat höchstens Länge $\lceil hlm/p \rceil$ und Gewicht K_i. Wir spalten sukzessive die längste Folge mit Gewicht höchstens $\lceil 2K_i/p \rceil$ und Länge höchstens $\lceil 2hml/p^2 \rceil$ ab. Dadurch erhalten wir höchstens p Folgen $S_{i,j}$. Wie oben wird $S_{i,j}$ an Prozessor j geroutet. Die Kommunikationszeit ist beschränkt durch

$$RT(p\lceil 2hml/p^2 \rceil, p\lceil 2hml/p^2 \rceil, 3) \leq 2p\sigma + (14hlm/p + 7p^2 + 7p)\rho.$$

v) Jeder Prozessor hat nun Kommandofolgen mit Gewicht höchstens

$$\begin{aligned}
y \;\; &= \;\; \sum_i \lceil 2K_i/p \rceil \\
&\leq \;\; p + 2\sum_i K_i/p \\
&= \;\; p + 2h\zeta l/p,
\end{aligned}$$

und der Beweis wird wie oben zu Ende geführt.

$\square$

Wenn der Vektor c nur aus Nullen und Einsen besteht, kann man sich Schritt iii) und den Smoothing-Schritt sparen.

11.8 Sortieren

11.8.1 Simulation von Sortiernetzen.
Wir passen Batchers Bitonische Sortierer in naheliegender Weise an [3, 6, 12]. Es sollen n Zahlen sortiert werden. Es ist gleichgültig, ob sie in Zeilenordnung oder Spaltenordnung vorliegen. Das Ergebnis wird in Spaltenordnung erzeugt.

Ein *Sortierer* ist ein Netzwerk, das aus Vergleichern aufgebaut ist [6] und das alle Input-Folgen sortiert ausgibt. Ein *Bitonischer Sortierer* ist ein Netzwerk, das aus Vergleichern aufgebaut ist und alle bitonischen Input-Folgen sortiert ausgibt[3].

Für Zweierpotenzen n kann man Bitonische Sortierer B_n für n Inputs aus $n/2$ Vergleichern und zwei Kopien von $B_{n/2}$ konstruieren. Man konstruiert Sortierer S_n für n Inputs aus zwei Kopien von $S_{n/2}$ (eine sortiert aufsteigend, die andere absteigend) und einem Bitonischen Sortierer B_n (siehe etwa [6]). Netzwerk S_n hat $O(n \log^2 n)$ Vergleicher.

Für $n \geq p$ kostet die direkte Simulation von Netzwerk S_n Zeit $O((n/p) \log^2 n)$. Dies kann man verbessern [25]: jeder Prozessor simuliert n/p Zeilen aus Abb. 28.9 in [6]. Die Netze $S_{n/p}$ bzw. $B_{n/p}$ werden lokal auf den Slaves simuliert (und zwar durch Bucket-Sort bzw. eine Merge-Routine in Zeit $O(n/p)$). Erst dann beginnt man mit der Rekursion. Wir beobachten, daß n hier keine Zweierpotenz zu sein braucht. Es genügt, wenn p eine Zweierpotenz und n ein Vielfaches von p ist.

Für $i \in \{0, \ldots, \log p\}$ sei $m(i) = 2^i n/p$ und es sei $B(i)$ bzw. $S(i)$ die Kommunikationszeit bei der Simulation von $p/2^i$ Netzen $B_{m(i)}$ bzw. $S_{m(i)}$. Offensichtlich ist $B(0) = S(0) = 0$. Für $i > 0$ simuliert man Netzwerke $B_{m(i)}$, indem man zunächst die Netzwerke $B_{m(i-1)}$ simuliert und dann Shifts über die Distanz 2^i und -2^i durchführt. In jeder Kommunikationsrunde werden n/p elementare Daten gesendet oder empfangen. Es folgt $B(i) = B(i-1) + 2(\sigma + (n/p)\rho) = 2i(\sigma + (n/p)\rho)$. Für $i > 0$ gilt $S(i) = S(i-1) + B(i) = S(i-1) + 2i(\sigma + (n/p)\rho) = i(i+1)(\sigma + (n/p)\rho)$. Die Kommunikationszeit ist also beschränkt durch $(\log^2 p + \log p)(\sigma + (n/p)\rho)$. Die Gesamtlaufzeit ist beschränkt durch $O(n \log^2 p/p)$.

Ist n kein Vielfaches von p, so muß in den obigen Formeln n/p zu $\lceil n/p \rceil$ aufgerundet werden. Offensichtlich kann man nach dem gleichen Verfahren auch L-Tupel sortieren. Mithin gilt

Theorem 11.13. *Für* $n \geq p$ *können Folgen von* n *L-Tupeln in Zeit* $O(n \log^2 p/p)$ *sortiert werden. Die Kommunikationszeit ist beschränkt durch* $(\log^2 p + \log p)\,(\sigma + L \lceil n/p \rceil \rho)$.

Verfügt die Zielmaschine über ein Permutationsnetz, so können die oben erwähnten Shifts über Distanzen 2^i und -2^i gleichzeitig durchgeführt werden.

---

[3] Wir benutzen das Konzept bitonischer Folgen im Sinne von [3, 10, 20].

11.8.2 Grade up und grade down. Sei $v = (v_0, \ldots, v_{n-1})$ ein Vektor. Dann erzeugt $\uparrow (v)$ (*grade up* von v) einen Vektor $\pi = (\pi(0), \ldots, \pi(n-1))$ so daß gilt: π ist eine Permutation und $v_{\pi(0)} \leq \ldots \leq v_{\pi(n-1)}$. Ist $v_i = v_j$ und $i < j$, dann muß überdies $\pi(i) < \pi(j)$ gelten. Das Ergebnis von $\downarrow (v)$ (*grade down* von v) ist ähnlich definiert; es muß $v_{\pi(0)} \geq \ldots \geq v_{\pi(n-1)}$ gelten. Wir erklären nur, wie grade up berechnet wird.

Man erzeugt lokal Paare (v_j, j) und sortiert sie lexikographisch. Man erhält die Folge von Paaren $(v_{\pi(0)}, \pi(0)), \ldots, (v_{\pi(n-1)}, \pi(n-1))$. Mit Algorithmus (Rt0) bringt man die zweiten Komponenten in Zeilenordnung. Somit gilt

Theorem 11.14. *Grade up und grade down eines Vektors der Länge $n \geq p$ kann in Zeit $O(n \log^2 p / p)$ berechnet werden. Die Kommunikationszeit ist beschränkt durch $(p + \log^2 p + \log p)\sigma + (\log^2 p + \log p)(2\lceil n/p \rceil + n/p + p)\rho$.*

11.8.3 Index of und Element. Sei $c = (c_0, \ldots, c_{n-1})$ ein Vektor, und es sei A ein APL-Wert mit m Elementen. Dann ist $c \iota A$ (Index of) ein APL-Wert B mit dem gleichen Shape wie A, und für alle Indizes j gilt

$$B[j] = \begin{cases} \min\{i \mid A[j] = c_i\} & \text{falls es ein solches } i \text{ gibt,} \\ n & \text{sonst.} \end{cases}$$

Wir setzen $n + m \geq p$ voraus. Der Ravel von B wird auf folgende Weise berechnet:

i) Der Ravel von c wird mit dem Ravel von A konkateniert. Die Shiftdistanz ist $m \bmod p$, und die Kommunikationszeit ist beschränkt durch $\sigma + \lceil n/p \rceil \rho$.

ii) Jeder Prozessor speichert nun höchstens $\lceil (n+m)/p \rceil$ Ravelelemente. Für jedes Ravelelement c_i wird das Paket $(c_i, 0, i)$ erzeugt. Für jedes Ravelelement $(, A)[k]$ wird das Paket $((, A)[k], 1, k)$ erzeugt. Wir sagen, daß ein Paket *von A kommt*, wenn seine zweite Komponente gleich 1 ist. Wir sortieren die Pakete lexikographisch in Zeit $O(((n + m) \log^2 p)/p)$. Die Kommunikationszeit ist beschränkt durch $(\log^2 p + \log p)\sigma + (\log^2 p + \log p)3\lceil (n + m)/p \rceil \rho$.

iii) Das Resultat der Sortierung ist die Folge von Tripeln $S = S_0, \ldots, S_{n+m-1}$, die in Spaltenordnung gespeichert ist. Wir definieren die Operation $\circ$ auf Tripeln durch

$$(a, b, c) \circ (a', b', c') = \begin{cases} (a, b, c) & \text{falls } a = a', \\ (a', b', c') & \text{sonst.} \end{cases}$$

und führen die Parallel Prefix-Berechnung $C = PP^{\circ}_{n+m} S$ durch. Das Ergebnis ist in Spaltenordnung gespeichert. Die Kommunikationszeit ist beschränkt durch $(2 \log p)(\sigma + 3\rho)$.

iv) Wir vergleichen lokal jedes Tripel $S_i = ((, A)[k], 1, k)$, das von A kommt, mit dem entsprechenden Tripel $C_i = (\alpha_i, \beta_i, \gamma_i)$, das in der Parallel Prefix-Berechnung erzeugt wurde. Es folgt $\alpha_i = (, A)[k]$ und

$$(, B)[k] = \begin{cases} \gamma_i & \text{falls } \beta_i = 0, \\ n & \text{sonst.} \end{cases}$$

Wir erzeugen für jedes solche i das Paket $(B[k], \lfloor k/p \rfloor)$ und senden es an Prozessor $k \bmod p$. Die Kommunikationszeit ist beschränkt durch $RT(\lceil (n + m)/p \rceil, \lceil m/p \rceil, 2) = 2p\sigma + (3(n + m)/p + 2m/p + 5p^2 + 5)\rho$, und es folgt

Theorem 11.15. *Es sei c ein Vektor mit n Elementen, A sei ein APL-Wert mit m Elementen, und es sei $n + m \geq p$. Dann kann $c \iota A$ in Zeit $O(((n + m) \log^2 p)/p)$ berechnet werden. Die Kommunikationszeit ist beschränkt durch* $(2p + \log^2 p + 3\log p + 1)\sigma + ((3(n + m)/p)(\log^2 p + \log p + 1) + 2m/p + n/p + 5p^2 + 6\log p + 5)\rho$.

Seien A und B APL-Werte. Dann ist $A \in B$ ein APL-Wert C mit dem Shape von A, und für alle Indizes j gilt

$$C[j] = \begin{cases} 1 & \text{falls } A[j] = B[k] \text{ für ein } k, \\ 0 & \text{sonst.} \end{cases}$$

Sei $D = (, B)\iota A$. Dann ist $D[j] < n$ genau dann wenn $A[j]$ im Ravel von B vorkommt. Folglich ist $C[j] = 1$ genau dann wenn $D[j] < n$ gilt.

11.8.4 Zufällige Folgen. Sei $c = (c_0, \ldots, c_{n-1})$ ein Vektor von natürlichen Zahlen. Dann erzeugt $?c$ einen zufälligen Vektor $x = (x_0, \ldots, x_{n-1})$, bei dem für alle j die x_j unabhängig und gleichverteilt in $\{1, \ldots, c_j\}$ sind. Unter der Voraussetzung, daß Prozessoren einzelne Elemente x_j in konstanter Zeit erzeugen können, ist diese Operation eine Vektoroperation[4].

Es seien n und m natürliche Zahlen und es gelte $m \leq n$. Dann erzeugt $m?n$ eine zufällige Folge $S = (S_0, \ldots, S_{m-1})$ mit m *verschiedenen* Elementen aus $\{1, \ldots, n\}$. Die zufällige Folge S ist gleichverteilt in der Menge aller dieser Folgen, d.h. jede Folge tritt mit Wahrscheinlichkeit $(n(n-1) \cdots (n-m+1))^{-1}$ auf. Man kann $m?n$ berechnen, indem man einfach die ersten m Elemente einer zufälligen Permutation von $\{1, \ldots, n\}$ nimmt. Für $n \geq p \log n / \log \log n$ führt man die parallele Berechnung zufälliger Permutationen nach dem Muster von Satz 4.1 aus [8] auf das Sortieren von n Paaren zurück.

11.9 Zusammenfassung

Die Kommunikationszeiten der analysierten Algorithmen sind in Tabelle 11.1 zusammengefaßt. Man sieht, daß der Kommunikationsaufwand der Algorithmen vor Abschnitt 11.7.4 sehr moderat bleibt.

---

[4] In realen Maschinen kann man nur pseudozufällige Elemente erzeugen.

Tabelle 11.1. Führende Koeffizienten von σ and ρ

Abschn.	Operation	Größe	σ	ρ
11.5.1	Routing	N, M, L	$2p$	$(L+1)N + LM$
11.5.2	Transposition Rotation Spiegelung	n	$2p$	$5n/p$
11.5.3	Indx. Assg. Indx. Ref. 1-dim.	N, M	$2p$ $4p$	$4N + 3M$ $5N + 5M$
11.5.4	Reduktion	n, m	$2p$	$7n/p + m$
11.5.5	Join Take, Drop	n, m n, m	$2p$ $2p$	$5(n+m)/p$ $(3n+2m)/p$
11.6.1	Reshape	m	$\log p$	$2m/p$
11.6.2	Äuß. Prod.	h, l	$2\log p$	$9hl/p$
11.7.1	Par. Prefix	n	$2\log p$	$2\log p$
11.7.4	Replikation	h, m, l, ζ	$8p$	$35hlm/p + 8h\zeta l/p$
11.8.1	Sort	n	$\log^2 p$	$(\log^2 p)n/p$
11.8.2	Grade up Grade down	n	$p + \log^2 p$	$(\log^2 p)n/p$
11.8.3	Index of Element	n, m	$2p$	$3(n+m)(\log^2 p)/p$

Schriftenverzeichnis

1. A.V. Aho, J.E. Hopcroft und J.D. Ullman (1974). *The Design and Analysis of Computer Algorithms*. Addison-Wesley.
2. D.J. Auerbach, W. Paul, A.F. Bakker, C. Lutz, W.E. Rudge und F.F. Abraham (1987). A special purpose parallel computer for molecular dynamics: Motivation, design, implementation and application. *J. Phys. Chem.* 91, 4881–4890.
3. K.E. Batcher (1968). Sorting networks and their applications. *Proc. AFIPS Spring Joint Conference* 32, 405–416. STSC.
4. T. Bönniger, R. Esser und D. Krekel (1995). CM–5E, KSR2, Paragon XP/S: A comparative description of massively parallel computers. *Parallel Computing* 21(2), 199–232.
5. R. Butler und E. Lusk (1992). User's guide to the p4 parallel programming system. Technical Report ANL–92/17, Argonne National Laboratory.
6. T.H. Cormen, C.E. Leiserson und R.L. Rivest (1990). *An Introduction to Algorithms*. MIT Press.
7. Association for Computing Machinery (1983). Draft proposed standard programming language APL. *APL Quote Quad* 14.

8. T. Hagerup (1991). Fast parallel generation of random permutations. *Proc. 18th ICALP Lecture Notes in Computer Science* 416, 405–416. Springer.

9. K.E. Iverson (1962). *A Programming Language.* Wiley.

10. J. JaJa (1992). *An Introduction to Parallel Algorithms.* Addison-Wesley.

11. J. Keller und W.J. Paul (1995). *Hardware Design, Texte zur Informatik* 15. Teubner.

12. D.E. Knuth (1973). *The Art of Computer Programming* 3. Addison-Wesley.

13. R. Ladner und M. Fischer (1980). Parallel prefix computation. *J. ACM* 27(4), 831–838.

14. F.T. Leighton (1992). *Introduction to Parallel Algorithms and Architectures.* Morgan Kaufmann Publishers.

15. C.E. Leiserson, Z.S. Abuhamdeh, D.C. Douglas, C.R. Feynman, M.N. Ganmukhi, J.V. Hill, W.D. Hillis, B.C. Kuszmaul, M.A. St. Pierre, D.S. Wells, M.C. Wong, S. Yang und R. Zak (1992). The network architecture of the connection machine CM-5. *Proc. 4th SPAA*, 272–285. ACM.

16. W.F. McColl (1994). An architecture independent programming model for scalable parallel computing. *Portability und Performance for Parallel Processing*, 43–69. Wiley.

17. M. Metcalf und J. Reed (1990). *Fortran 90 Explained.* Oxford University Press.

18. S.M. Müller und W.J. Paul (1995). *The Complexity of Simple Computer Architectures. Lecture Notes in Computer Science* 995. Springer.

19. J.M. Ortega (1988). *Introduction to Parallel and Vector Solution of Linear Systems.* Plenum Press.

20. W.J. Paul (1994). A note on bitonic sorting. *Inf. Proc. Letters* 49, 223–225.

21. W.J. Paul und D. Scheerer (1991). The DATIS-P fault tolerant machine. *Proc. 24th Hawaii International Conference on System Sciences*, 560–571. IEEE.

22. S. Pommier (1983). *An Introduction to APL.* Cambridge Computer Science Texts 17.

23. S. Rajasekaran und T. Tsantilas (1990). Optimal routing in mesh-connected processor arrays. *Algorithmica* 8, 21–38.

24. J. Sauermann (1989). *Ein paralleler APL-Rechner.* PhD thesis, Universität des Saarlandes.

25. S.R. Seidel und L.R. Ziegler (1987). Sorting on hypercubes. Michael und Heath, (Eds.) *Hypercube Multiprocessors*, 285–291. SIAM.

26. L.G. Valiant (1975). On non-linear lower bounds in computational complexity. *Proc. 7th STOC*, 45–53. ACM.

27. L.G. Valiant (1990). A bridging model for parallel computation. *Comm. of the ACM* 33(8), 103–111.

28. A. Waksman (1968). A permutation network. *J. ACM* 15, 159–163.

Suchen und Konstruieren durch Verdoppeln

Emo Welzl

Es sollen hier Resultate aus drei verschiedenen Gebieten bewiesen werden. Ein Verfahren zum Lernen Boolescher Funktionen, wobei man möglichst wenige Fehler macht [7]. Eine Konstruktion für eine Schranke aus der kombinatorischen Geometrie [4] mit algorithmischen Anwendungen (siehe auch [13]). Und ein Algorithmus zur Optimierung [6]. Aus der Vielfalt der Ergebnisse ergibt sich bereits, daß weniger das Ziel als vielmehr der Weg dorthin unser zentrales Anliegen ist: Eine Beweismethode, die man als „iteratives Umgewichten" oder „Suchen bzw. Konstruktion durch Verdoppeln" bezeichnen kann. Dabei beginnen wir mit einer Menge M_0 und ziehen daraus eine Teilmenge T_0. Durch Verdoppeln der Elemente aus T_0 erhalten wir eine Menge M_1 (tatsächlich haben hier die Elemente nun Vielfachheiten). Dann ziehen wir eine Teilmenge T_1 aus M_1, verdoppeln alle Elemente in M_1, die in T_1 vorkommen, und erhalten dadurch M_2, usw. Wie wir die Teilmengen bekommen, ergibt sich erst in den konkreten Beispielen. Mit dem Verdoppeln verfolgen wir unterschiedliche Ziele. In einem Fall verringert hohe Vielfachheit die Chance, in einer der Mengen T_i aufzutauchen. Das heißt, kein Element wird viel öfter als andere in den Iterationen gezogen werden. In einer anderen Anwendung hat M gute und schlechte Elemente—welche gut und welche schlecht sind, ist uns nicht bekannt. Es gelingt uns aber immer, Teilmengen T_i zu ziehen, die mindestens ein gutes Element haben, wir wissen aber nicht, welches. Verdoppeln erhöht die Chance, in späteren T_i's aufzutreten. Da aber immer mindestens ein gutes Element verdoppelt wird, gewinnen diese schnell die Überhand und können dadurch identifiziert werden. Diese Skizze der Idee wird vielleicht erst im Rückblick verständlich, deutet aber schon den evolutionären Charakter der Verfahren an (Brönnimann und Goodrich nennen dies „algorithmischen Darwinismus" [1]). In jedem Fall geht es uns aber nur um Methoden, in denen die Intuition auch durch Beweise untermauert werden kann.

Über die hier beschriebenen drei Beispiele hinaus gibt es zahlreiche andere Anwendungen, etwa in den Referenzen [1, 3, 5, 8, 9, 10, 11, 12]. Bei unserer Darstellung verzichten wir auf Motivation, Umfeld und größtmögliche Allgemeinheit der einzelnen Ergebnisse und verweisen dafür auf die Originalarbeiten.

12.1 Lernen Boolescher Funktionen

Wir wollen ein Verfahren beschreiben, welches Boolesche Funktionen $f : \{0,1\}^n \to \{0,1\}$ der Form

$$f(x_1, x_2, \ldots, x_n) = x_{i_1} \vee x_{i_2} \vee \ldots \vee x_{i_k}, T := \{i_1, i_2, \ldots, i_k\} \qquad (12.1)$$

(sogenannte monotone Disjunktionen) lernt. Das heißt, wir sind mit einer Funktion f konfrontiert, von der wir wissen, daß sie von der Form (12.1) ist, aber uns ist die Menge T nicht bekannt. Ein Lehrer stellt uns Fragen der Form

$$\text{„}f(\xi_1,\xi_2,\ldots,\xi_n) = ?\text{“}\,,$$

wobei $\xi_i \in \{0,1\}, 1 \le i \le n$. Wir beantworten die Frage mit 0 oder 1 und erfahren dann, ob wir damit richtig liegen. Ziel ist es, eine Folge von Fragen, die wir sukzessive bekommen, mit möglichst wenigen Fehlern zu beantworten. Gehen wir davon aus, daß wir zumindest nie dieselbe Frage zweimal falsch beantworten, dann ist die Anzahl der Fehler durch 2^n beschränkt, aber wir wollen viel weniger Fehler garantieren. Betrachten wir noch ein kleines Beispiel für $n = 4$. Sei die erste Frage „$f(0,1,1,0) = ?$“. Da wir noch keinerlei Information über f haben, können wir nur raten, sagen wir 1, aber der Lehrer korrigiert uns auf $f(0,1,1,0) = 0$. Wir haben also einen Fehler gemacht, wissen aber immerhin, daß $\{2,3\} \cap T = \emptyset$. Auf die nächste Frage „$f(1,1,0,1) = ?$“ antworten wir 0, was sich wieder als falsch herausstellt. Also muß mindestens einer der Indizes 1, 2 oder 4 in T sein. Von 2 wissen wir schon, daß dies nicht der Fall ist. Es bleiben also noch die Möglichkeiten $T = \{1\}$, $T = \{4\}$ oder $T = \{1,4\}$. Man kann jetzt leicht jede weitere Folge von Fragen mit höchstens zwei zusätzlichen Fehlern beantworten.

Nun zum Verfahren, welches vor allem bei kleinem T sehr effizient sein wird. Die Vektoren $x = (x_1,x_2,\ldots,x_n)$ aus $\{0,1\}^n$ lassen sich im $\mathbb{R}^n$ einbetten, wo sie genau die Ecken des n-dimensionalen Würfels bilden. Dort kann man für eine montone Disjunktion f die Vektoren x mit $f(x) = 1$ von jenen mit $f(x) = 0$ durch eine Hyperebene trennen. Genauer, es gibt Koeffizienten $w_i, 1 \le i \le n$, so daß

$$\sum_{i=1}^{n} w_i x_i > 1/2 \;\;\text{gdw.}\;\; f(x_1,x_2,\ldots,x_n) = 1\,.$$

Dies erreicht man etwa, wenn $w_i = 1$ für $i \in T$, und $w_i = 0$ sonst.

Wir setzen anfangs alle w_i auf 1 und arbeiten mit der Hypothese, daß für die zu lernende Funktion f

$$\sum_{i=1}^{n} w_i x_i > \theta \;\;\text{gdw.}\;\; f(x_1,x_2,\ldots,x_n) = 1$$

gilt, wobei $\theta \ge 1/2$ ein fester Schwellenwert ist, den wir aber erst nach der Analyse des Verfahrens bestimmen wollen. Die Koeffizienten w_i werden wir bei einer falschen Anwort nach folgenden Regeln verändern.

(A) *Wir antworten auf die Frage „$f(\xi_1,\xi_2,\ldots,\xi_n) = ?$“ mit 1, aber der Lehrer korrigiert uns auf 0.* Wie im einfachen Beispiel illustriert, erkennen wir, daß jedes i mit $\xi_i = 1$ nicht in T sein kann. Daher setzen wir alle w_i auf 0, für die $\xi_i = 1$. Einen solchen Schritt nennen wir *Annullierung*. Man beachte, daß eine Annullierung die Gesamtsumme der Koeffizienten um mindestens θ verringert.

(B) *Wir antworten 0, obwohl* $f(\xi_1, \xi_2, \ldots, \xi_n) = 1$. Wir wissen nun, daß mindestens eines der i mit $\xi_i = 1$ in der Menge T sein muß. Da aber nicht zu erkennen ist, für welche Indizes dies der Fall ist, wollen wir keinen definitiven Schritt wie in (A) machen. Stattdessen verdoppeln wir alle w_i mit $\xi_i = 1$ und lassen alle anderen Koeffizienten unverändert. Ein solcher Schritt heiße *Beförderung*, und er erhöht die Gesamtsumme der Koeffizienten um höchstens θ. Man beachte, daß es immer ein $w_i \neq 0$ mit $\xi = 1$ geben muß. Ansonsten hätten wir schon vorher einmal ein w_i, $i \in T$, auf Null gesetzt – einen solchen Leichtsinn begehen wir nach unseren Regeln nicht.

Bevor wir zeigen, daß die Anzahl der Fehler $n/\theta + 2k(1 + \log_2 \theta)$ nicht überschreiten kann, ein paar Bemerkungen. Erstens, es kann höchstens n Annullierungen geben, weil wir in jedem solchen Schritt ein positives w_i auf Null setzen, und dieses dann für immer Null bleibt. Zweitens gilt

$$w_j \leq 2\theta \quad \text{für alle} \quad 1 \leq j \leq n \ . \tag{12.2}$$

Falls wir nämlich ein w_j verdoppeln, dann war ja vorher $\sum_{i=1}^n w_i \xi_i \leq \theta$ und $\xi_j = 1$. Folglich kann ein Koeffizient höchstens $\log_2(2\theta)$-mal verdoppelt werden, und es gibt höchstens $n \log_2(2\theta)$ Beförderungen.

Für eine genauere Analyse betrachte man $W_{a,b}$, die Summe $\sum_{i=1}^n w_i$ nach a Annullierungen und b Beförderungen. $W_{0,0} = n$, jede Annullierung reduziert diese Summe um mindestens θ, und jede Beförderung erhöht sie um höchstens θ. Es gilt daher

$$0 \leq W_{a,b} \leq n - \theta a + \theta b \ .$$

Daraus leiten wir

$$a \leq n/\theta + b \tag{12.3}$$

ab. Wir hatten in (12.2) schon eine obere Schranke für alle w_i's erwähnt. Andererseits wird bei jeder Beförderung ein w_i, $i \in T$, verdoppelt. Es muß also nach b Beförderungen mindestens ein w_i, $i \in T$, geben, welches mindestens b/k-mal verdoppelt wurde. Dies erzwingt

$$w_i \geq 2^{b/k} \quad \text{für ein} \quad i \in T \ . \tag{12.4}$$

Aus (12.2) und (12.4) ergibt sich $2^{b/k} \leq 2\theta$ bzw. $b \leq k(1 + \log_2 \theta)$, und zusammen mit (12.3) erhalten wir

$$a + b \leq n/\theta + 2k(1 + \log_2 \theta)$$

als Schranke für die Anzahl der Fehler, die wir im schlimmsten Fall machen. Setzt man $\theta = n/2$, so ist die Anzahl der Fehler auf

$$2(1 + k \log_2 n)$$

beschränkt, was vor allem für kleines k interessant ist. Ist k bereits a priori bekannt, so ist $n/(2k)$ eine gute Wahl, und wir machen höchstens

$$2k(1 + \log_2(n/k))$$

Fehler. Andererseits kann man aber jedes Lernverfahren durch geeignete Funktion und Fragesequenz zu $k\lceil \log_2(n/k) \rceil$ Fehlern zwingen. Dazu, wie auch auf Erweiterungen auf allgemeinere Funktionsklassen sei auf die Originalarbeit von Littlestone [7] verwiesen.

12.2 Aufspannende Bäume kleiner Kreuzungszahl

Eine Menge P von n Punkten in der Ebene soll durch einen Baum von Linien-
segmenten so verbunden werden, daß keine Gerade zu viele dieser Linienseg-
mente kreuzt; eine Gerade kreuzt ein Liniensegment, wenn dessen Endpunkte
auf verschiedenen Seiten der Gerade liegen. Nimmt man etwa P als die vier
Ecken eines Quadrats, und verbindet eine der Ecken mit je einem Segment
zu den drei anderen, so kann eine Gerade alle drei dieser Segmente kreuzen.
Wählt man allerdings drei der vier Seiten des Quadrats für den Baum, so
kann keine Gerade mehr als zwei der Segmente kreuzen – eine in unserem
Sinne bessere (und sogar optimale) Lösung. Uns interessiert eine Schranke
in n für die Anzahl von Kreuzungen, die man für den besten Baum zu n
Punkten garantieren kann.

Sei B ein Baum (im graphentheoretischen Sinn) mit P als Knotenmenge.
Eine Gerade g *kreuzt* eine Kante $\{p, q\}$, falls p und q auf verschiedenen Seiten
von g liegen (also insbesondere nicht auf g). Einen Baum B implizit vorausgesetzt, sei die *Kreuzungszahl*, σ_g, *einer Geraden* g die Anzahl der Kanten
von B, die von g gekreuzt werden. Die *Kreuzungszahl* σ *des Baumes* B ist die
größte Kreuzungszahl, die von einer Geraden disjunkt von P realisiert wird.

Wir werden zeigen, daß es für jede Menge von n Punkten einen Baum mit
Kreuzungszahl $\sigma \leq c \cdot \sqrt{n}$ gibt, für eine Konstante c. Im Prinzip müßten wir
dazu unendlich viele Geraden betrachten. Allerdings sind für unsere Zwecke
zwei Geraden g und h äquivalent, falls sie P auf die gleiche Weise in zwei
Teile zerlegen. Dafür gibt es bei zwei Punkten nur eine Möglichkeit (ohne die
triviale Partition in die ganze und die leere Menge), für drei Punkte höchstens
drei Möglichkeiten und allgemein für n Punkte höchstens $\binom{n}{2}$ Möglichkeiten.
Man kann eine injektive Abbildung der so entstehenden Äquivalenzklassen
auf Punktepaare finden. Das heißt, es gibt für jede Menge von n Punkten
eine *repräsentative Menge* G von $\binom{n}{2}$ Geraden, so daß $\sigma = \max_{g \in G} \sigma_g$.

Wir haben es also mit einer Menge P von n Punkten und einer Menge G
von ℓ Geraden zu tun und wollen einen Baum konstruieren, der von keiner
Geraden in G zu oft gekreuzt wird. Soll keine Gerade zu viele Kanten im
Baum kreuzen, so ist es sicher in der Konstruktion auch ratsam danach zu
trachten, daß die Kanten im Baum nicht von zu vielen Geraden gekreuzt
werden. Bezeichnen wir die Anzahl der eine Kante e kreuzenden Geraden
mit κ_e, so ist ja

$$\sum_{g \in G} \sigma_g = \sum_{e \in B} \kappa_e \ . \tag{12.5}$$

Es ist also verführerisch, für den Baum eine Kante zu wählen, die von
möglichst wenigen Geraden gekreuzt wird, dann unter den verbleibenden
die am wenigsten gekreuzte Kante, usw., wobei man natürlich darauf ach-
ten muß, daß die Kanten keinen Kreis bilden. Leserin und Leser werden hier
erkennen, daß wir einen minimal spannenden Baum bei Kantengewichten κ_e
konstruieren. Wie gut ist dieser Baum?

Wir benötigen einen Hilfssatz: *Bei einer Menge von n Punkten und ℓ*
Geraden gibt es immer zwei Punkte, die von höchstens $2\ell/\sqrt{n}$ der Geraden

getrennt werden. Für die erste Kante e_1 gilt also $\kappa_{e_1} \le 2\ell/\sqrt{n}$. Nach dem Hinzufügen der i-ten Kante haben wir $n - i$ Zusammenhangskomponenten. Nimmt man aus jeder dieser Komponenten einen Punkt, so sind zwei davon durch höchstens $2\ell/\sqrt{n - i}$ Geraden getrennt. Folglich erfüllt die $(i + 1)$-te Kante $\kappa_{e_{i+1}} \le 2\ell/\sqrt{n - i}$. Also ist

$$\sum_{e \in B} \kappa_e \lesssim 2\ell \sum_{i=0}^{n-2} 1/\sqrt{n - i} \le 4\ell\sqrt{n}$$

und wegen (12.5) ist die durchschnittliche Kreuzungszahl der Geraden in G durch $4\sqrt{n}$ beschränkt. Wir sind also fast schon am Ziel, wenn es nicht möglicherweise einzelne Geraden in G geben würde, die den Baum zu oft kreuzen—schließlich wollen wir auch noch eine Verdoppelungsstrategie ins Spiel bringen.

Das Problem unserer Konstruktion liegt darin, daß es nach einigen Schritten kritische Geraden gibt, die schon viele Kreuzungen gesammelt haben. Es wäre besser, einige weniger kritische Geraden mit der nächsten Kante zu kreuzen, anstatt nur wenige Geraden zu kreuzen, die aber schon viele Kreuzungen haben. Um darauf Rücksicht zu nehmen, verdoppeln wir Geraden, wann immer sie eine neu ausgewählte Kante kreuzen. Beim ersten Mal erhält eine solche Gerade eine zusätzliche Kopie, nach dem zweiten Mal gibt es schon vier Kopien, usw. Nach erfolgter Konstruktion des Baumes B tritt also eine Gerade g der ursprünglichen Menge mit Vielfachheit 2^{σ_g} auf. Andererseits wird die Gesamtzahl der Geraden (mit ihren Vielfachheiten) durch unseren Hilfssatz beschränkt. Ist die Zahl der Geraden nach Einfügen der i-ten Kante ℓ_i, so kreuzt die $(i + 1)$-te Kante höchstens $2\ell_i/\sqrt{n - i}$ der Geraden (wieder mit Vielfachheiten), und daher gilt $\ell_{i+1} \le \ell_i(1 + 2/\sqrt{n - i})$. Daraus ergibt sich

$$\ell_{n-1} \le \ell_0 \prod_{i=0}^{n-2} (1 + 2/\sqrt{n - i}) \le \ell_0 e^{\sum_{j=2}^{n} 2/\sqrt{j}} \le \ell_0 e^{4 \cdot \sqrt{n}}$$

(wobei $\ell_0 = \ell$) und daher auch

$$2^{\sigma_g} \le \ell e^{4\sqrt{n}} \quad \text{für alle} \quad g \in G .$$

Hier erinnern wir uns, daß unsere Konstruktion mit $\ell \le \binom{n}{2} < n^2$ Geraden beginnt, und schließen so auf eine Schranke von

$$\sigma < (4 \log_2 e)\sqrt{n} + 2 \log_2 n .$$

Punktmengen, für die jeder Baum Kreuzungszahl mindestens $\sqrt{n} - 1$ hat, kann man leicht angeben. Dies, Anwendungen und Varianten der Konstruktion findet man in [4, 13].

12.3 Kleinster umschließender Kreis

Jede Menge P von mindestens zwei Punkten in der Ebene hat einen eindeutigen (bezüglich Radius) kleinsten umschließenden Kreis K_P. Die Frage nach einem Verfahren zur schnellen Bestimmung dieses Kreises geht schon auf J. J. Sylvester (1857) zurück.

Für das Verfahren, welches wir besprechen wollen, ist es wichtig zu wissen, daß es immer eine Teilmenge B von zwei oder drei Punkten gibt, für die $K_B = K_P$. B ist nicht eindeutig, aber wir fixieren eine solche Teilmenge und nennen sie Basis von P. Falls für $R \subseteq P$ nicht $K_R = K_P$ gilt, dann muß einer der Punkte in B außerhalb von K_R liegen. Wählen wir also eine kleine Teilmenge R von P, berechnen K_R und bestimmen

$$A_R := \{p \in P \mid p \text{ liegt außerhalb von } K_R\}\,,$$

dann ist entweder $A_R = \emptyset$ und daher $K_P = K_R$, oder wir wissen, daß A_R eines der Basiselemente aus B enthält. Unsere Idee (d.h. eigentlich die von Clarkson) ist es nun, R zufällig zu wählen, dann aber die Elemente in der Menge A_R zu verdoppeln, um der Tatsache Rechnung zu tragen, daß sie mindestens ein wichtiges Element enthält. Dann wählen wir wieder zufällig ein R, wobei wir die Vielfachheiten der Elemente berücksichtigen. Wir hoffen, daß die Elemente von B so schnell großes Gewicht bekommen und deswegen alle in der zufälligen Menge R auftauchen. Sobald $R \supseteq B$, gilt natürlich $K_R = K_B = K_P$.

Um eine Analyse durchzuführen, benötigen wir eine rigorosere Beschreibung des Algorithmus. Dabei verwenden wir eine „kleine" Konstante r, die wir später festlegen werden. Wir gehen davon aus, daß wir den kleinsten umschließenden Kreis von r oder weniger Punkten leicht „direkt" berechnen können.

Die Anzahl n der Punkte in P soll größer als r sein. Jeder Punkt $p \in P$ habe ein Gewicht w_p; anfangs $w_p = 1$. Für $A \subseteq P$ sei $w(A) = \sum_{p \in A} w_p$.

Wiederhole nun die folgenden drei Schritte, bis die darin berechnete Menge A_R leer ist:

(i) Wähle eine zufällige Teilmenge R der Größe r von P, wobei wir P als Multimenge der Kardinalität $w(P)$ betrachten, und R jede der $\binom{w(P)}{r}$ r-elementigen (Multi-)Teilmengen von P mit gleicher Wahrscheinlichkeit annimmt.

(ii) Bestimme K_R und A_R.

(iii) Falls $w(A_R) \leq 6w(P)/r$, dann verdopple alle Gewichte der Elemente, die in A_R auftreten.

Die Bedingung in (iii) erscheint beliebig. Hier spielt wieder ein Hilfssatz eine entscheidende Rolle: *Der Erwartungswert $E[w(A_R)]$ ist durch $3(w(P) - r)/(r + 1) < 3w(P)/r$ beschränkt.* Da der doppelte Erwartungswert bei einer nichtnegativen Zufallsvariablen höchstens mit Wahrscheinlichkeit $1/2$ überschritten wird, ist die Bedingung in (iii) im Durchschnitt jedes zweite Mal erfüllt. Wenn dies der Fall ist und tatsächlich Gewichte verdoppelt werden, sprechen wir von einer erfolgreichen Iteration.

Um eine Schranke für die Anzahl der erfolgreichen Iterationen zu zeigen, beobachten wir wieder zwei gegenläufige Kräfte.

Einerseits wird bei jeder erfolgreichen Iteration mindestens eines der drei Basiselemente verdoppelt. Nach k erfolgreichen Iterationen gibt es daher ein Element q mit

$$w_q \geq 2^{k/3} \ . \tag{12.6}$$

Andererseits wird das Gesamtgewicht in einer erfolgreichen Iteration höchstens um den Faktor $1 + 6/r$ vergrößert, weshalb nach k erfolgreichen Iterationen

$$w(P) \leq n(1 + 6/r)^k < ne^{6k/r} \tag{12.7}$$

gelten muß. (12.6) und (12.7) ergeben die Ungleichung

$$e^{(\ln 2)k/3} < ne^{6k/r} \ .$$

Falls $r > 18/\ln 2$, wächst die untere Schranke schneller als die obere, und dadurch kann es nicht beliebig viele erfolgreiche Iterationen geben. Setzen wir $r = 36$, dann ergibt sich

$$k < 6\ln n/(2\ln 2 - 1) < 16\ln n \ .$$

Das heißt, wir berechnen den kleinsten umschließenden Kreis mit durchschnittlich höchstens $32\ln n$ Iterationen, wobei jede Iteration eine „direkte" Berechnung für 36 Punkte und n Tests, ob ein Punkt in einem Kreis liegt, erfordert. Diese $O(n \log n)$-Schranke ist nicht bestmöglich. Es gibt verschiedene optimale Linearzeitmethoden für Sylvesters Problem. Allerdings kann man das Verfahren auch in höheren Dimensionen anwenden [6]. Dort bildet es einen wichtigen Baustein für die derzeit beste Zeitschranke von $O(d^2 n + e^{O(\sqrt{d \log d})})$ (im Einheitskostenmodell) für die Berechnung der kleinsten umschließenden Kugel von n Punkten im $\mathbb{R}^d$, sowie auch für andere Optimierungsprobleme (siehe [2]).

Schriftenverzeichnis

1. H. Brönnimann und M. T. Goodrich (1995). Almost optimal set covers in finite VC-dimension. Discrete Comput. Geom. 14, 463–484.
2. B. Gärtner und E. Welzl (1996), Linear programming – randomization and abstract frameworks. Proc. 13th Ann. Symp. on Theoretical Aspects of Comput. Sci. Lecture Notes in Comput. Sci. 1046, 669–687.
3. B. Chazelle und J. Friedman (1990). A deterministic view of random sampling and its use in geometry. Combinatorica 10, 229–249.
4. B. Chazelle und E. Welzl (1989). Quasi-optimal range searching in spaces of finite VC-dimension. Discrete Comput. Geom. 4, 467–489.

5. K. L. Clarkson (1993). Algorithms for polytope covering and approximation. Proc. 3rd Workshop on Algorithms and Data Structures. Lecture Notes in Comput. Sci. 709, 246–252.

6. K. L. Clarkson (1995). Las Vegas algorithms for linear and integer programming when the dimension is small. J. Assoc. Comput. Mach. 42, 488–499.

7. N. Littlestone (1988). Learning quickly when irrelevant attributes abound: A new linear-threshold algorithm. Machine Learning 2, 285–318.

8. N. Littlestone und M. K. Warmuth (1994). The weighted majority algorithm. Inform. Comput. 108, 212–261.

9. J. Matoušek (1992). Efficient partition trees. Discrete Comput. Geom. 8, 315–334.

10. J. Matoušek (1992). Reporting points in halfspaces. Comput. Geom.: Theory Appl. 2, 169–186.

11. J. Matoušek (1993). Range searching with efficient hierarchical cuttings. Discrete Comput. Geom. 10, 157–182.

12. J. Matoušek (1995). Improved upper bounds for approximation by zonotopes. KAM Series (Tech. Report), Charles University Prague.

13. E. Welzl (1992). On spanning trees with low crossing numbers. Data Structures and Efficient Algorithms (Final Report on the DFG Special Joint Initivative). Lecture Notes in Comput. Sci. 594, 233–249.

Mathematik des Software-Engineering

Manfred Broy

Software-Engineering umfaßt technische wie organisatorische Aspekte. Aus technischer Sicht arbeiten wir beim Software-Engineering mit einer Entwicklungsmethode und Beschreibungsformalismen, mit Modellierungs- und Implementierungstechniken. Die Entwicklung eines Softwaresystems ist als Entwicklungsprozeß organisiert und wird durch CASE-Werkzeuge unterstützt. Wir zeigen im folgenden, wie geeignete Mathematik das Software-Engineering auf eine wissenschaftliche Grundlage stellen kann. Dadurch werden ein gründlicheres Verständnis für die Disziplin und auch eine mächtigere zielgerichtetere Werkzeugunterstützung für den Entwicklungsprozeß möglich. Um zu einer angemessenen mathematischen Fundierung zu gelangen, muß der wirtschaftliche und technische Nutzen mathematischer Konzepte im Bereich Software-Engineering klar identifiziert werden. Dazu ist es erforderlich, die Rolle von Mathematik und Logik im Software-Engineering sorgfältig zu analysieren. Wir beschreiben, wie Methoden des Software-Engineering durch die Mathematik fundiert werden können. Wir erläutern den Nutzen einer solchen mathematischen Grundlage. Dieser Nutzen geht weit über die sogenannten formalen Methoden für die Spezifikation und Verifikation von Software hinaus.

13.1 Zur wissenschaftlichen Fundierung des Software-Engineering

Heute herrscht weitgehendes Einverständnis darüber, daß die Entwicklung von Software eine technische Disziplin ist, die den Ingenieurwissenschaften zuzuordnen ist. Ingenieurdisziplinen sind anwendungs- und problemorientiert. Dabei darf nicht vergessen werden, daß alle technischen Disziplinen auf theoretischen und insbesondere mathematischen Grundlagen beruhen. Die technischen Disziplinen nutzen diese theoretischen Grundlagen als eine Basis, um ein tieferes Verständnis, einen Katalog von Regeln, Prozeduren und technischen Prozessen zu entwickeln. Es besteht kein Zweifel, daß Software-Engineering genau wie alle anderen technischen Disziplinen seine eigene theoretische und mathematische Fundierung besitzt und benötigt.

In den letzten drei Jahrzehnten hat die Forschung auf dem Gebiet der mathematischen und logischen Grundlagen der Softwareentwicklung große Fortschritte gemacht. Doch bleibt immer noch viel zu tun. Zur angemessenen Wahl der Forschungsarbeiten auf diesem Gebiet bedarf unsere Grundlagenarbeit klarer Zielsetzung und Reflexion, um Sackgassen und unrealistische Vorstellungen über Anwendung und Nutzen der mathematischen Grundlagen in der praktischen Software- und Systementwicklung zu vermeiden.

Die Bedeutung formaler Methoden Ausgehend von der Pionierarbeit von Backus, Bauer, Samelson, McCarthy, Petri, Strachey, Scott, Dijkstra,

Floyd, Hoare, deBakker, Reynolds, der VDM-Gruppe und vieler anderer wurden während der letzten 25 Jahre formale Methoden in der Software-Entwicklung untersucht. Heute sind formale Methoden ein etablierter Gegenstand akademischer Forschung. Durch ihn haben wir wesentlich mehr Verständnis für die Software-Entwicklungsaufgabe gewonnen. Dennoch werden viele Ergebnisse der Forschung zum Thema „formale Methoden" immer noch nicht praktisch angewandt.

Elemente des Software-Engineering An der Entwicklung eines umfangreichen Software-Systems ist eine große Zahl von Menschen mit ganz unterschiedlichen Fähigkeiten beteiligt. Ziel ist die Konstruktion einer technischen Lösung für ein konkretes Problem der Informatik. Demgemäß ist Software-Engineering eine Disziplin, die organisatorische und Managementaspekte sowie technische Aspekte umfaßt. Ein entscheidender Punkt ist dabei auch das Kostenmanagement. Unter die organisatorischen und Managementaspekte fallen sämtliche wirtschaftlichen Fragen sowie der Personaleinsatz:

– Teamorganisation und -leitung,
– Produktivität,
– Qualitätsmanagement,
– Wiederverwendbarkeit,
– Kostenvoranschlag und Kostenaufschlüsselung,
– Abschätzen von Zeitrahmen und Fristen, Zeit zur Markteinführung,
– Planung, Vertragsabschluß, Marketing.

Die technischen Aspekte umfassen:

– Organisation des Entwicklungsprozesses (Phasen, Meilensteine, Dokumentation),
– Formulierung von strategischen Zielen und Grenzen,
– Modellierung, Beschreibung, Spezifikation,
– Qualitätssicherung,
– Integration in bestehende Softwarekomponenten, Wiederverwendung,
– Dokumentation,
– Werkzeugunterstützung.

Wir werden uns nachfolgend in der Hauptsache auf die technischen Aspekte konzentrieren. Jedoch wollen wir im Auge behalten, daß zwischen den technischen und den Managementaspekten eine enge Beziehung besteht. Die beste technische Lösung ist wertlos, wenn sie zu teuer ist oder nicht rechtzeitig zum Einsatz gebracht werden kann. Zudem lassen sich Verwaltungsarbeit und Planung größtenteils nicht ohne ein tiefgreifendes Verständnis für die technischen Aufgaben bewältigen.

Wo immer es notwendig ist, die Rolle der technischen Aspekte im Verhältnis zu den Aspekten der Betriebsführung einzuschätzen, werden wir uns auf letztere beziehen. Auf die enge Verknüpfung zwischen Management- und technischen Fragen stoßen wir bei der Organisation der Entwicklungsprozesse als einem Teilbereich des sogenannten *Vorgehens-* oder *Prozeßmodells.*

Ein zentraler Begriff im Software-Engineering ist der der Methode. Eine Methode beim Software-Engineering umfaßt Beschreibungstechniken in ihrer Syntax, Semantik und Pragmatik, Regeln für die Arbeit mit diesen Techniken, Entwicklungstechniken und allgemeine Prinzipien.

Übersicht über die Gliederung der Arbeit Ein Softwaresystem wird durch einen Katalog von Beschreibungen in Form von Text- oder Graphikdokumenten repräsentiert und ist gleichzeitig ein Produkt, das zum Leben erweckt werden und dann ein komplexes dynamisches Verhalten zeigen kann. Aus dieser Sichtweise ist das Ziel des Softwareentwicklungsprozesses die Erstellung eines Modells der Anwendung, das mit Hilfe von Formalismen beschrieben wird, die effizient ausgeführt werden können. Nachfolgend wollen wir eine sorgfältige Unterscheidung treffen zwischen

- *mathematischen Modellen:* die mathematischen Strukturen, die das semantische Konzeptmodell bilden, das mit einem Beschreibungsformalismus assoziiert wird,
- *Beschreibungsformalismen:* die Beschreibungstechnik, die von der in der Dokumentation zu einem Softwaresystem verwendeten Syntax, Graphik oder den Tabellen vorgegeben wird,
- *Modellierungstechniken:* die Aktivitäten, mit denen praktische Anwendungsaspekte abgebildet, repräsentiert und in Beziehung zu Softwarebeschreibungstechniken gesetzt werden.

Natürlich sind diese drei Aspekte eng miteinander verbunden. Trotzdem wollen wir diese Unterscheidung im folgenden sorgfältig im Auge behalten, weil sie für das Verständnis und die Fundierung von Software-Engineering von größter Bedeutung ist. Besonders wichtig ist es, zwischen den Beschreibungsformalismen und der Modellierungsidee für Systeme zu differenzieren.

Die Arbeit ist wie folgt gegliedert. In Abschnitt 13.2 über mathematische Modelle stellen wir die Begriffe Datenmodell, Prozeß, Komponente und System vor und geben mathematische Denotationen dafür. Auf dieser Grundlage erörtern wir in Abschnitt 13.3 Beschreibungsformalismen. In Abschnitt 13.4 behandeln wir Entwicklungsmethoden und Entwicklungsprozeßmodelle.

13.2 Mathematische Modelle von Systemen und Systemansichten

In diesem Abschnitt definieren wir mathematische Modelle für Systeme und Systemaspekte. Dies umfaßt:

- Datenmodelle,
- Modelle von Systemkomponenten,
- Modelle verteilter Systeme,
- Zustandsübergangsmodelle,
- Prozeßmodelle.

Für jeden dieser Systemaspekte ist ein mathematisches Modell definiert, das aus einem syntaktischen und einem semantischen Teil besteht. Später verwenden wir diese Modelle, um darauf Beschreibungsformalismen aufzubauen und deren Semantik zu definieren.

Datenmodelle Datenmodelle werden benötigt, um die Informationen und Datenstrukturen darzustellen, die in einer Anwendungsdomäne enthalten sind. Sie werden auch verwendet, um Rechenstrukturen zur Darstellung der internen Daten von Informationsverarbeitungssystemen zu liefern. Oft erfassen Datenmodelle hauptsächlich die Struktur der Daten und ihre Beziehung, nicht jedoch ihre charakteristischen Operationen. Diese sollten natürlich integraler Bestandteil des Datenmodells sein. Deshalb verstehen wir ein Datenmodell stets als eine Familie von Datensätzen zusammen mit ihren Beziehungen und charakteristischen Funktionen.

Aus mathematischer Sicht besteht ein Datenmodell aus einer heterogenen Algebra. Eine solche Algebra ist durch eine Familie von Trägersätzen und eine Familie von Funktionen gegeben. Technischer ausgedrückt, nehmen wir eine Menge Sorten[1] (oft auch als Typen oder Modes bezeichnet) S und eine Menge F von Funktionssymbolen mit festgelegter Funktionalität

$$\text{fct} : F \rightarrow (S^* \times S)$$

an. Die Funktion fct ordnet jedem Funktionssymbol in F seine Domänensorten und seine Bereichssorte zu. Sowohl die Menge S als auch die Menge F liefern Namen. Das Paar (S, F) wird oft als die Signatur der Algebra bezeichnet. Die Signatur ist der statische Teil eines Datenmodells und liefert eine syntaktische Sicht.

In jeder Algebra mit der Signatur (S, F) assoziieren wir mit jeder Sorte eine Trägermenge (eine Menge von Datenelementen) und mit jedem Funktionssymbol eine Funktion der gewünschten Funktionalität. Es ist typisch für mathematische Strukturen, die Informationsverarbeitungskonzepte modellieren, daß sie statische (syntaktische) Teile wie Namensparameter (im algebraischen Fall die Signatur) und semantische Teile (im algebraischen Fall Mengen und Funktionen) umfassen.

Algebren können dazu verwendet werden, verschiedene Aspekte von Softwaresystemen zu erfassen, die oft weit über rein informationsstrukturelle Aspekte hinausgehen. Mit anderen Worten, sie können dazu benutzt werden, dynamische Aspekte von Systemverhaltensweisen oder -strukturen darzustellen. Daß sich solche Aspekte auch mit Hilfe von Datenmodellen erfassen lassen, ist nicht verwunderlich. Gemäß unseren Definitionen können Datenmodelle als Algebren angesehen werden, und Algebren sind ein sehr allgemeines mathematisches Konzept. Alle möglichen mathematischen Strukturen und mathematischen Systemmodelle können als heterogene Algebren verstanden

---

[1] Mit vielen anderen sind wir der Ansicht, daß Datensorten (typing) ein sehr hilfreiches Konzept für die Modellierung von Anwendungen und Softwarestrukturen ist.

werden. Trotzdem halten wir uns daran, Algebren nur für Datenmodelle zu verwenden. Nachfolgend zeigen wir spezifische mathematische Strukturen für andere Systemaspekte.

Komponentenmodelle: Schnittstellenmodelle durch stromverarbeitende Funktionen Wir sind an Systemmodellen interessiert, die es uns ermöglichen, Systeme auf modulare Weise darzustellen. Wir stellen uns ein System als aus einer Reihe von Subsystemen bestehend vor, die wir *Komponenten* nennen. Darüber hinaus ist ein System selbst wiederum eine Komponente, die Teil eines umfangreicheren Systems sein kann. Eine Komponente ist eine selbständige Einheit mit einer eindeutigen Schnittstelle. Durch ihre Schnittstelle ist sie mit ihrer Umgebung verbunden. In diesem Abschnitt stellen wir ein einfaches, sehr abstraktes mathematisches Konzept einer Systemkomponente vor.

Für uns ist eine (System-)*Komponente* eine Informationsverarbeitungseinhcit, die mit ihrer Umgebung durch eine Menge von Eingabe- und Ausgabekanälen kommuniziert. Diese Kommunikation findet in einem (diskreten) Zeitrahmen statt.

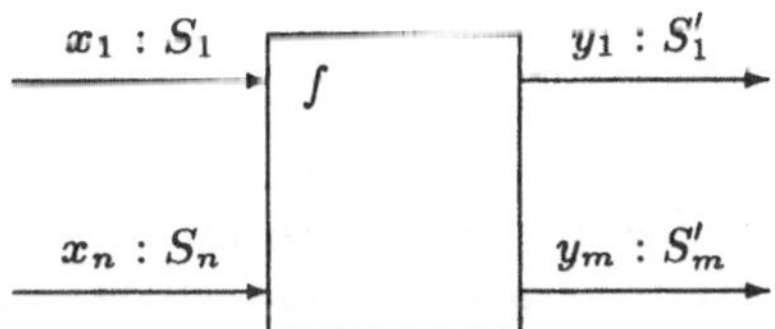

Abbildung 13.1. Graphische Darstellung eines Datenflußknotens mit Eingabekanälen $x_1, \ldots, x_n$ und Ausgabekanälen $y_1, \ldots, y_m$ und ihren jeweiligen Sorten.

Im Software-Engineering ist es hilfreich, mit einer *Black-Box-Sicht* und einer *Glass-Box-Sicht* einer Komponente zu arbeiten. Bei einer Black-Box-Sicht interessiert uns nur die Schnittstelle zwischen einer Komponente und ihrer Umgebung. Bei einer Glass-Box-Sicht interessiert uns die innere Struktur einer Komponente, sei es ihr lokaler Zustandsraum oder ihre Aufteilung in Subkomponenten. Wir zeigen zunächst ein Modell für die Black-Box-Sicht.

Sei I der Satz von Eingabekanälen und O der Satz von Ausgabekanälen. Dann beschreibt (I, O) die syntaktische Schnittstelle einer Systemkomponente. Mit jedem Kanal in $I \cup O$ assoziieren wir eine Datensorte, die die Art der auf diesem Kanal gesendeten Nachrichten angibt. Der Einfachheit halber verwenden wir in der Folge nur eine Menge M für Nachrichten auf dem Kanal, um die Formeln leichter lesbar zu machen. Eine graphische Darstellung einer Komponente mit ihrer syntaktischen Schnittstelle findet sich in Abb. 13.1.

Als Basismodell für das Verhalten von Systemkomponenten verwenden wir Relationen auf gezeiteten Strömen. Gezeitete Ströme transportieren Datennachrichten und Zeitsignale (für eine eingehende Behandlung siehe [11]). Ein Zeitstrom ist eine Sequenz von Nachrichten und Zeitsignalen, die eine

unendliche Anzahl von Zeitsignalen enthält. Außer den Zeitsignalen kann
der Strom eine begrenzte oder unbegrenzte Zahl von Nachrichten enthalten.
Die Ausgangsidee ist, daß die Zeitsignale den Zeitrahmen angeben, innerhalb
dessen die Nachrichten auf dem Kanal kommuniziert werden. Auf der Basis
dieses einfachen Modells können wir eine flexible Notation verwenden, die wir
durch die ganze Arbeit hindurch in den Spezifikationen gebrauchen werden.

Wir modellieren den Zeitfluß mit einem speziellen, Zeitsignal genannten
Signal, das das Ende eines Zeitintervalls angibt. Mit

$$\surd$$

bezeichnen wir das Zeitsignal. Sei M eine Menge von Nachrichten, die das
Zeitsignal $\surd$ nicht enthält. Mit M^ω bezeichnen wir Nachrichtenströme der
Menge M, die endliche oder unendliche Sequenzen von Elementen aus M
sind, und mit $M^{\overline{\omega}}$ bezeichnen wir die Menge unendlicher Ströme von Elementen der Menge $M \cup \{\surd\}$, die eine unendliche Zahl von Zeitsignalen enthalten. Betrachten wir ein einfaches Beispiel, um zu veranschaulichen, was
ein gezeiteter Strom ist. Der gezeitete Strom von Kardinalzahlen

$$7 \surd 3\, 2 \surd \surd 9\, 7\, 8 \surd 5 \surd \surd \surd \cdots$$

transportiert als Nachrichten die Zahlenfolge 7 3 2 9 7 8 5. Im ersten Zeitintervall wird 7 kommuniziert. Im zweiten Zeitintervall wird 3 und dann 2
kommuniziert. Im dritten Zeitintervall wird nichts kommuniziert. Im vierten
Zeitintervall wird 9, 7 und dann 8 kommuniziert. Im fünften Zeitintervall
wird 5 kommuniziert. Die restlichen Zeitintervalle zeigen keine weitere Kommunikation. Die Zeitsignale sollten nicht als tatsächlich übertragene Signale
aufgefaßt weden. Sie werden nur als semantisches Mittel verwendet, um Zeit
darzustellen.

Jedes Element in der Menge $M^{\overline{\omega}}$ bezeichnet eine vollständige Kommunika-
tionshistorie über einen unbegrenzten Zeitraum. Mathematisch ausgedrückt
kann ein solcher Strom in $M^{\overline{\omega}}$ auch als eine Funktion $I\!N \rightarrow M \cup \{\surd\}$ verstanden werden.

Wir beschreiben das Black-Box-Verhalten einer Komponente durch eine
Verhaltensrelation. Eine Verhaltensrelation ist eine Relation zwischen den
Eingabeströmen und den Ausgabeströmen einer Komponente, die bestimmte
Bedingungen bezüglich ihrer zeitlichen Verläufe erfüllt. Diese Relation wird
durch eine satzbewertete Funktion auf die gezeiteten Ströme von Eingabe-
und Ausgabenachrichten dargestellt. Dabei steht $\wp$ für die Potenzmenge.

$$f : (I \rightarrow M^{\overline{\omega}}) \rightarrow \wp(O \rightarrow M^{\overline{\omega}})$$

Für eine Verhaltensrelation nehmen wir folgende Zeiteigenschaft an. Die Zeiteigenschaft drückt aus, daß der Satz möglicher Ausgabehistorien für die ersten
$i + 1$ Zeitintervalle nur von den Eingabehistorien für die ersten i Zeithistorien
abhängt. Mit anderen Worten, die Verarbeitung von Nachrichten in einer
Komponente dauert mindestens ein Zeitsignal lang.

$$x \downarrow i = z \downarrow i \Rightarrow \{y \downarrow i + 1 : y \in f(x)\} = \{y \downarrow i + 1 : y \in f(z)\}$$

Hier bezeichnet $x \downarrow i$ die Familie der Ströme, die die größten Präfixe der Ströme in x sind, welche i Zeitsignale enthalten. Anders formuliert, $x \downarrow i$ bezeichnet die Kommunikationshistorien bis zum Zeitpunkt i. Wir könnten mit großzügigeren Bedingungen arbeiten, indem wir „+1" in der obigen Formel fortlassen. Die angegebene Zeitkondition ist jedoch sehr zweckmäßig für uns.

Mit C bezeichnen wir die Menge aller Verhaltensrelationen. Solche Verhaltensrelationen nennen wir auch *Datenflußkomponenten*. Mit $C[I, O]$ bezeichnen wir die Menge von Datenflußkomponenten mit Eingabekanälen I und Ausgabekanälen O.

Stromrelationen liefern eine Black-Box-Sicht des Verhaltens einer Komponente. Lediglich das Verhältnis zwischen dem Datenfluß in die Komponente und aus der Komponente wird dargestellt. Wir haben ein spezielles mathematisches Modell von Systemkomponenten mit einer nebenläufigen zeitbehafteten Schnittstelle gewählt, das wir für technische Zwecke für besonders geeignet halten. Eine Komponente erhält und sendet parallel Nachrichten auf ihren Kanälen. Da die Ströme auf den Kanälen zeitbehaftet sind, existiert eine zeitliche Ordnung für die Nachrichten. Eine ausführlichere Darstellung dieses Modells findet sich in [11].

Zustandsübergangsmodelle Zustandsmaschinen sind ein geläufiges Konzept eines Systemmodells. Sie werden sowohl in der Praxis als auch in der Theorie angewendet. Wir betrachten nur eine spezifische Version von Zustandsmaschinen, die gut mit unserer Vorstellung von einer Systemkomponente korrespondieren. Durch eine Zustandsmaschine wird ein internes Detail des Systems erfaßt und als Zustand ausgedrückt. Daher sagen wir, daß Zustandsmaschinen eine Glass-Box-Sicht ergeben. Im folgenden Abschnitt zeigen wir eine andere Form einer Glass-Box-Sicht durch verteilte Systeme.

Für eine Komponente mit der syntaktischen Schnittstelle (I, O) ist eine Zustandsmaschine (δ, σ_0) mit der Zustandsmenge Σ durch eine Übergangsfunktion

$$\delta : \Sigma \times (I \to M^*) \to \wp(\Sigma \times (O \to M^*))$$

und einen Ausgangszustand $\sigma_0 \in \Sigma$ gegeben. Eine Zustandsmaschine modelliert das Verhalten einer Informationsverarbeitungseinheit mit Eingabekanälen aus der Menge I und Ausgabekanälen aus der Menge O in einem Zeitrahmen auf folgende Weise. Bei einer gegebenen Familie endlicher Sequenzen $x \in (I \to M^*)$, die die Sequenz der Eingabenachricht $x(c)$ repräsentiert, welche in einem Zeitintervall auf dem Kanal $c \in I$ der Komponente im Zustand $\sigma \in \Sigma$ empfangen wird, repräsentiert jedes Paar (σ', y) in der Menge $\delta(\sigma, x)$ einen möglichen Folgezustand und die Sequenz von Ausgabebotschaften $y(c)$, die auf dem Kanal $c \in O$ im nächsten Zeitintervall produziert werden.

Mit einer Zustandsmaschine (δ, σ_0) können wir für jeden Zustand $\sigma \in \Sigma$ wie folgt eine Black-Box-Sicht, ausgedrückt als Verhaltensrelation, assoziieren: Die Verhaltensrelation

$$f_\sigma : (I \to M^{\overline{\omega}}) \to \wp(O \to M^{\overline{\omega}})$$

für den Zustand σ wird durch folgende Formel beschrieben:

$$f_\sigma(x) = \{\langle\sqrt{}\rangle\widehat{\ }y_0\widehat{\ }y : \exists\sigma' : (\sigma', y_0) \in \delta(\sigma, x \downarrow 0) \wedge y \in f_{\sigma'}(x \uparrow 0)\}.$$

Mit $x\widehat{\ }y$ bezeichnen wir die Konkatenation der Ströme x and y und mit $x \uparrow i$ die Familie der Ströme, die wir aus den Strömen in x erhalten, indem wir das größte Präfix von x, das i Zeitsignale enthält, löschen.

Wir schreiben $\langle\sqrt{}\rangle\widehat{\ }y$ für Familien von Strömen $y \in O \to M^*$ und bezeichnen damit die Familie von Strömen $y' \in I \to M^*$, wobei

$$y'.k = \sqrt{}\widehat{\ }y.k$$

für alle $k \in O$ gelte. In dieser Definition haben wir der Einfachheit halber angenommen, daß die Ausgabe im ersten Zeitintervall einer Zustandsmaschine immer leer ist. Dies garantiert die erforderliche Verzögerungseigenschaft.

Ein einfaches Beispiel einer Komponente ist eine Warteschlange mit zwei Eingabekanälen x und y und einem Ausgabekanal z. Auf dem Kanal x erhält die Warteschlange Datennachrichten und auf dem Kanal y Abfragen. Wir erhalten eine Verhaltensfunktion

$$f : (\{x, y\} \to M^{\overline{\omega}}) \to \wp(\{z\} \to M^{\overline{\omega}}),$$

die durch eine Zustandsübergangsmaschine definiert ist.

Wir geben eine Zustandsmaschine für die oben beschriebene Warteschlange an. Wir definieren

$$\delta : [M^* \times (\{x, y\} \to M)] \to [M^* \times \wp(\{z\} \to M)],$$

wobei

$$\delta(s, i) = \{(s', o) : s\widehat{\ }i.x = o.z\widehat{\ }s' \wedge \#o.z = \min(\#i.z, \#(s\widehat{\ }i.x))\}.$$

Hier bezeichnet $\#s$ die Länge der Sequenz s. Die Beschreibung der Schlange durch eine Zustandsmaschine ähnelt stark ihrer Beschreibung durch eine Verhaltensrelation.

Mathematische Modelle verteilter Systeme Ein interaktives verteiltes System besteht aus einer Familie interagierender Komponenten, die oft auch *Agenten* oder *Objekte* genannt werden. Diese Komponenten können interagieren, indem sie auf Kanälen, durch die sie miteinander verbunden sind, Nachrichten austauschen. Eine strukturelle Systemsicht besteht aus einem Netzwerk von kommunizierenden Komponenten. Die Knoten des Netzes modellieren Komponenten und seine Kanten Kommunikationsverbindungen (Kanäle), auf denen Nachrichtenströme gesendet werden.

Eine Glass-Box-Sicht einer Systemkomponente kann durch ein verteiltes System oder durch eine Zustandsmaschine dargestellt werden. Im ersten Fall sprechen wir von einem *zusammengesetzten verteilten System* und im zweiten

Fall von einem *nichtverteilten System*. Abb. 13.4 zeigt die Datenflußdarstellung eines einfachen Beispiels eines verteilten Systems.

Wir modellieren verteilte Systeme durch Datenflußnetze. Sei N ein Satz von Bezeichnern für Komponenten (dargestellt durch Datenflußknoten) und O ein Satz von Ausgabekanälen. Ein verteiltes System (ν, O) mit syntaktischer Schnittstelle (I, O) wird gegeben durch die Abbildung

$$\nu : N \to C,$$

die mit jedem Knoten eine Komponente assoziiert, welche ein Verhalten (ein Schnittstellenverhalten) repräsentiert. Als Wohlgeformtheitsbedingung verlangen wir, daß für alle Komponentenbezeichner $i, j \in N$ (mit $i \neq j$) die Sätze von Ausgabekanälen der Komponenten $n(i)$ und $n(j)$ disjunkt sind:

$$Out(n(i)) \cap Out(n(j)) = \emptyset.$$

Anders ausgedrückt, jeder Kanal besitzt eine eindeutige Quelle. Wir bezeichnen die *Menge der Knoten* des Netzes durch

$$Nodes((\nu, O)) = N.$$

Wir bezeichnen die *Menge der Kanäle* des Netzes durch

$$Chan((\nu, O)) = O \cup \{In(n(i)) : i \in N\} \cup \{Out(n(i)) : i \in N\}.$$

Die Menge
$$I = \{In(n(i)) : i \in N\} \backslash \{Out(n(i)) : i \in N\}$$

bezeichnet die Menge von *Eingabekanälen* des Netzes. Die Kanäle in

$$\{Out(n(i)) : i \in N\} \backslash O$$

werden *intern* genannt.

Mit dieser Definition besitzt ein verteiltes System wieder einen statischen (syntaktischen) und einen dynamischen (semantischen) Teil. Die Menge von Komponentenbezeichnern, die Kanäle und die Art und Weise, wie sie Komponenten verbinden, bilden den statischen Teil, während die Funktion n, die den Komponenten Verhaltensweisen zuweist, den semantischen Teil eines verteilten Systems repräsentiert.

In den letzten Jahren ist das theoretische und praktische Interesse an verteilten dynamischen Systemen, auch als Systeme mit mobiler Kommunikation bezeichnet, gestiegen. In einem dynamischen System ändert sich die Menge der Komponenten während seiner Lebenszeit. Solche Systeme lassen sich auch durch die oben eingeführte Form von Systemmodellen beschreiben. Jedoch werden verfeinerte Modelle benötigt, in denen entweder das Netz als Zustand des Systems dient, das sich im Lauf der Zeit verändert, oder in denen potentiell unendliche Netze betrachtet werden, die alle Komponenten umfassen, welche während der Lebensdauer des Systems geschaffen werden können. Im

Fall dynamischer Kanalerzeugung können ähnliche Ideen angewendet werden (vgl. [19], [10], [20]).

Wir erhalten eine Abstraktion eines verteilten Systems auf seine Black-Box-Sicht, indem wir das verteilte System weiter auf eine Komponente in (I, O) abbilden, wobei I den Satz von Eingabekanälen und O den Satz von Ausgabekanälen des Systems bezeichnet.

Jedes Datenflußnetz definiert eine Black-Box-Sicht, gegeben durch ein Komponentenverhalten $f \in C[I, O]$, festgelegt durch die folgende Spezifikation:

$$f(x) = \{y|_O : y|_I = x \wedge \forall i \in N : y|_{Out(\nu(i))} \in \nu(i)(y|_{In(\nu(i))})\}.$$

Für eine Funktion $g : D \to R$ und eine Menge $T \subseteq D$ bezeichnen wir mit $g|_T : T \to R$ die Beschränkung der Funktion g auf die Menge T. Die Formel drückt im wesentlichen aus, daß die Ausgabe die Beschränkung eines Fixpunkts[9] für sämtliche Netzgleichungen ist.

Mathematische Prozeßmodelle Das Prozeßkonzept ist im Software-Engineering von entscheidender Bedeutung. Das läßt sich schon an dem Ausdruck *information processing* (Informationsverarbeitung) ablesen. Das Prozeßkonzept ist sehr allgemein und wird in der Informatik in unterschiedlichster Weise verwendet.

Wir verstehen einen (diskreten) Prozeß als den Fluß kausal miteinander verbundener Aktivitäten in einem System. Dargestellt wird er durch ein mathematisches Modell, das aus den Aktionen und ihren kausalen Beziehungen besteht. Ein Prozeß ist eine Familie von Aktionen, die in irgendeiner kausalen Beziehung zueinander stehen. Im Fall interagierender Systeme wird eine Aktion durch eine Anzahl eingehender Nachrichten ausgelöst und ausgeführt, indem eine Anzahl von Nachrichten gesendet wird, welche weitere Aktionen verursachen können. Wenn in einem Prozeß eine Aktion a1 direkt für eine Aktion a2 ist, muß eine von Aktion a1 an Aktion a2 gesendete Nachricht existieren.

Jedes Senden oder Empfangen einer Nachricht wird als *Ereignis* bezeichnet. Jedes Ereignis wird vom Absender der jeweiligen Nachricht verursacht. Ereignisse, die von der Umgebung verursacht werden, werden externe Ereignisse genannt. Alle anderen Ereignisse heißen *interne* Ereignisse. Ein internes Ereignis, dessen Empfänger die Umgebung ist, wird *Ausgabe*ereignis genannt. Besondere Ereignisse sind *Zeit*ereignisse. Sie können auch als Nachrichten aufgefaßt werden, die von einem Zeitgeber gesendet werden.

Pionierarbeit auf dem Gebiet des Prozeßkonzepts wurde von Carl Adam Petri geleistet, der mit den sogenannten Petri-Netzen eine grundlegende Technik für die Beschreibung von Prozessen vorschlug. Genaugenommen sind Petri-Netze eine Art Automatismen, die nebenläufige Prozesse beschreiben.

---

[2] Da wir nur verzögertes Zeitverhalten betrachten, kann gezeigt werden, daß im Fall von Funktionen stets ein eindeutiger Fixpunkt existiert.

Eine ausführliche Beschreibung von Prozessen erhält man durch die sogenannten Ereignisnetze (siehe [26]), die Petri-Netze ohne Schleifen und Konflikte sind. In unserem Modell eines verteilten Systems wird ein Prozeß durch ein azyklisches Datenflußnetz (ν_p, O_p) dargestellt und eine Bewertungsfunktion

$$\eta : Chan((\nu_p, O_p)) \to M,$$

die mit jeder ihrer Kanten genau eine Nachricht assoziiert. Dann wird eine Aktion durch eine Verhaltensrelation dargestellt, die die Nachrichten in ihren Eingabekanälen mit den Nachrichten in ihren Ausgabekanälen verbindet.

Unsere Definition ergibt, daß ein Prozeß eine besondere Form eines Datenflußnetzes ist. Im Gegensatz zu gewöhnlichen Datenflußdiagrammen wird jedoch auf jedem seiner Kanäle genau eine Nachricht gesendet. Somit entsprechen Kanäle in Prozessen Kommunikationsereignissen (Nachrichtenübertragung), und Knoten entsprechen Aktionsereignissen (Empfangen und Senden von Nachrichten).

Es gibt zahlreiche Varianten mathematischer Prozeßmodelle, einschließlich Spursätzen und Aktionsstrukturen (siehe [8]). Wir stellen hier kein expliziteres mathematisches Prozeßmodell vor, sondern betrachten Prozesse als eine Sonderform verteilter Systeme.

13.3 Beschreibungsformalismen im Software-Engineering

Beim Software-Engineering ist es erforderlich, umfangreiche Informationsverarbeitungssysteme zu beschreiben. Selbstverständlich ist das nicht mit einem einzigen Beschreibungsformalismus oder in einem einzigen Dokument möglich. Daher werden im Software-Engineering mehrere komplementäre Beschreibungsformalismen und -dokumente angewandt. Jedes dieser Dokumente beschreibt bestimmte Sichten auf das System.

Integration von Beschreibungsformalismen und Mathematik ist für fortgeschrittenere Softwareentwicklungsmethoden ein unerläßliches Ziel. In diesem Abschnitt diskutieren wir einige der gebräuchlicheren Beschreibungsformalismen beim Software-Engineering und ihre Mathematik.

Beschreibungsmittel Beschreibungsformalismen werden zur Darstellung von Modellen verwendet, so wie Programmiersprachen zur Darstellung von Algorithmen verwendet werden. Es ist hilfreich, zwischen Beschreibungsformalismen und Modellierungstechniken zu unterscheiden. Für uns ist ein Beschreibungsformalismus ein Formalismus in Text- oder Graphikform, auch ein Diagramm oder eine Tabelle, mit deren Hilfe Systeme, Systemsichten oder Systemaspekte beschrieben werden. Ein Modell ist ein mathematisches Bild bestimmter Aspekte eines real-life-Systems. Beschreibungsformalismen erlauben es, Modelle und Sichten sowie deren Eigenschaften mit konkreten syntaktischen Mitteln darzustellen.

Softwareentwickler in der Praxis neigen dazu, bei Beschreibungsformalismen der Syntax zuviel Gewicht beizumessen, während Theoretiker oft die

Bedeutung der Notation unterschätzen. Im Entwicklungsprozeß dient die Notation, seien es Graphiken, Tabellen oder Texte, als Medium für die Darstellung von Ideen, zur Anlayse, Kommunikation und Dokumentation. Um dies optimal zu unterstützen, müssen sowohl die Präsentation der Beschreibungen als auch die dahinterstehenden mathematischen Modelle tauglich sein. Da die Effektivität der Präsentationen je nach Zweck und Ausbildung des Anwenders erheblich differieren kann, ist es oft ratsam, für dieselbe Beschreibung mehrere Präsentationsweisen zur Verfügung zu haben. Beispiele dafür sind Text, Diagramme und Tabellen.

Wenn wir Systeme analysieren und beschreiben, unterscheiden wir zwischen statischen und dynamischen Aspekten. Statische Aspekte eines Informationsverarbeitungssystems sind diejenigen, die sich während der Lebenszeit eines Systems nicht verändern. Dynamische Aspekte haben mit dem Verhalten zu tun. Häufig können wir für die statischen und die dynamischen Aspekte die gleichen Beschreibungsformalismen verwenden.

Dynamische Aspekte von Komponenten können axiomatisch, eigenschaftsorientiert oder operationell beschrieben werden. Eigenschaftsorientierte Beschreibungen können natürlich auf streng logischer Grundlage aufgebaut werden. Um der bessseren Verständlichkeit willen können wir auch graphische und anschaulichere Formalismen zur Beschreibung von Eigenschaften zur Verfügung stellen.

Im restlichen Verlauf dieser Arbeit verwenden wir als durchgehendes Beispiel eine einfache Geschäftsanwendung, mit der wir die vorgestellten Konzepte illustrieren. Dieses Beispiel ist ein Auftrags-, Absatz- und Vertriebssystem. Es dient nur einem Geschäftszweck, nämlich um die Bestellung von Waren zu erleichtern und ihre Produktion und Lieferung zu überwachen.

Beschreibung von Datenmodellen In der Datensicht legen wir für das System, das wir beschreiben oder implementieren möchten, die relevanten Sorten und ihre charakteristischen Funktionen fest. Zusätzlich können wir die Struktur der Systemzustände beschreiben. Dies kann durch Sortendeklarationen, durch axiomatische Datenstrukturspezifikationen bzw. durch ein Entity/Relationship-Diagramm geschehen, besonders dann, wenn unser System Massendaten verarbeitet.

Datenmodelle können auch dazu benutzt werden, die Informationsstruktur einer Anwendung und den Zustandsraum von Komponenten zu beschreiben. In unserem Beispielsystem verwenden wir eine Komponente Verwalter. Die Komponente Verwalter hat die in Abb. 13.2 gezeigte Datensicht. Die Datensicht wird durch ein Entity/Relationship-Modell beschrieben. Abb. 13.2 zeigt ein einfaches Beispiel eines Datenstrukturdiagramms und eines Entity/Relationship-Diagramms.

Mit Hilfe dieser Datensicht der Zustandskomponente Verwalter kann später das Verhalten der Komponente Verwalter präzisiert werden. Jede Aktion einer Komponente kann bestimmte ihrer Attribute verändern. Wir kommen auf dieses Thema im Abschnitt über die Beschreibung von Verhaltensweisen noch zurück.

Graphische Darstellungen und Diagramme können als anschauliche und dennoch vollständig formale Beschreibungstechnik verwendet werden, wenn eine formale Syntax und eine mathematische Semantik dafür erstellt werden. Dies kann auf zweckmäßige Weise durch Übersetzung in axiomatische Spezifikationen geschehen. Dadurch können wir formale axiomatische Techniken der Datenbeschreibung und pragmatische graphische Beschreibungstechniken in Software-Engineering-Methoden integrieren [21]. Hettler unterscheidet zwischen Entity/Relationship-Techniken zur Modellierung statischer und dynamischer Systemaspekte. Jeder Entitätsname, in unserem Beispiel etwa Bestellung, wird als Variable der Sorte Set Bestellung angesehen, wobei Set a die generische (polymorphe) Sorte endlicher Mengen über einer gegebenen Sorte a. ist. Die Sorte Bestellung wird durch eine Datenmengensorte beschrieben, die ihre Attribute auflistet. In der dynamischen Sicht wird eine Programmvariable der Sorte Set Bestellung mit der Entität Bestellung assoziiert.

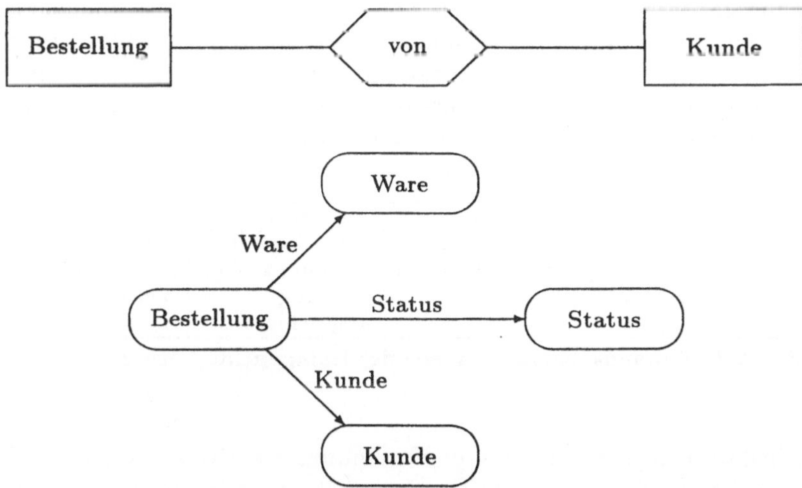

Abbildung 13.2. Datensortendiagramm für die Sorte Bestellung und Datensicht der Komponente Verwalter, illustriert durch ein Entity/Relationship-Diagramm.

In unserem Beispiel verwenden wir eine Sorte Bestellung und legen ihre Datenattribute fest. Diese Sortennamen können auch als Auswahlfunktionen in einer Sortendeklaration verwendet werden. Die Sorte Bestellung wird durch die folgende Sortendeklaration beschrieben:

$$Sort\ Bestellung = M\_Bestellung(Ware, Status, Kunde).$$

Hier gehen wir von der Konvention aus, daß wir die Sortenbezeichner als Selektoren verwenden, wenn keine Selektoren ausdrücklich genannt sind. Jedes Element der Sorte Bestellung steht für einen Auftrag mit einem Status, der sich aus einem Element der Sorte Status ergibt:

$$Sort\ Status = \{Ware\_bestellt, Rechnung\_offen, Done\}.$$

Oft können Datenmodelle verwendet werden, um den Zustand von Systemen und Komponenten zu beschreiben.

Axiomatische und algebraische Spezifikationstechniken ergeben mächtige Beschreibungsformalismen. Mit ihrer Hilfe können Datensorten und deren charakteristische Operationen auf abstrakte, darstellungsunabhängige Weise beschrieben werden. Sie folgen konsequent dem Prinzip der verdeckten Implementierungsinformation.

Beschreibung von Systemverhaltensweisen Wir haben gezeigt, daß Zustandsübergangssysteme verwendet werden können, um das Verhalten von Systemkomponenten zu beschreiben. Ein Zustandsübergangssystem kann durch ein Zustandsübergangsdiagramm oder äquivalent dazu durch eine Zustandsübergangstabelle beschrieben werden. Solche Beschreibungen werden vom Anwender wesentlich besser angenommen als rein logische oder mathematische Darstellungen von Zustandsübergangssystemen. Jedoch können wir ohne große Probleme Zustandsübergangsysteme in Tabellen oder Diagrammen beschreiben und diese in Logik übersetzen.

Zustand	Eingabenachricht	Folgezustand	Ausgangsnachricht
Anfang	Bestellung	Ware bestellt	Produktionsauftrag
Ware bestellt	Produktionsbestätigung	Rechnung offen	Rechnung
Rechnung offen	Zahlung	Vorgang abgeschlossen	Lieferbon/ Lieferauftrag

Tabelle 13.1. Zustandsübergangstabelle der Komponente Verwalter.

Es bedarf jedoch noch weiterer Forschung, um Konzepte zu entwickeln, mit deren Hilfe mächtigere logische Beschreibungen in lesbare Tabellen und Diagramme übersetzt werden können (siehe [25]).

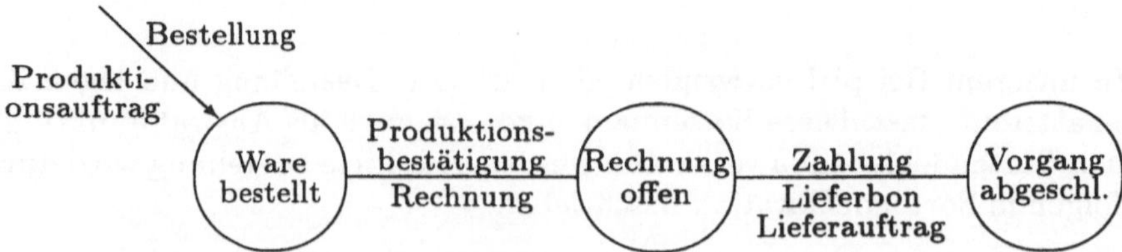

Abbildung 13.3. Zustandsübergangssicht der Komponente Verwalter.

Das Verhalten der Komponente Verwalter kann mit einer Zustandsübergangstabelle beschrieben werden, die eine Eingabe/Ausgabezustandsmaschine definiert. Wir zeigen eine solche Tabelle in Tab. 13.1. Obwohl diese in dieser Darstellung ziemlich informal ist, kann sie zu einer vollständigen formalen Beschreibung erweitert werden. Diese Tabelle liefert nur eine sehr grobe Beschreibung des Verhaltens der Komponente Verwalter. Sie kann aus dem in Abb. 13.5 gezeigten Geschäftsvorfall entwickelt werden, wenn wir die passenden Namen für die Zustände hinzufügen. Ein Zustandsübergangsdiagramm, das genau die gleiche Information wie die Tabelle liefert, zeigt Abb. 13.3.

Beschreibung verteilter Systeme Ein verteiltes System kann, wie im vorhergehenden Abschnitt definiert, durch ein Datenflußnetzwerk (CD in GRAPES, vergleiche [18], Blockdiagramm in SDL, vergleiche [27]) beschrieben werden, das ein gerichteter, markierter Graph ist. Auf diese Weise kann die Struktur verteilter Systeme anschaulich dargestellt werden.

Datenflußnetze sind erläuternde Diagramme (siehe Abb. 13.4), die eine strukturelle Sicht auf Informationsverarbeitungssysteme liefern. Ihre Schwachpunkte liegen darin, daß sie nur die statischen, syntaktischen Eigenschaften beschreiben und keinerlei semantische Eigenschaften wiedergeben. Sie erfüllen nur solange ihren Zweck, wie die Menge der Systemkomponenten statisch ist. Sobald die Komponentenmengen dynamisch werden, ist es unmöglich, mit Datenflußnetzen eine statische Systemsicht zu erstellen. Trotzdem können Datenflußmodelle auch für objektorientierte Techniken, die die dynamische Schaffung und Löschung von Objekten beinhalten, nützlich sein. Wir können bei objektorientierter Programmierung eine vollständige Klasse von Objekten durch einen Datenflußknoten darstellen. Jeder solche Knoten stellt die Menge parallel operierender Objekte dieser Klasse dar. Natürlich nützt es im allgemeinen nicht sehr viel, die Struktur einer Klasse mit Hilfe eines Datenflußdiagramms darzustellen.

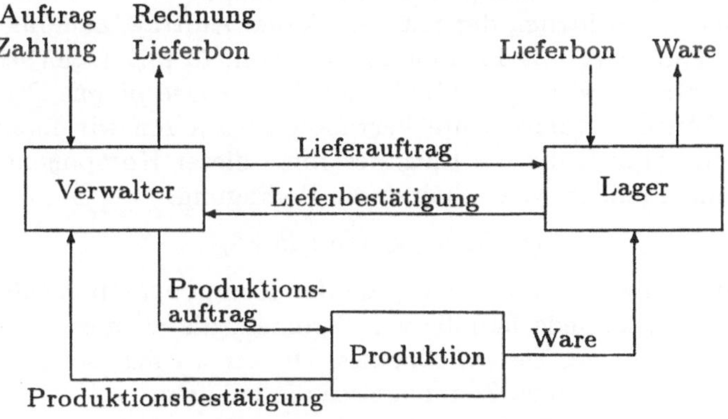

Abbildung 13.4. Strukturelle Systemsicht.

Ein Datenflußnetz stellt die Komponenten eines Systems und ihre Kommunikationskopplungen durch die Kanäle graphisch dar. Ein Datenflußnetz liefert eine statische Sicht auf die Menge der Komponenten und deren Verbindungen. Für die oben erwähnten Systeme mit einer dynamischeren Struktur, bei denen sich die Komponentenmengen sowie ihre Kopplungen durch Kommunikationsverbindungen während der Lebensdauer eines Systems ändern, kann ein klassisches Datenflußnetz nur eine Momentaufnahme liefern. Jedoch können wir auch (sogar unendliche) Datenflußmodelle verwenden, die alle Komponenten (oder Komponentenklassen) einschließen, welche während der Lebensdauer des Systems möglicherweise existieren.

Die exakte Bedeutung von Datenflußmodellen wird nicht immer genau für die in der Praxis verwendeten Softwareentwicklungsmethoden beschrieben, obwohl die meisten dieser Methoden Versionen von Datenflußdiagrammen als Teil ihrer Beschreibungstechniken unterstützen. Jedoch können wir bekanntlicherweise die Bedeutung von Datenflußnetzen durch Funktionen auf Strömen formalisieren (vergleiche [11]).

Der Nachteil von Datenflußnetzen besteht in ihren begrenzten Möglichkeiten, das Verhalten von Systemen zu beschreiben. Sie geben an, welche Komponenten existieren und Nachrichten austauschen können. Doch dies sagt nicht viel über die kausalen Beziehungen der ausgetauschten Nachrichten aus.

Natürlich können wir Datenflußdiagramme um Informationen über die Nachrichten ergänzen, die auf einer Datenverbindung ausgetauscht werden. Dadurch entsteht eine Beschreibung der syntaktischen Schnittstellen der Komponenten eines Systems.

Die Mathematik von Datenflußnetzen kann direkt auf den oben vorgestellten mathematischen Systemmodellen aufgebaut werden. Wir verwenden Funktionen auf Strömen, um die Bedeutung eines Datenflußknotens darzustellen. Dann erhalten wir die Bedeutung eines Datenflußdiagramms auf einfache Weise durch die Gleichungen für die Ströme, die mit den Kanälen assoziiert sind. Sei az der Strom, der mit dem Kanal Auftrag/Zahlung assoziiert wird, und rl assoziiert mit Rechnung/Lieferbon, lb mit Lagerbestätigung, la mit Lieferauftrag, pa mit Produktionsauftrag sowie pb mit Produktionsbestätigung. Mit der Komponente Verwalter assoziieren wir eine stromverarbeitende Funktion f, die die Eingabeströme dieser Komponente auf ihre Ausgabeströme abbildet. Wir erhalten die Bedingung

$$(rl, la, pa) \in f(az, lb, pb)$$

für die Komponente Verwalter. Für jede der Komponenten erhalten wir eine solche Bedingung. Jede Familie von Strömen, die all diese Bedingungen erfüllen, ist ein Lauf des Datenflußnetzes. Da wir zeitlich behaftete Ströme verwenden, können wir auch Zeitereignisse modellieren.

Prozesse Eine individuelle Geschichte eines Systemverhaltens (auch als Lauf eines Systems bezeichnet) kann durch die Menge der auftretenden Ereignisse (ausgetauschte Nachrichten) und deren kausale Beziehungen beschrieben werden. Sie wird durch einen Prozeß repräsentiert. Beim Software-Engineering findet man das Konzept eines Prozesses zur Veranschaulichung von Fällen z.B. in SDL (siehe [27]) unter der Bezeichnung *Message Sequence Charts* oder in objectory (siehe [5]) unter der Bezeichnung *use cases*.

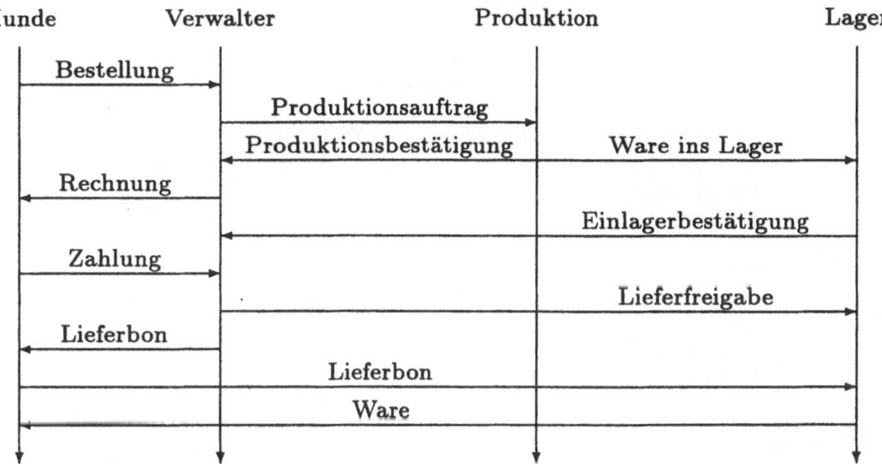

Abbildung 13.5. Message Sequence Chart eines Geschäftsvorfalls.

Ein Message Sequence Chart definiert eine Spur von Kommunikationsereignissen für das System und jede der Komponenten. Abb. 13.5 zeigt ein Beispiel eines Message Sequence Chart. Es liefert die gleiche Information wie das Prozeßdiagramm in Abb. 13.6.

Prozesse interaktiver Systeme können durch azyklische Datenflußgraphen dargestellt werden, bei denen jeder Knoten für genau eine Aktion steht und jede Kante für ein Ereignis, bei der ein Nachrichten- oder Signaltransfer von einer Aktion auf eine andere stattfindet. Somit wird jede Aktion in dem Prozeß durch genau einen Knoten und jedes Ereignis durch genau eine Kante dargestellt.

Graphisch läßt sich jedes Ereignis durch eine Kante sowie die beiden involvierten Aktionen (Komponenten) (Sender und Empfänger) darstellen. Da die Kausalität zwischen Ereignissen immer durch die Aktionen (Komponenten) realisiert wird, kann ein Ereignis e1 nur direkt kausal (triggernd) für ein Ereignis e2 einer anderen Komponente sein, wenn der Sender von e2 der Empfänger von e1 ist.

Wir erhalten Prozeßsichten auf Komponentenbasis. Solche Prozesse werden als spezifische Subprozesse der Verhaltensweisen struktureller Systemsichten gewonnen. Selbstverständlich können in einer strukturellen Sicht mehrere Geschäftsprozesse und mehrere Geschäftsaufgaben in überlappender Weise ausgeführt werden.

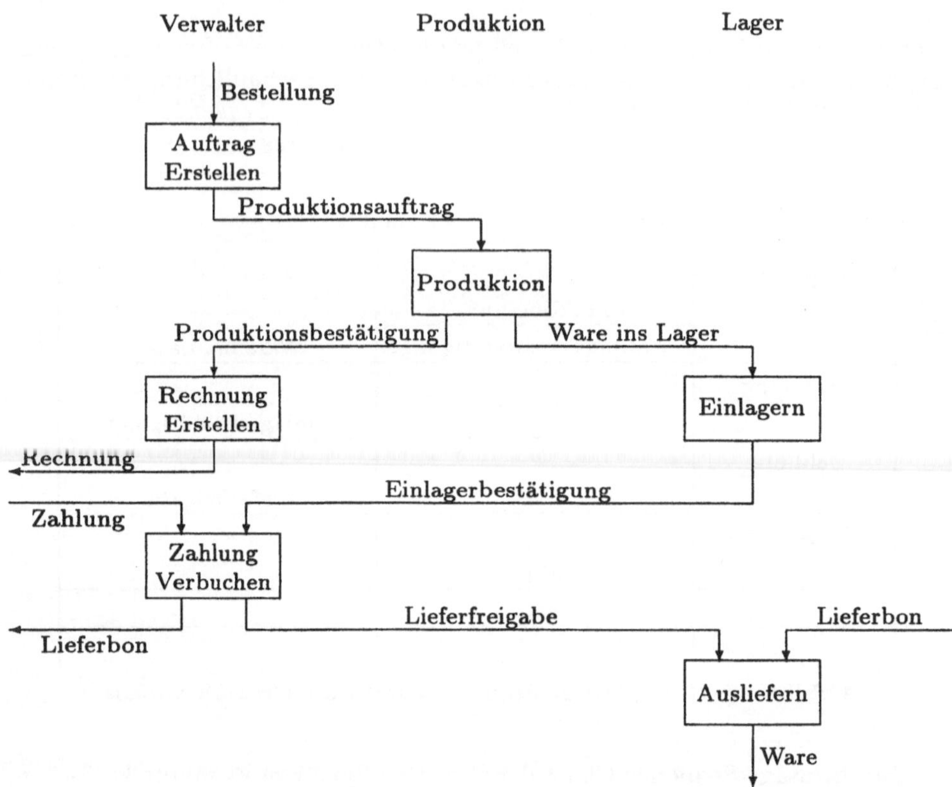

Abbildung 13.6. Prozeßbeschreibung eines Geschäftsvorfalls.

In die Prozesse schließen wir nicht den Datenfluß zwischen den verschiedenen Aktivitäten einer Komponente ein. Dies kann jedoch erforderlich sein, wenn die Prozeßsicht während der Systementwicklung in eine strukturelle Systemsicht verfeinert werden soll. Ähnlich wird möglicherweise der Zugang zu einer gemeinsamen Datenbank in einem ersten Entwicklungsschritt nicht explizit modelliert. Später jedoch ist eine solche Modellierung notwendig, um eine korrekte Darstellung der Datenabhängigkeiten zwischen den involvierten Aktionen zu erhalten. Abb. 13.6 zeigt eine Prozeßsicht eines Standard-Geschäftsvorfalls für unsere Beispielanwendung.

Das Verhalten einer Komponente, die in einer Prozeßsicht erwähnt wird, kann wiederum durch ein Datenflußnetzwerk oder eine Zustandsmaschine beschrieben werden (PD in [18]).

Die Aufgabe von Beschreibungsformalismen Beschreibungsformalismen und die ihnen zugrundeliegenden semantischen Modelle bilden das Kernstück der Ergebnisse und der Dokumentation des Entwicklungsprozesses. Wir können den Entwicklungsprozeß als Ausarbeitung von Dokumenten verstehen, in denen die Anforderungen und das System immer detaillierter beschrieben und solange Implementierungsaspekte hinzugefügt werden, bis eine Implementierungsebene erreicht ist. Im Entwicklungsprozeß dienen die verschiedenen Beschreibungsformalismen hauptsächlich folgenden Zwecken:

- Mittel zur Analyse und Anforderungserfassung für den Entwickler,
- Basis für die Validierung von Entwicklungsresultaten,
- Kommunikation zwischen den Entwicklern und den Anwendungsexperten,
- Dokumentation von Entwicklungsergebnissen und Input für weitere Entwicklungsschritte.

Software-Engineering hat viele verschiedene Beschreibungstechniken für die verschiedenen Aspekte eines Softwaresystems hervorgebracht. Es ist Aufgabe der Mathematik des Software-Engineering, das richtige Verhältnis zwischen diesen Beschreibungstechniken und ihrer Fundierung zu finden.

13.4 Entwicklungsmethode

Eine Entwicklungsmethode liefert Hinweise und Vorschläge, wie Beschreibungs- und Modellierungstechniken auf systematische Weise dazu benutzt werden können, ein computergestütztes Informationsverarbeitungssystem zu entwickeln. Im Software-Engineering vollzieht sich die Entwicklung, indem verschiedene Entwicklungsphasen durchlaufen werden. Wir sprechen von einem *Entwicklungsprozeßmodell*.

Entwicklungsprozeßmodell Beim Software-Engineering spielt die Diskussion des Entwicklungsprozeßmodells eine zentrale Rolle. Dafür gibt es gute Gründe. Das Entwicklungsprozeßmodell bestimmt den gesamten Entwicklungsprozeß und ist daher von entscheidender Bedeutung für die Wirtschaftlichkeit und Qualität der Entwicklung.

Oft werden in der Software-Entwicklung Glaubenskriege darüber ausgefochten, ob das Wasserfallmodell, das Spiralmodell, das experimentelle oder evolutionäre Prototyping-Modell oder objektorientierte Entwicklungsmethoden die besten Entwicklungsprozeßmodelle hervorbringen. Man hat bisher nicht genügend theoretische Arbeit darauf verwandt, diese verschiedenen Entwicklungsmodelle zu diskutieren, charakterisieren, zueinander in Beziehung zu setzen oder formal zu spezifizieren.

Mathematische Techniken können dazu beitragen und darüber hinaus die verschiedenen Sichten und Dokumente in einem Entwicklungsprozeß zueinander in Beziehung bringen. Mit ihrer Hilfe läßt sich leichter analysieren und verstehen, ob eine bestimmte Vorgehensweise zweckmäßig ist und wie die Interaktion zwischen den verschiedenen Dokumenten und Sichten durch Methoden und Werkzeuge formalisiert und gestützt werden kann.

Verfeinerung Beim Software-Engineering werden Systeme durch komplementäre Sichten und auf verschiedenen Abstraktionsebenen beschrieben. Natürlich brauchen wir eindeutige mathematische Beziehungen zwischen den verschiedenen Abstraktionsebenen. Dies steht in enger Beziehung zu Verfeinerungskonzepten.

Dem Verfeinerungsbegriff sind viele theoretische Arbeiten gewidmet worden. Nach den eher pragmatischen und informalen Ideen schrittweiser Verfeinerung, wie sie in den 70ern von Dahl, Wirth, Hoare und vielen anderen entwickelt wurden, wurde viel Formalisierungsarbeit geleistet, die im wesentlichen in die beiden nachstehenden Konzepte mündete:

- *Eigenschaftsverfeinerung* Bei der Eigenschaftsverfeinerung wird ein System entwickelt, indem man weitere Eigenschaften (Anforderungen) und weitere Systemteile (die die Signatur bereichern) hinzufügt. Der grundlegende mathematische Begriff für Eigenschaftsverfeinerung ist die logische Implikation (bezüglich der logischen Eigenschaften) oder Mengeninklusion (bezüglich der Sätze von Modellen). Auf diese Weise können wir auch Komponentenspezifikationen durch logisch äquivalente Komponentenimplikationen ersetzen.

- *Darstellungsverfeinerung* (Ein Sonderfall davon ist *Datenverfeinerung*): Bei der Darstellungsverfeinerung ändern wir die Darstellung eines Datenmodells oder der Zustände und Nachrichten eines Systemmodells. Dies kann durch eine geeignete Funktion beschrieben werden, die die zwei Modelle assoziiert.

Für Datenmodelle ist die Darstellungsverfeinerung während der letzten 25 Jahre nach bahnbrechenden Arbeiten von Hoare ausführlich untersucht worden. Für Systemkomponenten sind solche Studien erst in jüngerer Zeit entstanden.

Bei unserem Konzept eines Systemmodells ist *Eigenschaftsverfeinerung* sehr einfach. Eine Komponente mit der Schnittstellensicht

$$\hat{f} : (I \to M^{\overline{\omega}}) \to \wp(O \to M^{\overline{\omega}})$$

wird als Verfeinerung einer Komponente

$$f : (I \to M^{\overline{\omega}}) \to \wp(O \to M^{\overline{\omega}})$$

bezeichnet, wenn für alle Eingabeströme $x \in (I \to M^{\overline{\omega}})$ folgende Beziehung gilt:

$$\hat{f}(x) \subseteq f(x).$$

Für eine systematische Anwendung von Verfeinerungskonzepten ist die *Kompositionalität* (als die mathematische Version von *Modularität*) der Verfeinerung entscheidend. Kompositionalität bedeutet, daß wir, wenn wir die Komponente eines Systems durch ihre Verfeinerung ersetzen, eine Verfeinerung des gesamten Systems erhalten. Natürlich können Verfeinerungskonzepte auf Zustandsmaschinen übertragen werden.

Eigenschaftsverfeinerung verändert die syntaktische Schnittstelle einer Komponente nicht. Eine *Schnittstellenverfeinerung* ändert die syntaktische Schnittstelle einer Komponente, liefert aber eine präzise Interpretation des

Verhaltens der verfeinerten Komponente in Form von Verhaltensweisen der ursprünglichen. Wir stellen hier etwas vor, das in der Literatur als *Verbesserungssimulation* bekannt ist. Wir betrachten zwei Komponenten mit verschiedenen syntaktischen Schnittstellen:

$$f : (I \to M^{\overline{\omega}}) \to \wp(O \to M^{\overline{\omega}}),$$

$$\hat{f} : (\hat{I} \to M^{\overline{\omega}}) \to \wp(\hat{O} \to M^{\overline{\omega}}).$$

Wenn wir das Verhalten $\hat{f}$ als eine Schnittstellenverfeinerung des Verhaltens f ansehen wollen, müssen wir alle Berechnungen von $\hat{f}$ als Verhaltensweisen von f interpretieren. Im allgemeinen werden jedoch nicht unbedingt alle Berechnungen

$$s : (\hat{I} \cup \hat{O}) \to M^{\overline{\omega}}$$

als Darstellungen der Berechnungen der Komponente f benötigt. Deshalb führen wir eine Teilmenge S ein, die all jene Berechnungen in $(\hat{I} \cup \hat{O}) \to M^{\overline{\omega}}$ umfaßt, die Berechnungen in $I \cup O \to M^{\overline{\omega}}$ repräsentieren:

$$S \subseteq (\hat{I} \cup \hat{O}) \to M^{\overline{\omega}},$$

und eine surjektive Funktion

$$\alpha : S \to ((I \cup O) \to M^{\overline{\omega}}) \qquad \text{(die Abstraktionsfunktion)},$$

die es uns erlaubt, jede Berechnung in S als eine Berechnung in $(I \cup O) \to M^{\overline{\omega}}$ zu interpretieren. Die Funktion α wird als *Abstraktionsfunktion* bezeichnet, wenn

i) α auf Eingabeströmen unabhängig von den Werten der Ausgabe ist:

$$\forall s, s' \in S : s|_{\hat{I}} = s'|_{\hat{I}} \Rightarrow \alpha(s)|_I = \alpha(s')|_I,$$

ii) jede Ausgabe der Komponente $\hat{f}$ für eine Ausgabe S auch in S enthalten ist:

$$\forall s \in S, t \in (\hat{I} \cup \hat{O}) \to M^{\overline{\omega}} : s|_{\hat{I}} = t|_{\hat{I}} \wedge t|_{\hat{O}} \in \hat{f}(t|_{\hat{I}}) \Rightarrow t \in S,$$

iii) jede Berechnung von $\hat{f}$ eine Berechnung in $(I \cup O) \to M^{\overline{\omega}}$ von f ist:

$$\forall s \in S : s|_{\hat{O}} \in \hat{f}(s|_{\hat{I}}) \Rightarrow \alpha(s)|_O \in f(\alpha(s)|_I).$$

Da α surjektiv ist, existiert für jede Berechnung $r \in (I \cup O) \to M^{\overline{\omega}}$ eine Berechnung $s \in S$, so daß gilt

$$r|_I = \alpha(s)|_I.$$

Unter der Bedingung 2 und unter der Annahme, daß $\hat{f}(x) \neq \emptyset$ für alle $x \in (\hat{I} \cup \hat{O}) \to M^{\overline{\omega}}$, existiert eine Berechnung $t \in S$, so daß

$$s|_{\hat{I}} = t|_{\hat{I}} \wedge t|_{\hat{O}} \in \hat{f}(t|_{\hat{I}}).$$

Dann erhalten wir gemäß Bedingung 3:

$$\alpha(t)|_O \in f(\alpha(t)|_I).$$

Die Entwicklung von Systemen kann als die gemeinsame Entwicklung des Prozesses, der Daten, des Verhaltens und des Strukturmodells verstanden werden. Jede dieser Sichten wird dabei nur so detailliert ausgearbeitet, wie es zweckmäßig erscheint.

13.5 Schlußfolgerungen

In der Theorie des Software-Engineering haben wir viel erreicht, in der Wirkung auf die Praxis jedoch wenig zustandegebracht. Wir müssen unsere Vorgehensweise bei der Erforschung der Fundierung und Mathematik von Software-Engineering neu überdenken, um sicherzustellen, daß der Feedbackprozeß zwischen Theorie und Praxis verbessert wird.

Wir haben im Software-Engineering und bei den formalen Methoden ein vielversprechendes Stadium erreicht. Die für die Fundierungen erforderliche theoretische Arbeit ist weitgehend abgeschlossen. Nun geht es um die experimentelle Integration und Anwendung.

Danksagung

Die hier ausgeführten Überlegungen haben in hohem Maß durch die Diskussionen gewonnen, die im SysLab-Team, in der IFIP-Arbeitsgruppe 2.3 sowie mit Softwareingenieuren von BMW, ESG, Siemens, Siemens Nixdorf, Digital und vielen anderen Unternehmen geführt wurden. Die Arbeit wurde unter Berücksichtigung ausführlicher Kommentare von Stefan Jähnichen und Peter Pepper gründlich überarbeitet.

Schriftenverzeichnis

1. J.R. Abrial (1982). On constructing large software systems. In: J. van Leeuwen (ed.): Algorithms, Software, Architecture, Information Processing 92, Vol. I, 103–119.
2. F.L. Bauer und H. Wössner (1982). Algorithmic Language and Program Development, Berlin: Springer.
3. M. v. d. Beeck (1994). A comparison of state charts variants. In: H. Langmaack, W.-P. de Roever und J. Vytopil (eds.): Formal Techniques in Real Time and Fault-Tolerant Systems. Lecture Notes in Computer Science 863, 128–148.
4. D. Björner, H. Langmaack und C.A.R. Hoare (1992). Provably Correct Systems. ProCoS I Final Delivery.
5. G. Booch (1991). Object Oriented Design with Applications. Benjamin Cummings, Redwood City, CA.

6. M. Broy (1984). Algebraic methods for program construction: The project CIP. SOFSEM 82, also in: P. Pepper (ed.): Program Transformation and Programming Environments. NATO ASI Series. Series F: 8. Berlin-Heidelberg-New York-Tokyo: Springer, 199–222.

7. M. Broy (1991). Towards a formal foundation of the specification and description language SDL. Formal Aspects of Computing 3, 21–57.

8. M. Broy (1991). Formalisation of distributed, concurrent, reactive systems. In: E.J. Neuhold und M. Paul (eds.): Formal Description of Programming Concepts. IFIP W.G. 2.2 advanced seminar, Rio de Janeiro 1989. Berlin: Springer, 319–361.

9. M. Broy (1993). (Inter-)action refinement: the easy way. In: Broy, M. (ed.): Program Design Calculi. Springer NATO ASI Series, Series F: Computer and System Sciences, Vol. 118, 121–158, Berlin, Heidelberg, New York: Springer.

10. M. Broy (1995). Equations for describing dynamic nets of communicating systems. In: E. Astesiano, G. Reggio und A. Tarlecki (eds.): Recent Trends in Data Types Specification, 10th Workshop on Specification of Abstract Data Types Joint Workshop, S.Margher, Italy, May/June 1994, Lecture Notes in Computer Science 906, 170–187. Springer.

11. M. Broy (1995). Advanced component interface specification. In: T. Ito und A. Yonezawa (eds.). Theory and Practice of Parallel Programming, International Workshop TPPP'94, Sendai, Japan, November 7–9, 1994, Lecture Notes in Computer Science 907, Springer.

12. M. Broy und S. Jähnichen (Hrsg.) (1993). Korrekte Software durch formale Methoden. GMD Karlsruhe.

13. P. Coad und E. Yourdon (1991). Object-oriented Analysis. Prentice Hall International Editions.

14. T. DeMarco (1979). Structured Analysis and System Specification. Yourdan Press, New York, NY.

15. E. Denert (1991). Software-Engineering. Springer.

16. E.W. Dijkstra (1976). A Discipline of Programming. Englewood Cliffs: Prentice-Hall.

17. D. Garlan und M. Shaw (1993). An introduction to software architecture. In: V. Ambrioala und G. Tortora (eds.): Advances in Software Engineering and Knowledge Engineering, 1–39. World Scientific Publishing Company. Singapore.

18. GRAPES-Referenzmanual, DOMINO, Integrierte Verfahrenstechnik (1990). Siemens AG, Bereich Daten- und Informationstechnik.

19. R. Grosu (1994). A formal foundation for concurrent object-oriented programming. Dissertation, Fakultät für Informatik, Technische Universität München.

20. R. Grosu, K. Stølen und M. Broy: A Denotational Model for Mobile Data Flow Networks. Erscheint.

21. R. Hettler (1994). Zur Übersetzung von E/R-Schemata nach SPECTRUM. Technischer Bericht TUM-I9409, TU München.

22. C.A.R. Hoare (1969). An axiomatic approach to computer programming. Comm. ACM 12, 576–580, 583.

23. H. Hußmann (1995). Formal foundations for SSADM. Technische Universität München, Fakultät für Informatik, Habilitationsschrift.

24. C.B. Jones (1986). Systematic Program Development Using VDM. Prentice Hall.

25. D. L. Parnas und J. Madrey (1991). Functional Documentation for Computer Systems Engineering (Version 2). CRL Report 237. McMaster University, Hamilton Ontario, Canada.

26. W. Reisig (1986). Petrinetze – Eine Einführung. Studienreihe Informatik; 2. überarbeitete Auflage.
27. Specification and Description Language (SDL), Recommendation Z.100 (1988). Technical report, CCITT.

Zufalls-Primzahlen und Kryptographie*

Volker Strassen

Dieser Vortrag handelt von algorithmischen Problemen der elementaren Zahlentheorie und einer Revolution der Kryptographie in den siebziger Jahren. Es werden kaum Mathematik- und überhaupt keine Informatik-Kenntnisse vorausgesetzt.

14.1 Ringe und Körper

Ich beginne mit der Diskussion einer grundlegenden mathematischen Struktur, der eines *kommutativen Rings*. Ein solcher Ring ist eine Menge, für deren Elemente eine Addition und eine Multiplikation erklärt sind, so dass sämtliche Rechenregeln gelten, die Sie für das Rechnen mit ganzen Zahlen kennen. Der Prototyp eines solchen Rings ist also der Ring $\mathbf{Z}$ der ganzen Zahlen.

Es gibt neben $\mathbf{Z}$ noch viele für die Mathematik und ihre Anwendungen wichtige Ringe, z.B. die Ringe $\mathbf{Z}_n$ (n eine positive ganze Zahl), die ich jetzt definieren möchte. Als Menge besteht $\mathbf{Z}_n$ einfach aus den natürlichen Zahlen kleiner als n,

$$\mathbf{Z}_n := \{0, 1, \ldots, n - 1\}.$$

Wie wird addiert und multipliziert? Wir multiplizieren zwei Zahlen a, b in $\mathbf{Z}_n$ so, dass wir sie zunächst als ganze Zahlen, also in $\mathbf{Z}$ multiplizieren. Damit erhalten wir in der Regel natürlich eine Zahl, die viel zu gross ist, um als Element von $\mathbf{Z}_n$ in Frage zu kommen. Wir ziehen dann so oft n ab, bis wir eine Zahl in $\{0, 1, \ldots, n-1\}$ erhalten und erklären diese (eindeutig bestimmte) Zahl zum Produkt von a und b im Ring $\mathbf{Z}_n$. Mit anderen Worten: Das Produkt von a, b im Ring $\mathbf{Z}_n$ ist der Rest, den das gewöhnliche Zahlenprodukt von a und b nach (ganzzahliger) Division durch n übrig lässt. Bezeichnen wir, wie es üblich ist, den Rest einer Zahl a nach Division durch n mit $a \bmod n$, so können wir die Ringmultiplikation in $\mathbf{Z}_n$ durch

$$\underbrace{a \cdot b}_{in\ \mathbf{Z}_n} \; := \; \underbrace{a \cdot b}_{in\ \mathbf{Z}} \bmod n$$

beschreiben. Ebenso ist die Addition erklärt: Wir addieren a und b in $\mathbf{Z}$ und nehmen den Rest der Summe nach Division durch n. Das ist hier natürlich besonders leicht, da wir höchstens einmal n abziehen müssen.

---

* Der vorliegende Artikel ist bis auf geringfügige Änderungen die Ausarbeitung eines Vortrages, den der Autor am 10. Oktober 1995 vor der Deutschen Akademie der Naturforscher Leopoldina in Halle gehalten hat. Die Ausarbeitung ist im Jahrbuch 1995 der Akademie veröffentlicht.

In Konstanz gibt es einen Studenten, der sich ein T-Shirt angefertigt hat, das vorne so beschriftet ist:

$$5 \cdot 9 = 1.$$

Kommt er auf einen zu, so möchte man in Erregung geraten ob dieser Provokation. Aber wie beim Doppler-Effekt beruhigt sich die Pulsfrequenz, sobald der junge Mann vorübergeht, denn auf der Rückseite erkennt man die Weisheit des Hemdes:

$$in \quad \mathbf{Z}_{11}.$$

In der Tat, das gewöhnliche Zahlenprodukt von 5 und 9 ist 45, nach Division durch 11 erhalten wir also 1. Ebenso hätte er $3 \cdot 4 = 1$ oder $1 \cdot 1 = 1$ schreiben können. (Letzteres wäre ihm wohl zu wenig provokativ.) Natürlich kommt nicht immer 1 heraus, 4^2 z.B. ist 5 in $\mathbf{Z}_{11}$.

Wie schon bemerkt, können Sie mit Addition und Multiplikation in $\mathbf{Z}_n$ unbekümmert umgehen, denn die Rechenregeln, wie Sie sie für die ganzen Zahlen kennen, gelten auch hier. Z.B. ist immer $(a + b) + c = a + (b + c)$ und $(a \cdot b) \cdot c = a \cdot (b \cdot c)$, ferner $a + b = b + a$ und $a \cdot b = b \cdot a$, ferner $0 + a = a$ und $1 \cdot a = a$ sowie $a \cdot (b + c) = a \cdot b + a \cdot c$. Ausserdem gibt es zu jeder Zahl a in $\mathbf{Z}_n$ genau eine additive Inverse, d.h. eine Zahl in $\mathbf{Z}_n$, die mit ihr die Summe 0 gibt und die man deshalb mit $-a$ bezeichnet. -1 etwa ist die Zahl $n - 1$, denn $1 + (n - 1) = 0$ nach unserer oben gegebenen Definition der Summe in $\mathbf{Z}_n$. Natürlich kommt die gewöhnliche ganze Zahl -1 in $\mathbf{Z}_n$ gar nicht vor. -1 als Element des Rings $\mathbf{Z}_n$ ist einfach eine Notation für $n - 1$, die auf die Richtigkeit der Gleichung $1 + (-1) = 0$ hindeutet.

Weil jede Zahl in $\mathbf{Z}_n$ eine additive Inverse besitzt, kann man in $\mathbf{Z}_n$ (und in jedem andern Ring) nicht nur addieren und multiplizieren, sondern auch subtrahieren $(a - b := a + (-b))$, und für die Subtraktion gelten wieder die vertrauten Regeln. Unter den kommutativen Ringen sind die sogenannten *Körper* dadurch ausgezeichnet, dass man ausserdem noch dividieren kann. Anders ausgedrückt: Jedes von 0 verschiedene Element a eines Körpers besitzt eine multiplikative Inverse, das ist ein Element b mit $a \cdot b = 1$. Die multiplikative Inverse b ist dann eindeutig bestimmt und wird mit a^{-1} (oder mit $1/a$) bezeichnet. Aus dem Alltag wissen Sie, wie bequem es ist, dividieren zu können. Körper sind also besonders bequeme Ringe.

$\mathbf{Z}$ ist kein Körper. Es gibt z.B. keine ganze Zahl b mit $7 \cdot b = 1$. Der Prototyp eines Körpers ist der Körper der rationalen Zahlen, dessen *raison d'etre* ja gerade darin besteht, eine möglichst eng anliegende Erweiterung des Rings der ganzen Zahlen zu einem Körper zu sein, zu einem Ring also, der die Division gestattet.

Natürlich stellt sich die Frage, welche von den Ringen $\mathbf{Z}_n$ Körper sind. Sicher nicht alle! $\mathbf{Z}_{12}$ z.B. ist kein Körper. In $\mathbf{Z}_{12}$ gilt nämlich die Gleichung

$$3 \cdot 4 = 0.$$

Wäre $\mathbf{Z}_{12}$ ein Körper, so könnten wir beide Seiten der Gleichung mit 4^{-1}, der multiplikativen Inversen von 4, multiplizieren und erhielten mit den üblichen Rechenregeln $3 = 0$, was nicht der Fall ist.

Die Schlussweise lässt sich verallgemeinern: In einem Körper ist das Produkt zweier von Null verschiedener Zahlen stets wieder $\neq 0$. Auf die Ringe $\mathbf{Z}_n$ angewandt bedeutet dies, dass $\mathbf{Z}_n$ sicher dann kein Körper ist, wenn sich n als Produkt zweier kleinerer positiver Zahlen darstellen lässt (wie oben $12 = 3 \cdot 4$), also wenn n keine Primzahl ist. Umgekehrt zeigen wir nun, dass $\mathbf{Z}_n$ für primes n tatsächlich immer ein Körper ist, so dass wir das schöne Kriterium

$$n \ prim \quad \Longleftrightarrow \quad \mathbf{Z}_n \ K\ddot{o}rper \tag{14.1}$$

erhalten. Der klassische Beweis (aus dem 17. Jahrhundert) der Körpereigenschaft bezwingt durch seine Einfachheit und Eleganz: Wir nehmen an, n sei eine Primzahl, und zeigen, dass jede von 0 verschiedene Zahl a in $\mathbf{Z}_n$ eine multiplikative Inverse besitzt, also ein b mit $a \cdot b = 1$ in $\mathbf{Z}_n$. Dazu multiplizieren wir a der Reihe nach mit allen Zahlen aus $\mathbf{Z}_n$ im Sinne der Ring-Multiplikation von $\mathbf{Z}_n$. Die so erhaltenen Zahlen

$$a \cdot 0, a \cdot 1, \ldots, a \cdot (n - 1)$$

liegen nach Konstruktion alle in $\mathbf{Z}_n$. Ich behaupte: Sie sind sämtlich voneinander verschieden. Andernfalls hätten wir etwa $a \cdot b = a \cdot c$ für gewisse b, c mit $0 \leq b < c < n$. Da in $\mathbf{Z}_n$ die üblichen Rechenregeln gelten, folgt hieraus $a \cdot (c - b) = 0$. Diese Gleichung ist in $\mathbf{Z}_n$ zu interpretieren. Auf Grund der Definition der Multiplikation in $\mathbf{Z}_n$ kommen wir zu dem Schluss, dass die in $\mathbf{Z}$ berechnete ganze Zahl $a \cdot (c - b)$ bei Division durch n den Rest 0 liefert, also ein Vielfaches von n ist. Es gibt deshalb eine positive ganze Zahl x mit

$$a \cdot (c - b) = x \cdot n.$$

Dies ist nun eine Gleichung im Ring $\mathbf{Z}$ der ganzen Zahlen. Auf beiden Seiten stehen nur positive Zahlen, und die Zahlen auf der linken Seite sind beide $< n$. Zerlegen wir deshalb a, $(c - b)$ und x in Primfaktoren, so entsteht links ein Produkt aus lauter Primzahlen $< n$, während rechts die Primzahl n vorkommt. Das ist ein Widerspruch zur Eindeutigkeit (bis auf die Reihenfolge) der Primfaktorzerlegung natürlicher Zahlen. Damit haben wir gezeigt, dass die n Zahlen $a \cdot 0, a \cdot 1, \ldots, a \cdot (n - 1)$ in $\mathbf{Z}_n$ tatsächlich alle verschieden sind, also ganz $\mathbf{Z}_n = \{0, \ldots, n - 1\}$ ausfüllen:

$$\{a \cdot 0, a \cdot 1, \ldots, a \cdot (n - 1)\} = \{0, 1, \ldots, n - 1\}. \tag{14.2}$$

Nun sind wir aber fertig, denn die Zahl 1 kommt in der rechten Menge vor, also auch in der linken, lässt sich also als Produkt $a \cdot b$ in $\mathbf{Z}_n$ darstellen, was zu zeigen war.

Sie sehen: Primzahlen sind nicht nur wegen des Satzes über die eindeutige Primfaktorzerlegung interessant, sondern z.B. auch, weil die Primalität von n darüber entscheidet, ob der endliche Ring $\mathbf{Z}_n$ ein Körper ist.

14.2 Primzahlen

Wir wollen uns in diesem Abschnitt mit der Frage beschäftigen, wie man einer natürlichen Zahl n ansieht, ob sie prim ist oder nicht. Wir können davon ausgehen, dass n ungerade ist, denn unter den geraden Zahlen ist 2 die einzige Primzahl. Für ungerades n ist $\frac{n-1}{2}$ wieder eine ganze Zahl, und ich möchte in diesem Vortrag annehmen, dass auch $\frac{n-1}{2}$ ungerade sei. Das bedeutet $n \bmod 4 = 3$, schliesst also jedes zweite ungerade n von der Betrachtung aus. Es vereinfacht aber die folgenden Überlegungen. Ungerade Zahlen n, für die auch $\frac{n-1}{2}$ ungerade ist, wollen wir zur Abkürzung *erlaubt* nennen.

Eine Zahl n ist prim, gewenn[1] sie keinen echten Teiler hat, und das können wir dadurch prüfen, dass wir n durch jede ganze Zahl a mit $1 < a < n$ teilen und nachsehen, ob wir stets einen von 0 verschiedenen Rest erhalten. Schon ERATHOSTENES (etwa 276 bis 194 v.Chr.) hat bemerkt, dass man sich dabei auf Zahlen $1 < a \le \sqrt{n}$ beschränken kann. Ist nämlich n keine Primzahl, so gibt es eine Produktdarstellung $n = a \cdot b$ mit $1 < a, b < n$. Die Zahlen a und b können aber nicht beide grösser als $\sqrt{n}$ sein (sonst wäre ja das Produkt grösser als $\sqrt{n} \cdot \sqrt{n} = n$). Also hat n einen Teiler $\le \sqrt{n}$.

Zusammen mit anderen Vereinfachungen, die ERATHOSTENES vorgeschlagen hat[2], ist das oben beschriebene Divisionsverfahren recht effizient für Zahlen n etwa in der Grössenordnung von einer Million oder auch einer Milliarde, also für sechs- oder auch neun-stellige Zahlen. Mein Interesse gilt nun aber viel grösseren Zahlen, sagen wir tausend-stelligen. Erinnern wir uns daran, dass die Anzahl der Atome im Weltall auf weniger als 10^{80} geschätzt wird und dass 10^{80} eine 80-stellige Zahl ist, so sehen wir: 1000-stellige Zahlen kommen in der Natur als Anzahlen (disjunkter Objekte) nicht vor, und die Mathematik dieser Zahlen ist keine Naturwissenschaft. Solche Zahlen codieren vielmehr mathematische Strukturen wie die Ringe $\mathbf{Z}_n$ und andere (z.B. geheime) Informationen. Ihre Mathematik ist Strukturwissenschaft.

Wie testen wir eine 1000-stellige Zahl n auf Primalität? Sicher nicht mit dem obigen Divisionsverfahren: Eine Division mit Rest 1000-stelliger Zahlen ist für einen modernen Computer zwar kein Problem, wohl aber die Anzahl der durchzuführenden Divisionen, nach ERATHOSTENES ungefähr $\sqrt{n}$, also eine etwa 500-stellige Zahl. Allein schon das Zählen bis zu einer solchen Zahl ist völlig unmöglich und wird es, unabhängig von zukünftigen Technologien, wohl auch bleiben. Im Anblick dieser Riesen-Zahlen müssen wir unsere Schulerfahrung auf den Kopf stellen: Dividieren ist einfach, Zählen unmöglich.

Um bei der Suche nach einem brauchbaren Primtest auf neue Ideen zu kommen, ziehen wir einen alten Satz[3] von FERMAT (1601-1665) zu Rate:

Satz (FERMAT)

$$n \; prim \quad \Longrightarrow \quad \left. \begin{matrix} a^{n-1} = 1 \\ \text{für alle } a \neq 0 \end{matrix} \right\} \; in \; \mathbf{Z}_n$$

Für den Nicht-Mathematiker klingt dieses Resultat vielleicht etwas skurril: Ist n eine Primzahl und nimmt man irgendeine von 0 verschiedene Zahl aus $\mathbf{Z}_n$ in die $(n-1)$-te Potenz (im Sinne der für $\mathbf{Z}_n$ erklärten Multiplikation), so kommt immer 1 heraus. Was kann man damit anfangen? Wir werden es später sehen. Zuvor möchte ich den FERMATschen Satz *beweisen*. Erinnern wir uns daran, dass wir die Mengengleichung (14.2) genau unter den jetzigen Voraussetzungen an n und a hergeleitet haben. Natürlich stehen die Zahlen von 0 bis $n-1$ auf der linken Seite von (14.2) in irgendeiner unordentlichen Reihenfolge. Auf beiden Seiten der Gleichung steht aber am Anfang die Zahl 0. Diese beiden Nullen lassen wir weg und multiplizieren auf jeder Seite die verbleibenden Zahlen in $\mathbf{Z}_n$. Da wir uns auf die gewohnten Rechenregeln stützen können, kommt es auf Klammerung und Reihenfolge nicht an und wir erhalten nach Vertauschung der Seiten

$$\begin{aligned} 1 \cdot \ldots \cdot (n-1) \; &= \; a \cdot 1 \cdot \ldots \cdot a \cdot (n-1) \\ &= \; a^{n-1} \cdot 1 \cdot \ldots \cdot (n-1). \end{aligned}$$

Nun ist n eine Primzahl, also $\mathbf{Z}_n$ ein Körper. Wir können deshalb die Zahlen $n-1, n-2, \ldots, 2$ der Reihe nach aus der Gleichung kürzen (indem wir mit ihren multiplikativen Inversen multiplizieren) und erhalten

$$1 = a^{n-1} \cdot 1 = a^{n-1},$$

die Behauptung des FERMATschen Satzes.

Als erste Anwendung ergibt sich eine Formel für die multiplikative Inverse in Körpern $\mathbf{Z}_n$: Ist n prim und a in $\mathbf{Z}_n$ von 0 verschieden, so gilt nach FERMAT $a \cdot a^{n-2} = a^{n-1} = 1$ in $\mathbf{Z}_n$. Nach Definition der multiplikativen Inversen ist also

$$a^{-1} = a^{n-2} \quad in \; \mathbf{Z}_n. \tag{14.3}$$

Z.B. ist in $\mathbf{Z}_{11}$

$$5^{-1} = 5^9 = ((5^2)^2)^2 \cdot 5 = 9, \tag{14.4}$$

ein Ergebnis, dessen Richtigkeit schon auf dem Konstanzer T-Shirt konstatiert wird.

Bei der (kurzen) Herleitung der Inversenformel (14.3) haben wir gar nicht benutzt, dass n eine Primzahl ist, sondern nur, dass die Konklusion des FERMATschen Satzes gilt. Aus dieser folgt deshalb schon, dass jedes von 0 verschiedene a in $\mathbf{Z}_n$ eine multiplikative Inverse besitzt, dass also $\mathbf{Z}_n$ ein Körper und damit n eine Primzahl ist. Diese Überlegung zeigt, dass wir den Implikationspfeil $\Rightarrow$ im Satz von FERMAT auch umkehren können und damit ein weiteres Primalitätskriterium gewonnen haben. Was ist das wert?

Zunächst führen wir eine suggestive, wenn auch etwas ungenaue Sprachregelung ein: Wir wollen Algorithmen[4] , die sich auf n beziehen, *effizient* nennen, wenn sie für 1000-stelliges n praktisch durchführbar sind. Z.B. lässt sich die Multiplikation im Ring $\mathbf{Z}_n$ effizient berechnen, weil für die gewöhnliche Multiplikation 1000-stelliger Zahlen und für die Division mit Rest einer 2000-stelligen durch eine 1000-stellige Zahl praktikable Algorithmen zur Verfügung stehen. Das Gleiche gilt für Addition und Subtraktion in $\mathbf{Z}_n$. Wie steht es mit einer Potenzierung vom Typ a^{n-1}? Hier sieht es so aus, als müssten wir a etwa 10^{1000} mal in $\mathbf{Z}_n$ mit sich selbst multiplizieren, was sicher nicht möglich ist. Nehmen wir aber einmal an, der Exponent $n-1$ sei selbst eine Zweierpotenz: $n-1 = 2^s$. Dann können wir doch $a^{n-1} = a^{2^s}$ ausgehend von a durch s-faches Quadrieren in $\mathbf{Z}_n$ berechnen, und das ist ein effizientes Verfahren, denn s ist für 1000-stelliges n nur 4-stellig. Dieser Gedanke lässt sich ohne grosse Schwierigkeiten auf Exponenten verallgemeinern, die keine Zweierpotenzen sind (vergleiche (14.4)) und führt so zu einem effizienten Algorithmus zur Berechnung von a^{n-1}. Ebenso lässt sich natürlich $a^{-1} = a^{n-2}$ in $\mathbf{Z}_n$ effizient berechnen, und wir merken uns: In einem Ring $\mathbf{Z}_n$ sind Addition, Subtraktion, Multiplikation und die Berechnung hoher Potenzen effizient, in einem Körper $\mathbf{Z}_n$ ausserdem die Division[5] .

Wie wir gerade gesehen haben, ist jede einzelne Potenzberechnung im FERMATschen Primtest effizient. Wie beim Test des ERATHOSTENES scheitern wir aber auch hier an der riesigen Anzahl der Einzelprüfungen: Es steht uns nicht einmal die Reduktion von n auf $\sqrt{n}$ zur Verfügung.

14.3 Zufall

Einen Ausweg aus dieser Schwierigkeit bietet ein Paradigma, das in den angewandten Wissenschaften schon seit langem seinen festen Platz hat, die Idee des *statistischen Tests*. Die Grundlage eines solchen Primtests bildet der folgende Satz, dessen erster Teil von EULER (1707-1783) stammt. Ich erinnere daran, dass wir n „erlaubt" nennen, wenn n und $\frac{n-1}{2}$ beide ungerade sind, und dass -1 in $\mathbf{Z}_n$ die additive Inverse von 1, also eine Abkürzung für $n-1$ ist.

Satz: *Sei n eine erlaubte Zahl. Dann gilt:*

1. $\qquad\qquad n\ prim \quad\Longrightarrow\quad a^{\frac{n-1}{2}} = \pm 1\ für\ alle\ a \neq 0$
2. $\qquad\qquad n\ nicht\ prim \quad\Longrightarrow\quad a^{\frac{n-1}{2}} = \pm 1\ für\ höchstens\ die\ Hälfte$
der $a \neq 0$.

(Die Gleichungen sind in $\mathbf{Z}_n$ zu lesen.) Die erste Aussage folgt aus dem Satz von FERMAT: Mit der Abkürzung $b := a^{\frac{n-1}{2}}$ haben wir in $\mathbf{Z}_n$ unter Verwendung der üblichen Rechenregeln

$$(b-1)(b+1) = b^2 - 1 = a^{n-1} - 1 = 0.$$

Aber $\mathbf{Z}_n$ ist ein Körper, also können wir eine schon früher benutzte Schlussweise anwenden: Ist $(b+1) \neq 0$, so multiplizieren wir die obige Gleichung in $\mathbf{Z}_n$ mit $(b+1)^{-1}$ und erhalten $(b-1) = 0$. Also ist entweder $(b+1) = 0$ oder $(b-1) = 0$, also $b = \pm 1$, was zu zeigen war[6].

Schon dieser erste Teil des Satzes hat eine überraschende Konsequenz. Er liefert eine einfache Formel zur Berechnung von Quadratwurzeln in $\mathbf{Z}_n$ (für erlaubte n). Freilich ist nicht jedes a in $\mathbf{Z}_n$ ein Quadrat (z.B. ist 6 in $\mathbf{Z}_{11}$ keins, wie Sie durch Quadrieren aller Elemente von $\mathbf{Z}_{11}$ nachprüfen können). Wir müssen deshalb *voraussetzen*, a sei ein Quadrat in $\mathbf{Z}_n$, etwa $x^2 = a$. Dann ist auch $(-x)^2 = a$, denn es gelten die gewohnten Rechenregeln. Weil $\mathbf{Z}_n$ ein Körper ist, sind $\pm x$ die einzigen Quadratwurzeln von a. Denn ist y eine Wurzel, so ist $(y-x)(y+x) = y^2 - x^2 = 0$, also $y - x = 0$ oder $y + x = 0$, also $y = \pm x$. Wir stellen uns jetzt vor, dass wir a kennen, $\pm x$ aber nicht. Erlauben Sie mir, ein Kaninchen aus dem Hut zu ziehen: $w := a^{\frac{n+1}{4}}$. Weil n erlaubt ist, ist $\frac{n+1}{4}$ eine ganze Zahl. Ausserdem ist w effizient aus a berechenbar. Hier ist die Überraschung:

$$w = a^{\frac{n+1}{4}} = (x^2)^{\frac{n+1}{4}} = x^{\frac{n+1}{2}} = x^{\frac{n-1}{2}} \cdot x = \pm x \qquad (14.5)$$

nach dem schon bewiesenen ersten Teil des Satzes. Also: Wenn a überhaupt eine Quadratwurzel besitzt, dann ist w eine. Wir können im Nachhinein unsere Voraussetzung, a sei ein Quadrat, wieder fallenlassen. Wir berechnen einfach w und sehen nach, ob $w^2 = a$ gilt oder nicht. Im ersten Fall haben wir eine Quadratwurzel, im zweiten ist a kein Quadrat. In $\mathbf{Z}_{11}$ z.B. ist

$$6^{\frac{n+1}{4}} = 6^3 = 7, \quad 7^2 \neq 6,$$

also 6 kein Quadrat. Andererseits ist

$$5^{\frac{n+1}{4}} = 5^3 = 4, \quad 4^2 = 5,$$

also 4 eine Quadratwurzel von 5.

Die Implikation im ersten Teil des Satzes lässt sich umkehren, denn aus $a^{\frac{n-1}{2}} = \pm 1$ folgt durch Quadrieren beider Seiten $a^{n-1} = 1$ (für alle $a \neq 0$ in $\mathbf{Z}_n$), und daraus nach der Umkehrung des Satzes von FERMAT die Primalität von n. Das können wir auch so formulieren: Ist n *nicht* prim, so gilt $a^{\frac{n-1}{2}} = \pm 1$ *nicht* für alle $a \neq 0$ in $\mathbf{Z}_n$. Es gibt also wenigstens ein Gegenbeispiel. Der zweite Teil des Satzes verschärft diese Feststellung zu einer statistischen Aussage über die Gegenbeispiele: Sie sind in der Mehrheit.

Um diese Aussage zu beweisen, müssen wir die Struktur des Rings Z_n (für nicht primes n) genauer untersuchen. Zur Vereinfachung wollen wir annehmen, $n = p \cdot q$ sei das Produkt zweier verschiedener Primzahlen p und q. Wir betrachten zunächst das *direkte Produkt* $Z_p \times Z_q$ der Ringe Z_p und Z_q. Das ist ein neuer Ring, dessen Elemente keine Zahlen sind, sondern Zahlenpaare (a_1, a_2), wo a_1 aus Z_p und a_2 aus Z_q ist. Addition und Multiplikation sind (wie in der Vektorrechnung) komponentenweise erklärt: Ist z.B. $p = 7$ und $q = 11$, so sind $(5,7)$ und $(4,5)$ Elemente von $Z_7 \times Z_{11}$ und es ist $(5,7) + (4,5) = (5+4, 7+5) = (2,1)$ und $(5,7) \cdot (4,5) = (5 \cdot 4, 7 \cdot 5) = (6,2)$. Klar ist, dass wieder die gewohnten Rechenregeln gelten, dass also $Z_p \times Z_q$ ein kommutativer Ring ist. (Das Paar $(0,0)$ übernimmt die Rolle von 0, $(1,1)$ die Rolle von 1.)

Die Anzahl der Elemente von $Z_p \times Z_q$ ist offenbar $p \cdot q = n$. Also sind die Ringe Z_n und $Z_p \times Z_q$ gleich gross. Es gilt noch viel mehr: Die beiden Ringe sind Kopien voneinander. Wir können nämlich jeder Zahl a in Z_n ein Zahlenpaar (a_1, a_2) in $Z_p \times Z_q$ so zuordnen, dass jedes Element aus $Z_p \times Z_q$ genau einmal getroffen wird (so dass wir eine umkehrbare Abbildung erhalten) und dass sich Addition und Multiplikation der beiden Ringe bei dieser Zuordnung entsprechen. Man schreibt

$$Z_n \simeq Z_p \times Z_q \tag{14.6}$$

und nennt die beiden Ringe *isomorph*. Die Zuordnung ist ganz einfach: a_1 ist der Rest von a nach Division mit p, also $a_1 := a \bmod p$, und ebenso ist $a_2 := a \bmod q$. Wählen wir z.B. $n = 77 = 7 \cdot 11$, so entspricht der Multiplikation $40 \cdot 60 = 13$ in Z_{77} gerade die oben angeführte Multiplikation $(5,7) \cdot (4,5) = (6,2)$.

Die Isomorphie (14.6) wird als *chinesischer Restsatz* bezeichnet[7]. Wir wissen, dass Z_n kein Körper ist. Der chinesische Restsatz führt die Struktur von Z_n aber vollständig und übersichtlich auf die Struktur der beiden Körper Z_p und Z_q zurück. Einsichten über Z_p und Z_q liefern automatisch Einsichten über Z_n. Z.B. können wir mühelos zeigen, dass eine Quadratzahl in Z_n in der Regel nicht 2 (wie in Körpern), sondern 4 Quadratwurzeln besitzt. Wir ersetzen Z_n einfach durch seine isomorphe Kopie $Z_p \times Z_q$ und bemerken, dass $(x_1, x_2)^2 = (a_1, a_2)$ in $Z_p \times Z_q$ dasselbe bedeutet wie $x_1^2 = a_1$ in Z_p und $x_2^2 = a_2$ in Z_q. Gibt es also ein (x_1, x_2) mit $(x_1, x_2)^2 = (a_1, a_2)$, so hat (a_1, a_2) genau die Wurzeln $(\pm x_1, \pm x_2)$ (die nicht alle verschieden sein müssen).

Es ist klar, dass die Zuordnung des chinesischen Restsatzes effizient ist. Tatsächlich ist auch die Umkehrabbildung effizient[8], wir können also zu einem Zahlenpaar (a_1, a_2) in $Z_p \times Z_q$ auf effiziente Weise die korrespondierende Zahl a in Z_n berechnen. Das bedeutet z.B., dass wir in Z_n effizient Quadratwurzeln ziehen können, wenn p und q erlaubte Primzahlen sind. (Ausgehend von einem a in Z_n berechnen wir zunächst das zugeordnete Paar (a_1, a_2) in $Z_p \times Z_q$, bestimmen davon sämtliche Wurzeln, indem wir das unter (14.5) angegebene Verfahren auf die Komponenten a_1 und a_2 anwenden, und kehren mit diesen Wurzeln wieder zurück in den Ring $\mathbf{Z}_n$.) Freilich können wir dieses Verfahren nur dann anwenden, wenn wir die Zerlegung $n = p \cdot q$ wirklich kennen und nicht nur wissen, dass es eine solche gibt.

Wir kommen nun zum Nachweis der zweiten Aussage des Satzes im Fall $n = p \cdot q$, wo p und q verschiedene Primzahlen sind. Wir können $\mathbf{Z}_n$ durch seine isomorphe Kopie $\mathbf{Z}_p \times \mathbf{Z}_q$ ersetzen. Den beiden Zahlen ± 1 entsprechen die beiden Zahlenpaare $(1,1)$ und $(-1,-1)$. Nennen wir ein Element (a_1, a_2) von $\mathbf{Z}_p \times \mathbf{Z}_q$ Eulersch, wenn $(a_1, a_2)^{\frac{n-1}{2}} = (1,1)$ oder $= (-1,-1)$ ist, so müssen wir zeigen: Die Mehrheit der (a_1, a_2) ist nicht Eulersch. Nun ist aber $\frac{n-1}{2}$ ungerade. Ist also (a_1, a_2) Eulersch, so ist $(a_1, -a_2)^{\frac{n-1}{2}} = (a_1^{\frac{n-1}{2}}, -a_2^{\frac{n-1}{2}}) = (1,-1)$ oder $= (-1,1)$, also ist $(a_1, -a_2)$ nicht Eulersch. Die Menge $\mathbf{Z}_p \times \mathbf{Z}_q$ zerfällt demnach in lauter ein- oder zwei-elementige Teilmengen $\{(a_1, a_2), (a_1, -a_2)\}$, von denen stets mindestens ein Element nicht Eulersch ist. Daraus folgt die Behauptung[9].

Den obigen Satz verwenden wir als Grundlage für einen statistischen Primtest. Dazu bringen wir den Zufall ins Spiel mittels unabhängiger Zufallszahlen[10] mit Werten in $\{1, \ldots, n-1\}$. Wie lassen sich solche Zufallszahlen realisieren? Im wesentlichen dadurch, dass wir ihre Binärziffern zufällig wählen: Sei s die Anzahl der Binärziffern von n. Wir erzeugen s unabhängige Zufallsbits (z.B. durch Werfen einer fairen Münze[11]) und fassen die Ergebnisse α_i als die Binärziffern einer Zahl, nämlich $\sum_{i=0}^{s-1} \alpha_i 2^i$ auf. Falls nötig, wiederholen wir das Experiment, bis die erhaltene Zahl zum ersten Mal in $\{1, \ldots, n-1\}$ liegt. Diese Zahl ist dann unsere erste Zufallszahl a_1. Es ist nicht schwer zu sehen, dass wir im Durchschnitt mit einer Wiederholung auskommen und dass a_1 jeden Wert in $\{1, \ldots, n-1\}$ mit der Wahrscheinlichkeit $\frac{1}{n-1}$ annimmt. Auf die gleiche Weise konstruieren wir (mit neuen Zufallsbits) weitere Zufallszahlen $a_2, \ldots, a_k$. Dabei ist k ein positiv-ganzzahliger Parameter, mit dem wir Zuverlässigkeit und Zeitaufwand des folgenden Verfahrens steuern. Wenn wir ganz sicher gehen wollen, setzen wir z.B. $k = 100$.

Statistischer Primtest[12] *für erlaubte n:*

1.) *Wähle Zufallszahlen $a_1, \ldots, a_k$ in $\{1, \ldots, n-1\}$.*

2.) *Berechne $a_i^{\frac{n-1}{2}}$ in $\mathbf{Z}_n$.*

3.) *Falls alle $a_i^{\frac{n-1}{2}} = \pm 1$, entscheide: n prim.*
      Sonst entscheide: n nicht prim.

Wir bemerken zunächst, dass das Verfahren (etwa für $k = 100$) effizient ist, denn die Erzeugung von einigen hunderttausend zufälligen Bits lässt sich technisch bewerkstelligen, und die Bildung einer hohen Potenz in $\mathbf{Z}_n$ ist, wie wir gesehen haben, ein effizienter Prozess[13].

Nehmen wir nun an, n sei (in Wirklichkeit) prim. Dann folgt aus dem obigen Satz $a^{\frac{n-1}{2}} = \pm 1$ für *jedes* a in $\{1, \ldots, n-1\}$, insbesondere für die zufällig gewählten a_i. Wir treffen in diesem Fall also *mit Sicherheit* die richtige Entscheidung.

Was passiert, wenn n in Wahrheit nicht prim ist? In diesem Fall könnte es sein, dass beim Potenzieren der Zufallszahlen trotzdem immer ± 1 herauskommt und wir deshalb falsch entscheiden. Aber wie wahrscheinlich ist das? Nach dem obigen Satz gilt $a^{\frac{n-1}{2}} = \pm 1$ für höchstens die Hälfte aller a in $\{1, \ldots, n-1\}$. Also ist die Wahrscheinlichkeit, dass dies für ein zufällig gewähltes a passiert, höchstens $\frac{1}{2}$. Weil unsere Zufallszahlen a_i unabhängig sind, ist die Wahrscheinlichkeit dafür, dass wir immer $a_i^{\frac{n-1}{2}} = \pm 1$ erhalten, höchstens $(\frac{1}{2})^k = 2^{-k}$. Wir haben also gezeigt:

$$n \ prim \quad \Longrightarrow \quad Entscheidung \ richtig$$
$$n \ nicht \ prim \quad \Longrightarrow \quad Irrtumswahrscheinlichkeit \leq 2^{-k}.$$

Für $k = 100$ ist die Irrtumswahrscheinlichkeit $\leq 2^{-100} \approx 10^{-30}$. Ich denke, ich muss höchstens die Mathematiker davon überzeugen, dass diese Wahrscheinlichkeit 0 ist.

Beachten Sie auch, dass die Wahrscheinlichkeitsaussage nicht etwa so lautet: Für fast alle (erlaubten) Zahlen n liefert unser Primtest das richtige Ergebnis, nur für ganz wenige ein falsches. Eine solche Aussage wäre wertlos, denn die Zahl n könnte uns von einem Gegner (etwa mit dem Ziel einer Wette) zugespielt worden sein.

Wir haben gerade gesehen, wie man (erlaubte) Zahlen effizient auf Primalität testet. Im Gegensatz dazu ist bis heute kein effizientes Verfahren zur Zerlegung von Zahlen in ihre Primfaktoren bekannt. Konkreter: Es ist nach heutigem Stand der Technik[14] und der algorithmischen Kunst unmöglich, 1000-stellige Zahlen n, die das Produkt zweier etwa 500-stelliger „zufällig gewählter" Primzahlen p und q sind, in ihre Primfaktoren zu zerlegen, also aus der Kenntnis von n allein auf die Faktoren p und q zu schliessen. Auf dieser algorithmischen Diskrepanz zwischen Primalität und Primfaktorzerlegung beruht das kryptographische Verfahren des nächsten Abschnitts.

14.4 Geheimnisse

Hier möchte ich Ihnen kurz über eine Revolution in der Kryptographie[15] berichten, die in den späten siebziger Jahren stattgefunden hat und in der grosse Primzahlen eine Rolle spielen. Die Revolution wurde ausgelöst von DIFFIE und HELLMAN (1976), von denen die grundlegende Idee eines „public key cryptosystem" stammt. Sie wurde zum Erfolg geführt von RIVEST et al. (1978) mit einem Verfahren, das Eleganz mit mathematischer Strenge verknüpft und heute in verschiedenen Bereichen praktische Verwendung findet (RSA-System). Ein Grenzfall des RSA-Systems, der von RABIN (1979) vorgeschlagen wurde, ist für unsere Darstellung besonders geeignet.

Stellen wir uns vor, eine Bank in Halle möchte mit einer Sparkasse in Konstanz ein Börsengeschäft abwickeln, dessen Erfolg entscheidend vom Tempo der Vorbereitung und von der Geheimhaltung des Projekts abhängt. Das Tempo erzwingt die Benutzung öffentlicher Telefonnetze, die freilich von der Konkurrenz in Zürich abgehört werden. Wir nehmen ferner an, dass die beiden Geldinstitute zuvor keinen Geschäftskontakt hatten, insbesondere über keinen gemeinsamen Schlüssel zum Chiffrieren ihrer Gespräche verfügen. Jede Botschaft, die Halle an Konstanz sendet, und jede, die Konstanz nach Halle schickt, wird also von Zürich gelesen. Zur Vereinfachung unserer Diskussion wollen wir annehmen, dass Zürich selbst keine Botschaften (unter dem Deckmantel von Halle oder Konstanz) verschicken kann. Ist geheime Kommunikation möglich?

Wohl kaum! Ein Beweis könnte so aussehen: Alles, was Halle und Konstanz einander mitteilen, ist auch Zürich bekannt. Weder Halle noch Konstanz können deshalb einen Informationsvorsprung vor Zürich gewinnen.

Tatsächlich ist dieser Schluss nicht zwingend. Es gibt eine Asymmetrie zwischen Deutschen und Eidgenossen: Halle und Konstanz können die Initiative ergreifen und das Gespräch nach Gutdünken lenken, während Zürich in Passivität verharren muss.

Wir wollen annehmen, Halle möchte Konstanz eine erste ausführliche Botschaft senden. Diese denken wir uns von vorneherein auf eine standardisierte (und damit auch den Zürchern bekannte) Weise als 1000-stellige Dezimalzahl x codiert. Diese Zahl x ist also der zu übermittelnde *Klartext*.

Die Sparkasse in Konstanz hat für ihre Geschäftskontakte ein für alle mal zwei (verschiedene) zufällige 501-stellige erlaubte Primzahlen p und q gewählt und als Geschäftsgeheimnis gespeichert. Wie kommt sie zu solchen Primzahlen? Einfach dadurch, dass ihr Rechner so oft zufällige erlaubte 501-stellige Zahlen erzeugt, bis er darunter zwei Primzahlen gefunden hat. Nach klassischen Sätzen über die Häufigkeit von grossen Primzahlen und wegen der Existenz effizienter Primtests ist das praktikabel.

Konstanz ergreift die Initiative und sendet das Zahlenprodukt $n := p \cdot q$ nach Halle. (p und q selbst werden von der Sparkasse niemals preisgegeben.) Halle notiert n. Zürich notiert n ebenfalls. Die Zahl n ist 1001- oder 1002-stellig. Halle interpretiert den 1000-stelligen Klartext x als Element von $\mathbf{Z}_n$ und berechnet x^2 in $\mathbf{Z}_n$. Dieses x^2 ist das *Chiffrat*, welches Halle nach Konstanz übermittelt. Die Verschlüsselung besteht also im Quadrieren des Klartextes in $\mathbf{Z}_n$. Konstanz notiert x^2. Zürich notiert x^2 ebenfalls.

Die Informationen sind jetzt so verteilt: Halle kennt n und den Klartext x in $\mathbf{Z}_n$, Zürich kennt n und das Chiffrat x^2 in $\mathbf{Z}_n$, Konstanz kennt ebenfalls n und das Chiffrat x^2, zusätzlich aber noch die Primfaktorzerlegung $n = p \cdot q$.

Wie wir im letzten Kapitel ausgeführt haben, kann Konstanz mit Hilfe von (14.6) und (14.5) die (in der Regel 4) Wurzeln von x^2 berechnen. Unter diesen muss sich der Klartext x befinden, und nur er wird einen Sinn ergeben. Konstanz kann also das Chiffrat entschlüsseln.

Zürich kann das nicht, denn es ist nicht im Besitz der Primfaktorzerlegung $n = p \cdot q$. Wie wir ebenfalls im letzten Kapitel bemerkt haben, sind keine effizienten Methoden zur Primfaktorzerlegung von Zahlen wie n bekannt. Die Kenntnis des Chiffrats x^2 ist für die Faktorzerlegung nutzlos, denn Zürich kann sich selbst nach Belieben Paare y, y^2 in $\mathbf{Z}_n$ herstellen, auch mit sinnvollen Klartexten y. Gibt es vielleicht effiziente Verfahren zur Berechnung von Wurzeln, die ohne die Kenntnis der Primfaktorzerlegung auskommen? RABIN (1979) hat gezeigt, dass jeder solche Algorithmus eine effiziente Primfaktorzerlegung nach sich zieht[16].

14.5 Anmerkungen

1. „gewenn“ steht für „genau dann, wenn“.
2. Haben wir eine Zahl a (mit negativem Ergebnis) auf die Teilereigenschaft getestet, so können wir alle Vielfachen von a aus der Testliste streichen, da sie n erst recht nicht teilen. Dies ist als *Sieb des* ERATHOSTENES bekannt. ERATHOSTENES hat übrigens als erster die Erdkrümmung und daraus den Erdumfang bestimmt, und zwar mit einem sehr genauen Ergebnis.
3. Es handelt sich hier um den sogenannten „kleinen FERMAT“, im Gegensatz zur „grossen FERMATschen Vermutung“, die sehr viel tiefer liegt und erst vor kurzem vollständig bewiesen wurde.
4. Dieses Synonym für „Rechenverfahren“ ist dem Eigennamen des islamischen Mathematikers AL-KHWARISMI (etwa 780–850) entlehnt. Der Titel eines seiner Werke hat ausserdem zur Bezeichnung „Algebra“ geführt.
5. Es gibt noch eine andere Möglichkeit, multiplikative Inverse effizient zu berechnen, die auf dem EUKLIDschen Algorithmus beruht, siehe IRELAND und ROSEN (1990).
6. Wir haben bisher nicht verwendet, dass $\frac{n-1}{2}$ ungerade ist. EULER hat für $a \neq 0$ in $\mathbf{Z}_n$ genauer bewiesen, dass $a^{\frac{n-1}{2}} = 1$ gilt, falls a eine Quadratzahl in $\mathbf{Z}_n$ ist, sonst $a^{\frac{n-1}{2}} = -1$, siehe IRELAND und ROSEN (1990).
7. Es handelt sich genauer um einen Spezialfall des chinesischen Restsatzes. Der Beweis von (14.6) ist nicht schwierig, siehe IRELAND und ROSEN (1990).
8. Man verwendet den EUKLIDschen Algorithmus, siehe IRELAND und ROSEN (1990).
9. Diesen Beweis können wir auch so formulieren: Nennen wir eine Zahl a in $\mathbf{Z}_n$ Eulersch, wenn $a^{\frac{n-1}{2}} = \pm 1$ gilt, so genügt es, ein im Ring $\mathbf{Z}_n$ invertierbares nicht Eulersches b zu finden. (Denn die Multiplikation mit b ist eine Einbettung der Menge der Eulerschen in die Menge der nicht Eulerschen Elemente von $\mathbf{Z}_n$.) Ersetzen wir $\mathbf{Z}_n$ durch $\mathbf{Z}_p \times \mathbf{Z}_q$, so sehen wir, dass $(1, -1)$ die gewünschten Eigenschaften hat.

Der gleiche Beweis lässt sich auf beliebiges n anwenden, solange n keine Potenz einer Primzahl ist. Ist dagegen $n = p^e$, so kann man $b := 1 - p$ nehmen.

10. In mathematischer Sprache sind das unabhängige und in $\{1, \ldots, n-1\}$ gleichverteilte Zufallsvariable.

11. Tatsächlich arbeitet man heute meist mit Pseudo-Zufallszahlen, ohne gesicherte Grundlage und mit bestem Erfolg. Gute physikalische Zufallsquellen wären weisses Widerstandsrauschen oder langlebiger radioaktiver Zerfall. (Ich danke Herrn W. WEYRICH für diese Information.)

12. Es handelt sich hier um eine vereinfachte Variante (für erlaubte n) des Primtests von SOLOVAY und STRASSEN (1977) sowie des heute meist verwendeten Tests von MILLER und RABIN (siehe RABIN (1980)). Die erstgenannte Arbeit musste übrigens fast drei Jahre auf ihre Veröffentlichung warten, weil sich ein Referee mit der Idee eines zufälligen Primtests nicht anfreunden konnte. Heute sind Zufallsverfahren in der algorithmischen Zahlentheorie an der Tagesordnung.

13. Aus Gründen der Übersichtlichkeit habe ich das obige Verfahren in einer Weise dargestellt, wie man es nicht wirklich verwenden wird. Vielmehr wird man die Zufallszahl a_{i+1} nur erzeugen, wenn man $a_i^{\frac{n-1}{2}}$ schon berechnet und das Ergebnis ± 1 erhalten hat.

14. Eine neue Situation entstünde, wenn es gelänge, Quanten-Computer mit gewissen Eigenschaften technisch zu realisieren, siehe SHOR (1994), BENNETT et al. (1992).

15. Kryptographie ist die Lehre von der geheimen Datenübermittlung. Siehe etwa KRANAKIS (1986).

16. Man wählt ein zufälliges x in $\mathbf{Z}_n$ und berechnet eine Wurzel y von x^2. Dieses Zufallsexperiment wiederholt man so oft, bis $y \neq \pm x$ ist. (Im Durchschnitt reicht etwa eine Wiederholung.) Dann ist $y + x$ durch p oder q, aber nicht durch $n = p \cdot q$ teilbar. (Man argumentiere in $\mathbf{Z}_p \times \mathbf{Z}_q$.) Der grösste gemeinsame Teiler von $y + x$ und n ist also entweder p oder q. Genaueres findet man in KRANAKIS (1986).

Ich danke Franz Mauch und Michael Nüsken für ihre Hilfe bei der Abfassung des Manuskripts.

Schriftenverzeichnis

1. C. H. BENNETT, G. BRASSARD und A. K. EKERT (1992). Quantum cryptography. Scientific American, 50-57.
2. W. DIFFIE und M. HELLMAN (1976). New directions in cryptography. IEEE Transactions on Information Theory, IT 22, 644-654.
3. K. IRELAND und M. ROSEN (1990). A Classical Introduction to Modern Number Theory. 2. ed. New York, Berlin, Heidelberg: Springer.
4. E. KRANAKIS (1986). Primality and Cryptography (Wiley-Teubner Series in Computer Science). Stuttgart: B.G. Teubner; Chichester, New York, Brisbane, Toronto, Singapore: Wiley.

5. M. O. RABIN (1979). Digitalized signatures and public key functions as intractable as factorization. MIT Laboratory for Computer Science, TR 212.
6. M. O. RABIN (1980). Probabilistic algorithm for testing primality. Journal of Number Theory 12, 128-138.
7. R. RIVEST, A. SHAMIR und L. ADLEMAN (1978). A method for obtaining digital signatures and public key cryptosystems. Comm. ACM 21, 120-126.
8. P. SHOR (1994). Algorithms for quantum computation: Discrete log and factoring. 35. Ann. IEEE Symp. on Found. of Computer Science (FOCS), 124-134.
9. R. SOLOVAY und V. STRASSEN (1977). A fast Monte Carlo test for primality. SIAM J. Comp. 6, 84-85, erratum 7, 118, 1978.

Theoretische Aspekte neuronaler Netzwerke

Georg Schnitger

Wir betrachten neuronale Netzwerke mit diskreten oder analogen Gatter-funktionen. Selbst die Berechnungskraft relativ kleiner neuronaler Netzwerke beschränkter Tiefe ist, besonders in Hinsicht auf arithmetische Operationen, immens. Aber gerade diese Stärke ist auch ein Grund für die Schwierigkeit des Lernens von und mit „einfachen" neuronalen Netzwerken.

15.1 Neuronale Netzwerke

Was ist ein neuronales Netz? Sei $\Gamma \subseteq \{\gamma \mid \gamma : R \to R\}$ eine Menge von reellwertigen Funktionen. Die *Architektur* eines Γ-Netzes wird durch einen ungerichteten Graphen $G = (V, E)$ beschrieben. Teilmengen EIN $\subseteq V$ und AUS $\subseteq V$ werden als die Mengen der Ein- und Ausgabeknoten des Netzes ausgezeichnet. Weiterhin muß geklärt werden, wie die Knoten des Netzes rechnen. Dazu weisen wir jedem Knoten in $u \in V$ eine Funktion $\gamma_u \in \Gamma$ zu.

Die bisher eingeführten Komponenten, nämlich die Graphstruktur G, die Mengen EIN und AUS der Ein- und Ausgabeknoten sowie die Zuweisung der Gatterfunktionen stellen die *unveränderlichen* Komponenten der Netz-Architektur dar. Als *veränderbare* Komponenten treten eine Kantengewichtung *gewicht* : $E \to R$ sowie eine Zuweisung *schwellenwert* : $V \to R$ von Schwellenwerten auf.

Analog führen wir neuronale Schaltkreise ein: Hier ist der ungerichtete Graph eines neuronalen Netzes durch einen gerichteten, kreisfreien Graphen zu ersetzen. Die Knotenmenge EIN entspricht den Quellen des Graphen (also den Knoten des Graphen ohne hereinkommende Kanten), während die Knotenmenge AUS den Senken des Graphen (also den Knoten des Graphen ohne herausgehende Kanten) entspricht. Wir nehmen weiterhin an, daß jede Quelle die Identitätsfunktion berechnet.

Wir werden nur neuronale Schaltkreise betrachten und zuerst annehmen, daß Kantengewichtung und Schwellenwertzuweisung am Anfang der Rechnung fest gewählt werden. Die Modifizierbarkeit von Gewichten und Schwellenwerten wird für Lernprobleme von wesentlichem Interesse sein: Lernalgorithmen werden versuchen, eine Netz-Architektur durch geschickte Wahl von Gewichten und Schwellenwerten an ein zu erlernendes Konzept anzupassen.

Wie rechnet ein neuronaler Schaltkreis? Zu Anfang einer Rechnung wird jeder Quelle $q \in$ EIN eine reelle Eingabe x_q zugewiesen. Ein Knoten wird aktiv, wenn seine sämtlichen Eingaben vorliegen. Zur Berechnung der Ausgabe x_u eines aktiven Knotens u wird zuerst die gewichtete Summe der Eingaben von u berechnet: Sei $V(u) = \{w \in V \mid (w, u) \in E\}$ die Menge der direkten Vorgänger von u. Dann berechnet u die Summe

$$h_u = \Sigma_{w \in V(u)} gewicht(w, u) \cdot x_w.$$

Zur Ausgabe x_u von u tragen, neben der gewichteten Summe h_u der Eingaben von u, die Gatterfunktion γ_u und der Schwellenwert $t_u = schwellenwert(u)$ bei. Es ist

$$x_u = \gamma_u(h_u - t_u).$$

Welche Gatterfunktionen sind zu wählen? A priori sind wir keinerlei Einschränkungen unterworfen, doch haben sich die folgenden Klassen von Gatterfunktionen in der Praxis durchgesetzt. Wenn man nur binäre Eingaben zu klassifizieren hat, ist die *lineare Threshold-Funktion*

$$t(x) = \left\{ \begin{array}{l} 1 \text{ falls } x \geq 0 \\ 0 \text{ sonst} \end{array} \right.$$

die populärste Wahl. *Lineare Threshold-Gatter* der Form $t(\sum_{i=1}^{n} w_i \cdot x_i - u)$ wurden von McCulloch und Pitts [20] 1943 vorgeschlagen, um das Verhalten einzelner Neuronen mathematisch zu modellieren. In dieser allerdings sehr simplifizierenden Modellierung eines Neurons v wird mit der Gewichtung der Kanten der Einfluß der Nachbarneuronen auf das Verhalten des Neurons v ausgedrückt: große positive (bzw. negative) Gewichte bedeuten einen dementsprechend großen verstärkenden (bzw. hemmenden) Einfluß eines Nachbarneurons. Das Neuron v „integriert" die 0-1 Impulse seiner Nachbarn und feuert seinen Impuls ab, wenn die gewichtete Summe $\sum_{i=1}^{n} w_i \cdot x_i$ der Nachbar-Impulse den Schwellenwert u erreicht oder übersteigt. Die tatsächliche Wirkungsweise eines einzelnen Neurons (geschweige denn die Wirkungsweise von Neuronengruppen) ist sehr viel komplexer und bis heute ungeklärt [13,26]. So ist ein Neuron ein miserabler Prozessor vom Standpunkt der Verläßlichkeit; das Erreichen oder Übersteigen des Schwellenwerts erhöht die Wahrscheinlichkeit des Feuerns, wird aber ein Feuern genausowenig erzwingen wie ein Unterschreiten des Schwellenwerts ein Feuern verhindern wird. Weiterhin wird ein Neuron nicht durch das Feuern oder das Nicht-Feuern eines Impulses kommunizieren, sondern durch die *Rate*, mit der Impulse abgefeuert werden. Die Modellierung der Feuer-Rate legt vielmehr reellwertige Gatterfunktionen zur Modellierung nahe. Wir werden diesen Ansatz in Kürze genauer kennenlernen.

Wir nennen Schaltkreise mit binärer Eingabe *binäre neuronale* Schaltkreise, wenn nur die lineare Threshold-Funktion als Gatterfunktion benutzt wird.

Beispiel 15.1. Wir beschreiben zuerst Threshold-Gatter zur Berechnung der logischen Funktionen UND, ODER und NICHT, wobei wir annehmen, daß UND und ODER für n Bits zu berechnen ist. Wir erhalten als Lösungen

$$x_1 \wedge \cdots \wedge x_n = 1 \quad \leftrightarrow \quad \sum_{i=1}^{n} x_i - n \geq 0,$$

$$x_1 \vee \cdots \vee x_n = 1 \quad \leftrightarrow \quad \sum_{i=1}^{n} x_i - 1 \geq 0,$$

$$\neg x_1 = 1 \quad \leftrightarrow \quad -x_1 \geq 0.$$

In den ersten beiden Fällen haben wir das Gewicht 1 gewählt (und die Schwellenwerte n bzw. 1). Für die Negation ist das Gewicht -1 und der Schwellenwert 0.

Als nächstes möchten wir zwei Binärzahlen x (mit Binärdarstellung $(x_{n-1}, \ldots, x_1, x_0)$) und y (mit Binärdarstellung $(y_{m-1}, \ldots, y_1, y_0)$) vergleichen. Das Resultat des Vergleichs sei 1 (bzw. 0), falls $x \leq y$ (bzw. $x > y$). Das Gatter

$$\sum_{j=0}^{m-1} 2^j y_j - \sum_{i=0}^{n-1} 2^i x_i \geq 0$$

(mit Zweierpotenzen als Gewichten und 0 als Schwellenwert) führt den gewünschten Vergleich durch.

Beispiel 15.2. Ein binärer neuronaler Schaltkreis zur Bestimmung der Parität von n Bits. Die Funktion parität$(x_1, \ldots, x_n) = x_1 \oplus \cdots \oplus x_n$ ist zu berechnen. Wir benutzen die n Gatter

$$g_k(x_1, \ldots, x_n) \equiv \sum_{i=1}^{n} x_i - k \geq 0$$

(für $k \in \{1, \ldots, n\}$), die wir mit dem Ausgabegatter

$$\sum_{k=1}^{n} (-1)^{k-1} g_k(x_1, \ldots, x_n) \geq 1$$

verbinden. Das Ausgabegatter wird genau dann feuern, wenn die Eingabe eine gerade Anzahl von Einsen hat und wir haben das Paritätsproblem in Tiefe 2 mit $n+1$ Gattern gelöst.

Das Paritätsproblem ist ein erstes Problem an dem sich die Berechnungskraft von binären neuronalen Schaltkreisen zeigt, denn UND, ODER, NICHT-Schaltkreise, wie auch das mächtige CRCW-PRAM-Modell [16], haben am Paritätsproblem „arg zu knacken":

Theorem 15.1. (a) *Ein UND,ODER, NICHT-Schaltkreis der Tiefe t benötigt*

$$\Omega(2^{\frac{1}{10} \cdot n^{1/(t+1)}})$$

Gatter, um das Paritätsproblem für n Bits zu berechnen [10].
(b) *Jede CRCW-PRAM mit polynomiell vielen Prozessoren benötigt mindestens $\Omega(\frac{\log_2 n}{\log_2 \log_2 n})$ Schritte, um das Paritätsproblem für n Bits zu lösen. Dieses Ergebnis gilt selbst dann, wenn die Prozessoren beliebige Funktionen auf die Inhalte ihrer lokalen Register anwenden dürfen [2].*

Für analoge Netze (oder analoge neuronale Schaltkreise) ist das *Standard-Sigmoid* σ mit $\sigma(x) = \frac{1}{1+\exp(-x)}$ eine beliebte Wahl. Warum gerade diese Funktion? $\sigma(w \cdot x)$ approximiert die lineare Threshold-Funktion mit wachsendem w, wenn wir den Punkt $x = 0$ von der Betrachtung ausschließen. Das Standard-Sigmoid hat aber einen entscheidenden Vorteil im Vergleich zur linearen Threshold-Funktion: es ist beliebig oft differenzierbar und damit sind Lernalgorithmen wie Backpropagation anwendbar.

Weitere oft benutzte Gatterfunktionen sind, unter anderen, trigonometrische Funktionen, Polynome, Spline-Funktionen wie auch die Gauss'sche Funktion e^{-x^2}. Eines der entscheidenden Kriterien bei der Auswahl der Gatterfunktionen ist die Möglichkeit einer engen Approximation wichtiger Funktionenklassen (wie stetige oder differenzierbare Funktionen) durch kleine Netze oder Schaltkreise. Dieses Kriterium ist, gemäß Resultaten der Approximationstheorie [4], für trigonometrische Funktionen, Polynome und Spline-Funktionen (wenn auch in unterschiedlichem Ausmaß) erfüllt. Wir werden später sehen, daß auch das Standard-Sigmoid und die Gauss'sche Funktion dieses Kriterium hervorragend erfüllen.

Für analoge neuronale Schaltkreise werden wir im folgenden stets die identische Funktion als Gatterfunktion für die Senken des Schaltkreises benutzen. Warum diese Konvention? Wenn wir zum Beispiel nur das Standard-Sigmoid benutzen würden, könnten wir nur den Wertebereich $[0, 1]$ erreichen. Der Einsatz gewichteter Summen an den Senken ermöglicht eine Umgehung dieser Einschränkung.

Beispiel 15.3. Ein analoges neuronales Netz zum approximativen Quadrieren einer reellen Zahl. Die reelle Zahl $x \in (-1, 1)$ sei zu quadrieren. Die Funktion γ besitze eine im Intervall $[-1, 1]$ konvergierende Taylorreihe und es sei $\gamma^{(2)}(0) \neq 0$. Dann erhalten wir insbesondere die Darstellung

$$\gamma(x) = \gamma(0) + x \cdot \gamma^{(1)}(0) + \frac{x^2}{2} \cdot \gamma^{(2)}(0) + \frac{x^3}{6} \cdot \gamma^{(3)}(\xi)$$

für eine Zwischenstelle $\xi \in [0, x]$ (bzw. $\xi \in [x, 0]$). Wir haben jetzt die Möglichkeit erhalten, approximativ zu quadrieren, denn für

$$r(x) = \frac{2}{\gamma^{(2)}(0)} \cdot (\gamma(x) - \gamma(0) - x \cdot \gamma^{(1)}(0))$$

gilt

$$r(x) = x^2 + \frac{2}{\gamma^{(2)}(0)} \cdot \frac{x^3}{6} \cdot \gamma^{(3)}(\xi)$$

und deshalb folgt

$$|x^2 - r(x)| = |\frac{2}{\gamma^{(2)}(0)} \cdot \frac{x^3}{6} \cdot \gamma^{(3)}(\xi)| \leq \frac{M}{|3 \cdot \gamma^{(2)}(0)|} \cdot |x|^3 = \varepsilon,$$

wobei wir $M = \max\{|\gamma^{(3)}(\xi)| \mid \xi \in [-1,1]\}$ gesetzt haben. Die Funktion $r(x)$ können wir aber durch einen neuronalen Schaltkreis mit zwei Gattern berechnen: Wir benutzen ein γ-Gatter (mit Gewicht 1 und Schwellenwert 0) zur Berechnung von $\gamma(x)$. Ein zweites Summationsgatter berechnet $r(x)$, indem $\gamma(x)$ das Gewicht $\frac{2}{\gamma^{(2)}(0)}$ erhält, während die Eingabe x mit dem Gewicht $-\frac{2}{\gamma^{(2)}(0)} \cdot \gamma^{(1)}(0)$ zu multiplizieren ist. Letztlich verwenden wir den Schwellenwert $\frac{2}{\gamma^{(2)}(0)} \cdot \gamma(0)$ für das Summationsgatter.

Wir haben somit eine reelle Zahl $x \in [-1,1]$ mit zwei Gattern approximativ quadriert. Allerdings ist die Approximationsgüte ε ein Kritikpunkt. Mit einem kleinen Trick können wir aber die Approximationsleistung beliebig verbessern. Sei μ eine später zu bestimmende reelle Zahl. Dann ist

$$|(\frac{x}{\mu})^2 - r(\frac{x}{\mu})| \leq \frac{M}{3 \cdot \gamma^{(2)}(0)} \cdot (\frac{x}{\mu})^3$$

und deshalb erhalten wir

$$|x^2 - \mu^2 \cdot r(\frac{x}{\mu})| \leq \frac{M}{\mu \cdot 3 \cdot \gamma^{(2)}(0)}.$$

Durch ein entsprechend groß gewähltes μ kann also der Fehler beliebig klein gemacht werden. Wir müssen allerdings eine drastische Verringerung des Fehlers mit einem starken Anwachsen der Größe der Gewichte und Schwellenwerte bezahlen. Man beachte, daß wir jetzt auch approximativ multiplizieren können, denn $x \cdot y = \frac{1}{2} \cdot ((x+y)^2 - x^2 - y^2)$.

Nach diesen einleitenden Bemerkungen betrachten wir in den Abschnitten 15.2 und 15.3 die Berechnungskraft binärer und analoger neuronaler Netze in größerem Detail. Wir beschreiben Lernalgorithmen im Abschnitt 15.4 und diskutieren die Komplexität des Lernens von und mit neuronalen Netzwerken. Im Abschnitt 15.5 geben wir eine Zusammenfassung. Wir beschränken uns auf die informelle Beschreibung von Begriffen und Beweisen und verweisen auf die Fachliteratur für eine mathematisch sorgfältigere Behandlung.

15.2 Binäre neuronale Schaltkreise

Unser Ziel ist eine komplexitätstheoretische Untersuchung binärer neuronaler Schaltkreise. Die für uns wichtigen Ressourcen sind die *Tiefe* des Schaltkreises (also die Länge des längsten Weges im Schaltkreis) und die *Größe* des Schaltkreises, die wir als die Anzahl der Gatter des Schaltkreises messen. (Quellen werden also nicht gezählt.) Die Tiefe des Schaltkreises mißt die vom Schaltkreis benötigte Zeit. Die Größe des Schaltkreises ist eine Komponente in der Bestimmung des Speicherplatzbedarfs des Schaltkreises. Um den Speicherplatzbedarf vollständig zu bestimmen, müssen wir uns auch um die Abspeicherung von Gewichten und Schwellenwerten kümmern: Was aber tun mit reellwertigen Gewichten? Glücklicherweise besitzt jedes Threshold-Gatter eine Implementierung mit sogar nicht zu großen ganzzahligen Gewichten:

Theorem 15.2. *[19] Seien $w_1, \ldots, w_n$ und t reelle Zahlen. Dann gibt es ganze Zahlen $w_1^*, \ldots, w_n^*$ (mit $|w_1^*|, \ldots, |w_n^*| \leq \frac{(n+1)^{(n+1)/2}}{2^n}$) und eine ganze Zahl t^*, so daß für alle $(x_1, \ldots, x_n) \in \{0, 1\}^n$,*

$$\sum_{i=1}^n w_i x_i \geq t \Leftrightarrow \sum_{i=1}^n w_i^* x_i \geq t^*.$$

Beweisskizze. Die Hyperebene $\sum_{i=1}^n w_i x_i = t$ trennt positive Eingaben (d.h. Eingaben x mit $\sum_{i=1}^n w_i x_i \geq t$) und negative Eingaben (d.h. Eingaben x mit $\sum_{i=1}^n w_i x_i < t$), indem positive Eingaben auf den ersten Halbraum und negative Eingaben auf den zweiten Halbraum verteilt werden.

Nach Definition einer negativen Eingabe ist die minimale Distanz einer negativen Eingabe zur Hyperebene aber positiv: Wir können also leicht an der Hyperebene wackeln und die reellwertigen Gewichte und den Schwellenwert durch geeignet approximierende rationale Zahlen ersetzen, ohne die Trennung zu ändern. Der Übergang zu ganzzahligen Gewichten ist jetzt klar, da nur noch mit dem Hauptnenner zu multiplizieren ist.

Um kleine ganzzahlige Gewichte zu bestimmen, setzen wir zuerst die Gewichte (bzw. den Schwellenwert) als Unbestimmte $v_1, \ldots, v_n$ (bzw. s) an. Für jede positive Eingabe x führen wir dann die Ungleichung $\sum_{i=1}^n v_i x_i \geq s$ und für jede negative Eingabe y die Ungleichung $\sum_{i=1}^n v_i x_i \leq s - 1$ ein. Dieses Ungleichungssystem beschreibt ein Polytop, dessen Elemente das Threshold-Gatter $t(x) \equiv (\sum_{i=1}^n w_i x_i \geq t)$ implementieren. (Alle Darstellungen mit ganzzahligen Gewichten und Schwellenwerten gehören dem Polytop an.)

Wir nehmen o.B.d.A an, daß das Threshold-Gatter von jeder Variablen abhängt. Dann erfüllt jede Ecke des Polytops $n + 1$ Ungleichungen *exakt* und die Ecke wird durch ein lineares Gleichungssystem mit binären Koeffizienten beschrieben. Die obere Gewichtsschranke der Behauptung folgt jetzt aus der Cramerschen Regel angewandt auf das Gleichungssystem einer Ecke. (Die Details dieses Arguments werden zum Beispiel in [23] beschrieben.)   □

Anmerkung 15.1. In [11] wird gezeigt, daß ganzzahlige Gewichte der Größe $n^{\Omega(n)}$ auch notwendig sind.

Wir gehen jetzt einen Schritt weiter und verlangen, daß nur die „binären" Gewichte 0, 1 und -1 gewählt werden dürfen. Bedeutet diese Einschränkung auch eine Einschränkung der Berechnungskraft im Hinblick auf die Ressourcen Tiefe und Größe? Wir betrachten zuerst den Fall von Schaltkreisen mit einer einzigen Senke, wobei die Gewichte der Senke schon binär seien. Binäre neuronale Schaltkreise mit dieser Eigenschaft nennen wir *normiert*.

Lemma 15.1. *[8] Zu jedem normierten Schaltkreis S der Tiefe d und der Größe s gibt es einen binären neuronalen Schaltkreis S' der Tiefe d, der nur binäre Gewichte benutzt.*
Die Größe von S' ist durch $p(s + n)$ nach oben beschränkt, wobei p ein von S unabhängiges Polynom ist und n die Anzahl der Eingabebits repräsentiert.

Als unmittelbare Konsequenz des obigen Lemmas erhalten wir, daß wir uns binäre Gewichte erlauben können, wenn wir die Tiefe um 1 und die Größe polynomiell ansteigen zu lassen:

Theorem 15.3. *[8] Zu jedem binären neuronalen Schaltkreis S der Tiefe d und der Größe s gibt es einen äquivalenten binären neuronalen Schaltkreis S' der Tiefe $d + 1$, der nur binäre Gewichte benutzt.*
Die Größe von S' ist durch $p(s + n)$ nach oben beschränkt, wobei p ein von S unabhängiges Polynom ist und n die Anzahl der Eingabebits repräsentiert.

Wir beschränken uns von nun an auf Schaltkreise mit binären Gewichten. Wie mächtig sind binäre neuronale Schaltkreise? Ein gegebener Schaltkreis klassifiziert nur Eingaben einer bestimmten Länge. Für die Erkennung von Sprachen müssen wir *Schaltkreisfamilien* $(S_n \mid n \in N)$ betrachten, wobei der Schaltkreis S_n alle n-Bit langen Eingaben klassifiziert. Wie im Fall konventioneller Schaltkreise schränken wir uns auf *entwerfbare* (d.h. uniforme) Schaltkreise ein; wir verlangen also, daß es eine $\log_2 n$ platzbeschränkte Turingmaschine gibt, die für Eingabe 1^n eine Beschreibung des Schaltkreises S_n ausgibt.

Wir interessieren uns für die Schnelligkeit und die Größe einer Schaltkreisfamilie. Wir sagen, daß eine Schaltkreisfamilie $S = (S_n \mid n \in N)$ in Tiefe t und Größe s rechnet, falls

$$\text{Tiefe}(S_n) = O(t(n)) \quad \text{und} \quad \text{Größe}(S_n) = O(s(n)).$$

Die von der Schaltkreisfamilie S berechnete Sprache, also die Menge aller Worte, die von einem Schaltkreis S_n akzeptiert werden, bezeichnen wir mit $L(S)$. Neben der Forderung der Entwerfbarkeit fordern wir auch die Konstruierbarkeit der Schaltkreisfamilie und formalisieren dies durch die Forderung polynomieller Größe:

Definition 15.1. *Für $k \in N$ definieren wir (die Klasse der durch $\underline{T}hreshold$ $\underline{C}ircuits$ der Tiefe $\log_2^k n$ erkennbaren Sprachen)*

$$TC^k = \{L(S) \mid S \text{ ist entwerfbar, besitzt nur binäre Gewichte und}$$
$$\text{rechnet in Tiefe } \log_2^k n \text{ mit polynomieller Größe} \}.$$

Um binäre neuronale Schaltkreise mit konventionellen parallelen Rechnern zu vergleichen, führen wir, wie oben, die Klasse AC^k (der durch $\underline{A}$lternating $\underline{C}$ircuits der Tiefe $\log_2^k n$ erkennbaren Sprachen) ein: diesmal darf die lineare Threshold-Funktion allerdings nicht verwandt werden, sondern nur die logischen Operationen UND, ODER (mit jeweils unbeschränktem Fanin) und NICHT. Schließlich betrachten wir noch die Standard-Klasse der parallelen Komplexitätstheorie, nämlich die Komplexitätsklasse NC^k, für $k \in N$. NC^k besteht aus allen Sprachen, die sich von entwerfbaren UND, ODER, NICHT-Schaltkreisen mit Fanin zwei berechnen lassen, wobei die Schaltkreise in Tiefe $log_2^k n$ mit polynomieller Größe rechnen.

Wir haben bereits am Beispiel des Paritätsproblems gesehen, daß neuronale Schaltkreise einigen wichtigen Modellen paralleler Rechner überlegen sind. Wie groß kann diese Überlegenheit werden?

Theorem 15.4. *Für jedes $k \geq 0$ gilt*

$$AC^k \subseteq TC^k \subseteq NC^{k+1} \subseteq AC^{k+1}.$$

Beweis. In Beispiel 15.1 haben wir die Funktionen UND, ODER und NICHT durch jeweils ein Threshold-Gatter ausgedrückt. Damit folgt die Inklusion $AC^k \subseteq TC^k$.

Andererseits betrachten wir nur neuronale Schaltkreise mit binären Gewichten und diese Schaltkreise bestehen somit nur aus Gattern der Form $\sum_{i \in I} y_i - t \geq 0$. Ein solches Gatter läßt sich aber durch einen UND, ODER, NICHT-Schaltkreis mit Fanin zwei, logarithmischer Tiefe und sogar linearer Größe berechnen. Mit anderen Worten, ein neuronaler Schaltkreis der Tiefe t und polynomieller Größe kann durch einen UND, ODER, NICHT-Schaltkreis (vom Fanin zwei) mit Tiefe $O(t \cdot \log_2 n)$ und polynomieller Größe simuliert werden. Und wir haben die Inklusion $TC^k \subseteq NC^{k+1}$ nachgewiesen.

Die letzte Inklusion ist trivial, denn ein Schaltkreis vom Fanin zwei ist natürlich auch ein Schaltkreis von unbeschränktem Fanin. $\square$

Wir werden in Kürze sehen, daß viele wichtige Probleme der Klasse NC^1 bereits in beschränkter Tiefe, also in TC^0, berechenbar sind. Insbesondere wird sich herausstellen, daß neuronale Schaltkreise ideale „Number-Cruncher" sind.

Die Klasse TC^0. Betrachten wir zuerst das Sortierproblem. Wir nehmen an, daß die n n-Bit Zahlen $x_1, \ldots, x_n \in \{0,1\}^n$ zu sortieren sind. Die unteren Schranken von Theorem 15.1 übertragen sich auch auf das Sortierproblem, aber wiederum haben neuronale Schaltkreise leichtes Spiel:

Theorem 15.5. *Das Sortierproblem von n n-Bit Zahlen kann in Tiefe 3 durch einen binären neuronalen Schaltkreis mit polynomiell vielen Gattern gelöst werden. Es werden nur binäre Gewichte benutzt.*

Beweisskizze. Wir nehmen an, daß die n Zahlen paarweise verschieden sind. In Beispiel 15.1 haben wir zwei Zahlen mit einem Threshold-Gatter verglichen. Unser Schaltkreis führt als erstes in Tiefe 1 alle Vergleiche durch; wir besitzen also für jedes Paar $\{i,j\}$ ein Gatter $v_{i,j}$ mit $v_{i,j} = 1 \Leftrightarrow x_i \geq x_j$. In Tiefe 2 versuchen wir, den Rang

$$r_i = |\{x_j \mid x_j \leq x_i\}|$$

von x_i zu bestimmen. Ist dies gelungen, haben wir die Eingabefolge sortiert, denn x_i besetzt Position r_i in der sortierten Folge. Zur Rangbestimmung von x_i verwenden wir die $2n$ Gatter

$$\text{unten}_{i,k} \equiv (\sum_{j \neq i} v_{i,j} \geq k) \quad \text{und} \quad \text{oben}_{i,k} \equiv (\sum_{j \neq i} v_{i,j} \leq k)$$

(für $k \in \{0, \ldots, n-1\}$) und beobachten, daß $r_i = k \Leftrightarrow \text{unten}_{i,k} \wedge \text{oben}_{i,k}$. (Beachte, daß die Berechnung der Werte $\text{unten}_{i,k}$ und $\text{oben}_{i,k}$ mit Lemma 15.1 in Tiefe 2 mit polynomiell vielen Gattern und ausschließlich binären Gewichten gelingt!) Wenn $x_{i,j}$ das $j$te Bit von x_i ist, dann ist

$$\bigvee_{i=1}^{n} (\ \text{unten}_{i,k} \wedge \text{oben}_{i,k} \wedge x_{i,j}\ )$$

das $j$te Bit der $k$ten Zahl der sortierten Folge. Um diese Formel zu implementieren, scheinen zwei zusätzliche Schichten und damit letztendlich Tiefe 4 erforderlich: eine Schicht für die zwei Konjunktionen und eine Schicht für die Disjunktion.

Tatsächlich ist es aber möglich, die Konjunktionen als *Summe* von polynomiell vielen (Resultaten von) neuronalen Schaltkreisen der Tiefe 2 zu schreiben! Diese Summe kann dann in Tiefe 3 ausgewertet werden und in Tiefe 3 auch in die Berechnung der Disjunktion einfließen. □

Wir wenden uns als nächstes dem Number-Crunching zu.

Theorem 15.6. *[27,28] Binäre neuronale Schaltkreise polynomieller Größe und mit nur binären Gewichten können*
(a) *n n-Bit Zahlen in Tiefe 2 addieren,*
(b) *zwei n-Bit Zahlen in Tiefe 3 multiplizieren,*
(c) *die Division von zwei n-Bit Zahlen mit n-Bit Genauigkeit in Tiefe 3 durchführen und*
(d) *n n-Bit Zahlen in Tiefe 4 miteinander multiplizieren.*

Beweis für (a) und (b). Die Zahlen $x_i = \sum_{j=0}^{n-1} 2^j \cdot x_{i,j}$ (für $i = 1, \ldots, n$) seien zu addieren. Es genügt, wenn wir zeigen, daß das $k$te Summenbit s_{k-1} in Tiefe 2 und polynomieller Größe berechnet werden kann. Zur Berechnung von s_{k-1} ist die Summe

$$S_{k-1} = \sum_{i=1}^{n} \sum_{j=0}^{k-1} 2^j x_{i,j}$$

der bis auf die letzten k Bits abgeschnittenen Zahlen wesentlich, denn

$$s_{k-1} = 1 \Leftrightarrow S_{k-1} \in \bigcup_{j \text{ ungerade}} [j \cdot 2^{k-1}, (j+1) \cdot 2^{k-1} - 1].$$

Da jede abgeschnittene Zahl höchstens den Wert $2^k - 1$ erreicht, kann S_{k-1} sogar nur in höchstens $2n+1$-vielen Intervallen der Form $I_j = [j \cdot 2^{k-1}, (j+1) \cdot 2^{k-1} - 1]$ vorkommen.

Offensichtlich können wir mit drei Gattern (und zwei Schichten) überprüfen, ob S_{k-1} im Intervall I_j liegt. Damit erreichen wir aber Tiefe 3, wenn wir das Ausgabegatter nachprüfen lassen, ob S_{k-1} in einem Intervall ungerader Nummer enthalten ist.

Statt das Intervall explizit zu bestimmen, führen wir in Tiefe 1, für alle ungeradzahligen Intervalle, sämtliche Vergleiche

$$\text{unten}_j \equiv (S_{k-1} \geq j \cdot 2^{k-1}) \quad \text{und} \quad \text{oben}_j \equiv (S_{k-1} \leq (j+1) \cdot 2^{k-1} - 1)$$

mit den unteren und oberen Intervall-Grenzen durch. Dann aber folgt

$$S_{k-1} \in I_j \quad \Leftrightarrow \quad \text{unten}_j + \text{oben}_j = 2$$
$$S_{k-1} \notin I_j \quad \Leftrightarrow \quad \text{unten}_j + \text{oben}_j = 1,$$

und somit können wir entscheiden, ob $s_{k-1} = 1$, denn

$$\sum_{j=0}^{n-1} (\text{unten}_{2j+1} + \text{oben}_{2j+1}) = n + 1 \Leftrightarrow s_k = 1.$$

Die Durchführung der Multiplikation zweier n-Bit Zahlen x und y ist jetzt trivial: In Tiefe 1 erzeugen wir alle Shifts von x gemäß den Bits von y und summieren die Shifts mit dem Schaltkreis aus Teil (a). $\qquad \square$

Anmerkung 15.2. Viele wichtige Funktionen der Analysis (wie zum Beispiel die Sinus-Funktion, der natürliche Logarithmus oder die Exponentialfunktion) können durch binäre neuronale Schaltkreise *konstanter* Tiefe für rationale Eingaben (mit Zähler und Nenner beschränkt durch 2^n) ausgewertet werden. (Im Falle der Exponentialfunktion ist der Bruch durch n nach oben zu beschränken, da sonst zu große Zahlen entstehen.) Die Größe der Schaltkreise wird polynomiell in n sein.

Warum gelingt eine solche Approximation? Zuerst approximiert man (gemäß Theorem 15.6 (c)) das rationale Argument $r = \frac{p}{q}$ mit hinreichender Genauigkeit und arbeitet dann mit der Binärdarstellung der Approximation r' weiter. Die Approximation r' ist dann in ein Taylorpolynom von polynomiellem Grad einzusetzen. Beachte, daß die Auswertung des Taylorpolynoms mit Theorem 15.6 (a) und (d) gelingt. Die einzige Schwierigkeit dieses Verfahrens ist die Bestimmung des Taylorpolynoms, das abhängig vom Argument zu berechnen ist.

Anmerkung 15.3. Da die Berechnungskraft von neuronalen Schaltkreisen konstanter Tiefe sehr beachtlich ist, ist es nicht verwunderlich, daß nur wenige nicht-triviale untere Schranken für die Größe oder Tiefe binärer neuronaler Schaltkreise bekannt sind. Es ist allerdings recht traurig, daß wir noch nicht einmal nachweisen können, daß die Klasse TC^0 von der Klasse P aller in polynomieller Zeit auf einer Turingmaschine berechenbaren Sprachen verschieden ist!

Wir erwähnen hier nur die untere Schranke von [9]. Dort wird das innere Produkt modulo 2, also die Funktion

$$i(x_1, \ldots, x_n, y_1, \ldots, y_n) = \sum_{i=1}^{n} x_i \cdot y_i \mod 2$$

betrachtet. Es wird gezeigt, daß binäre neuronale Schaltkreise der Tiefe 2 (mit maximaler absoluter Gewichtsgröße W) die Größe mindestens $\Omega(\frac{2^{n/4}}{W})$ besitzen müssen. Diese untere Schranke für die Größe ist also exponentiell für Schaltkreise mit binären Gewichten. Als Anwendung kann gezeigt werden, daß es keine binären neuronalen Schaltkreise (mit polynomieller Größe und binären Gewichten) gibt, die zwei Zahlen in Tiefe 2 multiplizieren: Die in Theorem 15.6 (b) erreichte Tiefe 3 ist also optimal für Schaltkreise mit polynomieller Größe und binären Gewichten!

Das niedrigstwertigste Summenbit bei der Addition von zwei Bits ist natürlich die Parität der beiden Bits. Man kann aber leicht nachweisen, daß die Parität von zwei Bits nicht mit einem einzelnen Gatter berechnet werden kann. Also ist auch die in Theorem 15.6 (a) erreichte Tiefe 2 optimal!

Weiterhin kann gezeigt werden, daß auch die Division wie das Sortieren in optimaler Tiefe durchgeführt wurden. Nur die Tiefen-Optimalität der Berechnung des Produkts von n n-Bit Zahlen ist bisher ungeklärt. (Ergebnisse in [18] belegen, daß eine Lösung in Tiefe 3 fundamental neue Strategien benutzen muß.)

15.3 Analoge neuronale Schaltkreise

Wie schon in der Einleitung erläutert, modelliert die lineare Threshold-Funktion nur das Feuern oder Nicht-Feuern eines Impulses, nicht aber die Feuer-Rate des Neurons. Die Wahl reellwertiger Gatter-Funktionen scheint hier plausibler.

Wir betrachten $\{\gamma\}$-*Schaltkreise*, also analoge neuronale Schaltkreise, die die reellwertige Funktion γ als Gatter-Funktion verwenden. Welche Gatter-Funktionen sollten benutzt werden? Zur Beantwortung dieser Frage werden wir untersuchen, wie eng sich wichtige Funktionenklassen durch kleine γ-Schaltkreise geringer Tiefe approximieren lassen. Als Approximationsmaß verwenden wir die Tschebycheff-Norm über dem Würfel $[-1, 1]^n$, das heißt wir benutzen

$$\|f - g\| = \sup\{|f(x) - g(x)| \mid x \in [-1, 1]^n\}$$

als Maß des Approximationsfehlers einer Approximation der Funktion $f : [-1, 1]^n \to R$ durch die Funktion $g : [-1, 1]^n \to R$.

Wir haben bereits gesehen, daß ein $\{\gamma\}$-Schaltkreis mit zwei Gattern *approximativ* quadrieren kann, falls die Funktion γ dreimal stetig differenzierbar ist (mit $\gamma^{(2)}(0) \neq 0$). Dieses Ergebnis läßt vermuten, daß genügend glatte (und nicht-triviale) Gatter-Funktionen im Stande sind, allgemeine Polynome mit kleinen Schaltkreisen geringer Tiefe *approximativ* auszuwerten. Eine solche Eigenschaft ist nicht überraschend, wenn sich die Gatter-Funktion durch ein Taylorpolynom entsprechenden Grades auf einem kleinen Intervall approximieren läßt.

Demgemäß nennen wir eine Funktion γ *nicht-trivial glatt*, wenn γ sich auf einem Intervall $[-\alpha, \alpha]$ (für $\alpha > 0$) durch eine Potenzreihe

$$\gamma(x) = \sum_{i=0}^{\infty} a_i x^i$$

darstellen läßt, wobei für eine Konstante k und jedes $i > 0$

- a_i eine rationale Zahl ist, deren Zähler und Nenner absolut beschränkt durch 2^{i^k} sind,
- es ein j mit $i \le j \le i^k$ und $a_j \ne 0$ gibt und
- $\|\gamma^{(i)}\|_{[-\alpha,\alpha]} \le 2^{i^k}$.

Eine nicht-trivial glatte Funktion hat somit genügend viele von Null verschiedene, stets rationale Koeffizienten. Die Koeffizienten wie auch die Werte beliebiger Ableitungen dürfen nicht zu groß werden.

Lemma 15.2. *γ sei nicht-trivial glatt. Das Polynom $p(x)$ besitze Grad n und nur rationale Koeffizienten mit Zähler und Nenner absolut beschränkt durch M.*

Dann gibt es einen γ-Schaltkreis C_p mit Tiefe 2 und polynomieller Größe (in n), der $p(x)$ mit Fehler höchstens ε approximiert. Die Gewichte von C_p sind rationale Zahlen mit Zähler und Nenner vom Absolutbetrag höchstens $O([\frac{2M}{\varepsilon}]^{poly(n)})$.

Damit können große Funktionenklassen Polynome schnell (in Tiefe 2), mit relativ wenigen Gattern (polynomiell im Grad des Polynoms) und nicht zu großen Gewichten eng approximieren. Polynome besitzen bereits gute Approximationsfähigkeiten; allerdings erreichen sie bei weitem nicht die Approximationskraft von Spline-Funktionen [1]. Eine Spline-Funktion mit Knoten α hat die Form

$$s(x) = \begin{cases} p(x) & x < \alpha \\ q(x) & x \ge \alpha \end{cases}$$

für Polynome p und q. Zur Berechnung einer Spline-Funktion kommen also zwei Komponenten zum Tragen, einerseits Polynome und andererseits die uns bereits bekannte lineare Threshold-Funktion!

Es lassen sich leicht nachprüfbare Kriterien angeben, um zu garantieren, daß γ-Schaltkreise Spline-Funktionen eng mit kleinen Schaltkreisen geringer Tiefe approximieren: Wir sagen, daß eine Funktion g *schnell konvergiert*, falls

$$| g(x) - g(x + \varepsilon) | = O(\varepsilon/x^2) \text{ für } x \ge 1, \varepsilon \ge 0,$$

und

$$0 < \int_1^{\infty} g(u^2)du \text{ sowie } | \int_x^{\infty} g(u^2)du | = O(\frac{1}{1 + \ln(x)}) \text{ für } x \ge 1.$$

Eine schnell konvergierende Funktion g muß somit die Asymptote 0 „recht schnell" erreichen; intuitiv gesprochen muß g mindestens so schnell wie die Funktion $\frac{1}{x}$ gegen 0 streben. Schließlich sagen wir, daß γ *mächtig* ist, falls γ nicht-trivial glatt ist und falls es für jedes $s > 1$ einen γ-Schaltkreis konstanter Tiefe und polynomieller Größe (in s) gibt, der eine schnell konvergierende Funktion g mit Fehler höchstens 2^{-s} approximiert. Die Gewichte des Schaltkreises seien rationale Zahlen mit Zähler und Nenner beschränkt durch $2^{poly(s)}$.

Theorem 15.7. *Sei γ eine mächtige Funktion. Dann gibt es einen γ-Schaltkreis konstanter Tiefe und polynomieller Größe in n, der die Spline-Funktion*

$$s_n(x) = \left\{ \begin{array}{ll} 0 & x < 0 \\ x^n & x \geq 0 \end{array} \right.$$

mit Fehler höchstens 2^{-n} approximiert. Die Gewichte des Schaltkreises sind rationale Zahlen mit Zähler und Nenner beschränkt durch $2^{poly(n)}$.

Viele interessante Funktionen, wie *das Standard-Sigmoid, nicht-polynomielle rationale Funktionen, nicht-polynomielle Potenzen, der Logarithmus, die Exponentialfunktion oder die Gauss'sche Funktion* sind mächtig. Andererseits lassen sich die gerade erwähnten Funktionen aber auch eng durch s_n-Schaltkreise geringer Größe und Tiefe approximieren. Somit sind all diese Funktionen *äquivalent* was die Approximationskraft ihrer Schaltkreise anbelangt! (Zur Definition der Äquivalenz und zu Beweisen der obigen Behauptungen siehe [5], bzw. die vollständige, korrigierte Version [6].)

Obwohl damit, vom Standpunkt der Approximierbarkeit, wichtige Funktionen übereinstimmendes Verhalten zeigen, bleiben wesentliche Fragen offen. Zuerst fehlen die trigonometrischen Funktionen in der obigen Liste, und die Bestimmung ihrer Approximationskraft ist ungeklärt. Weiterhin ist die Perspektive der Approximierbarkeit sicherlich wichtig, denn nur ausdrucksstarke neuronale Netze oder Schaltkreise sollten als Lernarchitektur in Frage kommen. Doch spielen andere Faktoren wie Lernbarkeit eine ebenso wichtige Rolle. Eine Untersuchung dieses Aspekts scheint aber schwierig.

Wie vergleichen sich binäre und analoge neuronale Netze? Für reellwertige Eingaben sind binäre neuronale Netze deutlich schwächer, aber selbst für binäre Eingaben sind reellwertige Gatterfunktionen überlegen [7,21]. Betrachten wir zum Beispiel die Boolesche Funktion

$$f(x_1, \ldots, x_n, y_1, \ldots, y_{n^2}) \equiv ((\sum_{i=1}^{n} x_i)^2 \geq \sum_{i=1}^{n^2} y_i).$$

Für eine dreimal stetig-differenzierbare Funktion γ (mit $\gamma^{(2)}(0) \neq 0$) kann man f mit einer Konstruktion analog zu Beispiel 15.3 durch $\{\gamma\}$-Schaltkreise mit zwei Gattern berechnen. Diesmal verwenden wir aber statt eines Summationsgatters ein Threshold-Gatter als Ausgabegatter. (Wir konvertieren also die reellwertige Ausgabe in eine binäre Ausgabe durch Vergleich mit einem Schwellenwert.) Andererseits kann gezeigt werden, daß mindestens $\Omega(\log_2 n)$ Gatter für binäre neuronale Schaltkreise benötigt werden [7].

Für „gutmütige" Funktionen wie das Standard-Sigmoid σ kann der Unterschied in der Berechnungskraft allerdings nicht zu groß werden: binäre neuronale Schaltkreise können σ-Schaltkreise für binäre Eingaben simulieren, wenn die Größe polynomiell in der Eingabelänge und der Größe des σ-Schaltkreises wachsen darf [6,21].

15.4 Lernalgorithmen

Wir beginnen mit der Beschreibung verschiedener Lernmodelle. Wir beschränken uns dabei auf Klassifizierungsprobleme (d.h. das Lernen Boolescher Konzepte $c \subseteq \{-1, 1\}^*$) im Modell des überwachten Lernens.

Im ersten Modell des *Online-Lernens* legt ein Lehrer Schritt für Schritt unklassifizierte Beispiele vor und korrigiert, wenn notwendig, die Klassifizierung des Lernalgorithmus. Um den Lernerfolg nach fehlerfreiem Lernen des Zielkonzepts c zu bewerten, wird die Anzahl insgesamt falsch klassifizierter Beispiele festgestellt. Im Modell des Online Lernens ist der Schüler (also der Lernalgorithmus) dem Lehrer ausgeliefert, da ein vollständiger Lernerfolg selbst für schlechte Beispiele verlangt wird.

Das Modell des *PAC-Lernens* [15,29] bewertet den Lernerfolg gerechter: Wenn (diesmal klassifizierte) Beispiele gemäß einer Verteilung D dem Schüler vorgelegt werden, dann ist eine fehlerhafte Hypothese des Schülers erlaubt **und** dieser Fehler wird gemäß der Verteilung D gemessen. Die Fehlermessung gemäß der Verteilung D spielt also die Rolle einer fairen Klausur, die das tatsächlich unterrichtete Material abprüft.

Informal gesprochen ist ein Lernalgorithmus L ein *PAC-Algorithmus* (probably approximately correct), wenn L für *jede* Verteilung D und für *jedes* Zielkonzept mit vorgegebener Wahrscheinlichkeit δ eine Hypothese findet, die eine vorgegebene Fehlerwahrscheinlichkeit ε nicht übersteigt. (Wenn wir die Lernleistung eines PAC-Algorithmus beurteilen, erlauben wir eine Abhängigkeit der Rechenzeit von $\frac{1}{\varepsilon}$ und $\frac{1}{\delta}$.)

Im *aktiven Lernmodell* wandelt sich der Schüler vom Zuhörer zum Forscher: der Schüler erzeugt Beispiele eigenständig und legt diese Beispiele dem Lehrer zur Klassifikation vor. Weiterhin hat der Schüler die Möglichkeit, Hypothesen zu formulieren, und kann Gegenbeispiele vom Lehrer anfordern.

Im folgenden beschreiben wir den Perzeptron-Algorithmus für das Erlernen eines Threshold-Gatters sowie den Backpropagation Algorithmus zum Erlernen beliebiger Konzepte. Dieser Abschnitt schließt mit einer Diskussion der Komplexität des Lernens.

Der Perzeptron-Algorithmus. Ein unbekanntes Threshold-Gatter ist im Online Lernmodell zu erlernen. Der *Perzeptron-Algorithmus* [25] startet mit einer beliebigen Hypothese

$$(w_1^0, \ldots, w_n^0, t^0)$$

für die Gewichte und den Schwellenwert. Im Schritt k klassifiziert der Algorithmus ein vorgelegtes Beispiel $x^k \in \{-1,1\}^n$ gemäß der derzeitigen Hypothese

$$(w_1^{k-1}, \ldots, w_n^{k-1}, t^{k-1})$$

und gibt genau dann eine positive Klassifizierung aus, wenn $\sum_{i=1}^n w_i^{k-1} \cdot x_i^k \geq t^{k-1}$.

Ist die Klassifizierung korrekt, besteht der Algorithmus auf seiner gegenwärtigen Hypothese. Wenn das Beispiel x^k aber fälschlicherweise als positiv klassifiziert wurde, dann wird eine richtige Klassifizierung durch den neuen Gewichtsvektor

$$(w^k, t^k) := (w^{k-1}, t^{k-1}) - (x^k, -1)$$

wahrscheinlicher: Der Schwellenwert steigt um 1 und die gewichtete Summe $\sum_{i=1}^n w_i^k \cdot x_i^k - \sum_{i=1}^n w_i^{k-1} \cdot x_i^k - n$ fällt. Wurde hingegen fälschlicherweise eine negative Klassifizierung vorgenommen, wird stattdesssen der Vektor $(x^k, -1)$ auf die gegenwärtigen Hypothese addiert.

Überraschenderweise wird der Perzeptron-Algorithmus das unbekannte Gatter erlernen, wenn auch seine Konvergenzgeschwindigkeit stark von der Komplexität des Gatters abhängt: Da Beispiele nur addiert oder subtrahiert werden, kann der Gewichtsvektor nur langsam anwachsen. Gatter, die exponentiell große ganzzahlige Gewichte verlangen, benötigen somit exponentielle Lernzeit, wenn der Algorithmus mit der Null-Hypothese beginnt. Andererseits erlernt der Perzeptron-Algorithmus Gatter mit polynomiell großen ganzzahligen Gewichten in polynomieller Zeit: eine „starke" Leistung für ein derart simples Schema. (Für eine Analyse des Algorithmus verweisen wir auf [12].) Allerdings kann man beliebige Threshold-Gatter mit raffinierteren Methoden (basierend auf der Methode des linearen Programmierens) in polynomieller Zeit lernen [22].

Backpropagation. Der Backpropagation-Algorithmus versucht, eine vorgegebene Architekur einer (Trainings-)Menge $B \subseteq \{-1,1\}^n \times \{0,1\}$ von klassifizierten Beispielen anzupassen, indem Gewichte und Schwellenwerte modifiziert werden. Das Ziel der Anpassung ist eine möglichst fehlerfreie Wiedergabe der tatsächlichen Klassifizierung auf den vorgegebenen Beispielen mit der Hoffnung, daß das konstruierte Netz *erfolgreich verallgemeinert*.

Wir beschreiben Backpropagation für feedforward-Netze, also für analoge neuronale Schaltkreise in unserer Terminologie. Sei S der gegenwärtige Schaltkreis, der für Beispiel b mit Klassifizierung $c(b) \in \{0,1\}$ die Ausgabe $S(b)$ errechnet. Man bildet eine „Energiefunktion" E_B, die nur von den Gewichten und Schwellenwerten von S abhängt und ein globales Minimum bei fehlerfreier Wiedergabe der Klassifikation auf allen Beispielen erreicht. Eine populäre Wahl ist zum Beispiel die quadratische Fehlerfunktion

$$E_B = \sum_{(b,c(b)) \in B} (c(b) - S(b))^2.$$

Bei zweimal stetig differenzierbaren Gatterfunktionen ist E_B eine zweimal stetig differenzierbare Funktion und für den gegenwärtigen Vektor W_0 von Gewichten und Schwellwerten erhalten wir die Darstellung

$$E_B(W) = E_B(W_0) + <W - W_0, \nabla E_B(W_0)> + O(||W - W_0||^2)$$

(für den Gradienten $\nabla E_B(W_0)$ von E_B im Punkt W_0 und das innere Produkt $<,>$). Wenn wir jetzt W_0 durch $W_0^* = W_0 - \eta \cdot \nabla E_B(W_0)$ ersetzen, also wenn wir in Richtung des negativen Gradienten wandern, erhalten wir

$$\begin{aligned} E_B(W_0^*) &= E_B(W_0) + <W_0^* - W_0, \nabla E_B(W_0)> + O(||W_0^* - W_0||^2) \\ &= E_B(W_0) - \eta \cdot ||\nabla E_B(W_0)||^2 + \eta^2 \cdot ||\nabla E_B(W_0)||^2 \end{aligned}$$

und der Wert der Energiefunktion wird sich verringern, solange der Parameter η hinreichend klein gewählt wurde. Backpropagation und seine Varianten versuchen demgemäß, den negativen Gradienten in die Neuberechnung von Gewichten und Schwellenwerten einfließen zu lassen. Backpropagation nutzt somit aus, daß wir mit analogen neuronalen Netzwerken eine „differenzierbare Programmiersprache" vorliegen haben und wendet bekannte Methoden der mathematischen Optimierung zur Minimierung der Energiefunktion an. (Für eine weitergehende Diskussion von Backpropagation verweisen wir auf [12].)

Das Konsistenzproblem für neuronale Netzwerke. Wie im letzten Abschnitt schon erwähnt, versucht Backpropagation, eine möglichst gute Wiedergabe der tatsächlichen Klassifizierung auf der Trainingsmenge zu erreichen. In diesem Abschnitt nehmen wir an, daß das Zielkonzept sogar *exakt* durch neuronale Schaltkreise vorgegebener Architektur lernbar ist, und eine fehlerfreie Wiedergabe der korrekten Klassifizierung (auf der Trainingsmenge) ist somit erreichbar. Die vorgegebene Architektur besteht aus einem azyklischen Graphen und einer Zuweisung von Gatterfunktionen, also aus den unveränderlichen Komponenten des Schaltkreises.

Wie schwierig ist die Berechnung eines *konsistenten* Schaltkreises, also eines Schaltkreises mit perfekter Wiedergabe der vorgegebenen Klassifizierung? Die Beantwortung dieser Frage hängt stark ab von der Wahl der Klasse der Zielkonzepte und der Klasse der benutzten Schaltkreise. Wenn wir Threshold-Gatter (mit n Eingaben) als Zielkonzepte wie auch als Hypothesen verwenden, dann ist das Konsistenzproblem effizient (also in polynomieller Zeit) lösbar [22].

Was passiert, wenn wir die Zielkonzepte ein klein wenig schwieriger machen und diesmal mit Schaltkreisen bestehend aus drei Threshold-Gattern arbeiten: wir stellen zwei Threshold-Gatter nebeneinander und füttern ihre Ausgaben in das Ausgabegatter (vom Fanin zwei) des Schaltkreises. Wählen wir die Klasse der Zielkonzepte auch als Hypothesenklasse, dann ist die Berechnung eines konsistenten Schaltkreises nicht mehr effizient möglich [3], es sei denn, daß $\mathbf{P} = \mathbf{NP}$.

Was sind die Auswirkungen dieses negativen Resultats für Lernalgorithmen? Zuerst einmal könnte ein Lernalgorithmus statt einer exakten Wiedergabe eine approximative Wiedergabe versuchen. Ein solches Verfahren ist natürlich im Online Lernmodell verheerend: Der Lehrer besteht auf den falsch klassifizierten Beispielen und wird diese unablässig vorlegen. Aber auch im „gerechteren" PAC-Modell ist eine inkonsistente Hypothese verheerend, wenn die gewählte Verteilung ihr ganzes Gewicht auf die Trainingsmenge legt: Wenn m die Anzahl der Beispiele ist, dann wird der Fehler stets $\varepsilon = \frac{1}{2 \cdot m}$ überschreiten.

(Die Situation ist im Vergleich zum Online Lernen etwas komplizierter. Diesmal kann nur gezeigt werden, daß es keinen effizienten PAC-Algorithmus gibt, falls $\mathbf{RP} \neq \mathbf{NP}$. $\mathbf{RP}$ ist die Klasse aller Sprachen, die durch einen Monte-Carlo Algorithmus in polynomieller Zeit erkennbar sind. Die Annahme $\mathbf{RP} \neq \mathbf{NP}$ scheint plausibel, ist aber schwächer als die Annahme $\mathbf{P} \neq \mathbf{NP}$.)

Das Problem der Bestimmung konsistenter Schaltkreise ist somit für das Online-Lernmodell wie auch für das PAC-Lernmodell von kritischer Bedeutung. Allerdings hat unser negatives Resultat keine unmittelbaren Konsequenzen, wenn wir die Wahl der Hypothesenklasse ändern und zum Beispiel, bei gleichbleibender Graphstruktur, die lineare Threshold-Funktion durch das Standard-Sigmoid ersetzen. Es ist ja durchaus möglich, daß konsistente $\{\sigma\}$-Schaltkreise effizient gefunden werden können! Wir haben somit nur ein *repräsentationsabhängiges* negatives Resultat.

Um *repräsentationsunabhängige* negative Resultate zu erhalten, also Resultate, die effiziente PAC-Algorithmen für jede Wahl der Hypothesenklasse ausschließen, müssen wir einen Umweg über Kryptosysteme gehen.

Lernen und Kryptographie. Wir beginnen mit einer kurzen Beschreibung des RSA-Kryptosystems [24]. Zwei Personen, Alice und Bob, möchten geheime Nachrichten über einen öffentlichen Kanal austauschen und müssen deshalb ihre Nachrichten kodieren. Um ein Kodierungsschema nicht im stillen Kämmerlein verabreden zu müssen, wäre es hilfreich, wenn zum Beispiel Alice das Kodierungsschema öffentlich bekanntgibt. Wenn Alice mit vielen Personen korrespondieren möchte, ist dieser Ansatz sicherlich ratsam.

Natürlich wächst die Gefahr, daß das jetzt öffentliche Kodierungsschema dekodiert werden kann. Das RSA-Kryptosystem hat allerdings seit fast über 20 Jahren allen Dekodierungsversuchen widerstanden. In diesem Kryptosystem wählt Alice, jetzt allerdings im stillen Kämmerlein, zwei große Primzahlen P und Q und gibt das Produkt $N = P \cdot Q$, sowie einen *Kodierungsexponenten* e öffentlich bekannt. (Die Primzahlen P und Q aber bleiben ihr Geheimnis.) Bob kodiert seine Nachricht x, indem er $y = x^e \bmod N$ berechnet und y über den öffentlichen Kanal verschickt. Alice nutzt jetzt ihr Wissen der beiden Primzahlen P und Q, indem sie einen *Dekodierungsexponenten* d mit der Eigenschaft

$$y^d = (x^e)^d \equiv x \bmod N$$

berechnet [24].

Die Berechnung von y^d ist effizient möglich, wenn Alice zuerst sukzessive quadriert (also die Potenzen $y^{2^i} \bmod N$ für $i = 1, \ldots, \lfloor \log_2 N \rfloor$ berechnet) und dann eine geignete Auswahl der Potenzen multipliziert. Beide Schritte lassen sich effizient durchführen, wenn wir $n = O(\log_2 N)$ n-Bit Zahlen effizient miteinander multiplizieren können! (Und dies ist natürlich möglich.)

Wir stellen jetzt den Zusammenhang zu PAC-Algorithmen her und definieren dazu die Klasse RSA von Zielkonzepten. Ein jedes Zielkonzept in RSA (für die Parameter N, e und i) hat positiv klassifizierte Beispiele der Form

$$\text{Beispiel}(y) = (N, e, i, (y^{2^j} \mod N \mid j = 0, \ldots, \lfloor \log_2 N \rfloor)),$$

falls das $i$te Bit der Dekodierung, also das $i$te Bit von $y^d \mod N$, gleich 1 ist.

Angenommen, RSA hat einen polynomiellen PAC-Algorithmus L. Wir werden zeigen, daß wir dann auch das RSA-Kryptosystem brechen können! Für den öffentlichen Kode (N, e) generieren wir zufällige Zahlen $x_1, \ldots, x_m$ und setzen $y_i \equiv x_i^e \mod N$. Da wir die Dekodierung x_j von y_j natürlich kennen, haben wir kein Problem, die Beispiele

$$\text{Beispiel}(y_1), \ldots, \text{Beispiel}(y_m)$$

zu klassifizieren. Wir legen die klassifizierten Beispiele unserem effizienten PAC-Algorithmus L vor, der mit hoher Wahrscheinlichkeit (bei kleinem δ) eine Hypothese mit kleinem Fehler (bei kleinem ε) ausgibt. Mit dieser Hypothese haben wir das RSA-Kryptosystem geknackt! Man beachte, daß die Wahl der Repräsentation der Hypothese völlig irrelevant ist, solange die Repräsentation eine effiziente Auswertung erlaubt.

Mit anderen Worten, wenn das RSA-Kryptosystem „nicht geknackt" werden kann, dann besitzt keine Klasse C von Zielkonzepten einen effizienten PAC-Algorithmus, falls $RSA \subseteq C$. *Aber* jedes Konzept in RSA kann von einem binären neuronalen Schaltkreis polynomieller Größe in Tiefe 5 erkannt werden, indem wir die oben beschriebene Dekodierung von Alice nachmachen: die wesentliche Operation der Multiplikation von n n-Bit Zahlen gelingt ja in Tiefe 4 und polynomieller Größe nach Theorem 15.6. (Eine zusätzliche Schicht prüft die Legalität der Eingabe nach.)

Es gibt somit, falls das RSA-Kryptosystem nicht geknackt werden kann, keine effizienten PAC-Algorithmen, die die Konzeptklasse aller von binären neuronalen Schaltkreisen (der Tiefe 5 und polynomieller Größe) erkannten Sprachen im PAC-Sinn lernen können.

Nun sind wir natürlich vorwiegend daran interessiert, *mit* neuronalen Netzen zu lernen und nicht neuronale Netze selbst zu lernen. Unter diesem Gesichtspunkt ist die Nicht-Existenz effizienter PAC-Algorithmen nur ein Indiz, daß das Lernen *mit* neuronalen Netzen selbst für moderate Größe und Tiefe schwierig werden kann: Denn insbesondere werden die Netze sich nicht selbst effizient (im PAC-Sinn) lernen können.

Natürlich stellt sich jetzt die Frage, ob der Lerner entscheidende Vorteile erhält, wenn man die Verteilung D fixiert und wenn man zusätzlich zu den zufällig generierten Beispielen auch vom Algorithmus eigenständig

konstruierte Anfragen (also Elementfragen) zuläßt. Für die Konzeptklasse
der binären neuronalen Schaltkreise (der Tiefe 5 und polynomieller Größe)
ist auch dieses starke Lernmodell nicht stark genug [17].

15.5 Zusammenfassung

Wir haben binäre und analoge neuronale Schaltkreise untersucht und eine
erstaunliche Berechnungskraft bereits für konstante Tiefe festgestellt. Gerade diese beträchtliche Berechnungskraft ist aber auch verantwortlich für die
Schwierigkeit des Lernens mit neuronalen Netzen von selbst moderater Tiefe und Größe: Eine optimale und effiziente Durchführung der Trainingsphase
von Backpropagation wird, unter der Annahme der nicht effizienten Dekodier-
barkeit des RSA-Kryptosystems, nicht gelingen, wenn Threshold-Schaltkreise
der Tiefe mindestens 5 durch eine mindestens so mächtige Architektur von
neuronalen Netzen zu lernen sind.

Wir haben uns auf einige wenige Resultate der Theorie neuronaler Netzwerke beschränkt. Ausgeklammert haben wir zum Beispiel das Problem der
Bestimmung der Vapnik-Chervonenkis Dimension neuronaler Netzwerke. Gerade in diesem Gebiet wurden in der letzten Zeit wesentliche Fortschritte
erzielt [14].

Schriftenverzeichnis

1. J.H. Ahlberg, E.N. Nilson und J.L. Walsh (1967). The Theory of Splines and
   their Applications. Academic Press.
2. P. Beame und J. Håstad (1989). Optimal bounds for decision problems on the
   CRCW PRAM. J. ACM 36, 643-670.
3. A. Blum und R. L. Rivest (1988). Training a 3-node neural network is NP-
   complete. Proceedings of the 1988 Annual Workshop on Computational Learning Theory, 9-18.
4. E.W. Cheney (1966). Introduction to Approximation Theory. McGraw-Hill.
5. B. DasGupta und G. Schnitger (1993). The power of approximating: a comparison of activation functions. In: Advances in Neural Information Processing Systems 5. Eds: C.L. Giles, S.J. Hanson und J.D. Cowan. Morgan Kaufmann,
   615-622.
6. B. DasGupta und G. Schnitger (1995). The power of approximating: a comparison of activation functions. Manuskript.
7. B. DasGupta und G. Schnitger. Analog versus discrete neural networks. Erscheint in Neural Computation.
8. M. Goldmann und M. Karpinski (1993). Simulating threshold circuits by majority circuits. Proceedings of the 25th Annual ACM Symposium on the Theory
   of Computing, 551-560.
9. A. Hajnal, W. Maass, P. Pudlák, M. Szegedy und G. Turán (1987). Threshold circuits of bounded depth. Proceedings of the 28th Annual Symposium on
   Foundations of Computer Science, 99-110.

10. J. Håstad (1989). Almost optimal lower bounds for small depth circuits. in: Advances in Computer Research, vol. 5: Randomness and Computation. Ed. S. Micali. JAI Press, 143-170.

11. J. Håstad (1994). On the size of weights for threshold gates. SIAM J. on Disc. Math. 7, 484-492.

12. J. Hertz, A. Krogh und R.G. Palmer (1991). Introduction to the Theory of Neural Computation. Addison-Wesley.

13. E.R. Kandel, J.H. Schwartz und T.M. Jessel (1991). Principles of Neural Science. Third edition, Elsevier.

14. M. Karpinski und A. Macintyre (1995). Polynomial bounds for VC-dimension of sigmoidal neural networks. Proceedings of the 27th Annual ACM Symposium on the Theory of Computing, 200-208.

15. M.J. Kearns und U.V. Vazirani (1994). An Introduction to Computational Learning Theory. MIT Press.

16. R.M. Karp und V. Ramachandran (1990). Parallel algorithms for shared memory machines. In: Handbook of Theoretical Computer Science, vol. A: Algorithms and Complexity. Ed. J. van Leeuwen. MIT Press, 869-941.

17. M. Kharitonov (1993). Cryptographic hardness of distribution specific learning. Proceedings of the 25th Annual ACM Symposium on the Theory of Computing, 372-381.

18. M. Krause (1995). A note on realizing iterated multiplication by small depth threshold circuits. Proceedings of the Symposium on Theoretical Aspects of Computer Science, 83-94.

19. S. Muroga (1971). Threshold Logic and its Applications. Wiley-Interscience.

20. W.S. McCulloch und W. Pitts (1943). A logical calculus of ideas immanent in nervous activity. Bulletin of Mathematical Biophysics 5, 115-133.

21. W. Maass, G. Schnitger und E. Sontag (1991). On the computational power of sigmoid versus boolean threshold circuits. Proceedings of the 32nd Annual Symposium on Foundations of Computer Science, 767-776.

22. W. Maass und G. Turán (1994). How fast can a threshold gate learn? In: Computational Learning Theory and Natural Learning Systems. Eds. S.J. Hanson, G.A. Drastal und R.L. Rivest, MIT Press, 381-414.

23. I. Parberry (1994). Circuit Complexity and Neural Networks. MIT Press.

24. R.L. Rivest, A. Shamir und L. Adleman (1978). A method for obtaining digital signatures and public key cryptosystems. Communications of the ACM 21, 120-126.

25. F. Rosenblatt (1962). Principles of Neurodynamics. Spartan.

26. G.M. Shepherd (1988). Neurobiology. Second edition, Oxford University Press.

27. K.Y. Siu, J. Bruck, Th. Kailath und Th. Hofmeister (1993). Depth-efficient neural networks for division and related problems. IEEE Trans. on Inform. Theory 39, 946-956.

28. K.Y. Siu und V. Roychowdhury (1994). On optimal depth threshold circuits for multiplication and related problems. SIAM J. on Disc. Math. 7, 284-292.

29. L.G. Valiant (1984). A theory of the learnable. Communications of the ACM 27, 1134-1142.

Wie man Beweise führen kann:
interaktiv und ohne den Beweis zu verraten

Uwe Schöning

Der Vorgang des Beweisens kann in einer interaktiven Weise zwischen zwei Parteien, dem Beweiser und dem Verifizierer, stattfinden. Durch das Verwenden von Zufallszahlen wird es möglich gemacht, daß derartige interaktive Beweise kürzer sein können als konventionelle. Ferner ist es möglich, daß der Verifizierer vollständig von der Tatsache überzeugt wird, daß der Beweiser den Beweis (das kann zum Beispiel ein Passwort sein) kennt, ohne daß aus der Kommunikation zwischen Beweiser und Verifizierer auf den Beweis rückgeschlossen werden kann. Solche interaktiven Zero-Knowledge Beweise spielen eine wichtige Rolle in verschiedenen kryptographischen Anwendungen.

16.1 Was ist ein Beweis?

Vor etwa 100 Jahren wurde die mathematische Formalisierung der Logik – einschließlich des Beweisbegriffs – so gefaßt, wie wir sie heute kennen. Ein Beweis in einem gegebenen Kalkül besteht aus einer Folge von Formeln, so daß jede Formel entweder ein Axiom ist oder aus Vorgängerformeln durch Anwendung einer Schlußregel hervorgeht. Beweise werden solcherart also syntaktisch charakterisiert und sind statische Gebilde.

Wichtig ist ferner der Aspekt, daß sich die syntaktische Korrektheit eines Beweises algorithmisch (möglichst effizient) verifizieren läßt. Letztlich kann man den Beweisbegriff an diesem Verifikationsalgorithmus aufhängen. Der zugrundeliegende Kalkül wird eigentlich durch den Verifikationsalgorithmus spezifiziert. Wir können also sagen, eine Aussage x ist beweisbar – relativ zu einem gegebenen Verifikationsalgorithmus V – genau dann, wenn es zu x einen „Beweis" y gibt, was heißen soll, daß V die Eingabe (x, y) akzeptiert.

In diesem Sinne sind die – in einem jeweiligen Kalkül – beweisbaren Aussagen gerade die rekursiv aufzählbaren Mengen. Wenn wir darüber hinaus noch verlangen, daß der Verifikationsalgorithms effizient (mit Rechenzeit polynomial in $|x|$) sein soll, so sind dies die Mengen in NP.

Durch die starre Festlegung, daß Beweise syntaktisch genau festgelegte Objekte sind, ist vielleicht auch etwas verlorengegangen. In der Antike sind Beweise oft als *Dialoge* aufgeschrieben worden. Ein „Beweiser" unterhält sich mit einer den Beweis anzweifelnden Person, dem „Verifizierer". Der Beweiser muß auf jeden möglichen Einwand des Verifizierers eine zufriedenstellende Antwort wissen.

In gewisser Weise können solche Beweisdialoge wie ein *Spiel* aufgefaßt werden: Die Spieler bringen abwechselnd Argumente und Gegenargumente

„ins Spiel". Ein solcher Dialog wird schließlich „gewonnen" oder „verloren"
(vgl. [10]).

Beispielsweise wollen wir beweisen, daß $\lim_{n\to\infty} 1/n^2 = 0$. Wir wissen,
daß wir dann folgendes zeigen müssen:

$$\forall \varepsilon > 0\, \exists n_0\, \forall n \geq n_0\ :\ \left|\frac{1}{n^2}\right| < \varepsilon.$$

Hier bietet sich eine Formulierung als Spiel direkt an. Der Beweiser übernimmt den Part des Existenzquantors und der Verifizierer den Part der beiden
Allquantoren. Auf jede Vorgabe eines $\varepsilon > 0$ des Verifizierers (etwa $\varepsilon = 0,01$,
vgl. Abbildung 16.1) muß der Beweiser solcherart mit einem n_0 antworten,
daß bei einer weiteren beliebigen Wahl eines $n \geq n_0$ auf seiten des Verifizie-
rers schließlich $|1/n^2| < \varepsilon$ gilt. Dies ist das Kriterium dafür, daß der Beweiser
gewonnen hat. Der Nachweis, daß der Beweiser eine *Gewinnstrategie* hat (also
bei geeignetem Spiel immer gewinnen kann) bedeutet, daß der Satz bewiesen
ist.

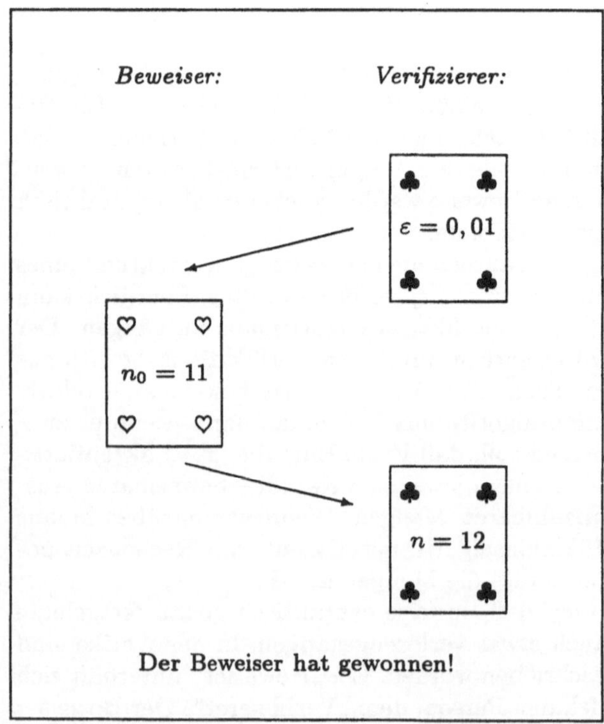

Abbildung 16.1. Wie man einen Beweis als Spiel zwischen dem Beweiser und dem Verifizierer auffassen kann. In diesem Fall hat der Beweiser eine Gewinnstrategie.

Wir beobachten als nächstes, daß viele Spiele ein stochastisches Element
haben (man benötigt beim Spiel zum Beispiel einen Würfel). Könnte es sein,

daß durch ein solches Zufallselement eine neue Qualität in unsere (Beweis-) Spiele hereinkommt?

Betrachten wir das Spiel „Stein-Schere-Papier", ein Beispiel aus der klassischen Spieltheorie (siehe z.B. [15]). Abbildung 16.2 zeigt die „Auszahlungsmatrix" hierfür: 0 bedeutet unentschieden, 1 bedeutet Spieler 1 hat gewonnen, –1 bedeutet Spieler 2 hat gewonnen. Bei diesem Spiel ist eine „reine" Strategie, also sich Festlegen auf einen bestimmten Spielzug, miserabel: zu jeder solchen reinen Strategie gibt es eine Gegenstrategie, die den Gegner gewinnen läßt. Das Beste, was man tun kann, ist jeden der möglichen Spielzüge (Stein, Schere, Papier) mit Wahrscheinlichkeit 1/3 auszuwählen.

	Spieler 2:		
	St	Sc	Pa
St	0	1	–1
Sc	–1	0	1
Pa	1	–1	0

(Spieler 1: St, Sc, Pa)

Abbildung 16.2. Beim Spiel „Stein-Schere-Papier" ist es am besten, eine „gemischte Strategie" zu spielen, und zwar jeden der möglichen Züge mit Wahrscheinlichkeit 1/3 zu wählen.

Dieses Beispiel zeigt, daß Strategien durch Einführen eines Zufallselements verbessert werden können. Es wird sich zeigen, daß auch Beweisstrategien durch Verwenden von Zufallszahlen verbessert werden können. Und zwar werden sich manche Sachverhalte in einem stochastischen Modell schneller beweisen lassen als in einem deterministischen (was beim obigen Beispiel einer reinen Strategie entspricht).

16.2 Die Klasse IP

Ein letztes Beispiel: Der Beweiser möchte den Verifizierer davon überzeugen, daß zwei Objekte A und B voneinander verschieden sind. Der Verifizierer ist nicht in der Lage, den Unterschied zwischen A und B zu erkennen. Nun könnte ein interaktiver Beweis so aussehen, daß der Verifizierer hinter dem Rücken – für den Beweiser unsichtbar – eines der Objekte auswählt und dieses dem Beweiser vorführt; dieser benennt das Objekt als Objekt A oder B. Nun wird das Ganze wiederholt: der Verifizierer wählt hinter dem Rücken wieder zufällig aus – merkt sich aber, welches der beiden Objekte er vorzeigt, dasselbe wie beim ersten Mal oder das andere. Wenn der Beweiser bei diesem Spiel nach, sagen wir, 20 Runden jedesmal konsistent geantwortet hat, so besteht nur eine Chance von 2^{-20}, daß der Beweiser hierbei jedesmal Glück gehabt hat. Der Verifizierer muß also davon ausgehen, daß es doch irgendein Unterscheidungskriterium zwischen Objekt A und Objekt B gibt.

Interessant ist hierbei, daß der Verifizierer zwar einerseits von der Verschiedenheit der Objekte überzeugt wird, andererseits aber nach Ablauf des Beweises immer noch nicht sagen kann, *warum* die Objekte verschieden sind. Dies ist der sogenannte Zero-Knowledge Aspekt dieses interaktiven Beweisprotokolls, den wir später besprechen werden.

Abbildung 16.3 zeigt das Berechnungsmodell, in dem ein Beweis wie der eben beschriebene vollzogen werden kann. Es ist das Modell, das die Erfinder der interaktiven Beweissysteme [9] vorschlagen.

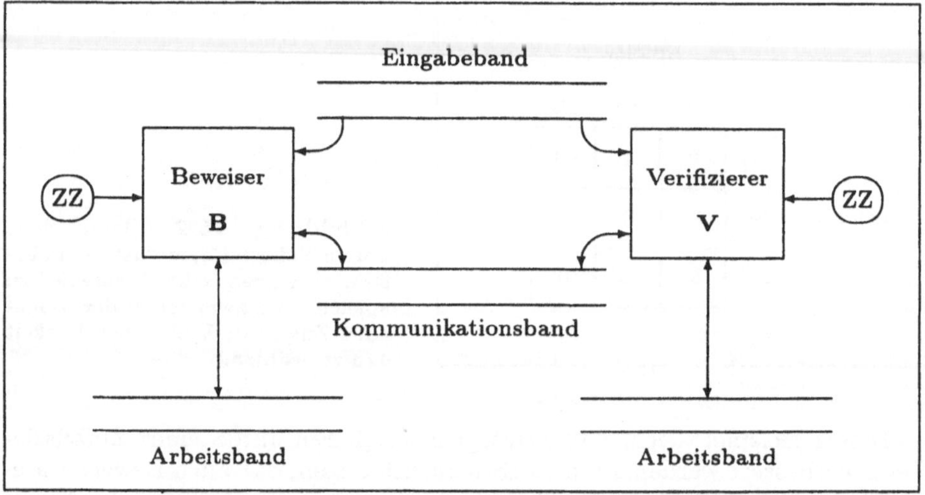

Abbildung 16.3. Modell des interaktiven Beweissystems.

Ein interaktives Beweissystem besteht aus zwei separaten Algorithmen (formalisiert als Turingmaschinen), dem Beweiser (-Algorithmus) und dem Verifizierer (-Algorithmus). Jeder der beiden hat Zugriff auf die Eingabe, die Information auf dem Kommunikationsband, kann einen (idealen) Zufallszahlengenerator (ZZ) verwenden und besitzt ein privates Arbeitsband, auf dem gegebenenfalls Zwischenrechnungen – außerhalb der Sichtweise des anderen Partners – getätigt werden können.

Ein interaktiver Beweis vollzieht sich in Runden. Pro Runde ist immer nur einer der beiden „Spieler" aktiv. Eine Runde beginnt mit Lesen der Eingabe bzw. der Information auf dem Kommunikationsband, verwendet evtl. Zufallszahlen und das Arbeitsband für Zwischenrechnungen und endet mit einer geeigneten Information, die auf das Kommunikationsband geschrieben wird. Danach wird der andere Spieler aktiv. Die Rechnung endet, wenn der Verifizierer schließlich akzeptiert oder verwirft.

Formal drücken wir durch $(B, V)(x) = 1$ aus, daß ein Ablauf des interaktiven Beweises bei Eingabe x und Beweiser B und Verifizierer V akzeptierend ist. Man beachte, daß $(B, V)(x)$ eine Zufallsvariable ist.

Eine Wortmenge A ist nun per Definition in der Klasse IP (dies steht für *interactive proof*), falls es einen Verifizier-Algorithmus V gibt, dessen Gesamtlaufzeit über alle Runden, in denen V aktiv ist, polynomial in $|x|$ ist, so daß für alle Eingaben x gilt:

$$x \in A \quad \Rightarrow \quad \text{es gibt Beweiseralgorithmus } B : Pr[\, (B, V)(x) = 1\,] > 1 - \varepsilon,$$
$$x \notin A \quad \Rightarrow \quad \text{für alle Beweiseralgorithmen } B : Pr[\, (B, V)(x) = 1\,] < \varepsilon.$$

Hierbei ist ε eine kleine, positive Konstante. (Die Definition ist gegenüber der Wahl von ε robust, solange $\varepsilon \in (0, 1/2)$.)

Im Falle von $x \in A$ wird also mit Wahrscheinlichkeit nahe bei 1 gefordert, daß ein geeigneter Beweiser den Verifizierer zum Akzeptieren bringen kann. (Man beachte, wir stellen keine Anforderung an die Komplexität des Beweisers.)

Im Falle von $x \notin A$ soll keine noch so trickreiche Strategie des Beweisers den Verifizier zum Akzeptieren bringen – höchstens mit verschwindend kleiner Wahrscheinlichkeit.

Da die Polynomialität des Verifizierers gefordert ist, drückt diese Definition den Begriff der *effizienten, interaktiven Beweisbarkeit* aus. Da „effiziente Beweisbarkeit" mit NP übereinstimmt, gilt sicherlich NP $\subseteq$ IP. In Abbildung 16.4 ist die Beziehung mit anderen bekannten Komplexitätsklassen dargestellt.

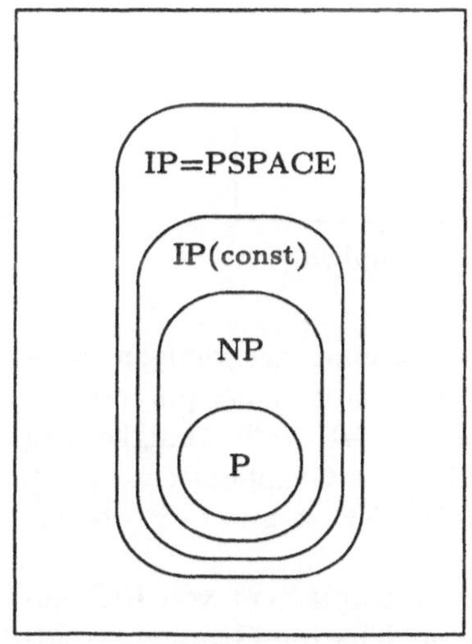

Abbildung 16.4. Hierarchie von Komplexitätsklassen. Aufgrund eines Resultats von Shamir ist IP=PSPACE. Die Klasse IP(const) stellt allerdings nur eine „kleine" Erweiterung der Klasse NP dar.

Es wurde in [17] gezeigt, daß die Klasse IP mit PSPACE (alles was mit polynomial beschränktem Speicherplatz berechnet werden kann) übereinstimmt, und damit ist IP (vermutlich) eine sehr große Erweiterung der Klasse NP. Insbesondere enthält IP die Klasse co–NP. Wenn wir aber auf Beweisprotokollen bestehen, bei denen die Anzahl der Runden durch eine Konstante (unabhängig von der Eingabelänge) beschränkt ist, so erhalten wir die Klasse IP(const), und es ist unklar, ob IP(const) = IP gilt, und ob IP(const) die Klasse co–NP enthält. In gewissem Sinne ist IP(const) nur eine sehr kleine Erweiterung der Klasse NP.

Da NP $\subseteq$ IP, besitzen alle Sprachen in co–NP, insbesondere die Komplemente von NP-vollständigen Problemen effiziente, interaktive Beweise. Dies ist im Kontrast mit der Frage, ob alle Sprachen in co–NP in NP liegen, also konventionelle effiziente Beweise besitzen. Dieses würde gerade NP = co–NP bedeuten und wird zu Recht bezweifelt.

16.3 Graphenisomorphie

Das Graphenisomorphieproblem (das wir mit ISO abkürzen) ist das folgende: gegeben zwei Graphen G_1 und G_2, stelle fest, ob diese isomorph sind. In Abbildung 16.5 sind zwei isomorphe Graphen gezeigt. Ein möglicher Isomorphismus ist $\left(\begin{smallmatrix} 1 & 2 & 3 & 4 & 5 & 6 \\ 1 & 5 & 3 & 4 & 2 & 6 \end{smallmatrix}\right)$. (In diesem Fall gibt es vier Isomorphismen.)

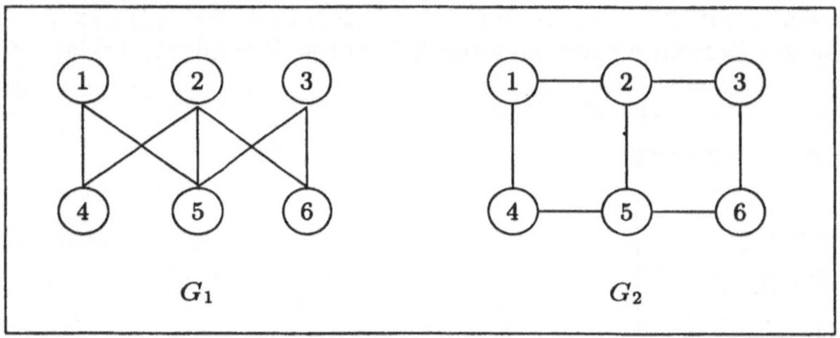

Abbildung 16.5. Zwei isomorphe Graphen.

In der Terminologie von [5] ist Graphenisomorphie eines der wenigen „offenen" Probleme in NP, in dem Sinne, daß weder die Existenz eines polynomialen Algorithmus nachgewiesen werden konnte noch die NP-Vollständigkeit. In Abbildung 16.6 wird die mögliche relative Position des Graphenisomorphieproblems in NP angedeutet. (Man beachte: wenn P $\neq$ NP, so gibt es Probleme in NP, die weder in P noch in NPV liegen).

Wir wollen einen interaktiven Beweis für das Komplement von ISO angeben. Das heißt, der Verifizierer soll akzeptieren, falls die Graphen nicht-isomorph sind.

Die folgende „Entscheidungskaskade" (Abbildung 16.7) wird hierbei eine Rolle spielen. Zunächst wird einer der beiden Graphen ausgewählt, danach

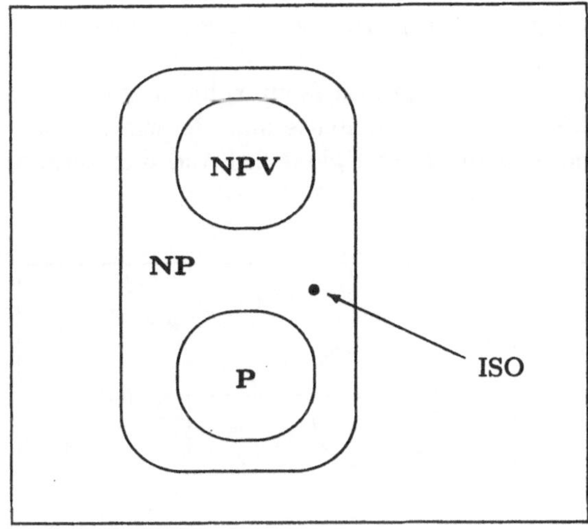

Abbildung 16.6. Relative Position des Graphenisomorphieproblems in der Klasse NP. Hierbei bezeichnet NPV die Klasse der NP-vollständigen Probleme.

wird auf den Graphen eine beliebige Permutation π angewandt, und so eine isomorphe Variante eines der beiden Ausgangsgraphen erzeugt.

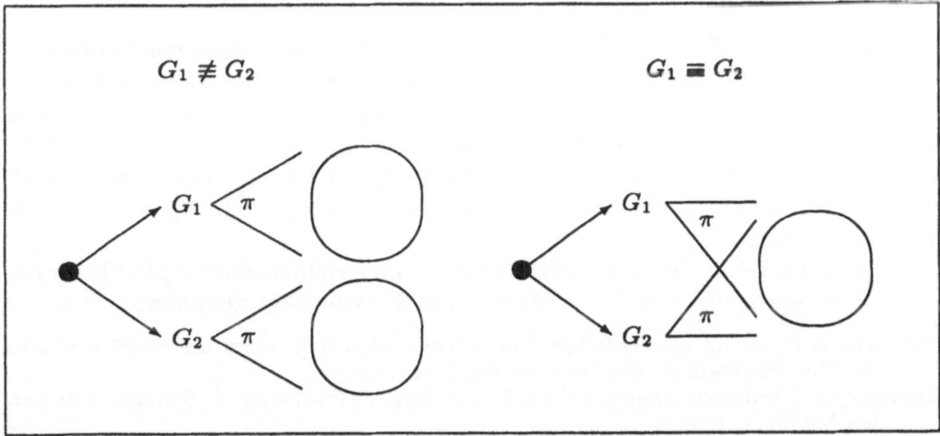

Abbildung 16.7. „Entscheidungskaskade" zur Auswahl eines zu G_1 oder G_2 isomorphen Graphen.

Wenn wir mal annehmen, daß alle isomorphen Varianten der Graphen verschieden sind (das ist genau dann der Fall, wenn die Graphen außer der identischen Permutation keine weiteren Automorphismen enthalten), dann führt diese Entscheidungskaskade im ersten Fall (wenn G_1 und G_2 nicht isomorph sind) auf genau $2n!$ mögliche Ergebnisgraphen, im zweiten Fall dagegen (wenn die Graphen isomorph sind) auf genau $n!$ Ergebnisgraphen (denn im zweiten Fall kann jeder Ergebnisgraph auf genau zwei Arten erzeugt werden).

Der Unterschied zwischen Nicht-Isomorphie und Isomorphie manifestiert sich also darin, daß eine gewisse Menge, deren Elemente nichtdeterministisch generiert werden können, das eine Mal die Mächtigkeit $2n!$ und das andere Mal die Mächtigkeit $n!$ hat.

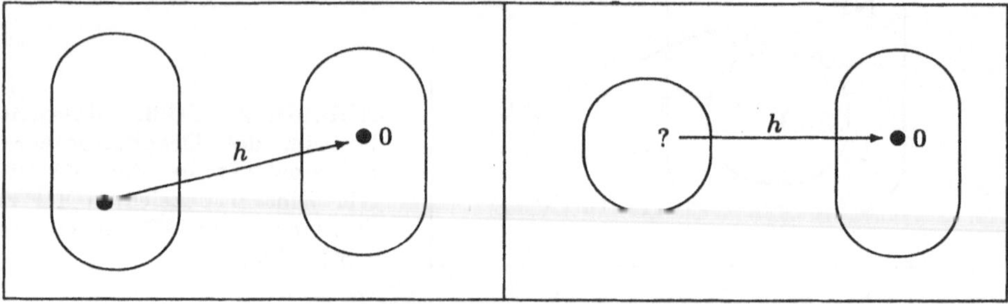

Abbildung 16.8. Bei einer zufällig gewählten Hashfunktion h ist es im linken Bild „wahrscheinlicher", daß eine festgehaltene Adresse in der Hashtabelle (etwa die Null) ein Urbild hat, als dies beim rechten Bild der Fall ist, wenn die Urbildmenge „klein" ist.

Diesen Unterschied können wir ausnutzen. Und zwar, wenn der Verifizierer eine zufällige Hashfunktion h (aus einer sogenannten universalen Klasse von Hashfunktionen; siehe z.B. [3]) wählt, wobei die Größe des Wertebereichs von h etwa $1,5 \cdot n!$ ist, so ist es „wahrscheinlicher" daß irgendein festgehaltener Punkt im Wertebereich von h (etwa die Null) ein Urbild unter h hat, wenn der Urbildbereich „groß" ($=2n!$) ist, als wenn dieser „klein" ($=n!$) ist (vgl. Abbildung 16.8).

Ein interaktives Beweisprotokoll für Graphen-Nicht-Isomorphie kann somit bei Eingabe der zwei Graphen G_1 und G_2 wie folgt ablaufen:

Verifizierer: Wählt eine zufällige Hashfunktion h aus $\mathcal{H}$, einer universalen Klasse von Hashfunktionen. Sendet h an den Beweiser.

Beweiser: Findet geeignetes $j \in \{1, 2\}$ und eine Permutation π. Sendet beides an den Verifizierer.

Verifizierer: Akzeptiert genau dann, wenn $h(\pi(G_j)) = 0$.

Die Analyse dieses Protokolls zeigt folgendes (wobei wir allerdings etwas simplifiziert haben, die genauen Details kann man z.B. in [11] finden):

$$G_1 \not\equiv G_2 \quad \Rightarrow \quad Pr[\exists j, \pi : h(\pi(G_j)) = 0] > 1 - \varepsilon,$$
$$G_1 \equiv G_2 \quad \Rightarrow \quad Pr[\exists j, \pi : h(\pi(G_j)) = 0] < \varepsilon.$$

Hieraus ergibt sich sofort $\overline{\text{ISO}} \in \text{IP(const)}$. Man beachte, daß für die Komplemente von NP-vollständigen Problemen bisher unbekannt (und unwahrscheinlich) ist, ob sie in IP(const) liegen. Da das Prädikat „$\exists j, \pi : h(\pi(G_j)) =$

0" in NP liegt, haben wir in gewisser Weise „fast" gezeigt, daß ISO in NP $\cap$ co–NP liegt.

Tatsächlich läßt sich dies noch weiter ausnutzen. Die Annahme, daß ISO NP-vollständig ist, hätte aufgrund dieses Resultats die Konsequenz, daß in einer gewissen „Polynomial-Logik" sich alle $\exists\forall$-Aussagen in $\forall\exists$-Aussagen umformen lassen und umgekehrt (was wir als äußert unwahrscheinlich einstufen). Unter Polynomial-Logik verstehen wir alle Formeln mit Quantoren mit einer freien Variablen x, wobei die quantifizierten Objekte sich in ihrer Größe durch ein Polynom in $|x|$ beschränken lassen. Ferner muß die Matrix einer solchen Formel ein polynomial-berechenbares Prädikat sein. (Für die Insider: wir reden hier über die Polynomialzeit-Hierarchie.)

Sei eine $\exists\forall$-Formel gegeben. Der hintere Teil der Formel, der mit $\forall$ beginnt, ist ein co–NP-Prädikat; und falls ISO NP-vollständig sein sollte, so ist $\overline{\text{ISO}}$ co–NP-vollständig. Dieses co–NP-Prädikat könnte also auf $\overline{\text{ISO}}$ reduziert werden. Wegen des interaktiven Beweisprotokolls für $\overline{\text{ISO}}$ erhalten wir nun also aus der ursprünglichen $\exists\forall$-Formel eine äquivalente Darstellung der Form

$$\exists\, Pr[\exists \ldots] > 1 - \varepsilon.$$

Die weiteren Umformungsschritte sind nun

$$Pr[\exists\exists \ldots] > 1 - \varepsilon$$

$$Pr[\exists \ldots] > 1 - \varepsilon$$

$$\forall\exists\exists \ldots$$

$$\forall\exists \ldots$$

Der vorletzte Umformungsschritt beruht auf einem Ergebnis in [12, 18], daß nämlich Aussagen, die mit hoher Wahrscheinlichkeit gelten, äquivalent durch eine $\forall\exists$-Formel ausgedrückt werden können.

Wir beenden diesen Abschnitt mit der Bemerkung, daß diese neue Definition und Sichtweise des interaktiven Beweisens in diesem Fall bei der Klassifizierung eines offenen Problems in NP geholfen hat. Graphenisomorphie ist also nicht NP-vollständig, außer wenn die sogenannte Polynomialzeit-Hierarchie „kollabiert" (vgl. hierzu [1, 13, 14]).

16.4 Zero-Knowledge

Wir wollen eine neue Fragestellung untersuchen. Nehmen wir an, Beweiser und Verifizierer sind weit voneinander entfernt; die Kommunikation zwischen beiden verläuft über ein Kommunikationsmedium (vgl. Abbildung 16.9).

Es kommt eigentlich gar nicht mehr auf den Satz, der bewiesen werden soll, an, sondern es geht nur um die Frage, ob der Beweiser tatsächlich im Besitz eines Beweises (eines Geheimnisses) ist. Dieses Geheimnis könnte zum Beispiel ein Passwort sein, das den Beweiser gegenüber dem Verifizierer als berechtigten Benutzer ausweist.

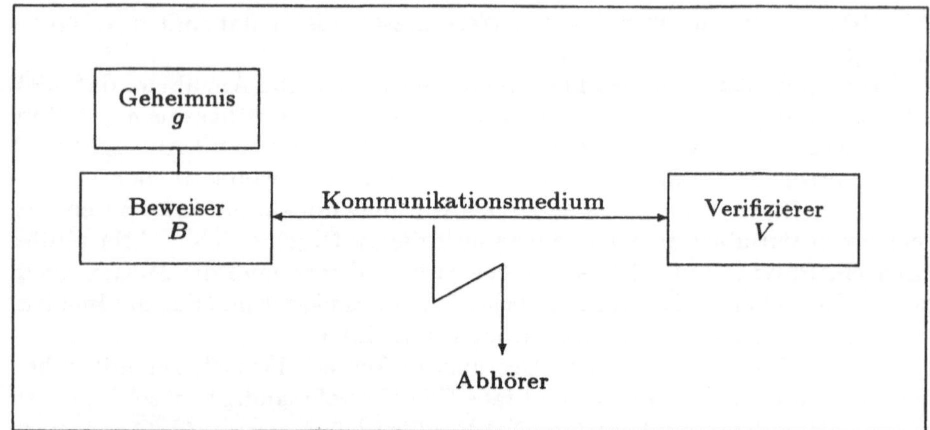

Abbildung 16.9. Interaktive Beweise in einem kryptographischen Szenario.

Beispiele für ein solches Szenario wären: remote-login über das Netz oder Telebanking. Die Frage ist nun, wie kann der Beweiser den Verifizierer davon überzeugen, daß er im Besitz des Beweises (Passworts, etc.) ist, ohne daß von einem potentiellen Abhörer der Kommunikation auf das eigentliche Passwort rückgeschlossen werden kann.

Beim bisher betrachteten Konzept des interaktiven Beweissystems ging es darum, daß der Verifizierer ein Mißtrauen gegenüber dem Beweiser hat – in bezug auf die Frage, ob dieser tatsächlich in Besitz eines Beweises ist. Bei der nun zusätzlich hinzukommenden Zero-Knowledge Eigenschaft geht es umgekehrt darum, daß der Beweiser ein Mißtrauen gegenüber einem potentiellen Abhörer (und auch gegenüber dem Verifizierer) hat. Er möchte zwar ein ordentliches interaktives Beweisprotokoll durchführen, möchte aber nicht seinen Beweis preisgeben.

Wie sind diese beiden Anliegen unter einen Hut zu bringen? Wie kann man diese intuitive Idee, daß durch die Kommunikation zwischen Beweiser und Verifizierer kein „Wissen" über den Beweis vermittelt werden soll, formalisieren? Die traditionelle Informationstheorie, die die übermittelte Information anhand der Bit-Entropie mißt, hilft hier nicht weiter. Natürlich werden zwischen Beweiser und Verifizierer Bits übermittelt, aber es geht darum, daß diese Bits keine relevante Information enthalten sollen.

Die „richtige Definition" ergibt sich, wenn wir uns die Vorgehensweise beim sogenannten Turing-Test vergegenwärtigen (Abbildung 16.10).

Wie soll man feststellen, ob Computer intelligent sind? Der Test besteht darin, an das eine Terminal einen Computer anzuschließen (der im Nachbarraum steht), und an das andere ein Terminal, an dem ein Mensch sitzt. Die Testperson weiß nicht, an welchem Terminal ein Mensch und an welchem ein Computer angeschlossen ist. Sie darf versuchen, dies in angemessener Zeit durch Eintippen von Fragen herauszufinden. Wenn bei mehreren Versuchen

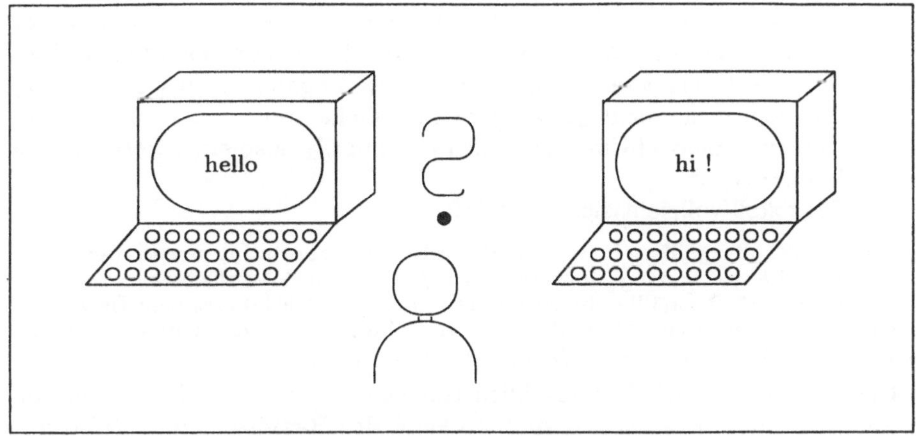

Abbildung 16.10. Der Turing-Test.

dieser Art die Trefferquote nahe bei 50 % liegt, so wird man sagen müssen, der Computer verhält sich zumindest *wie* ein intelligentes Wesen.

Ganz ähnlich ist die Definition von Zero-Knowledge angelegt. Wir vergleichen die Information, die auf dem Kommunikationsmedium abgehört werden kann (dies ist eine Zufallsvariable) mit der Information, die von einem geeigneten „dummen" probabilistischen Algorithmus geliefert werden könnte. Wenn beide Zufallsvariablen übereinstimmen – oder nicht voneinander unterscheidbar sind – dann liegt die Zero-Knowledge Situation vor.

Formaler: Sei $\text{View}(B, V, x)$ eine Zufallsvariable, die genau die Werte annimmt, die bei einem Lauf eines interaktiven Beweises bei Eingabe x als Kommunikation zwischen Beweiser B und Verifizierer V übertragen werden. Die Werte, die diese Zufallsvariable annehmen kann, sind Folgen von Wörtern. Das i-te Wort entspricht dann gerade der i-ten auf dem Kommunikationsband ausgetauschten Information.

Wir sagen, ein interaktiver Beweis hat die *Perfekte Zero-Knowledge Eigenschaft*, wenn es einen polynomial-zeitbeschränkten Algorithmus M gibt (dieser darf in seiner Rechnung auch Zufallszahlen verwenden), so daß die beiden Zufallsvariablen $\text{View}(B, V, x)$ und $M(x)$ identisch sind. Das heißt, statistisch gesehen, könnte die auf dem Kommunikationsmedium zu beobachtende Information auch durch einen einfachen Algorithmus erzeugt werden. Ein solcher Algorithmus stünde dem Abhörer sowieso zur Verfügung; daher kann das Belauschen der Kommunikation keine neue Erkenntnis für den Abhörer bringen.

(Bemerkung: In der Literatur [9, 7, 19, 6, 16] wird meist noch weitergehender verlangt, daß es *für jeden* Verifizierer-Algorithmus V einen derartigen „Simulator" M gibt. Hierdrin drückt sich auch ein Mißtrauen gegenüber dem Verifizierer aus, nicht nur gegenüber einem potentiellen Abhörer.)

Ein schönes Beispiel (das aus [7] stammt), wo ein solcher interaktiver Zero-Knowledge Beweis möglich ist, ist das Graphenisomorphieproblem. Dieses Mal soll die *Isomorphie* zwischen den zwei Eingabegraphen G_1 und G_2 bewiesen werden. Das nicht preiszugebende „Geheimnis" des Beweisers besteht aus einem Isomorphismus zwischen G_1 und G_2, also einer Permutation π mit $\pi(G_1) = G_2$.

Das Protokoll vollzieht sich wie folgt:

Beweiser: Wählt zufällig ein $j \in \{1, 2\}$ und eine Permutation σ aus. Berechnet den Graphen $H := \sigma(G_j)$ und übermittelt diesen dem Verifizierer.
Verifizierer: Wählt zufällig ein $k \in \{1, 2\}$ und übermittelt dieses dem Beweiser.
Beweiser: Bestimmt eine Permutation τ und übermittelt diese dem Verifizierer.
Verifizierer: Akzeptiert genau dann, wenn $H = \tau(G_k)$.

Dieses Protokoll erfüllt tatsächlich (im wesentlichen) die Definition von IP. Falls G_1 und G_2 isomorph sind, so kann der Beweiser immer (also mit Wahrscheinlichkeit 1) das geforderte τ bestimmen. Tatsächlich kann er dies in polynomialer Zeit tun – relativ zu der Geheiminformation π, die ihm zur Verfügung steht. Falls $k = j$, so ist $\tau = \sigma$; andernfalls läßt sich τ als eine geeignete Komposition von σ und π (bzw. π^{-1}) berechnen. Dies ist eine wichtige Beobachtung; es handelt sich also aus der Sicht des Beweisers um einen „durchführbaren" interaktiven Zero-Knowledge Beweis. Das diesen Abschnitt einleitende motivierende Beispiel, das die Notwendigkeit und Nützlichkeit von Zero-Knowledge Beweisen zeigen sollte, kann damit tatsächlich implementiert werden.

Falls die Graphen nicht isomorph sind, so kann der Beweiser im Falle von $j \neq k$ die Aufforderung des Verifizieres nicht erfüllen. Dies passiert ihm mit Wahrscheinlichkeit 1/2. Diese Wahrscheinlichkeiten erfüllen zunächst zwar nicht genau die Definition von IP, wo die Wahrscheinlichkeiten $> 1 - \varepsilon$ im positiven Fall und $< \varepsilon$ im negativen Fall gefordert sind. Tatsächlich haben wir hier die Wahrscheinlichkeit 1 im positiven Fall und 1/2 im negativen Fall. Dies ist aber kein Problem, denn die Wahrscheinlichkeiten können leicht nach unten hin „verschoben" werden, indem man das Protokoll so modifiziert, daß nur mit Wahrscheinlichkeit 3/4 akzeptiert wird, wenn man im obigen Protokoll akzeptieren würde. Dann erhält man die Wahrscheinlichkeiten 3/4 im positiven Fall und $(1/2) \cdot (3/4) = 3/8$ im negativen Fall.

Schließlich zur Zero-Knowledge Eigenschaft: Zwischen Beweiser und Verifizierer werden folgende Tripel im Laufe eines Beweises kommuniziert: (H, k, τ), wobei $H = \tau(G_k)$. Alle solchen Tripel kommen dabei mit gleicher Wahrscheinlichkeit vor. Durch einen einfachen Algorithmus können solche Tripel ebenfalls mit Gleichverteilung generiert werden, und daher gilt die perfekte Zero-Knowledge Eigenschaft. Der Trick besteht darin, diese Tripel nicht in der obigen Reihenfolge zu bestimmen, nämlich H, k zufällig auswählen und dann τ berechnen; sondern in folgender Reihenfolge: τ, k zufällig auswählen und dann $H := \tau(G_k)$ zu berechnen.

Als nächstes wollen wir ein Zero-Knowledge Protokoll für ein NP-vollständiges Problem beschreiben, nämlich für das Hamiltonkreis-Problem (vgl.

[16]). Wegen der NP-Vollständigkeit folgt damit, daß alle Sprachen in NP (sogar alle Sprachen in IP = PSPACE) interaktive Zero-Knowledge Beweise haben. (Allerdings nicht *perfekte* Zero-Knowledge Beweise im Sinne der oben angegebenen Definition; das diskutieren wir später.)

Nehmen wir an, der Beweiser kennt einen Hamiltonkreis in einem gegebenen großen Graphen. Dieser Graph soll so groß sein, daß es für polynomiale Algorithmen aussichtslos ist, einen solchen zu finden (Abbildung 16.11 zeigt ein kleines Beispiel).

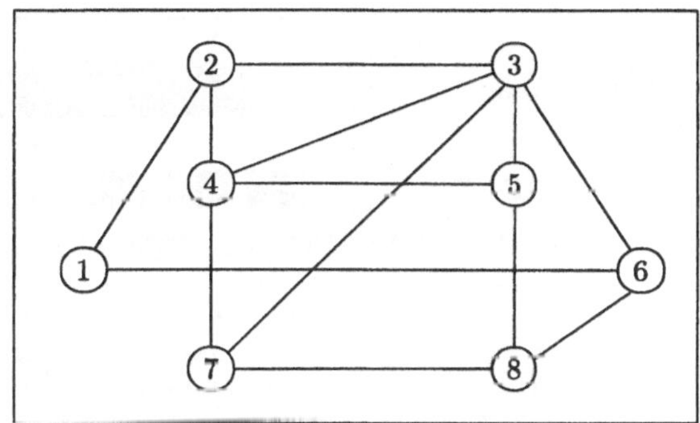

Abbildung 16.11. Der Beweiser kennt einen Hamiltonkreis in diesem Graphen. Der Existenzbeweis kann in Zero-Knowledge Weise erbracht werden – also ohne daß der Hamiltonkreis mitgeteilt wird.

Der Ablauf des Protokolls vollzieht sich wie folgt: Der Beweiser beginnt und erzeugt eine zufällige „Umnumerierung" (Permutation) der Knoten des Graphen. In Abbildung 16.12 werden die Knotennummern 1 bis 8 aus dem Beispiel in Abbildung 16.11 umbenannt in A bis H – in zufälliger Reihenfolge. Der Beweiser verpackt sowohl diese Umnumerierung als auch eine Auflistung aller Kanten in der umnumerierten Darstellung – in zufälliger Reihenfolge – in „abschließbare Boxen" und schickt sie dem Verifizierer. Das heißt, der Verifizierer hat dann zwar die Boxen in seinen Händen und der Beweiser kann den Inhalt nun nicht mehr ändern; der Verifizierer kann die Boxen jedoch nicht öffnen. In Abbildung 16.12 sind diese Boxen durch schwarze Kästen dargestellt (das Beispiel bezieht sich auf den Graphen in Abbildung 16.11).

Im nächsten Schritt wählt der Verifizierer eine von zwei Möglichkeiten aus und teilt dem Beweiser mit, wofür er sich entschieden hat.

Angenommen, der Verifizierer hat sich für Möglichkeit 1 entschieden. Dann schickt der Beweiser dem Verifizierer die Schlüssel für alle Boxen und dieser akzeptiert in diesem Fall genau dann, wenn die Boxen tatsächlich eine Umnumerierung der Knoten und eine Auflistung aller Kanten in der umnumerierten Version enthalten.

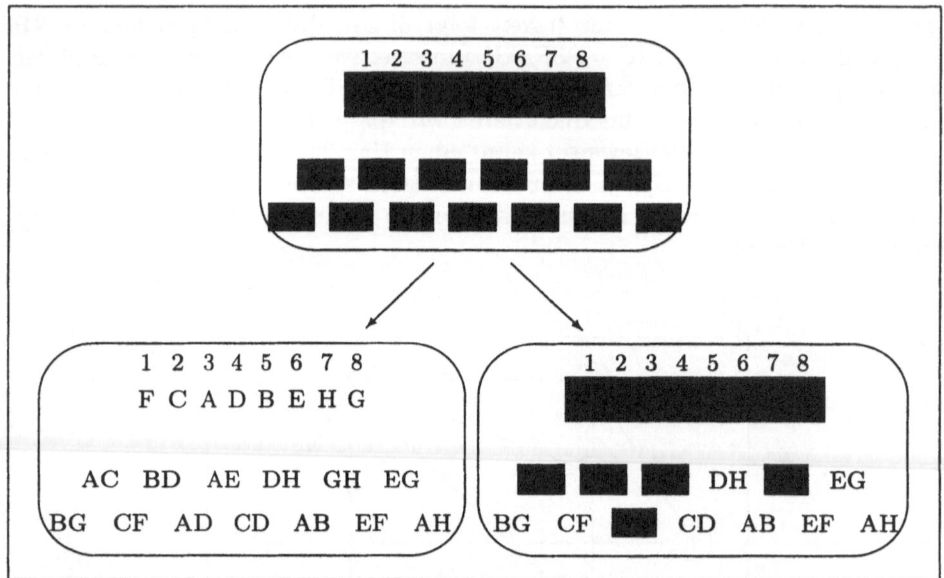

Abbildung 16.12. Die zwei Wahlmöglichkeiten des Verifizierers: entweder alles aufdecken lassen oder einen Hamiltonkreis im umnumerierten Graphen zeigen lassen.

Angenommen, der Verifizierer hat sich für Möglichkeit 2 entschieden. Dann schickt der Beweiser nur n Schlüssel (n=Anzahl der Knoten des Graphen). Diese Schlüssel passen bei genau n der Boxen, welche umnumerierte Kanten enthalten. Der Verifizierer akzeptiert nun genau dann, wenn die vorgefundenen Kanten einen Kreis ergeben. (In Abbildung 16.12 ist dies der Kreis A–B–G–E–F–C–D–H–A).

Warum ist dies ein korrekter interaktiver Beweis? Falls der Beweiser einen Hamiltonkreis in dem Graphen kennt, so kann er jede der möglichen Aufforderungen des Verifizierers Folge leisten. Das heißt, der Verifizierer akzeptiert in diesem Fall mit Wahrscheinlichkeit 1.

Falls der Graph keinen Hamiltonkreis besitzt, so kann der Beweiser nur auf genau eine der zwei möglichen Anforderungen des Verifizierers erfolgreich setzen. (Denn wenn er beide Anforderungen erfüllen könnte, dann hätte der Graph ja einen Hamiltonkreis). Wenn der Beweiser hofft, daß der Verifizierer die Möglichkeit 1 wählt, so kann er eine zufällige Umnumerierung der Knoten und eine zufällige Auflistung aller Kanten in den Boxen bereitstellen und diese dann nach Aufforderung 1 alle öffnen. Wenn er dagegen hofft, daß der Verifizierer die Möglichkeit 2 wählt, so kann er einen Hamiltonkreis in der umnumerierten Darstellung verpacken und in die restlichen Boxen „Unsinn" verpacken (diese brauchen in diesem Fall ja nicht geöffnet zu werden). Mit Wahrscheinlichkeit 1/2 kann der Beweiser aber in beiden Fällen auf die falsche Möglichkeit gesetzt haben und er kann die jeweilige Aufforderung des Verifizierers nicht erfüllen.

Wir haben hier wieder das Wahrscheinlichkeitsverhalten 1 im positiven Fall und 1/2 im negativen Fall. Dies kann durch „Verschieben" der Wahrscheinlichkeiten oder durch Iterieren des Protokolls mit unabhängigen Zufallszahlen in die Form $> 1 - \varepsilon$ im positiven Fall und $< \varepsilon$ im negativen Fall gebracht werden.

Warum ist dieser interaktive Beweis ein Zero-Knowledge Beweis? Nun, was ist auf dem Kommunikationsmedium zu sehen? Zunächst wird eine Menge verschlossener Boxen verschickt, dann kommt vom Verifizierer eine Zufallszahl, nämlich die 1 oder die 2. Dann werden entweder alle Boxen geöffnet oder nur eine Auswahl, welche einen Hamiltonkreis enthält. Indem man diesen Prozeß in anderer Reihenfolge nachspielt, kann man ihn durch einen einfachen Algorithmus simulieren: zunächst die Anforderung des Verifizierers zufällig festlegen (1 oder 2), und dann je nach Anforderung wie oben beschrieben die Boxen packen und die jeweiligen Boxen öffnen.

Sofern wir das Konzept einer „abschließbaren Box" physikalisch realisieren könnten, so wäre dies tatsächlich ein perfekter Zero-Knowledge Beweis. Das Problem ist nur, wie sendet man eine „verschlossene Box" auf elektronischem Wege, also als Folge von Nullen und Einsen? Wie wird garantiert, daß der Verifizierer diese elektronische Box nicht vorzeitig öffnen kann (darauf beruht gerade die Zero-Knowledge Eigenschaft)? Und wie „öffnet" man schließlich eine solche elektronische Box? Das wird im nächsten Abschnitt besprochen.

16.5 Bit Commitment

Man kann sich leicht überlegen, daß es genügt, sich ein Konzept zu überlegen, wie man ein *einzelnes Bit* in eine elektronische Box verpacken kann, um diese Box dann später mit Hilfe eines geeigneten Schlüssels zu öffnen. Ein solches verpacktes, also verschlüsseltes Bit heißt in der Literatur oft ein „blob" [2, 19] (vgl. Abbildung 16.13).

Was wir benötigen ist eine sogenannte *Einwegfunktion*, also eine Funktion f, die effizient berechenbar ist, welche ferner injektiv ist und für die es „unmöglich" ist, die Umkehrfunktion f^{-1} zu berechnen.

Das Bit $b \in \{0, 1\}$ wird dann wie folgt probabilistisch verschlüsselt (vgl. [8, 19]): Es wird eine geeignet große Zufallszahl z ausgewählt und dann $y = f(z, b)$ berechnet. In y ist nun gewissermaßen das Bit b versteckt. Völlig unmöglich ist es natürlich nicht, auf das Bit b rückzuschließen. Man braucht „nur" alle potentiellen z durchzuprobieren, bis man eines findet mit $f(z, 0) = y$ oder $f(z, 1) = y$. Die Sicherheit des Systems und damit die Zero-Knowledge Eigenschaft beruht darauf, daß ein polynomial beschränkter Algorithmus nicht in angemessener Zeit in der Lage ist, alle potentiellen z auszuprobieren.

Mehr noch, kein solcher Algorithmus sollte statistisch gesehen mit größerer Wahrscheinlichkeit als 1/2 das richtige Bit b „vermuten" können. Das

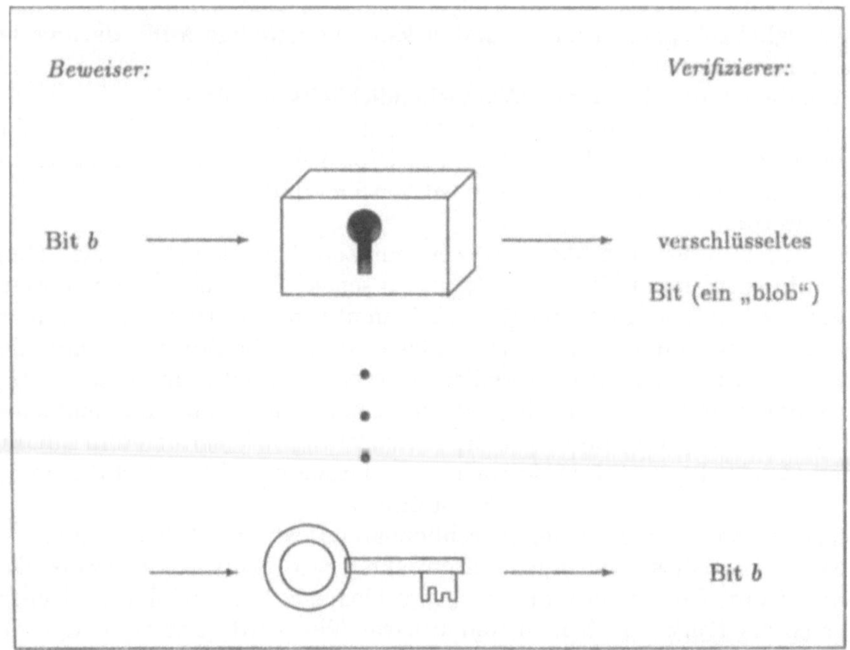

Abbildung 16.13. „Bit Commitment Scheme".

heißt, die Verteilung der Wörter $f(z, 0)$ und der Wörter $f(z', 1)$ (für zufällig gewähltes z bzw. z') soll durch polynomiale statistische Tests nicht unterscheidbar sein. An dieser Stelle zeigt es sich, daß man im Falle des Hamiltonkreis-Problems zwar nicht die *perfekte* Zero-Knowledge Eigenschaft bekommt, sondern eine schwächere Eigenschaft, die sich *computational* Zero-Knowledge nennt (und zwar unter der bisher nicht bewiesenen Annahme, daß es derartige Einwegfunktionen gibt). Vermutlich wird es nicht möglich sein, für NP-vollständige Probleme interaktive Beweise mit *perfektem* Zero-Knowledge anzugeben, denn in [4] wird gezeigt, daß dieses – wie bei dem weiter oben diskutierten Fall – den Kollaps der Polynomialzeit-Hierarchie zur Folge hätte.

Das Öffnen der „elektronischen Box" y erfolgt so, daß der Beweiser den „Schlüssel", und zwar die Zufallszahl z schickt. Der Verifizierer kann dann feststellen, ob $y = f(z, 0)$ oder $y = f(z, 1)$ gilt.

Warum soll f eigentlich injektiv sein? Nun, dadurch wird der Beweiser gezwungen, daß das Bit b im weiteren Verlauf festgelegt ist. Es darf für den Beweiser natürlich nicht möglich sein, sowohl die Box mit einem Schlüssel z_1 zu öffnen, der den Inhalt $b = 0$ freigibt, als auch mit einem Schüssel z_2, der den Inhalt $b = 1$ freigibt. Daher der Name „Bit Commitment".

Es gibt verschiedene Vorschläge, wie eine solche Einwegfunktion konkret konzipiert werden könnte. Die meisten sind zahlentheoretischer Natur. Hier ist ein ad-hoc Vorschlag zur Konstruktion von f – um das Prinzip klarzumachen: Gegeben sei das zu verschlüsselnde Bit b. Bestimme zwei zufällige Primzahlen $p, q, p < q$, mit jeweils mindestens 100 Dezimalstellen. Die größere der beiden Primzahlen q sollte ferner die Eigenschaft haben, daß die Parität der Bits in ihrer Binärdarstellung (gerade=0, ungerade=1) mit dem Bit b übereinstimmt. Der Funktionswert von f ergibt sich dann als $n = p \cdot q$.

Es ist klar, daß man b bestimmen kann, wenn man p (oder q oder beide) mitteilt. Aus der 200-stelligen Zahl n aber auf die beiden Faktoren p und q und damit auf das Bit b rückzuschließen, scheint mit heutiger Technologie ein unmögliches Unterfangen zu sein.

16.6 Schlußbemerkungen

Verschiedene der dargestellten Beispiele, Ideen und Ergebnisse haben gezeigt, wie wichtig das *Zufallsprinzip* in diesem Kontext ist. Daß das Verwenden von Zufallszahlen gewisse Algorithmen beschleunigen kann (zum Beispiel beim Primzahltesten) ist schon seit einiger Zeit bekannt. Bei den interaktiven Beweissystemen, beim Zero-Knowledge Begriff, beim Bit Commitment spielen Zufallszahlen aber eine noch weitergehende Rolle: ohne das Zufallsprinzip würden diese Definitionen in sich zusammenfallen.

Desweiteren erscheint bemerkenswert zu sein, inwieweit bei den hier vorgestellten Definitionen und Begriffen ein ingenieurmäßiger Modellierungsaspekt eine Rolle spielt. Die Idee zu haben, daß sowas wie kein Übertragen von „nützlicher Information" bei der Übermittlung eines Beweisarguments möglich sein könnte, ist die eine Sache. Dann aber tatsächlich die „richtige" Definition zu finden, die diese vage Idee formalisiert oder modelliert, ist eine andere Sache. Daß diese Definitionen (von interaktivem Beweisen, von Zero-Knowledge) dann tatsächlich durch entsprechende Beispiele mit Leben erfüllt werden können, macht diese Theorie dann besonders attraktiv.

Desweiteren muß gesehen werden, daß derartige Leistungen in der (Theoretischen) Informatik nur deshalb möglich sind, weil die Autoren profunde Kenntnisse in einer Reihe von Gebieten haben und es auch verstanden haben, über das Konventionelle hinaus diese Gebiete (z.B. Logik, Kryptographie, Komplexität, Stochastik, Zahlentheorie) in kreativer Weise neu miteinander zu verknüpfen.

Schriftenverzeichnis

1. R.B. Boppana, J. Håstad und S. Zachos (1987): Does co-NP have short interactive proofs? Information Processing Letters 25, 27–32.
2. G. Brassard (1988): Modern Cryptology. Lecture Notes in Computer Science 325. Springer-Verlag, Berlin.
3. T.H. Cormen, C.E. Leiserson und R.L. Rivest (1990): Introduction to Algorithms. MIT Press, Cambridge, Mass.

4. L. Fortnow (1989): The complexity of perfect zero-knowledge. In: Advances in Computing Research, Vol. 5: Randomness and Computation (Ed. S. Micali). JAI Press, London.

5. M.R. Garey und D.S. Johnson (1979): Computers and Intractability: A Guide to the Theory of NP-Completeness. Freeman, San Francisco.

6. O. Goldreich (1995): Foundations of Cryptography. Buchmanuskript, Rehovot.

7. O. Goldreich, S. Micali und A. Wigderson (1991): Proofs that yield nothing but their validity or all languages in NP have zero-knowledge proof systems. Journal of the ACM 38, 691–729.

8. S. Goldwasser und S. Micali (1984): Probabilistic encryption. Journal of Computer and System Sciences 28, 270–299.

9. S. Goldwasser, S. Micali und C. Rackoff (1989): The knowledge complexity of interactive proofs. SIAM J. Comput. 18, 186–208.

10. W. Kamlath und P. Lorenzen (1973): Logische Propädeutik. B.I. Wissenschaftsverlag, Mannheim.

11. J. Köbler, U. Schöning und J. Torán (1993): The Graph Isomorphism Problem: Its Structural Complexity. Birkhäuser, Boston.

12. C. Lautemann (1983): BPP and the polynomial hierarchy. Information Processing Letters 14, 215–217.

13. U. Schöning (1988): Graph isomorphism is in the low hierarchy. Journal of Computer and System Sciences 37, 312–323.

14. U. Schöning (1989): Probabilistic complexity classes and lowness. Journal of Computer and System Sciences 39, 84–100.

15. G. Schrage und R. Baumann (1984): Strategiespiele. Oldenbourg Verlag, München.

16. A. Salomaa (1990): Public-Key Cryptography. Springer-Verlag, Berlin.

17. A. Shamir (1992): IP=PSPACE. Journal of the ACM 39, 869–877.

18. M. Sipser (1983): A complexity theoretical approach to randomness. Proc. 15th ACM Sympos. on Theory of Computing, 330–335.

19. D.G. Stinson (1995): Cryptography – Theory and Practice. CRC Press, Boca Raton.

Wie man Beweise verifiziert, ohne sie zu lesen

Hans Jürgen Prömel und Angelika Steger

Ein Traum eines jeden Studenten, Doktoranden und Professors: Die Richtigkeit eines komplizierten Beweises zu verifizieren, ohne ihn mühselig Zeile für Zeile zu lesen und zu verstehen. Glaubt man einem Artikel der New York Times, so ist die Wissenschaft diesem Ziel schon sehr nahe gekommen:

𝕿𝖍𝖊 𝕹𝖊𝖜 𝖄𝖔𝖗𝖐 𝕿𝖎𝖒𝖊𝖘   April 7, 1992

New Shortcut Found For Long Math Proofs

In a discovery that overturns centuries of mathematical tradition, a group of graduate students and young researchers has discovered a way to check even the longest and most complicated proof by scrutinizing it in just a few spots...

Doch was auf den ersten Blick aussieht wie ein immenser Fortschritt, hat auch dramatische Nachteile. In besagtem Artikel heißt es weiter:

Using this new result, the researchers have already made a landmark discovery in computer science. They showed that it is impossible to compute even approximate solutions for a large group of practical problems that have long foiled researchers...

Das Ergebnis, auf das sich der erste Teil dieses Zitates aus der New York Times bezieht, läßt sich abkürzend schreiben als

$$\mathcal{NP} = \mathcal{PCP}(\log n, 1).$$

Dieses Resultat wird gemeinhin als eines der spektakulärsten Ergebnisse der Theoretischen Informatik innerhalb der letzten Jahre angesehen. Im ersten Teil dieses Artikels wollen wir darstellen, was dieses Ergebnis genau besagt. Anschließend werden einige überraschende und weitreichende Konsequenzen dieses Ergebnisses für die Approximierbarkeit kombinatorischer Optimierungsprobleme vorgestellt. Konsequenzen, auf die im zweiten Teil des Zitats Bezug genommen wird.

17.1 Probabilistisch verifizierbare Beweise

Was besagt das Resultat $\mathcal{NP} = \mathcal{PCP}(\log n, 1)$ eigentlich? — Die Buchstabenfolge $\mathcal{PCP}$ steht für *probabilistically checkable proofs*. Ganz grob gesprochen geht es also um eine neue Charakterisierung der Klasse $\mathcal{NP}$ bei der die „Beweise" unter Zuhilfenahme von „wahrscheinlichkeitstheoretischen Ansätzen" überprüft werden.[1]

Im ersten Teil dieses Artikels werden wir versuchen, Schritt für Schritt die Aussage und die Bedeutung der Gleichung $\mathcal{NP} = \mathcal{PCP}(\log n, 1)$ zu erläutern. Dabei wird nicht an jeder Stelle der formalen Korrektheit Genüge getan, sondern bisweilen an die Intuition appelliert werden. Für die formalen Definitionen der grundlegenden Begriffe verweisen wir auf Standardreferenzen der Theoretischen Informatik, beispielsweise auf Wegener (1993). Im Sinne einer geschlossenen Darstellung beginnen wir mit der Definition der bekannten Klassen $\mathcal{P}$, $\mathcal{NP}$ und $\mathcal{RP}$. Die von uns gewählte Form ist allerdings teilweise unkonventionell, wird sich im folgenden aber als sehr zweckmäßig erweisen.

In der Komplexitätstheorie untersucht man üblicherweise *Entscheidungsprobleme* – im Unterschied zu *Optimierungs*problemen, die uns im zweiten Abschnitt dieses Artikels beschäftigen werden. Optimierungsprobleme sind dadurch gekennzeichnet, daß es zu jeder Eingabe I (aus einer Menge von Objekten $\mathcal{I}$) eine Menge von Lösungen gibt, unter denen eine zu bestimmen ist, die bezüglich einer vorgegebenen Bewertungsfunktion minimal beziehungsweise maximal ist. Bei Entscheidungsproblemen hingegen fragt man nur danach, ob eine Lösung mit einer gewissen Eigenschaft überhaupt existiert.

Sei $\mathcal{I}$ eine Menge von Objekten, von der wir im folgenden immer annehmen werden, daß von einem gegebenen Objekt I in polynomialer Zeit getestet werden kann, ob $I \in \mathcal{I}$. Zu jedem $I \in \mathcal{I}$ sei nun $\mathcal{L}(I)$ eine (möglicherweise leere) Menge. Weiter bezeichnen wir mit $\mathcal{I}_0 = \{I \in \mathcal{I} \mid \mathcal{L}(I) \neq \emptyset\}$ die Menge derjenigen Objekte, die mindestens eine „Lösung" besitzen. Das zugehörige Entscheidungsproblem ist dann also: *Gegeben ein $I \in \mathcal{I}$, gilt $I \in \mathcal{I}_0$?*

Schauen wir uns zwei Beispiele an, die auch im folgenden von Bedeutung sein werden:

k-SATISFIABILITY (kSAT):

Eingabe: *Eine Boolesche Formel in konjunktiver Normalform, in der jede Klausel die Disjunktion von genau k Literalen ist.*
Frage: *Gibt es eine Belegung der Variablen, so daß alle Klauseln erfüllt sind?*

und

k-COLORING (kCOL):

Eingabe: *Ein endlicher Graph $G = (V, E)$.*
Frage: *Gibt es eine Färbung $c : V \to \{1, \ldots, k\}$ der Knoten des Graphen mit k Farben, so daß je zwei benachbarte Knoten verschieden gefärbt sind, das heißt, daß für alle Kanten $\{x, y\} \in E$ gilt $c(x) \neq c(y)$?*

---

[1] Tatsächlich werden diese wahrscheinlichkeitstheoretischen Ansätze nichts weiter sein, als das wiederholte Werfen einer Münze!

Zu diesen Entscheidungsproblemen gehörige Optimierungsprobleme werden wir im zweiten Teil dieses Artikels betrachten.

Man sagt, ein Entscheidungsproblem $\mathcal{I}$ liegt in $\mathcal{P}$, falls es eine Turingmaschine gibt, die zu einem gegebenen $I \in \mathcal{I}$ in polynomial vielen Schritten (in der Länge $|I|$ der Eingabe) entscheidet, ob $I \in \mathcal{I}_0$, das heißt, die ACCEPT ausgibt, falls $I \in \mathcal{I}_0$, und REJECT sonst.

Bekannte Beispiele für Probleme in $\mathcal{P}$ sind die Spezialfälle 2SAT und 2COL der oben angeführten Entscheidungsprobleme. Für die Probleme 3SAT und 3COL konnte man andererseits bis heute nicht zeigen, daß sie zu $\mathcal{P}$ gehören. Sie liegen jedoch zumindest in der Klasse $\mathcal{NP}$.

Um die Klasse $\mathcal{NP}$ zu definieren, machen wir die Turingmaschine etwas „mächtiger", indem wir ihr erlauben, zusätzlich zur Eingabe I auch einen (potentiellen) Beweis B zu lesen. Ein Entscheidungsproblem liegt dann in $\mathcal{NP}$, falls es eine solche, wie man sagt, *nichtdeterministische* Turingmaschine M gibt, die zu einem gegebenen $I \in \mathcal{I}$ unter Zuhilfenahme eines entsprechenden Beweises B in polynomial (in $|I|$) vielen Schritten entscheidet, ob $I \in \mathcal{I}_0$. Aus Gründen, die etwas später klar werden, nennen wir solch eine nichtdeterministische Turingmaschine im folgenden auch einen *Verifier*. Graphisch kann man sich diesen wie folgt veranschaulichen:

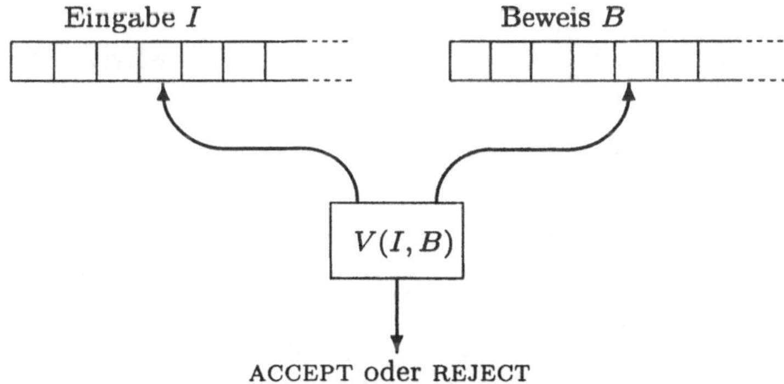

Abbildung 17.1. Die Klasse $\mathcal{NP}$ (nondeterministic polynomial time).

Die Klasse $\mathcal{NP}$ besteht dann also aus allen Problemen $\mathcal{I}$, für die es einen polynomial zeitbeschränkten Verifier V gibt, so daß

$$\forall I \in \mathcal{I}_0 \ \exists B_0 : \quad V(I, B_0) = \text{ACCEPT}, \quad \text{und}$$
$$\forall I \notin \mathcal{I}_0 \ \forall B : \quad V(I, B) = \text{REJECT}.$$

Offensichtlich ist $\mathcal{P} \subseteq \mathcal{NP}$. Für Probleme aus $\mathcal{P}$ kann der Verifier die Frage „$I \in I_0$?" ja sogar entscheiden, ohne den Beweis überhaupt zu lesen. Die Probleme 3SAT und 3COL gehören offenbar ebenfalls zur Klasse $\mathcal{NP}$. Hier besteht der „Beweis" B_0 einfach aus einer erfüllenden Wahrheitsbelegung der

Variablen beziehungsweise aus einer zulässigen 3-Färbung $c : V \to \{1, 2, 3\}$ der Knoten von G. In beiden Fällen muß der Verifier nur überprüfen, ob für die vorliegende Wahrheitsbelegung beziehungsweise Färbung alle Klauseln erfüllt sind beziehungsweise die Endpunkte aller Kanten verschieden gefärbt sind. Und dies ist ganz offensichtlich in polynomialer Zeit möglich.

Allgemein nimmt man an, daß $\mathcal{P} \neq \mathcal{NP}$ gilt. Vereinfacht ausgedrückt, man vermutet, daß es kombinatorische Probleme gibt, für die es schwerer ist, eine Aussage zu beweisen, als einen gegebenen Beweis zu verifizieren.

Als Hilfsmittel zur Strukturierung der Klasse $\mathcal{NP}$ hat man den Begriff der polynomialen (Turing-)Reduzierbarkeit eingeführt, der Aussagen der Form gestattet *„Wenn dieses Problem in $\mathcal{P}$ liegt, dann liegt auch jenes Problem in $\mathcal{P}$"*. Ein Problem $\mathcal{I} \in \mathcal{NP}$ heißt $\mathcal{NP}$-vollständig, falls aus $\mathcal{I} \in \mathcal{P}$ bereits $\mathcal{NP} \subseteq \mathcal{P}$ folgt. $\mathcal{NP}$-vollständige Probleme sind also in gewissem Sinne die schwierigsten Probleme in $\mathcal{NP}$. 3Sat und 3Col sind $\mathcal{NP}$-vollständig. Ein Problem $\mathcal{I}$ mit der Eigenschaft $\mathcal{I} \in \mathcal{P} \Longrightarrow \mathcal{NP} \subseteq \mathcal{P}$ nennt man $\mathcal{NP}$-schwer.

Eine andere Möglichkeit, eine (Standard-)Turingmaschine „mächtiger" zu machen, ist es, ihr – idealisiert ausgedrückt – das Werfen einer Münze zu gestatten. Erlaubt man einer solchen sogenannten *randomisierten* Turingmaschine zudem, einen einseitigen Fehler zu machen, erhält man die Klasse $\mathcal{RP}$. Zur genauen Definition verwenden wie wieder unsere obige Sprechweise eines *Verifiers* (statt einer Turingmaschine), dem wir diesmal jedoch statt dem Zugriff auf einen „Beweis" den Zugriff auf eine Folge τ von zufälligen Bits gewähren (die sozusagen die Ergebnisse der sukzessiven „Münzwürfe" repräsentieren).

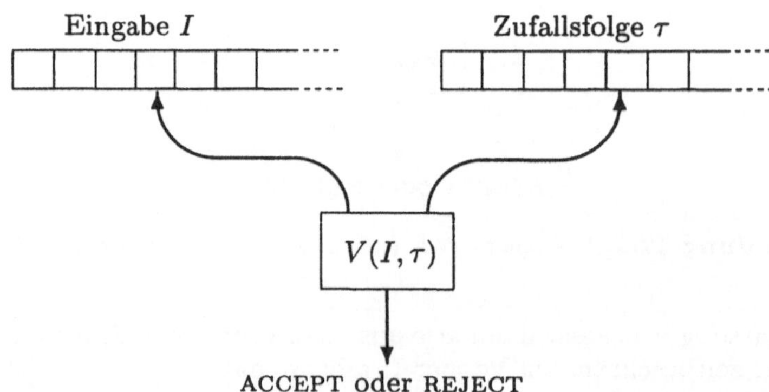

Abbildung 17.2. Die Klasse $\mathcal{RP}$ (randomized polynomial time).

Die Klasse $\mathcal{RP}$ besteht aus allen Problemen $\mathcal{I}$, für die es einen polynomial zeitbeschränkten Verifier V gibt, so daß

$$\forall I \in \mathcal{I}_0 : \qquad \mathrm{Prob}_\tau \left[V(I, \tau) = \text{ACCEPT} \right] \geq \tfrac{1}{2}, \quad \text{und}$$
$$\forall I \notin \mathcal{I}_0 : \qquad \mathrm{Prob}_\tau \left[V(I, \tau) = \text{REJECT} \right] = 1.$$

Ist also $I \notin \mathcal{I}_0$, dann *muß* der Verifier V die Eingabe I verwerfen, unabhängig von der Zufallsfolge τ, die V liest. Ist jedoch $I \in \mathcal{I}_0$, so muß V die Eingabe lediglich für mindestens die Hälfte aller Zufallsfolgen akzeptieren, für die übrigen darf er sie auch verwerfen. – Ein Wort noch zur Notation: Hier und im folgenden bedeutet $\mathrm{Prob}_\tau [\ldots]$ einfach, daß die Wahrscheinlichkeit bezüglich einer zufällig (gleichverteilt) gewählten Folge τ gemeint ist. Da der Verifier nur polynomial viel Zeit verwenden darf, kann er insbesondere auch nur polynomial viele Bits von τ lesen. Wir dürfen also ohne Einschränkung annehmen, daß τ nur aus polynomial vielen Bits besteht.

Offensichtlich ist $\mathcal{RP} \subseteq \mathcal{NP}$. Als „Beweis" verlangt der $\mathcal{NP}$-Verifier einfach eine Folge τ, bei der der $\mathcal{RP}$-Verifier akzeptiert. Ein Problem, welches in $\mathcal{RP}$ liegt, von dem jedoch weder bekannt ist, ob es $\mathcal{NP}$-vollständig ist, noch ob es in $\mathcal{P}$ liegt, ist

COMPOSITE:

Eingabe: *Eine natürliche Zahl n.*
Frage: *Gibt es natürliche Zahlen $2 \leq p \leq q < n$, so daß $n = p \cdot q$?*

Aus dem Primzahltest von Solovay und Strassen folgt, daß COMPOSITE in $\mathcal{RP}$ liegt.

Der Vollständigkeit halber fügen wir noch die Definitionen einiger weiterer Komplexitätsklassen an, auf die wir im folgenden Bezug nehmen werden. Mit $\mathrm{DTIME}(t(n))$ bezeichnet man die Klasse aller Entscheidungsprobleme, die von einer Turingmaschine entschieden werden können, die für jede Eingabe der Länge n höchstens $t(n)$ Schritte benötigt. Insbesondere gilt also $\mathcal{P} = \mathrm{DTIME}(poly(n))$.

Analog bezeichnet man mit $\mathrm{NTIME}(t(n))$ die Klasse aller Entscheidungsprobleme, die von einer nichtdeterministischen Turingmaschine entschieden werden können, die für jede Eingabe der Länge n höchstens $t(n)$ Schritte benötigt. Insbesondere gilt also $\mathcal{NP} = \mathrm{NTIME}(poly(n))$. Man setzt $\mathcal{NEXP} := \mathrm{NTIME}(2^{poly(n)})$.

Die Definitionen der Klassen $\mathcal{NP}$ und $\mathcal{RP}$ sind offenbar unsymmetrisch. Vertauscht man hier die Rolle der Mengen $\mathcal{I}_0$ und $\mathcal{I} \setminus \mathcal{I}_0$, so erhält man die Klassen $co\mathcal{NP}$ beziehungsweise $co\mathcal{RP}$. Beispielsweise besteht letztere also aus allen Problemen $\mathcal{I}$, für die es einen polynomial zeitbeschränkten Verifier V gibt, so daß

$$\forall I \in \mathcal{I}_0 : \qquad \mathrm{Prob}_\tau \left[V(I, \tau) = \text{ACCEPT} \right] = 1, \quad \text{und}$$
$$\forall I \notin \mathcal{I}_0 : \qquad \mathrm{Prob}_\tau \left[V(I, \tau) = \text{REJECT} \right] \geq \tfrac{1}{2}.$$

17.2 Das Resultat $\mathcal{NP} = \mathcal{PCP}(\log n, 1)$

Warum sind die Klassen $\mathcal{RP}$ und $\mathcal{NP}$ allem Anschein nach größer als die Klasse $\mathcal{P}$? In beiden Fällen hat der Verifier, wie zum Erkennen der Klasse

$\mathcal{P}$, nur polynomial beschränkte Zeit zur Verfügung. Einmal hat er jedoch zusätzlich Zugriff auf eine Folge τ zufälliger Bits und braucht eine Eingabe, die eine zulässige Lösung hat, nur mit Wahrscheinlichkeit mindestens 1/2 zu akzeptieren. Das andere Mal hat er zusätzlich Zugriff auf einen Kandidaten für einen Beweis und braucht nur zu entscheiden, ob der Kandidat wirklich das leisten kann, was er vorgibt zu leisten. Was passiert nun, wenn wir einem polynomial zeitbeschränkten Verifier gleichzeitig beide Hilfsmittel erlauben?

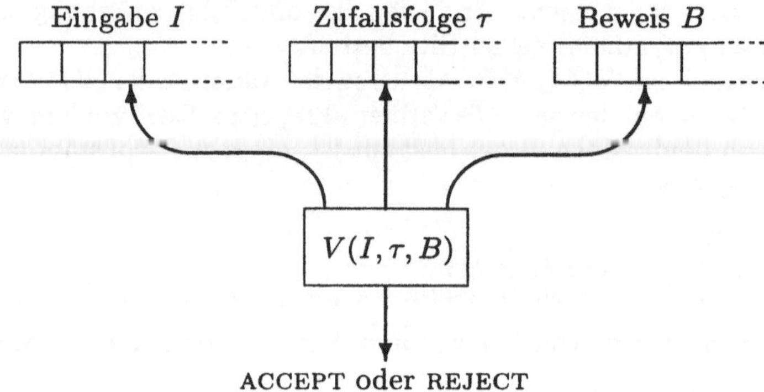

Abbildung 17.3. Die Klassen $\mathcal{PCP}(\cdot, \cdot)$ (probabilistically checkable proofs).

Die Klasse $\mathcal{PCP}(poly(n), poly(n))$ besteht aus allen Problemen $\mathcal{I}$, für die es einen polynomial zeitbeschränkten Verifier V gibt, so daß

$$\forall I \in \mathcal{I}_0 \quad \exists B_0 : \qquad \text{Prob}_\tau \left[V(I, \tau, B_0) = \text{ACCEPT} \right] = 1, \quad \text{und}$$
$$\forall I \notin \mathcal{I}_0 \quad \forall B : \qquad \text{Prob}_\tau \left[V(I, \tau, B) = \text{REJECT} \right] \geq \tfrac{1}{2}.$$

Wie mächtig ist nun die Klasse $\mathcal{PCP}(poly(n), poly(n))$? Sehr mächtig! Babai, Fortnow und Lund (1991) bewiesen:

Theorem 17.1.

$$\mathcal{PCP}(poly(n), poly(n)) = \mathcal{NEXP}.$$

Die grundlegende Idee ist es nun, die Macht dieses Verifiers einzuschränken, indem man ihm nicht mehr beliebige (also polynomial) viele zufällige Bits zur Verfügung stellt, sondern nur noch eine beschränkte Anzahl, und ihm auch nur noch eine beschränkte Anzahl von Anfragen an den (polynomial langen) potentiellen Beweis erlaubt.

Seien $r(n)$ und $q(n)$ zwei Funktionen. Ein $(r(n), q(n))$-beschränkter Verifier ist ein polynomial zeitbeschränkter Verifier mit Zugriff auf eine Eingabe I der Länge n und auf $\mathcal{O}(r(n))$ zufällige Bits τ, der höchstens $\mathcal{O}(q(n))$ Bits eines Beweises B erfragt. Der Verifier arbeitet nichtadaptiv, er liest also zunächst die Eingabe I und die $\mathcal{O}(r(n))$ zufälligen Bits τ. Auf Grund dieser Informationen berechnet er dann die $\mathcal{O}(q(n))$ Positionen der Bits des Beweises B, die er erfragen will. In Abhängigkeit der erhaltenen Antworten akzeptiert oder verwirft er daraufhin die Eingabe.

Die Klasse $\mathcal{PCP}(r(n), q(n))$ ist die Menge aller Probleme $\mathcal{I}$, für die es einen $(r(n), q(n))$-beschränkten Verifier V gibt, so daß

$$\begin{aligned}
\forall I \in \mathcal{I}_0 \quad \exists B_0 : \quad & \mathrm{Prob}_\tau\left[V(I, \tau, B_0) = \text{ACCEPT}\right] = 1, \quad \text{und} \\
\forall I \notin \mathcal{I}_0 \quad \forall B : \quad & \mathrm{Prob}_\tau\left[V(I, \tau, B) = \text{REJECT}\right] \geq \tfrac{1}{2}.
\end{aligned}$$

Für richtige Aussagen gibt es also einen Beweis, der immer akzeptiert wird (completeness); jeder Versuch, eine falsche Aussage zu beweisen, scheitert andererseits mindestens mit Wahrscheinlichkeit $1/2$ (soundness). Die folgenden drei Gleichungen folgen unmittelbar aus der Definition:

$$\begin{aligned}
\mathcal{PCP}(0, 0) &= \mathcal{P}, \\
\mathcal{PCP}(poly(n), 0) &= co\mathcal{RP}, \\
\mathcal{PCP}(0, poly(n)) &= \mathcal{NP}.
\end{aligned}$$

Zuweilen ist es vorteilhaft, die Wahrscheinlichkeit, mit der ein falscher Beweis akzeptiert wird, zu ändern. Durch eine wiederholte Ausführung des Verifiers ist dies auch einfach möglich. Führt man den Verifier mit Fehlerwahrscheinlichkeit $1/2$ beispielsweise zweimal hintereinander aus (bezüglich verschiedener Zufallsfolgen τ) und akzeptiert nur dann, wenn er bei beiden Aufrufen akzeptiert hat, erhält man einen Verifier mit Fehlerwahrscheinlichkeit $1/4$. Eine geänderte Fehlerwahrscheinlichkeit notieren wir, wo nötig, durch einen Index: Die Klasse $\mathcal{PCP}_\varepsilon(r(n), q(n))$ enthält also alle Probleme $\mathcal{I}$, für die es einen $(r(n), q(n))$-beschränkten Verifier V gibt, so daß

$$\begin{aligned}
\forall I \in \mathcal{I}_0 \quad \exists B_0 : \quad & \mathrm{Prob}_\tau\left[V(I, \tau, B_0) = \text{ACCEPT}\right] = 1, \quad \text{und} \\
\forall I \notin \mathcal{I}_0 \quad \forall B : \quad & \mathrm{Prob}_\tau\left[V(I, \tau, B) = \text{REJECT}\right] \geq 1 - \varepsilon.
\end{aligned}$$

Angenommen, $\mathcal{I}$ ist ein Problem in $\mathcal{PCP}(r(n), q(n))$. Dann gibt es einen $(r(n), q(n))$-beschränkten Verifier V für $\mathcal{I}$. Aus diesem Verifier kann man dann wie folgt eine herkömmliche nichtdeterministische Turingmaschine M für $\mathcal{I}$ konstruieren. Sei $I \in \mathcal{I}$ eine Eingabe der Länge n und B ein Beweis. Für jede der $2^{\mathcal{O}(r(n))}$ vielen Zufallsfolgen der Länge $\mathcal{O}(r(n))$ simuliert M (in jeweils $poly(n)$ vielen Schritten) die Rechnung des Verifiers V und akzeptiert I genau dann, wenn V die Eingabe I für *jede* Zufallsfolge τ akzeptiert. M ist somit eine $\mathcal{O}(poly(n) \cdot 2^{\mathcal{O}(r(n))})$-zeitbeschränkte nichtdeterministische Turingmaschine, die I genau dann akzeptiert, wenn $I \in \mathcal{I}_0$. Wir haben also die folgende Inklusion gezeigt:

Proposition 17.1.

$$\mathcal{PCP}(r(n), q(n)) \subseteq NTIME(poly(n) \cdot 2^{\mathcal{O}(r(n))}).$$

Wählt man $r(n) = \log n$ und berücksichtigt, daß $\text{NTIME}(poly(n)) = \mathcal{NP}$ gilt, beziehungsweise wählt man $r(n) = \log n$ und $q(n) = 1$, so erhält man als Folgerung:

Korollar 17.1.

$$\mathcal{PCP}(\log n, poly(n)) = \mathcal{NP} \qquad und \qquad \mathcal{PCP}(\log n, 1) \subseteq \mathcal{NP}.$$

Die Umkehrung der zweiten Inklusion ist nun das angekündigte Resultat.

Theorem 17.2 (Arora, Lund, Motwani, Sudan, Szegedy, 1992).

$$\mathcal{NP} = \mathcal{PCP}(\log n, 1).$$

Dieser Satz besagt also, daß es zu jedem Problem $\mathcal{I}$ in $\mathcal{NP}$ einen Verifier gibt, der zu jeder Eingabe nur konstant viele Stellen des Beweises lesen muß, die er unter Zuhilfenahme von $\mathcal{O}(\log n)$ vielen zufälligen Bits auswählt, um mit hoher Wahrscheinlichkeit richtig zu entscheiden, ob eine gegebene Eingabe „wahr" ist oder nicht.

Wieviele Anfragen an den Beweis sind nun mindestens nötig, um das $\mathcal{PCP}$-Resultat zu beweisen? Bellare, Goldreich und Sudan (1995) zeigten, daß

$$\mathcal{NP} \quad \subseteq \quad \mathcal{PCP}_{\frac{1}{2}}(\log n, 19) \quad und$$
$$\mathcal{NP} \quad \subseteq \quad \mathcal{PCP}_{\varepsilon}(\log n, 3) \quad \text{für} \quad \varepsilon = 0,902,$$

wobei „19" und „3" tatsächlich Konstanten (und nicht asymptotisch konstante Funktionen) sind. Dies ist fast bestmöglich, da man leicht zeigen kann, daß

$$\mathcal{PCP}_{\varepsilon}(\log n, 2) \subseteq \mathcal{P} \qquad \text{für jedes} \quad \varepsilon < 1 .$$

17.3 Ideen zum Beweis

Wie beweist man nun Theorem 17.2? Nehmen wir einmal an, wir könnten zeigen, daß für irgendein $\varepsilon > 0$ das folgende Problem $\mathcal{NP}$-vollständig ist:

ε-ROBUST 3-SATISFIABILITY:

Eingabe: *Eine* 3SAT *Instanz I, für die es entweder eine erfüllende Wahrheitsbelegung gibt oder bei der für jede Wahrheitsbelegung mindestens ein ε-Anteil aller Klauseln nicht erfüllt ist.*

Frage: *Gibt es eine erfüllende Wahrheitsbelegung für I?*

Dann wäre es in der Tat sehr einfach, Theorem 17.2 zu zeigen. Der Beweis B würde gerade aus einer Wahrheitsbelegung bestehen. Für deren Überprüfung würde der Verifier zufällig eine Klausel wählen (für deren Wahl genügen $\mathcal{O}(\log m)$ viele zufällige Bits, wobei m die Anzahl Klauseln ist), die Wahrheitsbelegung der darin vorkommenden Variablen erfragen (3 Bits) und überprüfen, daß die ausgewählte Klausel für diese Belegung erfüllt ist. Falls die Wahrheitsbelegung des Beweises B die 3SAT Instanz I erfüllt, ist – unabhängig von der Wahl der Klausel – jeder Test erfolgreich. Erfüllt andererseits die Belegung aus B die Instanz nicht, so ist – gemäß der Voraussetzung an I – die Wahrscheinlichkeit, daß der Verifier eine erfüllte Klausel wählt, höchstens $1 - \varepsilon$. Wiederholt er diesen Test nun $k = \lceil \log_{1-\varepsilon} \frac{1}{2} \rceil$ mal, verwirft er mit Wahrscheinlichkeit mindestens $1 - (1 - \varepsilon)^k \geq \frac{1}{2}$ in mindestens einem dieser Tests.

Wie wir später sehen werden, ist das Problem ε-ROBUST 3-SATISFIABILITY für hinreichend kleines $\varepsilon > 0$ tatsächlich $\mathcal{NP}$-vollständig. Nur, der einzig bisher bekannte Beweis hierfür basiert auf Theorem 17.2! Dieses Resultat müssen wir also anders beweisen.

Auf den folgenden Seiten wollen wir versuchen, dem Leser einige der grundlegenden Ideen des Beweises von Theorem 17.2 nahezubringen. Eine ausführlichere Darstellung auch nur der verwendeten Ideen und Methoden würde den Rahmen dieses Artikels allerdings bei weitem sprengen. Hierfür müssen wir den interessierten Leser auf die Originalarbeit verweisen. Für eine vollständige Darstellung des Beweises empfehlen wir die Dissertation von Arora (1994) oder auch die Arbeit von Hougardy, Prömel und Steger (1994).

Die entscheidende Idee ist die Beobachtung, daß es im Grunde gar nicht wichtig ist, den „eigentlichen" Beweis (die Wahrheitsbelegung) zu lesen. Genauer gesagt, ob beispielsweise die Variable x_{10} einer 3SAT Formel den Wert 0 oder 1 hat, ist vollkommen uninteressant. Wichtig ist nur, welche Klauseln sie erfüllt!

Was aber hilft uns diese banale Erkenntnis? Der Trick ist, im Beweis für den Verifier den „eigentlichen" Beweis (also beispielsweise die Wahrheitsbelegung) so zu „kodieren", daß er möglichst viele Zusatzinformationen enthält, die dem Verifier das Überprüfen des Beweises erleichtern.

Betrachten wir ein Beispiel: Unser Ziel ist es, einen 0-1 Vektor y der Länge n so zu kodieren, daß man durch das Lesen von nur *konstant* vielen Bits mit Fehlerwahrscheinlichkeit $1/2$ prüfen kann, ob y identisch mit einem vorgegebenen Vektor $a \in \mathbb{F}_2^n$ ist?[2] Was auf den ersten Blick eigentlich unmöglich erscheint, ist in der Tat recht einfach. Betrachten wir das Skalarprodukt $y^T r$ (in $\mathbb{F}_2$) von y mit einem beliebigen Vektor $r \in \mathbb{F}_2^n$ und vergleichen es mit $a^T r$. Offensichtlich sind für das Ergebnis nur die Koordinaten von r erheblich, an denen y und a verschiedene Werte haben. Und $y^T r$ ist genau dann gleich $a^T r$, wenn r an einer geraden Anzahl dieser Stellen eine 1 enthält. Insbesondere ist $y^T r = a^T r$ für alle Vektoren r, falls y und a identisch sind. Ansonsten ist $y^T r$ aus Symmetriegründen für genau die Hälfte aller möglichen r-Vektoren gleich $a^T r$. Mit anderen Worten, wir haben

$$\text{Prob}_{r \in \mathbb{F}_2^n} [y^T r = a^T r] = \begin{cases} 1, & \text{falls } y = a \text{ und} \\ \frac{1}{2}, & \text{falls } y \neq a. \end{cases} \qquad (17.1)$$

---

[2] $\mathbb{F}_2$ bezeichnet den Körper, der aus den Elementen 0 und 1 besteht.

Als Kodierung y' unseres eigentlichen „Beweises" y wählen wir daher einfach eine Tabellierung aller Skalarprodukte $y^T r$ für $r \in \mathbb{F}_2^n$. Wie wird dann der Verifier vorgehen? Nun, zunächst muß er sicherstellen, daß der vorliegende Beweis y' die verlangte Form hat, das heißt, die Tabellierung einer homogenen linearen Funktion $y^T r$ ist, und, falls dies der Fall ist, wird er in einem zweiten Schritt die Eigenschaft (17.1) verwenden, um zu verifizieren, daß y und a identisch sind. Schauen wir uns den ersten Schritt etwas genauer an. Wie kann man überprüfen, daß y' die Tabellierung einer homogenen linearen Funktion ist? — Indem wir prüfen, ob die Linearitätsbedingung an zwei zufällig gewählten Stellen erfüllt ist. Dazu interpretieren wir y' als Funktion $y' : \mathbb{F}_2^n \to \mathbb{F}_2$ und testen, ob

$$y'(r) + y'(s) = y'(r + s) \qquad \text{für zufällig gewählte } r, s \in \mathbb{F}_2^n.$$

Das folgende Lemma, das nicht schwer zu beweisen ist, garantiert nun, daß diese Vorgehensweise das gewünschte Ergebnis liefert:

Lemma 17.1. *Ist $\delta < \frac{1}{6}$ eine Konstante und $\tilde{g} : \mathbb{F}_2^n \to \mathbb{F}_2$ eine Funktion mit* $\mathrm{Prob}_{r,s}\,[\tilde{g}(r) + \tilde{g}(s) \neq \tilde{g}(r + s)] \leq \delta$, *dann gibt es ein $y \in \mathbb{F}_2^n$, so daß für die beiden Funktionen $g(r) = y^T r$ und $\tilde{g}(r)$ gilt:* $\mathrm{Prob}_r\,[g(r) \neq \tilde{g}(r)] \leq 2\,\delta$.

Unser Algorithmus sieht damit folgendermaßen aus:

EQUALITY TESTER

Eingabe: Vektor $a \in \mathbb{F}_2^n$ und Zugriff auf eine Funktion $y' : \mathbb{F}_2^n \to \mathbb{F}_2$.
Ausgabe: ACCEPT oder REJECT.
Wiederhole 6-mal:
      Wähle $r, s \in \mathbb{F}_2^n$ zufällig,
      if $y'(r) + y'(s) \neq y'(r + s)$ **then Return**(REJECT).
Wiederhole 3-mal:
      Wähle $r \in \mathbb{F}_2^n$ zufällig,
      if $y'(r) \neq a^T r$ **then Return**(REJECT).
Return(ACCEPT).

Was können wir über diesen Algorithmus aussagen? Falls y' die „richtige" Kodierung des „richtigen" Beweises ist (das heißt, falls $y'(r) = a^T r$ für alle $r \in \mathbb{F}_2^n$), so stoppt der Algorithmus *immer* mit ACCEPT. Ist andererseits y' von der richtigen Kodierung „weit entfernt", das heißt, gilt $\mathrm{Prob}_r\,[y'(r) \neq a^T r] \geq 1/4$, so gibt der Algorithmus ACCEPT höchstens mit Wahrscheinlichkeit $1/2$ aus. Um dies zu zeigen, unterscheiden wir zwei Fälle. Nehmen wir zunächst an, daß es *keinen* Vektor $y \in \mathbb{F}_2^n$ mit $\mathrm{Prob}_r\,[y'(r) \neq y^T r] \leq 1/4$ gibt. Dann folgt aus Lemma 17.1, daß $\mathrm{Prob}_{r,s}\,[y'(r) + y'(s) \neq y'(r + s)] > 1/8$. Die Wahrscheinlichkeit, daß bei einer 6-maligen Wiederholung des Linearitätstests kein Fehler entdeckt wird, ist daher höchstens $(1 - \frac{1}{8})^6 < 1/2$. Gibt es andererseits ein $y \in \mathbb{F}_2^n$ mit $\mathrm{Prob}_r\,[y'(r) \neq y^T r] \leq 1/4$, dann folgt aus (17.1), daß

$$\begin{aligned}
\mathrm{Prob}_r\left[y'(r) = a^T r\right] \quad &\leq \quad \mathrm{Prob}_r\left[y'(r) = a^T r \wedge y'(r) = y^T r\right] \\
&\quad + \mathrm{Prob}_r\left[y'(r) = a^T r \wedge y'(r) \neq y^T r\right] \\
&\leq \quad \mathrm{Prob}_r\left[a^T r = y^T r\right] + \mathrm{Prob}_r\left[y'(r) \neq y^T r\right] \\
&\leq \quad \tfrac{1}{2} + \tfrac{1}{4}.
\end{aligned}$$

Die Wahrscheinlichkeit, daß bei einer 3-maligen Wiederholung dieses Tests kein Fehler entdeckt wird, ist daher höchstens $(3/4)^3 < 1/2$.

17.4 Approximationsprobleme

Wir wenden uns nun einem scheinbar angewandteren Problem zu als der Verifikation von Beweisen und kommen zu den angekündigten Anwendungen der oben vorgestellten Ergebnisse auf Fragen der effizienten Approximierbarkeit von Lösungen $\mathcal{NP}$-schwerer diskreter Optimierungsprobleme.

Für die diskrete Optimierung führte das Konzept der $\mathcal{NP}$-Vollständigkeit zunächst nur zu niederschmetternden Ergebnissen: Fast jede interessante Frage, eingeschlossen das Rucksackproblem, das Set Cover Problem und das Cliquenproblem, stellte sich als $\mathcal{NP}$-schwer und damit als vermutlich nicht in polynomialer Zeit lösbar dar. Vom Standpunkt des Praktikers ist jedoch nur selten die Kenntnis der optimalen Lösung wirklich notwendig, eine gute Näherung reicht in der Regel aus. Dies hat zu einem großen Interesse an Approximationsfragen geführt und zunächst auch zu etlichen intelligenten Approximationsalgorithmen für diskrete Optimierungsprobleme. Meist offen blieb jedoch die Frage, warum man nicht besser approximieren kann als die teilweise mit großer Mühe gefundenen Approximationsalgorithmen es zeigen. Zumindest teilweise soll diese Frage hier beantwortet werden. Bevor wir dies tun, soll zunächst kurz daran erinnert werden, was man allgemein unter einem Optimierungsproblem versteht.

Ein Optimierungsproblem Π ist ein Tripel $\Pi = (\mathcal{I}, \mathcal{L}, w)$, wobei $\mathcal{I}$ die Menge der Eingaben (Instanzen) für Π ist, $\mathcal{L}(I)$ zu einer gegebenen Eingabe I die Menge der zulässigen Lösungen bezeichnet (wobei wir im folgenden immer annehmen wollen, daß $\mathcal{L}(I)$ nicht leer ist), und schließlich $w(I, L)$ zu einer Eingabe I und einer Lösung $L \in \mathcal{L}(I)$ den Wert der Lösung L angibt. Optimierungsprobleme sind entweder Minimierungsprobleme oder Maximierungsprobleme. Mit $\mathrm{Opt}(I)$ bezeichnen wir den Wert einer optimalen Lösung für eine Eingabe I, das heißt, $\mathrm{Opt}(I) = \min_{L \in \mathcal{L}(I)} w(I, L)$, falls Π ein Minimierungsproblem ist, $\mathrm{Opt}(I) = \max_{L \in \mathcal{L}(I)} w(I, L)$, falls es sich bei Π um ein Maximierungsproblem handelt. Die (relative) Güte einer Lösung $L \in \mathcal{L}(I)$ bezüglich der optimalen Lösung $\mathrm{Opt}(I)$ zu einer Eingabe wird durch den Quotienten

$$R(I, L) \; := \; \frac{w(I, L)}{\mathrm{Opt}(I)},$$

falls Π ein Minimierungproblem ist, und

$$R(I, L) := \frac{\mathrm{Opt}(I)}{w(I, L)},$$

falls Π ein Maximierungsproblem ist, gemessen.

Betrachten wir als ein erstes Beispiel für ein Optimierungsproblem eine Maximierungsversion des 3-COLORING Problems, das sogenannte MAXIMUM 3-COLORABLE SUBGRAPH Problem, abgekürzt MAX-3COL. Gegeben ist ein endlicher Graph $G = (V, E)$, gesucht ist eine (kardinalitäts-)maximale Teilmenge $E' \subseteq E$ der Kantenmenge von G, für die die Knoten in V so mit 3 Farben gefärbt werden können, daß in dem von E' aufgespannten Teilgraph $G' = (V, E')$ benachbarte Knoten jeweils verschieden gefärbt sind.

Die Eingaben $\mathcal{I}$ bei diesem Maximierungsproblem sind alle endlichen Graphen. Zu einem Graphen $G = (V, E)$ gibt $\mathcal{L}(G) \subseteq \mathcal{P}(E)$ die Menge der Kantenmengen von G an, die einen 3-färbbaren Teilgraphen aufspannen. Die Zielfunktion $w(G, E')$ hat gerade die Größe des von E' aufgespannten 3-färbbaren Teilgraphen als Wert, das heißt $w(G, E') = |E'|$, und $\mathrm{Opt}(G) = \max_{E' \in \mathcal{L}(G)} |E'|$ ist die Größe eines maximalen 3-färbbaren Teilgraphen von G.

Sei A ein Approximationsalgorithmus für ein Optimierungproblem Π und bezeichne $A(I) \in \mathcal{L}(I)$ für eine gegebene Instanz I die Lösung, die A ausgibt. Die Güte von A bezüglich der Eingabe I wird dann gemessen durch

$$R_A(I) := R(I, A(I)),$$

falls Π ein Maximierungsproblem ist. Je näher der Wert $R_A(I)$ bei 1 liegt, desto besser ist offensichtlich das Ergebnis, das A liefert. Ist $R_A(I) = 1$, so ist das von A ausgegebene Ergebnis bereits optimal. Sei $f : \mathbf{N} \to \mathbf{N}$ eine beliebige Funktion. A ist dann ein $f(n)$-Approximationsalgorithmus für ein Optimierungsproblem Π, falls für jede Eingabe $I \in \mathcal{I}$ der Länge $|I|$ gilt:

$$R_A(I) \leq f(|I|).$$

Wie kann nun ein Approximationsalgorithmus für MAX-3COL aussehen? Zu einem gegebenen Graphen $G = (V, E)$ und einer 3-Färbung c der Knoten von G bezeichnen wir mit $a(v, i)$ die Anzahl der Nachbarn des Knoten $v \in V$ in der Farbe i, das heißt

$$a(v, i) := |\{w \in V : \{v, w\} \in E \text{ und } c(w) = i\}|.$$

Gilt für einen Knoten $v \in V$, daß $a(v, c(v)) > \min_i a(v, i)$, so kann man die Anzahl „falsch" gefärbter Kanten in G dadurch reduzieren, daß man den Knoten v mit einer Farbe j_0 mit $a(v, j_0) = \min_i a(v, i)$ neu färbt. Auf dieser simplen Idee basiert nun der Approximationsalgorithmus C:

Man beginne mit einer beliebigen 3-Färbung des Graphen $G = (V, E)$ und färbe solange sukzessive Knoten um, bis für die resultierende Färbung $c : V \to \{1, 2, 3\}$ an jedem Knoten $v \in V$ gilt: $a(v, c(v)) = \min_i a(v, i)$.

Da $\min_i a(v,i) \leq \frac{1}{3}|\{w \in V : \{v,w\} \in E\}|$ für jedes $v \in V$, ist die Menge der einfarbigen Kanten in G, wenn der Algorithmus C terminiert, höchstens $\frac{1}{3}|E|$. Mit anderen Worten $R_C(G) \leq \frac{3}{2}$ für jeden Graphen G. Dieser $\frac{3}{2}$-Approximationsalgorithmus ist der beste derzeit bekannte Approximationsalgorithmus für MAX-3COL.

Schauen wir uns nun ein $\mathcal{NP}$-schweres Optimierungsproblem an, dessen optimale Lösung sich noch besser approximieren läßt. Das RUCKSACKPROBLEM ist das folgende Maximierungsproblem: Gegeben n Gegenstände, sagen wir $1,\ldots,n$. Jeder Gegenstand i hat eine Größe s_i und einen Wert w_i, beides positive ganze Zahlen. Ferner ist eine positive ganze Zahl S gegeben, die Gesamtgröße des Rucksacks. Gesucht ist nun eine wertmaximale Ausnutzung des Rucksacks, das heißt, eine Teilmenge $U \subseteq \{1,\ldots,n\}$, so daß $\sum_{i \in U} s_i \leq S$ und $\sum_{i \in U} w_i$ maximal unter dieser Nebenbedingung ist. Das RUCKSACKPROBLEM ist $\mathcal{NP}$-schwer. Es ist aber schon seit langem bekannt, daß es einen Algorithmus A gibt, der zu jeder Eingabe I und jedem $\varepsilon > 0$ in polynomialer Zeit in der Länge der Eingabe $|I|$ eine Lösung $A(I,\varepsilon)$ für das RUCKSACKPROBLEM berechnet, dessen Approximationsgüte durch $1+\varepsilon$ beschränkt ist.

Die Menge aller diskreten Optimierungsprobleme, für die es ein solches polynomiales Approximationsschema gibt, wird mit $\mathcal{PAS}$ bezeichnet. Man beachte, daß die Zeitkomplexität eines solchen Approximationsschemas beispielsweise von der Form $|I|^{1/\varepsilon}$ sein kann. Für jedes feste $\varepsilon > 0$ ist die Laufzeit des Verfahrens dann zwar polynomial, für Werte von ε nahe 0 werden die Laufzeiten jedoch völlig unpraktikabel. Für das RUCKSACKPROBLEM kann man diese Problematik umgehen. Hierfür kennt man sogar einen Algorithmus, der zu jeder Eingabe I und zu jedem $\varepsilon > 0$ in einer Anzahl von Schritten, die durch ein Polynom in der Länge der Eingabe $|I|$ und in ε^{-1} beschränkt ist, eine Lösung zum Rucksackproblem generiert und dessen Approximationsgüte durch $1+\varepsilon$ beschränkt ist. Die Menge aller diskreten Optimierungsprobleme, für die es solch ein Approximationsschema gibt, das durch ein Polynom in der Länge der Eingabe und in ε^{-1} beschränkt ist, wird mit $\mathcal{FPAS}$ bezeichnet. Für Probleme, die zu $\mathcal{PAS}$ oder gar $\mathcal{FPAS}$ gehören, ist, zumindest aus der Sicht eines Theoretikers, die $\mathcal{NP}$-Schwere eines Problems daher kein Hindernis, effizient eine Lösung zu finden, die den meisten Anforderungen Genüge tut.

17.5 $\mathcal{APX}$-schwere Probleme

Mitte der 80er Jahre wurde es mehr und mehr offensichtlich, daß, von wenigen Ausnahmen abgesehen, die meisten interessanten diskreten Optimierungsprobleme schwer zu approximieren sind, also nicht zu $\mathcal{PAS}$ oder $\mathcal{FPAS}$ gehören. Diese Einsicht wurde von Papadimitriou und Yannakakis (1991) durch die Einführung des Begriffes der $\mathcal{MAXSNP}$-schweren Probleme formalisiert. Die Definition war motiviert durch Fagins syntaktische Definition der Klasse $\mathcal{NP}$ mit Hilfe von endlichen Modellen der Logik zweiter Stufe. Auf eine Wiedergabe der Definition soll hier verzichtet werden.

Wir betrachten statt dessen die Klasse $\mathcal{APX}$ aller Probleme, die bis auf einen konstanten Faktor approximiert werden können. Wie Khanna, Motwani, Sudan und Vazirani (1994) zeigten, ist die Klasse $\mathcal{MAXSNP}$ (schließt man sie geeignet unter sogenannten L-Reduktionen ab) gleich der Klasse $\mathcal{APX}$.

Wie wir bereits gesehen haben, besitzt das MAX-3COL Problem einen $\frac{3}{2}$-Approximationsalgorithmus, liegt also in der Klasse $\mathcal{APX}$. Wir wollen nun ein weiteres Problem in $\mathcal{APX}$ kennenlernen, das MAX-3SAT Problem. MAX-3SAT ist gerade die Maximierungsversion des üblichen 3SAT Problems. Gegeben ist eine 3SAT Formel, gesucht eine Belegung der Variablen, die möglichst viele Klauseln wahr werden läßt. Es ist leicht, eine Belegung anzugeben, die mindestens die Hälfte der Klauseln erfüllt:

Man belege sukzessive die Variablen $x_1, \ldots, x_n$ so mit „wahr" oder „falsch", daß im $i$ten Schritt mindestens die Hälfte der Klauseln, in denen x_i aber keine der Variablen $x_1, \ldots, x_{i-1}$ vorkommt, erfüllt werden.

Dieser lineare Approximationsalgorithmus hat eine Approximationsgüte von 2. Der beste bekannte polynomiale Approximationsalgorithmus für das MAX-3SAT Problem, hat eine Güte von $\frac{8}{7}$. Kurz und gut, das MAX-3SAT Problem liegt auch in der Klasse $\mathcal{APX}$.

Um nun die schwierigsten Probleme in $\mathcal{APX}$ herauszufiltern, und dies war gerade die Intention der Begriffsbildung von Papadimitriou und Yannakakis, bedarf es eines geeigneten Reduktionsbegriffs. Ein Optimierungsproblem $\Pi = (\mathcal{I}, \mathcal{L}, w)$ heißt $\mathcal{APX}$-reduzierbar auf ein Optimierungsproblem $\Pi^* = (\mathcal{I}^*, \mathcal{L}^*, w^*)$, falls es in polynomialer Zeit berechenbare Funktionen f und g und eine Konstante $\rho > 0$ gibt, wobei $f : \mathcal{I} \longrightarrow \mathcal{I}^*$ die Eingaben von Π auf die Eingaben von Π^* und $g : \mathcal{L}(f(I)) \longrightarrow \mathcal{L}(I)$ für jedes $I \in \mathcal{I}$ die Lösungen von $f(I)$ auf die Lösungen von I abbildet, so daß für alle $L^* \in \mathcal{L}(f(I))$ gilt:

$$R(f(I), L^*) \leq 1 + \rho\varepsilon \quad \Longrightarrow \quad R(I, g(L^*)) \leq 1 + \varepsilon.$$

Läßt sich also Π^* in polynomialer Zeit bis auf einen Faktor $1 + \rho\varepsilon$ approximieren, so läßt sich Π in polynomialer Zeit bis auf einen Faktor $1 + \varepsilon$ approximieren. Ein Optimierungsproblem Π^* heißt nun $\mathcal{APX}$-schwer, falls jedes Problem Π in $\mathcal{APX}$ auf Π^* $\mathcal{APX}$-reduzierbar ist. Π^* heißt $\mathcal{APX}$-vollständig, falls Π^* $\mathcal{APX}$-schwer ist und $\Pi^* \in \mathcal{APX}$. Mit anderen Worten, kann man von einem $\mathcal{APX}$-vollständigen Problem zeigen, daß es in $\mathcal{PAS}$ liegt, so muß bereits jedes $\mathcal{APX}$-vollständige Problem ein polynomiales Approximationsschema haben. Und umgekehrt, kann von einem $\mathcal{APX}$-vollständigen Problem gesagt werden, daß es nicht in $\mathcal{PAS}$ liegt, so hat man die Klassen $\mathcal{PAS}$ und $\mathcal{APX}$ voneinander getrennt und die Hoffnung auf ein polynomiales Approximationsschema für viele diskrete Optimierungsprobleme zunichte gemacht.

Welche Probleme sind nun $\mathcal{APX}$-vollständig? Zunächst einmal die beiden Probleme, die wir schon kennen:

Theorem 17.3. MAX-3SAT *und* MAX-3COL *sind* $\mathcal{APX}$-*vollständig.*

Darüberhinaus sind jedoch auch viele andere interessante Optimierungsprobleme, auf die wir hier nicht weiter eingehen wollen, $\mathcal{APX}$-vollständig. Beispielsweise sei für den graphentheoretisch interessierten Leser vermerkt, daß das Steinerbaum Problem in Netzwerken, das sogenannte Max Cut Problem und das metrische Traveling Salesperson Problem $\mathcal{APX}$-vollständig sind.

Als eine erste Anwendung des Resultats $\mathcal{NP} = \mathcal{PCP}(\log n, 1)$ zeigen wir nun, daß MAX-3SAT nicht in $\mathcal{PAS}$ liegt und damit also insbesondere kein $\mathcal{APX}$-schweres Problem ein polynomiales Approximationsschema besitzen kann, außer, es gilt $\mathcal{P} = \mathcal{NP}$.

Sei $0 < \varepsilon < 1$. Eine Abbildung ϕ, die jede 3SAT Formel auf eine 3SAT Formel abbildet, heißt ε-robust, falls für jede Eingabe F gilt: Ist F erfüllbar, dann ist auch $\phi(F)$ erfüllbar und ist F nicht erfüllbar, dann ist für jede Belegung der Variablen von $\phi(F)$ mindestens ein ε-Anteil aller Klauseln nicht erfüllt.

Offenbar bildet solch eine ε-robuste Abbildung ϕ beliebige 3SAT Instanzen auf Instanzen von ε-ROBUST 3-SATISFIABILITY ab. Aus der Existenz einer polynomial berechenbaren ε-robusten Abbildung folgt damit also insbesondere, daß letzteres $\mathcal{NP}$-vollständig ist.

Theorem 17.4. *Es gibt ein* $\varepsilon > 0$, *so daß eine polynomiale* ε-*robuste Reduktion* ϕ *für* 3SAT *existiert.*

Der Beweis stützt sich ganz maßgeblich auf Theorem 17.2. Danach wissen wir, daß es für 3SAT einen $(\log n, 1)$-beschränkter Verifier V gibt. Diesen werden wir jetzt verwenden, um aus einer gegebenen 3SAT Formel F in polynomialer Zeit eine neue, ε-robuste 3SAT Formel $\phi(F)$ zu konstruieren.

Dazu interpretieren wir jede Position eines gegebenen Beweises B als eine Variable, das heißt,
$$B = (x_1, x_2, x_3, \ldots).$$
Für eine Zufallsfolge τ der Länge $\mathcal{O}(\log n)$ erfragt V nun $q = \mathcal{O}(1)$ Bits des Beweises B, sagen wir $x_{\tau_1}, \ldots, x_{\tau_q}$.

Unter Verwendung des Verifiers V konstruieren wir zu jeder Zufallsfolge τ eine 3SAT Formel F_τ mit Variablen $x_{\tau_1}, \ldots, x_{\tau_q}$ so, daß $V(F, B, \tau)$ die Antworten $x_{\tau_1}, \ldots, x_{\tau_q}$ genau dann akzeptiert, wenn $x_{\tau_1}, \ldots, x_{\tau_q}$ eine Wahrheitsbelegung für F_τ ist. Dies ist offensichtlich leicht möglich: Man beginnt mit einer disjunktiven Normalform, in der jede Klausel einer erfüllenden Belegung entspricht und transformiert diese dann in eine 3SAT Formel. Insbesondere gibt es daher auch eine Konstante $k = \mathcal{O}(1)$, so daß jedes F_τ höchstens k Klauseln enthält.

Wenn F erfüllbar ist, gibt es offenbar eine Wahrheitsbelegung, die *alle* F_τ erfüllt. Ist F hingegen nicht erfüllbar, so sind für jede Belegung der x_i mindestens die Hälfte der F_τ nicht erfüllbar. In der Formel

$$\phi(F) \;=\; \bigwedge_\tau F_\tau$$

ist dann also mindestens ein $\frac{1}{2k}$-Anteil aller Klauseln nicht erfüllbar. Damit haben wir Theorem 17.4 für $\varepsilon = \frac{1}{2k}$ bewiesen. Hieraus folgt insbesondere:

Korollar 17.2. *Falls* $\mathcal{P} \neq \mathcal{NP}$, *so hat* MAX-3SAT *kein polynomiales Approximationsschema.*

Mit anderen Worten, es gibt eine Konstante $C > 0$, so daß MAX-3SAT nicht bis auf den Faktor $1 + C$ in polynomialer Zeit approximiert werden kann, es sei denn, es gilt $\mathcal{P} = \mathcal{NP}$.

Die beste derzeit bekannte Konstante ist $C = 0,027$ (Bellare, Goldreich und Sudan, 1995), das heißt, es ist nicht möglich, MAX-3SAT bis auf 2,7% genau in polynomialer Zeit zu approximieren, während man es, wie erwähnt, bis auf 14,3% genau in polynomialer Zeit approximieren kann.

Korollar 17.3. *Falls* $P \neq \mathcal{NP}$, *so gibt es zu jedem* $\mathcal{APX}$*-schweren Problem eine Konstante* $C > 0$, *so daß das Problem nicht bis auf den Faktor* $1 + C$ *in polynomialer Zeit approximiert werden kann.*

17.6 Jenseits von $\mathcal{APX}$

Eine andere Qualität von Nichtapproximierbarkeitsresultaten, die auch mit Hilfe des $\mathcal{PCP}$-Resultats erzielt werden können, werden uns in diesem und im nächsten Absatz begegnen.

Bisher haben wir Probleme kennengelernt, deren optimale Lösungen sich in polynomialer Zeit „gut" approximieren lassen, das heißt, entweder bis auf einen Faktor $1 + \varepsilon$ für *jedes* $\varepsilon > 0$, also Probleme, die zu $\mathcal{PAS}$ gehören, oder bis auf einen Faktor $1 + \varepsilon_0$ für *ein festes* $\varepsilon_0 > 0$ approximieren lassen, also Probleme, die in $\mathcal{APX}$ liegen. Etliche grundlegende und ausgiebig untersuchte $\mathcal{NP}$-schwere Probleme der diskreten Optimierung haben wir jedoch bisher nicht betrachtet.

Der Grund dafür ist, daß sich diese Probleme nur „schlecht" approximieren lassen. Natürlich kann man versuchen, zu jedem Optimierungsproblem eine möglichst langsam wachsende Funktion $f(n)$ anzugeben, von der man zeigen kann, daß es einen polynomialen Algorithmus gibt, der eine optimale Lösung des Problems bis auf einen Faktor $f(n)$, wobei n die Länge der Eingabe ist, approximiert. Wählen wir $f(n) = n$, so ist ein solcher Approximationsalgorithmus meist trivial. Wir werden nun sehen, daß man für etliche Probleme untere Schranken für die Approximationsgüte beweisen kann, die mit n wachsen, das heißt, daß sich eine optimale Lösung dieser Probleme in polynomialer Zeit nicht bis auf eine Konstante genau approximieren läßt.

Von besonderer Bedeutung in diesem Zusammenhang ist das SET COVER Problem. Zum einen, weil sich eine Lösung dieses Problems noch „relativ gut" approximieren läßt, zum anderen, weil es eines der wenigen Probleme ist, für das man den Schwellenwert für die Approximationsgüte kennt.

SET COVER:

Eingabe: *Eine endliche Menge S mit $|S| = n$ und eine Familie $\mathcal{F} = \{S_1, S_2, \ldots, S_m\}$ von Teilmengen von S.*

Problem: *Finde eine minimale Teilfamilie $\mathcal{F}' \subseteq \mathcal{F}$, so daß jedes Element in S in mindestens einer der Mengen von $\mathcal{F}'$ enthalten ist.*

Betrachten wir den folgenden einfachen Greedyalgorithmus. Beginnend mit $\mathcal{F}' = \emptyset$ fügt man so lange Mengen zu $\mathcal{F}'$ hinzu, bis ganz S überdeckt ist. Dabei wählt man im $j$ten Schritt gerade die Menge S_{i_j}, die die meisten derjenigen Knoten überdeckt, die bisher noch nicht überdeckt sind. Man kann zeigen, daß dies ein polynomialer $H(n)$-Approximationsalgorithmus ist, wobei $H(n) = \ln n + \mathcal{O}(1)$ die Harmonische Funktion ist.

Feige (1996) bewies nun, daß man die Existenz eines besseren polynomialen Approximationsalgorithmus auch nicht erwarten kann. Die Annahme „$\mathcal{P} \neq \mathcal{NP}$", unter der wir die Nichtapproximierbarkeit von $\mathcal{APX}$-schweren Problemen in polynomialer Zeit bewiesen haben, läßt sich als „$\mathcal{NP} \not\subseteq \text{DTIME}(poly(n))$" reformulieren. Unter der etwas stärkeren Annahme, daß sogar $\mathcal{NP} \not\subseteq \text{DTIME}(n^{\mathcal{O}(\log \log n)})$, zeigte Feige, daß es kein $\varepsilon > 0$ gibt, so daß man SET COVER bis auf einen Faktor $(1 - \varepsilon) \ln n$ in polynomialer Zeit approximieren kann. Unter dieser Annahme ist $\ln n$ also der Schwellenwert für die Approximationsgüte des SET COVER Problems. Es ist jedoch ein offenes Problem, ob es $\mathcal{NP}$-schwer ist, SET COVER bis auf einen Faktor $\Omega(\log n)$ zu approximieren.

Andere Beispiele mit einem Schwellenwert $\ln n$ sind natürlich die zum SET COVER Problem äquivalenten Probleme, wie beispielsweise das Dominating Set Problem. Darüber hinaus sind bisher nur sehr wenige Probleme bekannt, die einen nicht trivialen (das heißt, von 1 verschiedenen) Schwellenwert für die Approximationsgüte haben. Ein solches Beispiel ist das sogenannte Minimum p-Center Problem, zu dessen Lösung Hochbaum und Shmoys einen einfachen polynomialen 2-Approximationsalgorithmus angegeben haben, von dem Hsu und Nemhauser aber andererseits gezeigt haben, daß es $\mathcal{NP}$-schwer ist, eine Approximationsgüte von kleiner als 2 zu erzielen.

17.7 Das Cliquenproblem

Man erinnere sich, daß eine Clique in einem Graphen eine Menge von Knoten ist, die paarweise durch Kanten verbunden sind.

Die Größe $\omega(G)$ einer größten Clique eines Graphen G ist einer der fundamentalen Parameter in der Graphentheorie mit Anwendungen in so scheinbar weit entfernten Gebieten wie der kommutativen Algebra oder der Statistik. Seit Karps grundlegender Arbeit „Reducibility among combinatorial problems" ist bekannt, daß das Problem, $\omega(G)$ zu bestimmen, $\mathcal{NP}$-schwer ist. Wegen der Wichtigkeit des Problems haben sich viele Informatiker und Mathematiker daran versucht, Approximationsalgorithmen für die Bestimmung einer größten Clique zu entwerfen – mit vergleichsweise sehr geringem

Erfolg. Der beste derzeit bekannte polynomiale Approximationsalgorithmus stammt von Boppana und Halldórsson und hat eine Approximationsgüte von $n/(\log n)^2$. Mit anderen Worten, der Algorithmus liefert, angesetzt auf einen Graphen G auf n Knoten, unter Umständen eine Clique in G, deren Größe lediglich $\omega(G) \cdot (\log n)^2/n$ beträgt, obwohl es auch eine der Größe $\omega(G)$ gibt — fürwahr ein bescheidenes Ergebnis! Der Grund für diese schlechte Ausbeute wurde durch eine erstaunliche Verbindung zwischen dem Cliquenproblem und den probabilistisch verifizierbaren Beweisen klar, die von Feige, Goldwasser, Lovász, Safra und Szegedy (1991) entdeckt wurde.

Als ersten Schritt hierzu zeigen wir, daß das Problem CLIQUE (das heißt, gegeben ein endlicher Graph $G = (V, E)$, bestimme eine größte Clique in G) kein polynomiales Approximationsschema besitzt. Wegen Korollar 17.3 ist hierfür nur zu zeigen:

Proposition 17.2. *Das Problem* CLIQUE *ist* $\mathcal{APX}$*-schwer.*

Zum Beweis reduzieren wir das MAX-3SAT Problem, von dem wir bereits gesehen haben, daß es $\mathcal{APX}$-schwer ist, auf das Problem CLIQUE. Wir benutzen dazu eine der bekannten Reduktionen von 3SAT auf die Entscheidungsversion von CLIQUE. Dabei beobachten wir, daß dies bereits eine $\mathcal{APX}$-Reduktion ist.

Sei F also eine 3SAT Formel mit m Klauseln und n Variablen. Wir ordnen F einen Graphen $G(F)$ auf $3\,m$ Knoten wie folgt zu. Zunächst wählen wir für jede Klausel 3 Knoten, für jedes Literal in der Klausel einen. Wir verbinden nun zwei Knoten genau dann miteinander, wenn sie weder zu derselben Klausel gehören noch der eine Knoten die Negation des anderen ist.

Jede Clique in $G(F)$ kann also aus jeder Klausel nur höchstens ein Literal enthalten und niemals ein Literal und seine Negation. Mit anderen Worten, jede Clique entspricht einer partiellen Wahrheitsbelegung, die mindestens soviele Klauseln erfüllt, wie die Kardinalität der Clique ist. Und umgekehrt zeigt auch jede Wahrheitsbelegung, die $c\,m$ Klauseln von F erfüllt, daß es in $G(F)$ eine Clique der Größe $c\,m$ gibt.

Aus der Tatsache, daß das Problem CLIQUE $\mathcal{APX}$-schwer ist, folgt aber nun a priori nur, daß es ein – unter Umständen verschwindend kleines – $\varepsilon > 0$ gibt, so daß, falls $\mathcal{P} \neq \mathcal{NP}$, kein Algorithmus existiert, der in jedem Graphen G in polynomialer Zeit eine Clique der Größe mindestens $\omega(G)/(1+\varepsilon)$ bestimmt. In der Tat, kann man aber leicht zeigen, daß man sogar $\varepsilon = 1$ wählen darf, daß man also in polynomialer Zeit nicht einmal eine Clique der Größe $\frac{1}{2}\omega(G)$ bestimmen kann. Um dies einzusehen, verbinden wir die Konstruktionen aus dem Beweis von Theorem 17.4 und Proposition 17.2.

Sei V ein $(\log n, 1)$-beschränkter Verifier für 3SAT. Wie im Beweis von Theorem 17.4 interpretieren wir wieder jede Position eines gegebenen Beweises B als eine Variable, also $B = (x_1, x_2, x_3, \ldots)$. Für eine Zufallsfolge τ der Länge $\mathcal{O}(\log n)$ erfragt der Verifier $q = \mathcal{O}(1)$ Bits des Beweises, sagen wir $x_{\tau_1}, \ldots, x_{\tau_q}$.

Zu einer gegebenen 3SAT Formel F konstruieren wir jetzt zu jeder Zufallsfolge τ eine stabile Menge (das heißt, eine Menge von Knoten, die paarweise nicht durch Kanten verbunden sind) wie folgt: Für jede Belegung der Variablen $x_{\tau_1}, \ldots, x_{\tau_q}$, für die der Verifier akzeptieren würde (bezüglich F und τ), fügen wir einen Knoten ein. Knoten in verschiedenen stabilen Mengen verbinden wir genau dann miteinander, wenn sie sich nicht widersprechen — wenn also entweder die verwendeten Variablen alle verschieden sind oder die in beiden Knoten vorkommenden Variablen auch alle die gleiche Belegung haben.

Der Leser führe sich vor Augen, daß diese Konstruktion genau die Idee aus dem Beweis von Proposition 17.2 widerspiegelt: Dort haben wir für jede Klausel eine stabile Menge eingeführt und die Knoten in verschiedenen stabilen Mengen dann genau so untereinander verbunden, daß eine Clique einer Wahrheitsbelegung entspricht, wobei die Größe der Clique der Anzahl der bei dieser Belegung erfüllten Klauseln entspricht. Jetzt haben wir jeder Zufallsfolge eine stabile Menge zugeordnet und die Knoten in verschiedenen stabilen Mengen genau so untereinander verbunden, daß jede Clique einem Beweis B entspricht, wobei wiederum gilt, daß die Größe der Clique der Anzahl der Zufallsfolgen entspricht, für die der Verifier die 3SAT Formel F bei Vorlage des Beweises B akzeptiert.

Wir haben also gezeigt: Gibt es für F eine erfüllende Wahrheitsbelegung, dann besitzt der konstruierte Graph eine Clique, die *jede* stabile Menge trifft. Gibt es andererseits keine solche erfüllende Wahrheitsbelegung, dann kann es keine Clique geben, die mehr als die Hälfte der stabilen Mengen trifft.

Geht es noch besser? Ja! Und wir wissen auch schon wie: In Abschnitt 17.2 hatten wir gesehen, daß die Konstante $1/2$ in der Definition der Klasse $\mathcal{PCP}(r(n), q(n))$ beliebig war. Wir hätten als Fehlerwahrscheinlichkeit auch 10^{-10} wählen können. Dann führt die obige Konstruktion aber zu Graphen, in dem sich die maximalen Cliquen um einen Faktor 10^{10} unterscheiden, in Abhängigkeit davon, ob die 3SAT Formel erfüllbar ist oder nicht. Mit anderen Worten, das Problem CLIQUE läßt sich in polynomialer Zeit nicht bis auf *irgendeine* Konstante genau approximieren!

Geht es noch besser? Nun, erst einmal ist diese Konstruktion an ihre Grenzen gelangt. Um eine Fehlerwahrscheinlichkeit zu erreichen, die $o(1)$ ist, beispielsweise $n^{-\delta}$ für ein $\delta > 0$, müßten wir den Standardverifier (mit Fehlerwahrscheinlichkeit $1/2$) mindestens $\delta \cdot \log_2 n$ oft aufrufen. Dazu würden wir dann insgesamt $\mathcal{O}((\log n)^2)$ viele Zufallsbits benötigen, was wiederum dazu führen würde, daß der oben konstruierte Graph aus $2^{\mathcal{O}((\log n)^2)}$ vielen stabilen Mengen bestehen würde – und daher nicht mehr in polynomialer Zeit konstruiert werden kann.

Doch es gibt einen Ausweg: Wir „recyclen" die zufälligen Bits! Was heißt das? Sei V ein $(\log n, 1)$-Verifier mit Fehlerwahrscheinlichkeit, sagen wir $1/16$. Rufen wir ihn $k = \delta \cdot \log n$ oft mit der *gleichen* Zufallsfolge τ auf, so benötigen wir dafür natürlich nur $\mathcal{O}(\log n)$ viele zufällige Bits – aber die Fehlerwahrscheinlichkeit reduziert sich auch nicht. Verwenden wir andererseits jedesmal eine komplett neue Zufallsfolge, so reduziert sich, wie wir oben gesehen haben, die Fehlerwahrscheinlichkeit zwar auf den gewünschten Wert $n^{-\delta}$, aber wir benötigen $\mathcal{O}((\log n)^2)$ viele zufällige Bits. Die Idee ist nun, ausgehend von einer ersten Zufallsfolge τ, die weiteren sukzessive durch Verwendung von jeweils nur *konstant* vielen zusätzlichen zufälligen Bits so zu erzeugen, daß sie sich jeweils „in etwa" wie komplett neue Zufallsfolgen verhalten.

Realisieren läßt sich dieses Recyclen der Zufallsbits durch eine Irrfahrt in einem geeignet gewählten Expandergraphen. Eine Irrfahrt in einem Graphen ist nichts anderes als eine Folge von Knoten $(v_1, v_2, v_3, \ldots)$, die dadurch bestimmt ist, daß man ausgehend von einem zufällig gewählten Startknoten v_1 rekursiv den Knoten v_i *zufällig* aus der Nachbarschaft von v_{i-1} auswählt. Ein Expandergraph andererseits hat genau die Eigenschaft, daß man mit diesem Verfahren mit „hoher Wahrscheinlichkeit" den ganzen Graphen „gleichmäßig" besucht. Genauer kann man zeigen (wobei die Konstanten nicht bestmöglich sind):

Lemma 17.2. *Zu jeder natürlichen Zahl n existiert ein 8-regulärer Expandergraph $G = (V, E)$ auf n Knoten mit der Eigenschaft, daß für jede Menge $W \subseteq V$ mit $|W| \leq \frac{1}{10}|V|$ die Wahrscheinlichkeit, daß eine Irrfahrt der Länge $10 \cdot k$ in jedem Schritt einen Knoten aus W trifft, höchstens 2^{-k} ist.*

Die Vorgehensweise ist nun klar. Um Zufallsfolgen der Länge $\tilde{r}(n) = \mathcal{O}(r(n))$ zu erzeugen, wählen wir den Expandergraphen aus Lemma 17.2 bezüglich $n = 2^{\tilde{r}(n)}$ und identifizieren die Knoten mit den $2^{\tilde{r}(n)}$ verschiedenen Zufallsfolgen der Länge $\tilde{r}(n)$. Dann erzeugen wir die Knoten einer Irrfahrt der Länge $10 \cdot \delta \cdot \log n$. Dazu benötigen wir $\tilde{r}(n)$ Zufallsbits für die Wahl des Startknotens und $10 \cdot \delta \cdot \log n$ oft 3 Bits für die Wahl des nächsten Knotens. Danach rufen wir den Verifier V für jede Zufallsfolge der (Knoten der) Irrfahrt auf. Nach Lemma 17.2 ist die Wahrscheinlichkeit, daß der Verifier in jedem Aufruf akzeptiert, obwohl er eigentlich verwerfen sollte, höchstens $n^{-\delta}$.

Die Frage nach dem größten Faktor, für das sich ein solches Nichtapproximierbarkeitsergebnis beweisen läßt, hat in den letzten Jahren die Gemüter stark bewegt und dazu geführt, daß man neben der „query complexity", also der minimalen Anzahl von Anfragen, die an einen potentiellen Beweis B gestellt werden müssen, die sogenannte „free bit complexity" der $\mathcal{PCP}$-Verifier untersucht hat. Grob gesprochen ist die „free bit complexity" der Logarithmus der Anzahl der Zeichenfolgen, die der Verifier V (bei Eingabe I mit $|I| = n$ und $\tilde{r}(n)$ zufälligen Bits, die ihm zur Verfügung stehen) akzeptiert. Stellt der Verifier V beispielsweise drei Anfragen an den potentiellen Beweis B und akzeptiert genau dann, wenn die Anzahl der gelesenen Einsen ungerade ist, so gibt es vier Zeichenfolgen, die V akzeptiert. Die „free bit complexity" wäre also 2. Unter Ausnutzung von Resultaten über die „free bit complexity" von $\mathcal{PCP}$-Verifiern konnten Bellare, Goldreich und Sudan (1995) zeigen, daß es unter der Annahme $\mathcal{P} \neq \mathcal{NP}$ keinen polynomialen

Approximationsalgorithmus für die Cliquenzahl eines Graphen auf n Knoten mit einer Approximationsgüte von $n^{\frac{1}{4}}$ geben kann. Unter der Annahme $coRP \neq NP$ zeigten sie sogar, daß es keinen polynomialen Approximationsalgorithmus mit einer Approximationsgüte von $n^{\frac{1}{3}}$ geben kann. Aufbauend auf diesen Ergebnissen bewies Håstad (1996, 1996a), daß es unter der Annahme $coRP \neq NP$ sogar unmöglich ist, die Cliquenzahl bis auf einen Faktor $n^{1-\varepsilon}$ für beliebiges $\varepsilon > 0$ in polynomialer Zeit zu approximieren. Damit ist (unter der Annahme $coRP \neq NP$) zumindest der Schwellenwert im Logarithmus für die Approximationsgüte des Cliquenproblems bestimmt - und es ist die schlechtest mögliche Approximationsgüte!

Schriftenverzeichnis

1. S. Arora (1994). Probabilistic checking of proofs and hardness of approximation problems. Dissertation, Department of Computer Science, Princeton University.
2. S. Arora und C. Lund (1996). Hardness of approximations. Erscheint in: Approximation Algorithms for NP-Hard Problems (ed. Dorit Hochbaum).
3. S. Arora, C. Lund, R. Motwani, M. Sudan und M. Szegedy (1992). Proof verification and intractability of approximation problems. Proc. 33rd IEEE Symp. on Foundations of Computer Science, 13-22.
4. L. Babai, L. Fortnow und C. Lund (1991). Non-deterministic exponential time has two-prover interactive protocols. Computational Complexity 1, 3-40.
5. M. Bellare, O. Goldreich und M. Sudan (1995). Free bits, PCPs and non-approximability - towards tight results. Proc. 36th IEEE Symp. on Foundations of Computer Science, 422-431.
6. U. Feige (1996). A threshold of $\ln n$ for approximating set cover. Erscheint in: Proc. 28th ACM Symp. on Theory of Computing.
7. U. Feige, S. Goldwasser, L. Lovász, S. Safra und M. Szegedy (1991). Approximating clique is almost NP-complete. Proc. 32nd IEEE Symp. on Foundations of Computer Science, 2-12.
8. J. Håstad (1996). Testing of the long code and hardness for clique. Erscheint in: Proc. 28th ACM Symp. on Theory of Computing.
9. J. Håstad (1996a). Clique is hard to approximate within $n^{1-\varepsilon}$ (Preliminary version). Royal Institute of Technology, Schweden.
10. S. Hougardy, H. J. Prömel und A. Steger (1994). Probabilistically checkable proofs and their consequences for approximation algorithms. Discrete Mathematics 136, 175-223.
11. S. Khanna, R. Motwani, M. Sudan und U. Vazirani (1994). On syntactic versus computational views of approximability. Proc. 35th Symp. on Foundations of Computer Science, 819-830.
12. C. Papadimitriou und M. Yannakakis (1991). Optimization, approximation and complexity classes. Journal of Computer and System Sciences 43, 425-440.
13. I. Wegener (1993). Theoretische Informatik. B. G. Teubner, Stuttgart.

Die Autoren

Manfred Broy

Geboren am 10.8.1949. Manfred Broy begann seine wissenschaftliche Tätigkeit am Institut für Informatik und am Sonderforschungsbereich 49 „Programmiertechnik" an der Technischen Universität München. Er promovierte 1980 an der Fakultät für Mathematik der Technischen Universität München und habilitierte im Dezember 1982 an der Fakultät für Mathematik und Informatik der Technischen Universität München. Im April 1983 wurde er ordentlicher Professor für Informatik und Gründungsdekan an der Fakultät für Mathematik und Informatik der Universität Passau. Im Oktober 1989 wurde er ordentlicher Professor für Informatik am Institut für Informatik der Technischen Universität München und 1992 Gründungsdekan der Fakultät für Informatik der Technischen Universität München. Im Jahr 1994 ist Professor Broy für seine Arbeiten zur Systemmodellierung mit dem Leibniz Preis ausgezeichnet worden.

    broy@informatik.tu-muenchen.de

Friedhelm Buchholz

Geboren 1964. 1987 – 1990 Ausbildung zum AV-Mediendesigner, Lazi-Schule, Esslingen. 1989 – 1995 Studium der Informatik an der Universität Stuttgart. Seit April 1995 wissenschaftlicher Angestellter am Institut für Informatik, Abteilung Formale Konzepte, Universität Stuttgart.

    buchholz@informatik.uni-stuttgart.de

Volker Claus

Geboren 1944. Vier Kinder. 1963 - 1967 Studium der Chemie, Mathematik und Physik in Saarbrücken. 1970 Promotion in Mathematik bei Prof. Hotz. (Ordentliche) Professur in (Theoretische) Informatik 1972 - 1985 Universität Dortmund, 1985 - 1992 Universität Oldenburg, seit 1992 Universität Stuttgart. Begründer des Bundeswettbewerbs Informatik, Herausgeber der Leitfädenreihe beim Teubner Verlag, Autor mehrerer Bücher (u.a. Duden Informatik), Initiator des Oldenburger Forschungs- und Entwicklungsinstituts für Informatik-Werkzeuge und -Systeme (OFFIS).

    claus@informatik.uni-stuttgart.de

Rainer Feldmann

Rainer Feldmann studierte Informatik an der Universität-GH Paderborn und promovierte dort 1993. Neben Arbeiten im Bereich Verbindungsnetzwerke entwickelte er das verteilte Schachprogramm Zugzwang, das 1992 auf der Computerschach Weltmeisterschaft in Madrid Vizeweltmeister wurde.

    obelix@uni-paderborn.de

Günter Hotz

Geboren am 16.11.1931. Nach dem Studium der Mathematik und Physik in
Frankfurt und Göttingen (1952–1958) drei Jahre als Ingenieur im Bereich Sy-
stementwicklung in der Firma Telefunken, Konstanz tätig. Seit 1962 zunächst
als Stipendiat der Fritz-Thyssen-Stiftung, dann als Dozent und schließlich als
Professor für Numerische Mathematik und Informatik an der Universität des
Saarlandes.

hotz@cs.uni-sb.de

Thomas Lengauer

Geboren am 12.11.1952. Dipl. Math. (FU Berlin) 1975. Dr. rer. nat. (FU
Berlin) 1976. M. Sc. (Comp. Sci., Stanford University) 1977. Ph. D. (Comp.
Sci., Stanford University) 1979. Habilitation in Informatik (Universität des
Saarlandes) 1984.

Member of Technical Staff, Bell Laboratories, Murray Hill, N. J. 1979–
1981. Gastprofessor und wiss. Mitarbeiter, Fachbereich Angewandte Mathematik und Informatik (Universität des Saarlandes) 1981–1984. Professor für
Informatik, Universität-GH-Paderborn 1984–1992. Leiter des Institutes für
Algorithmen und wissenschaftliches Rechnen, GMD - Forschungszentrum Informationstechnik GmbH, und Professor für Informatik an der Rheinischen
Friedrich-Wilhelms-Universität Bonn (1992–jetzt).

lengauer@cartan.gmd.de

Martin Löbbing

Geboren am 11. 3. 1966. Diplom 1994 in Informatik an der Universität Dortmund. Seitdem Doktorand bei Prof. Wegener im Bereich Binary Decision
Diagrams.

loebbing@ls2.informatik.uni-dortmund.de

Kurt Mehlhorn

Geboren 1949. Ph. D. (1974) an der Cornell University. Seit 1975 Professor
an der Universität des Saarlandes in Saarbrücken, Direktor des Max-Planck-
Instituts für Informatik in Saarbrücken. Leibniz-Preis der Deutschen Forschungsgemeinschaft (1986) und Humboldt-Award für Französisch-Deutsche
Kooperation (1989). Verfasser von fünf Büchern.

mehlhorn@mpi-sb.mpg.de

Friedhelm Meyer auf der Heide

Geboren am 20.9.1954. Friedhelm Meyer auf der Heide promovierte 1981 an der Universität Bielefeld und habilitierte sich 1986 an der Johann Wolfgang Goethe-Universität Frankfurt. Zwischen 1980 und 1986 war er als wissenschaftlicher Mitarbeiter am Fachbereich Informatik der Johann Wolfgang Goethe-Universität Frankfurt tätig. In dieser Zeit war er auch für ein Jahr am IBM Almaden Research Center in San Jose, USA. Von 1986 bis 1989 war er Professor am Fachbereich Informatik der Universität Dortmund. Seit 1989 ist er Professor am Fachbereich Mathematik/Informatik der Universität-GH Paderborn. 1992 wurde er zusammen mit Prof. Monien mit dem Leibniz-Preis der Deutschen Forschungsgemeinschaft ausgezeichnet.

Seine Forschungsschwerpunkte umfassen Parallele Algorithmen und Architekturen, Randomisierte Algorithmen und Methoden zum Beweisen unterer Schranken für algebraische und kombinatorische Berechnungen. Mehr ist auf der WWW-Seite `http://www.uni-paderborn.de/cs/fmadh.html` zu finden.

    fmadh@uni-paderborn.de

Burkhard Monien

Burkhard Monien studierte Mathematik in Hamburg. Dort promovierte er 1968 und habilitierte 1974. Von 1975 bis 1977 war er C3-Professor an der Universität Dortmund. Seit 1977 ist er Professor (C4) für Informatik an der Universität-GH Paderborn und dort Mitglied des Vorstandes des ZIT (Zentrum für Informatik und Technik) und Vorsitzender des Vorstandes des PC^2 (Paderborn Center for Parallel Computing). Er koordinierte unter anderem das DFG-Schwerpunktprogramm „Datenstrukturen und effiziente Algorithmen", die DFG-Forschergruppe „Effiziente Nutzung massiv paralleler Systeme" und den NRW-Forschungsverbund „Paralleles Rechnen" Zusammen mit F. Meyer auf der Heide wurde ihm 1992 der Leibniz-Preis verliehen. Er ist Mitglied des Vorstandes der EATCS (European Association for Theoretical Computer Science), und seit 1996 Mitglied der nordrheinwestfälischen Akademie der Wissenschaften.

    bm@uni-paderborn.de

Peter Mysliwietz

Peter Mysliwietz studierte Informatik an der Universität-GH Paderborn und promovierte dort 1994. Neben Arbeiten im Bereich Verbindungsnetzwerke entwickelte er das verteilte Schachprogramm Zugzwang, das 1992 auf der Computerschach Weltmeisterschaft in Madrid Vizeweltmeister wurde.

    asterix@uni-paderborn.de

Stefan Näher

Geboren 1960. Promotion (1987) an der Universität des Saarlandes in Saarbrücken. Seit 1994 Professor für Informatik an der Martin-Luther-Universität
in Halle.

naeher@infsu.informatik.uni-halle.de

Jürg Nievergelt

Mathematik Diplom der ETH Zürich 1962; Ph.D. in Mathematik, University
of Illinois 1965. Von 1965 bis 1977 Assistenzprofessor bis ordentlicher Professor of Computer Science an der University of Illinois at Urbana-Champaign.
Seit 1975 Professor der Informatik an der ETH Zürich. Auf Urlaub von der
ETH 1985-89 war er Kenan Professor and Chairman of the Computer Science Dept. an der Univ. of North Carolina at Chapel Hill. Viele akademi-
sche und industrielle Forschungsaufenthalte weltweit. Nievergelt ist Fellow
of the ACM, IEEE und AAAS. Forschungsinteressen: Algorithmen und Datenstrukturen; interaktive Systeme und Benutzerschnittstellen; heuristisches
und erschöpfendes Suchen, paralleles Rechnen.

jn@inf.cthz.ch

Wolfgang Paul

Geboren 1951. Promotion am Fachbereich Informatik der Universität des
Saarlandes bei Prof. Hotz 1973. DAAD-Stipendiat an der Cornell University
1974 bis 1976. Wissenschaftlicher Rat und Professor an der Fakultät für Mathematik der Universität Bielefeld 1976 bis 1982. Research Staff Member beim
IBM Forschungslabor in San Jose 1982 bis 1986. Professor am Fachbereich
Informatik der Universität des Saarlandes seit 1986. Leibnizpreis zusammen
mit G. Hotz und K. Mehlhorn 1986.

wjp@cs.uni-sb.de

Hans Jürgen Prömel

Geboren 1953 in Rees (Niederrhein), 1974-1979 Studium der Mathematik
und Wirtschaftswissenschaften, 1982 Promotion im Fach Mathematik beides
an der Universität Bielefeld, 1984-1985 Gastprofessor an der University of
California, Los Angeles, 1987 Habilitation an der Universität Bonn, 1988-1994
C4-Professor für Diskrete Mathematik an der Universität Bonn, seit 1994
Inhaber des Lehrstuhls für Algorithmen und Komplexität an der Humboldt-
Universität zu Berlin.

Hauptarbeitsgebiete: Probabilistische Methoden, Graphentheorie und Graphenalgorithmen, Anwendung kombinatorischer Algorithmen auf Probleme
aus den Ingenieurwissenschaften, den Natur- und den Wirtschaftswissenschaften.

proemel@informatik.hu-berlin.de

Armin Reichert

Geboren am 3.9.1966. Studium der Informatik und Mathematik an der Universität des Saarlandes, Diplom in Informatik 1992. Seit 1992 wissenschaftlicher Mitarbeiter im Fachbereich Informatik an der Universität des Saarlandes.

reichert@cs.uni-sb.de

Karl Rüdiger Reischuk

Geboren 1955. Studium der Mathematik 1974-1978 an der Universität Bielefeld. Diplom 1978, Promotion 1980 und Habilitation 1983 in Bielefeld mit Arbeiten aus dem Bereich der Komplexitätstheorie. Während dieser Zeit arbeitete er als Mitarbeiter bei Prof. Paul, anschließend als Hochschulassistent an der Bielefelder Fakultät für Mathematik. Seit 1981 mehrfach Forschungsaufenthalte im IBM Almaden Research Laboratory in San Jose (Verteilte Systeme waren dabei ein Schwerpunkt, einige Ergebnisse sind patentiert), sowie am International Computer Science Institute in Berkeley. Professor für Theoretische Informatik an der Technischen Hochschule Darmstadt von 1985-1994. Seit 1994 Direktor des Institutes für Theoretische Informatik an der Medizinischen Universität zu Lübeck.

reischuk@informatik.mu-luebeck.de

Jürgen Sauermann

Geboren 1957. Diplom im Fach Mathematik mit Nebenfach Wirtschaftswissenschaften an der Universität Bielefeld 1982. Es folgten drei Jahre Berufsleben, zunächst als Systemprogrammierer, dann als leitender Systementwickler in einem APL Systemhaus. Dort enstand die Idee eines parallelen APL Rechners, die an der Univ. des Saarlandes verwirklicht wurde. 1990 promovierte er zum Thema „Ein paralleler APL Rechner". Seit 1992 ist Jürgen Sauermann als ATM-Spezialist bei Ericsson tätig.

Georg Schnitger

Geboren am 20.01.1955. Promotion (1982) im Fach Mathematik an der Universität Bielefeld. Assistant Professor of Computer Science an der Pennsylvania State University (1982-1990). Associate Professor of Computer Science an der Pennsylvania State University (1990-1993). Professor für Informatik an der Universität-Gesamthochschule Paderborn (1993-1995). Professor für Informatik an der Johann Wolfgang Goethe-Universität Frankfurt am Main (seit 1995).

georg@thi.informatik.uni-frankfurt.de

Uwe Schöning

Geboren am 28.12.1955. Uwe Schöning studierte Informatik (mit dem Vertiefungsgebiet Theoretische Informatik und dem Nebenfach Elektrotechnik) an der Universität Stuttgart (1975–1980). Nach der Promotion (1981) und einem einjährigen USA-Aufenthalt habilitierte er 1985 an der Universität Stuttgart und folgte 1985 einem Ruf auf eine Professur an der Universität Koblenz und leitet seit 1989 die Abteilung für Theoretische Informatik an der Universität Ulm.

schoenin@informatik.uni-ulm.de

Angelika Steger

Geboren 1962 in München, 1981-1985 Studium der Mathematik und Physik an den Universitäten Freiburg, Heidelberg und Stony Brook (USA), 1990 Promotion, 1994 Habilitation jeweils an der Universität Bonn, 1994/95 Lehrstuhlvertretung an der Universität Kiel, 1995 Berufung an den Fachbereich Mathematik der Universität-GH Duisburg, seit 1996 Professorin für Theoretische Informatik an der TU München.

Arbeitsgebiete: Probabilistische Methoden, Graphentheorie, Kombinatorische Optimierung.

steger@informatik.tu-muenchen.de

Volker Strassen

Volker Strassen wurde am 29. April 1936 in Düsseldorf-Gerresheim geboren. Er diplomierte 1961 und promovierte 1962 an der Universität Göttingen in Mathematik. Nach der Promotion lehrte er insgesamt 4 Jahre an der University of California in Berkeley, zuletzt als Associate Professor. Diese Tätigkeit wurde durch ein 2-jähriges Habilitandenstipendium der DFG und durch die Habilitation 1966 in Mathematik an der Universität Erlangen unterbrochen. Von 1968 bis 1988 war er Professor am Institut für Angewandte Mathematik der Universität Zürich (zwischendurch Visiting Miller Professor in Berkeley und Gastforscher an der GMD), und seit 1988 ist er Professor an der Fakultät für Mathematik und Informatik der Universität Konstanz. Er ist Mitglied der Leopoldina sowie der Akademie der Wissenschaften zu Göttingen (korr.) und zu Heidelberg.

Rolf Wanka

Rolf Wanka studierte von 1983 bis 1989 Informatik an der Universität Dortmund, 1994 promovierte er an der Universität-GH Paderborn, an der er seit 1989 als wissenschaftlicher Mitarbeiter tätig ist.

Seine Forschungsschwerpunkte umfassen theoretische und praktische Untersuchungen paralleler Sortierverfahren und die Entwicklung unterer und

oberer Schranken für parallele Netzwerksimulationen. Mehr findet sich auf der WWW-Seite `http://www.uni-paderborn.de/cs/wanka.html`.
wanka@uni-paderborn.de

Ingo Wegener

Geboren am 4. 12. 1950. Diplom (1976), Promotion (1978) und Habilitation (1981) in Mathematik an der Universität Bielefeld. Von 1980 bis 1982 Gast- und Vertretungsprofessor am Fachbereich Informatik der Johann Wolfgang Goethe-Universität in Frankfurt am Main. Dort von 1982 bis 1987 C3-Professor. Seit 1987 C4-Professor am Fachbereich Informatik der Universität Dortmund.
wegener@ls2.informatik.uni-dortmund.de

Emo Welzl

Geboren am 4. 8. 1958. Diplom (1981), Promotion (1983) in Technischer Mathematik und Habilitation (1988) in Grundlagen der Informatik an der Technischen Universität Graz, Österreich. Von 1987 bis 1996 C4-Professor am Fachbereich Mathematik und Informatik der Freien Universität Berlin, Deutschland. Seit 1996 ordentlicher Professor am Departement Informatik der ETH Zürich, Schweiz.
emo@inf.ethz.ch